国家社科基金
重大项目成果

对外汉语教学语法丛书
◎总主编 齐沪扬

对外汉语教学语法
口语大纲

张旺熹 ◎主编
唐依力 朱建军 ◎著

北京语言大学出版社
BEIJING LANGUAGE AND CULTURE
UNIVERSITY PRESS

© 2024 北京语言大学出版社，社图号 24092

图书在版编目（CIP）数据

对外汉语教学语法口语大纲 / 张旺熹主编 ；唐依力，
朱建军著. -- 北京 ： 北京语言大学出版社，2024. 6.
（对外汉语教学语法丛书 / 齐沪扬总主编）. -- ISBN
978-7-5619-6580-1

Ⅰ. H195.3

中国国家版本馆 CIP 数据核字第 20248FW152 号

对外汉语教学语法口语大纲
DUIWAI HANYU JIAOXUE YUFA KOUYU DAGANG

排版制作：	北京光大印艺文化发展有限公司
责任印制：	周 燚

出版发行：	北京语言大学出版社
社　　址：	北京市海淀区学院路 15 号，100083
网　　址：	www.blcup.com
电子信箱：	service@blcup.com
电　　话：	编 辑 部　8610-82303647/3592/3395
	国内发行　8610-82303650/3591/3648
	海外发行　8610-82303365/3080/3668
	北语书店　8610-82303653
	网购咨询　8610-82303908
印　　刷：	北京联兴盛业印刷股份有限公司

版　次：	2024 年 6 月第 1 版	印　次：	2024 年 6 月第 1 次印刷
开　本：	787 毫米 × 1092 毫米　1/16	印　张：	33.25
字　数：	505 千字		
定　价：	126.00 元		

PRINTED IN CHINA

凡有印装质量问题，本社负责调换。售后 QQ 号 1367565611，电话 010–82303590

总　序

摆在读者面前的，是国家社科基金重大项目"对外汉语教学语法大纲研制和教学参考语法书系（多卷本）"（17ZDA307）的所有成果。这些成果包括大纲系列4册、书系系列26册、综述系列8册，以及选取研究过程中发表的一部分优秀学术论文集辑而成的论文集1册，共计39本著作，约700万字。这个项目的研制，历时5年有余，参加的研究人员多达50余人，来自国内和海外近30所高校。

2017年11月，全国哲学社会科学工作办公室正式公布"2017年度国家社科基金重大项目立项名单"。2018年4月14日，国家社科基金重大项目"对外汉语教学语法大纲研制和教学参考语法书系（多卷本）"的开题报告会举行。2019年8月，2017年度国家社科基金重大项目中期检查评估报告提交，2023年1月召开课题结项鉴定会。

根据专家组意见，特别是专家组组长赵金铭教授两次谈话的意见，按照全国哲学社会科学工作办公室立项通知书上的要求，本项研究牢固树立问题意识、创新意识和精品意识，立足学术前沿，体现有限目标，突出研究重点，注重研究方法，符合学术规范。项目的执行情况、所解决的问题和最终成果如下：

大纲、书系和综述是主要的研究成果。三类不同的成果面对的读者是不一样的：大纲是给教师教学与科研使用的，同时也顾及学习汉语、研究汉语的一些国际学生；书系主要是给在一线教学的对外汉语教师看的，以解决这些教师在教学过程中的实际问题为目的；综述是对大纲和书系的补充，主要面向对外汉语教师、汉语国际教育专业研究生和本科生，以及需要进一步了解、研究相关领域的群体，为这些人继续研究相关问题提供材料和方法。三种不同的读者群体决定了三类成果的不同写法。

1. 大纲研制

大纲研制的最终成果是两套大纲：分级大纲（初级大纲和中级大纲）和分类大纲（书面语大纲和口语大纲），共4册。语法大纲不局限于语法知识本身，而是以学习者语言能力的培养为目标。凡是能促进学习者语言能力的语法项目都应析出为大纲的项目。语法项目的编排依据的是语法形式，使用条件式来描述细目的功能。使用条件式有利于促进语法知识转化为语言能力。

分级大纲中语法项目的等级不宜简单理解为语言本身的难度区分，更应理解为习得过程性的内在要求。以促进学习者生成语言能力为目标，支持学习者语言能力生成的语法项目都应列目，项目编排以语法结构为基础，细目的描写以促进语言能力生成为重。大纲体现习得的过程性，总体上为螺旋形呈现。

目前对外汉语教学和科研依据的都是通用语体的语法大纲，至今尚没有分语体的大纲问世，这种状况显然与发展迅速的第二语言教学事业不相适应。书面语语法大纲和口语语法大纲的研制，填补了大纲研究的空白，在今后的教学指导、教材编撰、汉语水平测试等方面，都能发挥很大的作用。

2. 书系研发

我们在全国范围内分三批次遴选和推荐了撰稿人，这些撰稿人都有长期从事对外汉语教学的经历，且都是语法专业背景出身。从目前情况看，学术界和教学界都需要这一类书，这套书也具有填补空白的作用。而且，这套书是开放性的，条件成熟了可以再继续做下去，达到30本到50本的规模，甚至再多一些都是可能的。

书系的研发应以"语法项目"作为书名，不求体系完整，成熟一本撰写一本；专业性不能太强，要考虑到书系的读者需求，他们阅读这本书是为了解决教学上的问题，除了必要的理论阐述和说明之外，要尽量早一点儿切入到教学中去；提出的问题要切合教学实际，60~80个问题，其实就是这本书的目录，有人来查，很快就能对症下药，找到自己想要的东西；提的问题要有针对性，要有实用性，针对学生的水平等级，围绕这个语法项目，把教学上可能遇到的问题按等级排序。总之，这是一套深入浅出的普及性小册子，一定会受到广大对外汉语教师的欢迎。

3. 综述编著

按照标书要求，阶段性成果包括两套综述汇编。编著这两套综述汇编，首先是项目研制的需要，是和大纲研制、书系研发互相支撑、互相配合的；其次是近20年的综述汇编，学术界和出版界均尚无相关成果问世，很多研究者迫切需要这方面的资料；最后是这套综述汇编的写法与其他综述成果不同，两套综述不仅仅是"资料汇编"，里面更有很多作者的评议和引导，是"编著"类的"综述"，这类"综述"其实是不多的。这样的写法比目前在做的或者已经出版的"综述"要科学得多，实用得多。

综述分为两套：《近20年对外汉语语法教学研究》和《近20年汉语作为第二语言语法习得研究》。综述的主要读者应该是研究者，是关心该领域的研究者，作者收集的材料要尽可能齐全，作者所做的分析要有依据，作者做出的解释要能让研究者信服。两套综述都能做到对相关问题做出梳理，述评结合，突出评价的学术性、原创性和实用性，力图使读者对相关论题有一个全面的认识和深刻的思考，并为进一步的研究提供方向。

对上述这些成果的介绍只能点到为止，事实上，具体到每一本著述，都是有必要重点介绍的。好在每套书都另有主编，请读者自行阅读每套书的主编写的"序"吧。我这里还想向读者介绍的是这些著述的作者们，没有他们，这些成果难以问世。

本项课题涉及面广，研究人员多，在最初填写招标书时我们已经意识到了："本项研究工程浩大，……大纲和书系非一校之力可完成，将集中全国不同高校共同承担。"本课题前后参加研究的人员有50多人，分布在国内及海外近30所高校。如何将这些研究人员组织起来，集思广益，凝神聚力？课题组在"集全国高校之力"上，下了大力气。

原先设想由某个高校具体负责某块项目研究，但该想法在实际操作中遇到了问题。开题报告会后，课题组调整后的组织方式体现出优势来。四个研发小组的组长取代了原来子课题负责人的职位和功能，优势体现在：他们面对的是具体的项目，而不是具体的研究人员；他们针对项目选取研究人员，而不是为已有的研究人员配备研究内容；他们可以从全国高校选择自己相中的研究人员，而不需采取先满足校内再满足校外的程序和方式。人尽其才，物尽其用，效率提高，质量保证，自然是意料之中的结果。例如，书系组的 20 多位作者来自 15 所高校，综述组的作者来自 12 所高校。这是第一个方面。

第二个方面，就是充分利用会议的机会，将会议定位于有目标的会议、有任务的会议，让会议开出成效来。自课题立项之后，围绕着课题的研究进展，课题组已经开过多次会议。一是一年一度的"教学语法学术讨论会"，课题组所有人员都参加，至今已经开过多届：淮北（2017）、扬州（2018）、南宁（2019）、黄山（2020），等等。二是一年多次的课题专项讨论会，有需要就开。如在杭州，就分别开过综述组、数据平台组、书系组的专项讨论会；在南京、上海都开过大纲组的专项讨论会；2020 年 7 月，在腾讯会议上开过两次大纲组的专项讨论会；等等。这些会议目标明确，交流便捷，解决问题能力强，时间跨度短，是联络不同高校研究人员的好方式。

这套书的所有主编和作者都十分尽力。对外汉语教师的工作量很大，大多数人都有每周 10 节以上的课时量；况且，大多数人的手上还有自己的科研项目要做，还有自己指导的研究生的论文要看，还有各自的不同研究论文要写。种种忙碌和辛苦之中，要挤出这么多时间和精力，去从事另外一块研究任务，还是高标准、有要求、无报酬的研究任务，如果没有一种对对外汉语教师这个职业的由衷热爱，没有一种为对外汉语教学事业做点儿贡献的精神支撑，他们是断然不可能接受这样的研究任务的。更何况有些作者接受了两项不同的研究任务，研究强度和研究压力可想而知。因此可以这么说，这些成果渗透着作者们的辛劳，饱含着作者们的心血，每一本都是"呕心之作"，这样的赞誉是得当的。

北京语言大学出版社是这个项目的合作者和推动者。项目立项不久，出版社和课题组就有过接触。出版社前后两任社长和总编辑都向课题组表过态，希望这个课题的所有成果能在北京语言大学出版社出版，出版社愿意为课题的宣传、推广、出版尽责任，做贡献。2020 年 1 月，课题组和出版社有过进一步的密切联系，敲定了详细的合作计划。2022 年 3 月，出版社申报的"对外汉语教学语法丛书"成功入选 2022 年度国家出版基金资助项目。这些成果的出版，没有出版社的支持是做不到的。

再次感谢在漫长的研究过程中给予我们支持、帮助的所有老师和朋友。

展现在读者面前的是四部大纲：两部分级大纲和两部分类大纲。大纲的指导思想、理论背景和编写体例，读者自可以通过阅读大纲加以了解。在大纲即将研制完工、准备付梓印刷的时候，从研究人员角度思考，以下两点是大家的真切体会，很想写出来与读者们共享。

（1）大纲的研制是一个漫长的过程，这个过程一直伴随着研究人员的思考和摸索。研制这四部大纲，在学界都是首次，没有人做过，没有经验可以学习参照，一切问题都要自己解决。从回答为什么要研制分级大纲和分类大纲开始，三四年的研制过程中，无数的问题困扰着这些研究人员，需要他们面对。每走一步，都有一个问题等着，都需要解决了之后方能前行，方能继续下去，"走好过程"，这个过程教会了大家思考。

（2）大纲的研制是一个不断学习、不断改进、不断提高的过程，这个过程见证了这些研究人员的成长和成熟。通过这次研制，这些研究人员已经具有相当水准的专业背景，具有较为全面的知识结构，更重要的是具有相当强的科研能力：他们懂得编著大纲的基本原理，了解语法项目析出的程序和方法，严谨的研究风气已经渗入到每个科研人员的个人风格之中。可以这么说，大型科研项目对科研队伍的培育发挥了极大的作用。

谨以此作为总序。

齐沪扬

初稿于 2020 年 7 月

二稿于 2022 年 5 月

三稿于 2022 年 12 月

序

国家社科基金重大项目"对外汉语教学语法大纲研制和教学参考语法书系（多卷本）"（17ZDA307）之大纲系列四册成果，现已完成并将付梓。项目总负责人兼首席专家齐沪扬教授嘱我为此系列四册书稿写个序。作为一名从事对外汉语语法研究的同行，我是深感荣幸并乐意为之的。

教学语法大纲之于对外汉语语法教学理论建设和实践指导的价值毋庸置疑。正因如此，伴随着新中国对外汉语教学各个历史时期的发展，都会有一些类型、用途各异的语法大纲不断问世，直到2021年7月《国际中文教育中文水平等级标准》以国家语言文字规范的形式正式实施。而今天呈现给学界的两套四册成果（《对外汉语教学语法初级大纲》《对外汉语教学语法中级大纲》《对外汉语教学语法书面语大纲》《对外汉语教学语法口语大纲》），已构成一个体制基本完备、分级分类两相结合的对外汉语教学语法大纲系统。相较于业已出版的各种语法大纲，这无疑是大纲编写体制上的一个创新，也是一个尝试。而这也正体现出这套大纲作为对外汉语参考语法研究的基本属性和独特价值。

这四册大纲分别由来自我国对外汉语教学界三所重要高校的一线中青年教师编写完成，他们是南京师范大学张小峰老师、上海交通大学段沫老师、上海外国语大学邵洪亮老师、唐依力老师和朱建军老师。他们不仅有对外汉语教学的丰富实践经验，而且更有汉语语法学的深厚理论素养，再加之有齐沪扬教授的悉心指导，他们对"为谁编写大纲""编写什么样的大纲"以及"怎样编写大纲"这些关键问题，都潜心思考并认真践行。"以学习者语言能力的培养为目标""凡是能促进学习者语言能力的语法项目都应析出为大纲的项目"这一认识，不仅体现在他们所写的各册前言或编后的文字当中，更是贯彻在了各册大纲的每条线、各个点的编写当中。而这也正是这套语法大纲称得上是"项目搜罗更全、语法点切分更细、项目排序更便于教学和习得"的重要原因。

要编写出符合新时代要求、富有创新意识和精品意识的分级分类大纲，并使它们彼此形成既相互联系又各具特色的大纲体系，实非易事。细心的大纲使用者将会发现：基于"以句子为中心"的语法教学观，把所有语法项目纳入句子平台框架；把大纲条目与学习手册的编写熔为一炉，做到纲举目张；大纲条目的编写尽量观照句法、语义和语用三个平面……这些应当说都是这四册大纲的共有特征。

编写通用型语法大纲的传统由来已久，现存的各种语法大纲基本都可以归入此范畴。因此，《对外汉语教学语法初级大纲》《对外汉语教学语法中级大纲》要在此基础上推陈出新，真正做到青出于蓝，就是大纲编写者们所要面对的最大挑战。好在张小峰老师和段沫老师，他们基于对已有教材、大纲语法项目的大数据分析，科学而合理地解决了初级大纲和中级大纲在语法项目选择上的分段与衔接这一根本性的问题。将初级大纲项目限于复句以内的句子单位，而将中级大纲项目拓展至大于复句的句群、篇章，甚至加入话语标记的内容，这就在内容框架上，把初级大纲和中级大纲做了较为明确的区分。我想，有了编者们这样的努力，再来说初级和中级通用型语法大纲具有创新性和科学性，就不再是海市蜃楼了。

编写通用型分级语法大纲不易，而要编写分类型语法大纲则更难，因为在此之前，学界尚无分语体的语法大纲问世。随着这些年语体语法意识的觉醒，学界对分别开展书面语和口语语法教学的要求愈加迫切。因此，编写书面语和口语的分类语法大纲，不仅是语体语法意识增强的体现，更是时代的召唤、历史的必然。邵洪亮老师编写的《对外汉语教学语法书面语大纲》，以教学应用和学习需求为导向，穷尽性地抽取具有书面语语体倾向的语法项目，编就书面语语法大纲，一定会有力支持中高级汉语的书面语语法教学；唐依力老师和朱建军老师编写的《对外汉语教学语法口语大纲》，更是广为搜罗、爬梳剔抉而得此大纲，一定会将口语语法教学提升到一个崭新的高度。齐沪扬教授在总序中称赞："书面语语法大纲和口语语法大纲的研制，填补大纲研究的空白……"此言名副其实。

分级分类语法大纲建设，是一个浩繁的系统工程，而且它也将随着语法理论研究和语法教学实践的发展而日臻健全、完善。我相信，对外汉语教学界广大同人在为这四册大纲的出版感到欣慰和鼓舞的同时，也会更加期待《对外汉语教学语法高级大纲》早日问世。

　　谨向分级分类大纲的各位编写者表示热烈的祝贺、由衷的钦敬和美好的期待！

　　是为序。

张旺熹

2022 年 5 月 30 日

目　录

前　言

　　《对外汉语教学语法口语大纲》（以下简称"《口语大纲》"）是国家社科基金重大项目"对外汉语教学语法大纲的研制和教学参考语法书系（多卷本）"（17ZDA307）的一个子项目。研制《口语大纲》，一是为了给将来口语教材的编写提供一定的编写依据，二是为了给汉语口语语法的教和学提供教学参考和学习指南。

一、《口语大纲》研制的必要性

　　《口语大纲》的研制是语体语法理论盛行和互动语言学发展的需要，更是留学生教学的实际需要。综观在对外汉语界影响较大的、在考试或教学中使用的语法大纲，都是通用语体的语法大纲，至今没有分语体的语法大纲问世。针对现有各类语法大纲缺少语体意识这一问题，学者们都在呼吁制定大纲时应考虑语体因素。

（一）从教师角度看

　　口语是语言中最活跃、最富于变化的部分，口语语法体系具有较强的开放性。在实际的汉语口语教学中，面对复杂的口语语法现象时，教师常常会无从下手，对口语"度"的把握不那么准确，有时甚至会将书面语体较强的语法项目作为口语语法项目教授给学生。事实上，汉语口语作为一种语言系统，是可以描写的，是有规可循的，而不是任意的（赵金铭，2004）。《口语大纲》其实就是想在开放性比较强的口语语法体系中，将大量口语中特有的语法规则进行归纳和总结，按照口语语法的特点进行语法点的解释，从教师的实际教学需求出发，尽量让口语语法体系呈现出相对封闭和可控的状态。

（二）从学习者角度看

通过观察汉语学习者日常口语的使用情况，我们不难发现：学习者在日常口语的交际中，语体使用基本处于"混乱"状态，对于汉语结构的语体归属基本没有概念，而那些被汉语母语者高频使用的口语结构（如：还真是！/净给我添麻烦！/去就去！/你呀！/谁知道呢！/哪儿啊！……）却很少出现在汉语学习者口中。言语表达中语体概念的"缺席"不仅让听者觉得别扭，而且使言者在情感传递的准确度和细腻度上都大打折扣。究其原因，主要是因为口语语法在很长一段时间内被忽视，其发展相对滞后，口语语法体系不完善，综合教材中语体意识欠缺，口语教材对口语语体的表达结构重视不够，等等。这显然与发展迅速的留学生教学事业是相悖的。因此，完全以通用语体为研究对象的传统语法项目已无法适应口语教学和习得的实际需求，分语体教学势在必行。无论是对教师来说还是对学习者来说，都急需分语体的汉语语法大纲的出现。

二、《口语大纲》对"口语语体"和"口语语法"的界定

口语表达由于其自身的灵活性，会有很多灵活多变的句法表现，但并不是口语表达中出现的所有口语语法现象都有资格或者都有必要进入口语语法大纲中。因此，我们在研制《口语大纲》时就必须要给"口语语体"和"口语语法"一个相对明确的界定。

目前，多数学者都认可，对外汉语教学语法中的语体分为口语语体、通用语体和书面语体三部分。这三部分是呈连续统状态分布的。学生学习汉语，常常是从通用语体这一中间层级入手，然后逐渐向系统的两端发展。通常来说，越是处于连续统两端的语体，越是要求学生有较高的汉语水平。掌握口语语体的语法项目能够帮助学生最大限度地提高他们的汉语口语表达能力，掌握书面语体的语法项目能够帮助学生最大限度地提高他们的汉语书面语表达能力。这是就整个教学语法体系来说的。深入到系统内部来看，从理论上说，口语语体内部本身也是有层次的。学者们对汉语口语语体内部层次的认识基本一致，基本都认可口语分为口语体口语和书面语体口语两大类。口语体口语就是日常口语，指在非正式场合的非正式交谈，如寒暄、聊天儿等；书面语体口语指的是演讲、会谈等形式的口语，虽是口头表达，但受使用场合、目的等的限制，其语法和风格更接近于书面语。对于口语教学究竟应该教口语体口语还是应该教书面语体口语，各家看法不

一。由于我们研制的《口语大纲》主要服务于日常生活交际，因此，我们将"口语语体"统一理解为"普通话层面下的、非正式场合的、用于话语交际的、语义具有稳固性的"口语。"普通话层面下的"就将一些过于俚俗的用法或者完全是方言的用法排除在外了，"非正式场合的、用于话语交际的"就将书面语体口语排除在外了，"语义具有稳固性的"就将具有流行性的网络语言排除在外了。

对于汉语"口语语法"的界定，我们基本同意李泉（2003）的观点，认为口语语法"包括共核语法以外的、现有各类语法大纲中典型的口语语法成分，以及现有各类语法大纲未及收入的口语语法和口语惯用表达形式"。因此，我们在研制《口语大纲》时，将具有典型口语语体特征的语法成分均视为汉语口语语法项目，如：用于口语的词语（主要是虚词，少数是口语中的实词），口语中常用的半固定短语、使用频率高的口语格式（包括"话语标记"），用于口语的重复、省略、倒装、追补、紧缩等用法，还有各种口语表达中的常用句型句式，以及口语中的轻声、儿化、重叠等韵律现象，等等。

三、《口语大纲》的整体框架

本大纲主要分为三个部分：

（一）第一部分为语法条目解释表

本大纲一共收录了 837 项语法条目。每项条目下采取形式和功能相结合的方法，先说明该条目语义和用法上的特点，再根据不同的特点分别举例。每项条目会根据词性或意义进行细分。以"【824】总"为例，做副词的"总"在口语中一共有三个意义，所以该条目又分成了"【824-1】【824-2】【824-3】"这三个子条目，每个子条目下都有例句说明，并分列重要性等级、难易度等级和口语化等级。另外，每项条目下的例句不少于两句。具体几例，根据条目下用法的多少来定，确保所有的用法都能在例句中体现出来。

（二）第二部分为语法功能项目表

口语表达中的功能分类十分复杂，过多的分级分类可能会导致口语系统内部成员过于庞杂和凌乱。因此，《口语大纲》在进行功能项目的分类时，将突显言语表达中最常用的几大功能。比如，我们根据言语交际的目的将表达功能分为情况表达、指令表达、态度表达、情感表达、谈话技巧五大类功能，每一大类功能内部再进行子功能的细分，每项子功能都用语法项目表中的各个语法项目进行形式上的佐证。以指令表达为例，我们将其分为催促（如"赶紧"等）、服从／遵从（如"按……"等）、建议（如"不就得了"等）、命令（如"叫你 V/A 你就 V/A"）、请求（如"把……V 一下儿"等）、劝告／劝阻（如"千万别／不要V"等）、商量（如"你说呢"等）、提醒（如"都……了"等）、制止（如"得了"等）等九个子功能。这样操作的好处是，口语语法功能项目表和口语语法条目解释表可以相互打通。如果将所有的语法条目按纵向排列，将所有的表达功能按横向排列，二表合在一起，就能构成一份较为完整的双向细目表，就能最大可能地做到形式和功能上的互释。但需要说明的是，部分语法条目的口语表达功能难以确定，所以，并不是所有的语法条目都能在语法功能表中找到相应的位置。另外，还有部分语法条目需要以结构的形式才能更好地体现其口语表达功能，因此对于这些语法条目，我们将以"条目（结构）"的形式呈现。如"吧"可以用在句中停顿处构成"就说……吧／就比如……吧"表示举例，我们在语法功能表"举例"子功能中就以"吧（就说……吧／就比如……吧）"的形式来呈现这一条目。

（三）第三部分为语法项目表框架

根据汉语口语语法自身的特点，《口语大纲》中口语语法项目表框架理应包含第一部分涉及的语法项目，但同时也应包含那些无法在语法条目解释表中形式化的口语语法现象（如口语中的语音表现、话语表达中典型的口语表达手段等）。概括而言，语法项目表框架主要包括句法和话语两个层面的大量口语语法项目。

（1）句法层面

在句法层面上，我们主要选择那些口语中最常用的、最典型的句法结构作为口语语法的必备语法项目。那些口语系统中出现的语法项目，只要是可以用口语语法规则来解释的，能够体现"口语规范化"的，基本都收录在了其中。

句法层面的语法项目更趋于静态。主要涉及两方面内容：一是词法（指的是各类实词、虚词在口语中的不同用法及在韵律上的表现），二是比词类更高一级的结构（包括离合词和各类短语）。如：口语中代词的用法（"人家""这些个"等）、常用口语动词及其重叠形式的用法（"弄""搞""VV 看"等）、口语体量词"个"的用法［"V（他／它）个够""V 个明白""没个完"等］、口语中副词的用法（"直""好好""回头"等）、口语中介词的用法（"叫""给""冲"等）、口语中连词的用法（"别看""跟""要"等）、口语中助词的用法（"来着""得了""好了"等）、可以扩展的半固定格式（"要多V/A有多V/A""动不动就V""说V就V"等）等等。

（2）话语层面

话语层面上涉及的口语语法项目都是体现在交流性语言中、强调"实时交互性"的口语结构。这些语法项目更依赖上下文语境，更强调动态性。主要涉及两方面内容：一是各类话语标记的使用［"你（还）别说""对了""你看……""你不知道""不瞒你说"等］；二是交流性的句子，包括可以独立成句的固定格式（"够可以的！""我说什么来着？""这下倒/可好。"等）、包含句中语气词的交流性句子（"他这个人啊，从来就没有认真过。""别人笑就让别人笑呗，反正我已经习惯了。"等）、包含句末语气词的交流性句子（"你不会不知道吧？""有什么可去的！"等）、各类交际中常用的句型句式（名词性谓语句、形容词性谓语句、比较句、紧缩句等）等等。相比较而言，话语层面是最能真实反映口语实际的，因此话语层面的语法项目也是我们特别强调和重视的。

四、《口语大纲》语法项目析取的依据、参考文献及路径

我们在研制《口语大纲》时，语法项目析取的主要依据及参考文献如下：

（一）国内通行的汉语口语教材

主要包括：

（1）马箭飞主编《汉语口语速成·中级篇/提高篇》（第三版），北京大学出版社，2015；

（2）刘运同主编《听说教程》，上海外语教育出版社，2010；

（3）刘德联、刘晓雨编著《中级汉语口语1、2》（第三版），北京大学出版社，2015；

（4）刘德联、刘晓雨编著《中级汉语口语·提高篇》（第三版），北京大学出版社，2015；

（5）刘元满等编著《高级汉语口语1、2》（第三版），北京大学出版社，2014；

（6）祖人植、任雪梅编著《高级汉语口语·提高篇》（第三版），北京大学出版社，2014；

（7）路志英编著《发展汉语·中级口语1》（第二版），北京语言大学出版社，2011；

（8）蔡永强编著《发展汉语·中级口语2》（第二版），北京语言大学出版社，2011；

（9）王淑红编著《发展汉语·高级口语1》（第二版），北京语言大学出版社，2011；

（10）李禄兴、王瑞编著《发展汉语·高级口语2》（第二版），北京语言大学出版社，2011。

（11）毛悦主编《新目标汉语·口语课本》（六册），北京语言大学出版社，2012；

（12）刘颂浩等编著《很好：初级汉语口语》（四册），北京语言大学出版社，2007；

（13）赵菁主编《汉语听说教程》（上下），北京语言文化大学出版社，2000；

（14）王改改编著《发展汉语·中级汉语口语》（上下），北京语言大学出版社，2005；

（15）戴悉心、王静编著《汉语口语教程》，北京语言文化大学出版社，2001；

（16）陈光磊主编《汉语口语教程·中级·A种本》（上下），北京语言文化大学出版社，2000；

（17）康玉华、来思平编著《汉语会话301句》（上下）（第三版），北京语言大学出版社，2005；

（18）沈建华编著《汉语口语习惯用语教程》，北京语言大学出版社，2003；

（19）刘德联、刘晓雨编著《汉语口语常用句式例解》，北京大学出版社，2005。

（二）多部权威工具书和汉语虚词词典

（1）中国社会科学院语言研究所词典编辑室编《现代汉语词典》（第七版），商务印书馆，2016；

（2）吕叔湘编《现代汉语八百词》（增订本），商务印书馆，1999；

（3）张斌主编《现代汉语虚词词典》，商务印书馆，2001；

（4）北京大学中文系 1955、1957 级语言班编《现代汉语虚词例释》，商务印书馆，1982；

（5）侯学超编《现代汉语虚词词典》，北京大学出版社，1998；

（6）赵新、刘若云主编《实用汉语近义虚词词典》，北京大学出版社，2013；

（7）岑玉珍主编《汉语副词词典》，北京大学出版社，2013；

（8）刘月华等《实用现代汉语语法》（第三版），商务印书馆，2019；

（9）王自强编著《现代汉语虚词词典》，上海辞书出版社，1998。

（三）多部语法大纲和教学大纲

（1）国家对外汉语教学领导小组办公室汉语水平考试部编《汉语水平等级标准与语法等级大纲》，高等教育出版社，1996；

（2）王还主编《对外汉语教学语法大纲》，北京语言学院出版社，1995；

（3）孔子学院总部 / 国家汉办编制《国际汉语教学通用课程大纲》，北京语言大学出版社，2014；

（4）国家对外汉语教学领导小组办公室编《高等学校外国留学生汉语教学大纲：长期进修》，北京语言文化大学出版社，2002；

（5）国家对外汉语教学领导小组办公室编《高等学校外国留学生汉语教学大纲：短期强化》，北京语言文化大学出版社，2002；

（6）国家对外汉语教学领导小组办公室编《高等学校外国留学生汉语言专业教学大纲》，北京语言文化大学出版社，2002；

（7）杨寄洲主编《对外汉语教学初级阶段教学大纲 1》，北京语言文化大学出版社，1999；

（8）孙瑞珍主编《中高级对外汉语教学等级大纲（词汇·语法）》，北京大学出版社，1995；

（9）孔子学院总部 / 国家汉办编制《HSK 考试大纲》（一～六级），人民教育出版社，2015；

（10）教育部中外语言交流合作中心《国际中文教育中文水平等级标准》，北京语言大学出版社，2021。

（四）其他专家语法著作

（1）邓守信《对外汉语教学语法》，北京语言大学出版社，2010；

（2）杨德峰编著《对外汉语教学核心语法》，北京大学出版社，2009；

（3）彭小川等《对外汉语教学语法释疑 201 例》，商务印书馆，2004；

（4）李禄兴等《汉语语法百项讲练》（初中级），北京语言大学出版社，2011；

（5）杨玉玲编著《国际汉语教师语法教学手册》，高等教育出版社，2011；

（6）孙德金《汉语语法教程》，北京语言文化大学出版社，2002；

（7）齐沪扬主编《对外汉语教学语法》，复旦大学出版社，2005；

（8）肖奚强等《汉语中介语语法问题研究》，商务印书馆，2008；

（9）郑懿德等《汉语语法难点释疑》，华语教学出版社，1992；

（10）吕文华《对外汉语教学语法讲义》，北京大学出版社，2014。

《口语大纲》析取语法项目的具体操作流程如下：以通行的多部虚词词典和多套口语教材为基础，一方面将虚词词典中所有有显性语体标注的语法点和教材注释中典型的口语常用结构析取出来；另一方面析取已有大纲中的口语用法，同时大量吸纳近二十年期刊论文中的话语标记和口语常用结构。关于汉语口语教材，有一点需要说明：相较初级口语教材来说，中高级口语教材更突出了口语语体的特征，其中的口语常用表达多数是在初级阶段通用语体的教学范围之外的，所以我们在析取语法项目时，参考的口语教材以中高级汉语教材为主，初级汉语教材为辅。

五、《口语大纲》语法项目等级划分的依据和参考文献

本大纲语法项目的等级划分主要包括三类等级：重要性等级、难易度等级[①]、口语化等级。每一类等级再划分出三个相对等级：一级使用一颗星"★"表示，二级使用两颗星"★★"表示，三级使用三颗星"★★★"表示。

这三类等级在每个语法项目的各个义项 / 功能下分别编排并逐一标识。这样处理，既方便大纲使用者对具体条目的进一步把控，又有利于大纲使用者对后面的等级附录有一个更加清晰的认识，同时也真正体现《口语大纲》中语法项目的实用性。重要性等级是就该语法项目的用频而言的，用频越高则重要性等级就越高，反之，重要性等级就越低；难易度等级是就该语法项目在学习过程中的先后

---

① 本大纲的"难易度等级"可以看成是一个连续统，三级（三颗星"★★★"）表示难度最高，一级（一颗星"★"）表示难度最低。

顺序而言的，在学习过程中需要优先学习的项目一般都属于难易度等级相对较低的项目，反之，则属于难易度等级相对较高的项目；口语化等级是就该语法项目用于口语语体的倾向性程度而言的，越倾向用于口语的项目则口语化等级越高，反之，口语化等级就越低。

本大纲语法项目的重要性等级和难易度等级的划分依据主要有以下几个方面：

（1）通过参考各口语语法项目在前面提到的各类语法大纲和教学大纲中的等级设置，确定这些口语语法项目在本大纲中的相对等级。

（2）同时参考各口语语法项目在前面提到的目前国内通行的口语教材中的所在等级（册数）以及编排顺序，以帮助确定这些口语语法项目在本大纲中的相对等级。

（3）对于那些在上述不同文献材料中的等级设置出现分歧的语法项目，本大纲基本采纳大多数文献材料的处理意见，但最终都须在 BCC 语料库中进行用频调查、验证和判断，并佐以专家意见后再对其重要性等级和难易度等级予以确定。之所以选择 BCC 语料库，是因为该语料库中对话部分的语料更符合口语大纲的要求。

（4）在其他文献材料中尚未予以标注、罗列或说明但又明显具有口语倾向的语法项目，我们主要依据其在 BCC 语料库中的用频情况，并佐以专家意见，对其重要性等级和难易度等级予以确定。

由于本大纲是首部口语大纲，所以也是首次尝试对其中的语法项目进行口语化等级（即口语化倾向程度等级）划分。本大纲语法项目口语化等级的划分具有开创性，并无可供直接借鉴的参考文献。口语化等级划分的依据主要有以下几个方面：

（1）考察已有各种文献（包括前面提到的各种词典、教材、大纲等）对某个口语语法项目语体倾向性标注和说明的表述方式。我们将这些标注和说明的表述方式分为以下三个级别：一是强口语语体倾向，包括"〈口〉""口语""用于口语""只用于口语""非常口语化""一般只用于口语"等；二是中口语语体倾向，包括"常用于口语""多用于口语""主要用于口语""口语中大量使用""口语中经常使用""一般用于口语""口语色彩较强"等；三是弱口语语体倾向，包括"比较口语化""一般不用于书面语""口语中更常用""较多出现在口语中""口语里用得较多""具有口语色彩"等。本大纲参考上述这些表述来划分语法项目的口语化倾向程度的三个等级。当然，上述表述很多带有编者较强的主观性，尤其当不同的文献在表述上出现分歧，甚至出现截然相反的意见时，本大纲则是基本采纳大多数文献材料的处理意见，并在 BCC 语料库中对其分布语境加以调查、验证和判断，同时佐以专家意见后，再对其口语倾向程度等级予以确定。

（2）在其他文献材料中尚未予以标注、罗列或说明但又明显具有口语倾向的语法项目，我们主要依据其在 BCC 语料库中的分布情况，并佐以专家意见，对其口语倾向程度等级予以确定。

关于各类等级的划分，有三点需要特别说明：

第一，本大纲中重要性等级和难易度等级划分都是口语语法项目内部成员之间的相对等级，不能简单对应于现有各种语法大纲的等级。另外，口语语法项目用频高的，习得难度不一定低；口语语法项目用频低的，习得难度不一定高。两个等级之间是否具有对应关系，要根据各个大纲、各类口语教材以及 BCC 语料库的实际分布来决定。因此，本大纲对这些口语语法项目的等级划分是根据其内部成员之间的差异划分出来的一个相对等级。

第二，一般而言，在初级阶段的对外汉语教材中，通用语体的语言项目更多。随着学生汉语水平的逐渐提高，到了中高级阶段，口语化的语体倾向就会相对明晰一些。大部分口语化程度高的语法项目都是出现在中高级阶段。因此，语法项目的难易度等级与口语化等级基本是一致的，即某一语法项目口语化程度较高的，其难易度相对来说也会提高。

第三，各语法项目之间虽有口语语体倾向程度的差异，但真要细分出不同的等级实属不易。这不仅是因为不同语法项目的语体倾向程度是一个连续统，边界十分模糊；更主要的是因为，同为汉语母语者，由于各自方言有别、语感有别、受教育程度和专业背景有别，对某个语法项目语体倾向的判断结果难免会有差异，甚至会产生截然不同的看法。如果说整个对外汉语语法体系是一个连续统，连续统的两端分别是口语语体和书面语体的话，那么中间的通用语体与口语语体的边界交叉处一定会存在一个模糊地带。也就是说，这个模糊地带中的语法项目，既可以出现在口语大纲中，同时又可以出现在通用语体大纲中，这是不可避免的。同理，通用语体与书面语体的边界交叉处也会存在一个这样的模糊地带。

本大纲需要做的是让这个模糊地带尽可能狭小，所有的项目都能在口语的析出来源中找到。没有析出来源、靠专家干预而成的口语项目占比很小。只有一部分口语化等级为一级（用"★"表示）的项目，才有可能接近模糊地带。本大纲中口语化等级为一级的语法项目一共是 94 项，占全部项目（共 1122 项）的 8.4%。这一比例符合本大纲编写的初衷。

六、《口语大纲》的研制特色

（一）注重大纲中语法项目的"菜单性"

汉语口语语法形式不仅丰富而且复杂，所谓"口语"的范围是不容易界定和描述的，将所有口语语法项目纳入《口语大纲》既无必要也不现实。冯胜利（2010）对语体的本质有过论述，认为语体会不可避免地产生对立，即正式与非正式的对立、典雅与通俗（雅言与俗语）的对立；另一方面，冯胜利（2010）又强调语体的对立是相对的，正式与非正式是可以相互转化的。另外，正式和非正式的相对独立，还要考虑到历时和共时的变化。这种变化可能反映在某一时段内，可能反映在某一地域内；有的形式基本定型，有的形式尚在成型过程之中；有的形式用了一段时间之后会逐渐转向正式语体，有的形式用了一段时间内反而销声匿迹。可见，如果一味地追求共时平面体系的完整性，是很难做到的。因此，我们的《口语大纲》不过于追求体系的完整性，我们更看重的是大纲里语法项目的"菜单性"，这些"菜单性"的语法项目代表的是口语中的高频语法点，是比较典型的口语语法项目。

以"词类"为例。我们在大纲中不追求某个词类内部成员的完整性，而是将口语中高频使用的词收录进来。比如：我们收录了用于口语语体的能愿动词"该""得""配"等，排除了其他用于通用语语体的能愿动词；我们收录了用于口语语体的连词"省得"，排除了用于书面语体的"以免"；同样是表目的关系，我们收录了用于口语语体的"好"，排除了用于书面语体的"以"和"以便"；我们收录了用于口语语体的副词"一块儿"，排除了用于通用语体的"一起"；我们收录了用于口语语体的强调程度高的副词"多"，排除了用于书面语体的"多么"；等等。

（二）突出"语法"重点

《口语大纲》中的口语语法项目既要符合口语的特点，紧贴汉语口语生活，又要突出"语法"重点。孙德金（2006）认为，对外汉语语法教学的一条重要原则是属于词汇范畴的不教，强调了语法教学和词汇教学的分野。我们很赞同这个观点。语法的内容本来就已经很复杂了，如果再把词汇的东西也包罗进来，这个语法体系实在有些过于庞大。比如《汉语水平等级标准与语法等级大纲》（国家对外汉语教学领导小组办公室汉语水平考试部，1996）中，固定词组和固定格式出现在乙级、丙级和丁级大纲里，口语格式出现在丙级和丁级大纲里。这样处理可能会出现这样几个问题：一是固定词组的选取标准是什么？将惯用语和成语收录其中是否合适？二是将"了不起""感兴趣"这一类几乎词汇化的结构跟"不是吗""哪知道"这一类可以成句的结构放在一起是否合适？它们的内部是否同质？基于以上的思考，在口语语法项目的析取上，我们不求包罗万象，而是突出"语法"重点。涉及词汇层面的项目，只析取了少量封闭性词类的口语用法（如名词的儿化，动词、形容词的重叠，数量词，代词等），我们把语法项目的析取重点放在了口语的虚词用法和各类口语句法结构上，至于其他实词以及成语、谚语、惯用语、俗语、歇后语等，我们都没有收录进来。

（三）体现真实言语交际中的实用性

《口语大纲》中语法项目的析取必须要考虑其在口语交际中的实用性。构式语法理论兴起后，大量的口语格式得到学界的关注，但是真实交际社会中的很多高频口语格式，已有大纲并未收录。现代汉语口语中究竟有多少种常见的口语格式，主要实现怎样的言语功能，尚需进一步的调查统计和描写。我们以国内通行的多套汉语口语教材和多部虚词词典作为析取高频口语格式的主要依据，同时辅以近二十年来发表在刊物上的各种有关口语格式（包括"话语标记"）的论文，以此构成口语语法大纲中高频口语格式的主体。我们相信，这些高频口语格式是完全能够满足真实交际社会的言语需求的。

另外，大纲在研制时很重视语气意义的表达。众所周知，在口语表达中，交谈双方所表达的语气意义至关重要，而汉语中的语气意义主要是通过语气词、语气副词、能愿动词、叹词、反问句、感叹句等典型的语言形式来表达的。语气意义的把握对于第二语言习得者来说是比较难的，同时也是非常重要的。我们在研制《口语大纲》时，将这些最能体现汉语口语语气意义的语言形式都收录进来了。这些建立在真实交际环境中的口语语法项目才是最有资格进入《口语大纲》的，也是最具实用性的。

（四）以功能为导向

研制《口语大纲》时，我们同时需要思考这样一个问题：如何实现结构与功能的对应？《口语大纲》不仅应该关注结构，更应该重视语境和实际的交际功能。口语语法的本质特征是与口语表达功能密不可分的，口语语法的目的在于解释交际者如何通过调节话语完成言语行为并理解对方话语，口语语法体系的建立应以功能作为统领之纲（徐晶凝，2016）。

事实上，从我们研制《口语大纲》的目标来看，语法项目的选取就是为了更好地实现表达功能。因此，从功能出发去描写语法项目也许是制订《口语大纲》的一次不错的尝试。因为对于学习者来说，结构的语义表达远比结构的形式特点要难掌握得多。比如"（你）还说呢""真是""什么呀"等等，其结构后面隐含的丰富的语义内容单从形式上是很难看出来的，如果从功能上对它们进行分类和归纳，可能更有助于学生的理解。从交际的角度将表达功能进行细化，将有助于我们在语法项目的设置和描写中更好地建立起口语表达体系。这种模式也能更好地实践从功能到形式、从形式到功能的互释理念。

（五）在情景化的构建中体现言语的互动

近年来被汉语学界推崇的互动语言学关注语言的社会属性、交际互动功能和言谈环境，关注特定言语行为的话语表达（方梅、李先银、谢心阳，2018），并且越来越多的学者关注"情景化的语法教学"（李先银，2020），这些理论都给了我们很大的启发。本大纲例句的选取主要参考了 BCC 语料库母语使用者的口语语料，同时借鉴了留学生汉语中介语料库的语料，并且结合编写者多年的对外汉语教学经验，确保每一个例句既符合汉语母语者的口语实际，又完全可以充当留学生口语会话的素材。口语大纲的语料来自真实的言语环境，在情景化的构建中体现了话语的互动功能。句子简明、生动，极具生活气息。通过具有"情景化"特征的对话语境，学习者可以从这些言的互动中更好地理解口语结构的语用义。这些生动的例句都是口语表达中"非常好用"的、大纲使用者可以直接"拿来一用"的句子。

七、《口语大纲》语法条目编排及符号使用的说明

（1）本大纲语法条目按首字的拼音字母顺序排列，书后另附"难易度等级"和"口语化等级"两个附录。

（2）拼音只标本调，不标变调；如口语中有比较通行的不同读音，一般在释义时注明口语音。

（3）离合词注音时中间用双斜线"//"，表示中间可以插入其他成分。

（4）释义时力求少用术语，尽可能用简单、易懂的文字进行说明，例句也力求简单、生动、实用。

（5）由于口语语法项目是为口语表达而服务的，所收条目不做细致分工，只分"词"和"固定格式"两大类。如果是词，会标注词性；其他大于词的格式，都标注为"固定格式"。另外，也有极个别的条目是构词语素，不做任何标注，释义时会指出。

（6）本大纲所使用的符号及其所代表的意义如下所示。

N	表示名词或名词性短语。当表示两个意思相近、相关或相反的名词或名词性短语时，则用 N_1、N_2 相区分。
V	表示动词或动词性短语。当表示两个意思相近、相关或相反的动词或动词性短语时，则用 V_1、V_2 相区分。
A	表示形容词或形容词性短语。当表示两个意思相近、相关或相反的形容词或形容词性短语时，则用 A_1、A_2 相区分。
M	表示量词。
P	表示人称代词或指人名词。
X	表示不限词性或者词性多于两个以上。如需对举出现或突出对比性时，则用 X、Y 表示。
( )	表示可省略。
/	表示可选择。

一　语法条目解释表

A

【001】啊　a

【001-1】［语气词］用在不同语气的句子末尾，使原有语气趋于舒缓。

你到底去不去啊?

这件事不能怪我啊。

这天儿真热啊!

快走啊!

重要性等级：★★★　难易度等级：★　口语化等级：★★★

【001-2】［语气词］用在称呼后面，显得比较亲切，拉近与听话人的距离。

老公啊，今天能不能陪我出去逛街啊?

小张啊，我理解你的感受，但你也得替我考虑一下儿吧。

你啊你，就不能让我省点儿心吗?

重要性等级：★★★　难易度等级：★　口语化等级：★★★

【001-3】［语气词］用在句中可以停顿的地方，引起听话人的注意。

今天把大家找来啊，是想听听大家的意见。

我在想啊，我们是不是可以组织一次去外地旅游的活动?

这女人啊，就是爱买衣服，她们觉得自己的衣柜里永远都少一件衣服。

重要性等级：★★　难易度等级：★★　口语化等级：★★★

【001-4】［语气词］用于并列的项目后面，表示列举，常构成"……啊……啊（的）"格式。

刚才妈妈去超市，水果啊蔬菜啊，买回来一大堆。

整天就知道工作啊学习啊，一点儿休息时间都没有，你不嫌累啊?

这孩子一进游乐场，就跑啊跳啊的，开心得不得了。

重要性等级：★★　难易度等级：★★　口语化等级：★★★

【001-5】［语气词］用疑问的形式表示进一步确认。

你是大学生啊?

这事原来你早就知道啊?

大卫竟然考了班上第一名啊?

重要性等级：★★★　难易度等级：★　口语化等级：★★★

【001-6】［语气词］构成"V 啊 V 啊"结构，表示动作的持续时间长或反复进行。V 一般为单音节动词。

这孩子不知道跑哪儿去了。大家找啊找啊，终于在离家比较远的一个游乐场里把他找到了。

马上要期末考试了，大家学啊学啊，每天都在看书，可认真了。

你整天啥也不干，就知道玩儿啊玩儿啊，你就不担心把工作给玩儿没了?

重要性等级：★★　难易度等级：★★　口语化等级：★★★

【002】挨个儿　āi∥gèr

［副词］按顺序；依次。后面可跟"地"。

为了这件事我到处求人帮忙，能打的电话我都挨个儿打了一遍。

大伙儿别挤，挨个儿上车!

这些人你应该都认识，我就不挨个儿地介绍了。

张大伯实在闲着无聊，挨着个儿地把停在饭店门口的汽车全都数了一遍。

重要性等级：★　难易度等级：★★　口语化等级：★★★

【003】挨 V　ái V

［固定格式］表示"遭受或忍受某行为"。多跟单音节动词连用，如"挨宰、挨骂、挨打、挨揍"等；有时也可跟双音节动词连用，如"挨批评"等。"挨"后可引出动作的发出者，构成"挨某人的 V"。

千万不要去那些不正规的店铺买东西，不然就只有挨宰的份儿了。

你说你天天挨骂，就不能改改你的坏毛病吗?

历史告诉我们，落后了就要挨打。

他作业没做好，挨了老师一顿批评。

重要性等级：★★★　难易度等级：★★　口语化等级：★★★

【004】爱 V / A 不 V / A　ài V / A bù V / A

［固定格式］表示无论选择哪一种都随便，含有不满或不耐烦的情绪。

今天下午的活动，反正我通知到了，你爱去不去。

你们要是嫌我这儿卖得贵，那就去别的地方买吧。爱买不买！

A：你这样批评他，他会不高兴的。

B：爱高兴不高兴。他做得不对，难道还不叫人说吗？

重要性等级：★★　难易度等级：★★★　口语化等级：★★★

【005】爱咋咋地　ài zǎ zǎ dì

［固定格式］随便；无所谓。表示别的事情都跟自己无关，有不在乎的意思，有时有一点儿生气的意思。

他们想怎么说就怎么说吧，随便他们！爱咋咋地。

这份工作反正干到年底我就不干了，你们爱咋咋地。

对我来说，没有什么事比父母的身体更重要！其他的事都爱咋咋地。

重要性等级：★★　难易度等级：★★★　口语化等级：★★★

【006】爱怎么 V 就怎么 V　ài zěnme V jiù zěnme V

［固定格式］表示想怎么样都可以，或者表示不在乎别人做什么。也常说"爱怎么着就怎么着""爱怎么样就怎么样"，有一种不在乎的意思。

嘴长在别人脸上，他们爱怎么说就怎么说，反正我又没干什么见不得人的事。

我们都这么大年纪了，孩子的事情就不要管了，他们爱怎么着就怎么着吧。

A：你觉得我应该怎么回复她？

B：你爱怎么回复就怎么回复吧。

重要性等级：★★　难易度等级：★★　口语化等级：★★★

【007】按　àn

［介词］引出做某件事情的标准。

这件事就按他的意思来办吧。

大家都得按这里的规矩办事。

我一个月的开销就按三千块来算吧，一年算下来，差不多要四万了。

重要性等级：★★★　难易度等级：★　口语化等级：★

【008】按（理）说　àn（lǐ）shuō

［固定格式］按照情理（来判断）。后面常常隐含或者表示实际情况与情理正好相反，常构成"按（理）说……，但（是）/ 可（是）……"格式。

这么大的孩子了，<u>按理说</u>该懂事了，但怎么还是这么不让人省心？

<u>按理说</u>他住得最近，不应该迟到，可他偏偏是我们班的"迟到大王"。

今天是周六，<u>按理说</u>早上不应该堵车，可是偏偏一出门就堵上了。

重要性等级：★★★　难易度等级：★★★　口语化等级：★★★

B

【009】巴不得　bābudé

［动词］迫切盼望。所盼望的事情是有可能实现的。

他正发愁呢，<u>巴不得</u>你现在就过去帮他。

你怎么就不愿意呢？这样的好事我还<u>巴不得</u>呢。

A：你天天待在家里不去上班，我还以为你被开除了呢。

B：我<u>巴不得</u>这样呢！这份工作我早就不想干了。

重要性等级：★★★　难易度等级：★★　口语化等级：★★★

【010】把　bǎ

［助词］表示约数。放在"个、斤、里"等量词后边，或用在"百、千、万"与量词之间。量词前边隐含"一"，但不用"一"。

我休息了个<u>把</u>月。

这条鱼大概斤<u>把</u>重。

这台电脑当时花了我万<u>把</u>块钱。

重要性等级：★★　难易度等级：★★　口语化等级：★★★

【011】把……不当……　bǎ……bù dàng……

［固定格式］意思是"把……不当作……""把……不看成……"。在这类熟语性用法中，否定副词"不"的位置比较自由，也常说成"不把……当……"。用否定副词"别"时，常构成"别把……当……"格式。这里的"把"都可换成"拿"。

这么重要的面试，你怎么完全把它<u>不当</u>回事？

你们太过分了，根本<u>不把</u>我<u>当</u>人！

我们关系很好，我从<u>不把</u>他<u>当</u>外人。

虽然在这儿工作了一辈子，但他从来也<u>不把</u>这个城市<u>当</u>自己的家乡。

你别把我<u>当</u>三岁小孩子，好吗？

你可千万别把工作<u>当</u>儿戏！

重要性等级：★★　难易度等级：★★　口语化等级：★★★

【012】（看）把……V/A得（……）   （kàn）bǎ……V/A de（……）

［固定格式］表示某人的行为或状态有些夸张，说话人认为用不着或不必到如此地步。V/A后常有表示程度或情态的补语，有时补语可以不出现，"看"或"把"也可以省略。

看把老张气得脸都绿了！

看把这孩子热得！

看这房间搞得！连个坐的地方都没有。

不就是买了件新衣服吗？把她美得！

看你乐得，这个相声你都听懂了？

重要性等级：★★★ 难易度等级：★★★ 口语化等级：★★★

【013】把……放在眼里   bǎ……fàng zài yǎn lǐ

［固定格式］该结构常跟否定副词"不""没"搭配，构成"不/没把……放在眼里"格式，表示不在乎某人或某事，有轻视、看不起的意味。有时也可用于反问。

他这个人太骄傲了，从不把别人放在眼里。

我从来没把那个小公司放在眼里，毕业后也不可能到那儿去工作。

她一心想往北京考，根本没把当地的大学放在眼里。

你到底有没有把我放在眼里？这么大的事情也不跟我商量一下儿！

重要性等级：★★★ 难易度等级：★★ 口语化等级：★★★

【014】把个N给……   bǎ gè N gěi……

［固定格式］表示对N的处置是不如意或者意料之外的事情，"给"可以省略。

明天就要开部门大会了，关键时刻我偏偏把个文件给搞丢了。

她把个孩子给生在了火车上。

弟弟把个变形金刚给弄坏了。

这两天的期末考试把个小张忙得要命。

你怎么把个手机放在窗台上了？

重要性等级：★★★ 难易度等级：★★★ 口语化等级：★★★

【015】把……给……   bǎ……gěi……

［固定格式］"给"后引出"把"的宾语达到的程度或者结果，加"给"有强

调的意味，"给"可以省略。有时有出人意料的意思。

小王终于找到了满意的工作，这可把他给高兴坏了。

放心吧，我已经把信给寄出去了。

昨天上学路上小云被电瓶车撞了一下儿，结果把考试给耽误了。

爸爸把我那台破电脑给修好了。

重要性等级：★★★　难易度等级：★★　口语化等级：★★★

【016】把 N 一 V　bǎ N yī V

［固定格式］常用来描述动作的情状，通常不能单独使用，后面常有后续句。

他进屋后把背包一扔，就躺在了床上。

每次进教室，小林总是把头一低，有些害羞的样子。

老师把考试的规则一说，我立刻紧张了起来。

警察把脸一沉，命令我马上靠边停车。

重要性等级：★　难易度等级：★★★　口语化等级：★★

【017】把……V 一 V / V 一 下 儿 / VV / V 了　bǎ……V yi V / V yīxiàr / VV / V le

［固定格式］请求或者命令某人做某事。常用在祈使句中。

客人马上要来了，你赶紧把桌子擦一擦！

师傅，麻烦你帮我把电脑修一下儿！

老师，您能帮我把这篇作文再改改吗？

这都几点了还不睡？赶紧把电视关了！

重要性等级：★★★　难易度等级：★★　口语化等级：★★★

【018】把 P 怎么样　bǎ P zěnmeyàng

［固定格式］表示对待关系。通常以反问句和否定句的形式来表示否定义，意思是"对 P 没办法"，有无奈的语气或者略微有点儿挑衅的意味。"把"可以解释为"拿"或"对"的意思。

虽然警察怀疑他是凶手，但没证据，所以也不能把小丁怎么样。

不让我去我偏去，看你能把我怎么样！

不用紧张，他不敢把我们怎么样。

放心吧，他能把我一个老百姓怎么样？

重要性等级：★★★　难易度等级：★★　口语化等级：★★★

【019】罢了　bàle

［助词］用在陈述句句尾，表示"不过如此"，含有把事情往小里、往轻里说的意思。常构成"不过/只是/无非……罢了"格式。

我只不过是说说<u>罢了</u>，你怎么就当真了呢？

他只是写错了几个字<u>罢了</u>，没必要这么生气吧！

他这样做，无非是想吓唬吓唬你<u>罢了</u>。

重要性等级：★★★　难易度等级：★★　口语化等级：★

【020】吧　ba

【020-1】［语气词］用在祈使句末，使语气变得较为舒缓。

咱们早点儿休息<u>吧</u>。

救救他<u>吧</u>。

你好好想想<u>吧</u>。

行了，你少说几句<u>吧</u>。

重要性等级：★★★　难易度等级：★　口语化等级：★★★

【020-2】［语气词］用在陈述句末，使语气变得不十分确定。

他是上海人<u>吧</u>。

你明天就回国了<u>吧</u>。

小张大概不会来了<u>吧</u>。

他不会不知道<u>吧</u>。

重要性等级：★★　难易度等级：★★　口语化等级：★★★

【020-3】［语气词］用在疑问句末，使原来的提问带有揣测的意味。

这座楼是新盖的<u>吧</u>？

您就是张老师<u>吧</u>？

你是新来的<u>吧</u>？

你答不上来了<u>吧</u>？

重要性等级：★★★　难易度等级：★★　口语化等级：★★★

【020-4】［语气词］用于后续句的末尾，表示认可、同意等语气。

好，就这样定了<u>吧</u>。

反正人已经够了，不来就不来<u>吧</u>。

行，就按你的意思办<u>吧</u>。

重要性等级：★★★　难易度等级：★★　口语化等级：★★★

【020-5】［语气词］用在句中停顿处，表示举例或让步。表示举例时常构成"就说……吧""就比如……吧"，表示让步时常构成"就算……吧""虽说……吧"。

就说小李<u>吧</u>，他现在一个人干三个人的活儿。（举例）

就比如喝茶<u>吧</u>，这里面其实有很多讲究。（举例）

就算你有理<u>吧</u>，也不能打人啊。（让步）

虽说收入不算高<u>吧</u>，但生活过得还算有质量。（让步）

重要性等级：★★★　难易度等级：★★★　口语化等级：★★★

【021】V_1 吧，……；V_2 吧，……　　V_1 ba，……；V_2 ba，……

［固定格式］两个表示假设的小句对举使用，表示左右为难、犹豫不定的意思。

<u>走吧</u>，不好；<u>不走吧</u>，也不好。

<u>说多了吧</u>，她就掉眼泪；<u>说少了吧</u>，她又不当回事。

小刘不知道如何处理跟女朋友的关系：<u>分手吧</u>，两人毕竟相处了好几年了，还是有一些感情的；<u>不分手吧</u>，他实在受不了女朋友的暴脾气。

我现在的心情很矛盾：<u>回国吧</u>，我得放弃现在的好工作；<u>不回吧</u>，父母年纪大了身边没人照顾。

重要性等级：★★★　难易度等级：★★★　口语化等级：★★★

【022】白　bái

常构成"白 V"。V 多为单音节动词，"白"后不带"地"。

【022-1】［副词］做了某事或者付出了代价却没有达到预期的目的或结果。表达了说话人的一种遗憾。

你这孩子一点儿礼貌也没有，<u>白</u>念了这么多年书。

你交了学费却不来上课，不是<u>白</u>交钱了吗?

他今天出门了也不说一声，害我白跑了一趟。

重要性等级：★★★　难易度等级：★★　口语化等级：★★★

【022-2】［副词］没有付出代价却得到了某种好处，有一种占便宜的意思。可构成"不 V 白不 V"格式。

每逢节假日，超市里有些东西便宜得简直跟白送一样。

天天在你这里白吃白住，我都不好意思了。

今天我请客，大家想吃什么自己挑，不吃白不吃。

明天学校组织大家旅游，不去白不去。

重要性等级：★★★　难易度等级：★★　口语化等级：★★★

【022-3】［副词］做了坏事却没有受到惩罚，表达了说话人不满的语气。一般用在反问句或否定句中。

他打了我，难道就这样让他白打吗？

应该让那些闯红灯的人受到惩罚，不能白闯了。

还有没有天理啊？我就这样白被他欺负吗？

重要性等级：★★★　难易度等级：★★★　口语化等级：★★

【023】白白　báibái

【023-1】［副词］强调付出了代价却没有效果。表达了说话人的一种遗憾。后边可以加"地"，也可以不加。常构成"白白（地）V"格式。

你白白上了这么多年学，连封信也不会写。

昨天一下午的时间就那么白白地浪费掉了，多可惜呀。

父母在她身上白白地花了那么多时间和精力，她啥也没学好。

重要性等级：★★★　难易度等级：★★　口语化等级：★★

【023-2】［副词］强调做了坏事却没有受到惩罚，表达了说话人不满的语气。一般用在反问句或否定句中，动词后可以直接跟"了"，常构成"白白 V 了"格式。

不能让这个小偷儿就这么白白走了，应该把他送到派出所去。

怎么你让老板白白冤枉了却不生气？

我可不想忍气吞声的，让别人白白欺负了。

重要性等级：★★★　难易度等级：★★★　口语化等级：★★

【024】被……给……　bèi……gěi……

［固定格式］多表示不如意的被动义。介词"被"引出行为、动作的主体。"被"可以用"叫"或"让"来替代，构成"叫 / 让……给……"格式。"给"可以省略。

他<u>被</u>我<u>给</u>赶走了。

他<u>被</u>学校给开除了。

昨天晚上我<u>被</u>雷声给吓醒了。

那块地毯<u>叫</u>小明<u>给</u>踩脏了。

小林<u>让</u>爸爸<u>给</u>骂了一顿。

重要性等级：★★★　难易度等级：★★　口语化等级：★★★

【025】呗　bei

【025-1】［语气词］表示事实明显，道理简单，不需要多说。

喜欢她，就去告诉她<u>呗</u>。

不懂就好好学<u>呗</u>。

东西弄坏了，再去买一个<u>呗</u>。

重要性等级：★★　难易度等级：★★　口语化等级：★★★

【025-2】［语气词］表示满不在乎、无所谓。常用在"X 就 X 呗"格式中，满不在乎的意味更加明显。

两天就两天<u>呗</u>，时间抓紧一点儿就行了。

不去就不去<u>呗</u>，有什么了不起的！

别人笑就让别人笑<u>呗</u>，反正我已经习惯了。

重要性等级：★★　难易度等级：★★　口语化等级：★★★

【025-3】［语气词］表示无可奈何的语气。

吃苦也罢，受累也罢，过日子<u>呗</u>！只要没什么大矛盾就行了。

领导让我们这样做，那就照办<u>呗</u>。我们普通员工能怎么办呢？

他说去，那就去<u>呗</u>，只要他高兴就行。

重要性等级：★★　难易度等级：★★　口语化等级：★★★

【025-4】［语气词］强化劝告或要求等语气。

他既然主动认错了，你也就别追究了呗！

我最近手头紧，你先借我点儿呗！

人家都求你好几次了，你就帮帮他呗。

重要性等级：★★★　难易度等级：★★★　口语化等级：★★★

【026】本来　běnlái

【026-1】［副词］原先，先前。表示同实际发生的情况不一样。

他本来姓张，后来才改姓李的。

我昨天本来打算去看老沈，没想到他倒先来了。

本来姐姐是想明年回国的，但家里出了这么大的事，她就提前回来了。

重要性等级：★★★　难易度等级：★　口语化等级：★★★

【026-2】［副词］表示情况始终没有改变。同副词"就"连用，确认的语气更加明显。

咱们本来就是一家人，干吗那么客气？

他工作本来就忙，现在就更别说了。

我本来就不爱吃苹果，可妈妈偏偏给我买了一大箱苹果。

重要性等级：★★★　难易度等级：★★　口语化等级：★★★

【026-3】［副词］表示按道理就应该这样，表达了一种毋庸置疑、无须辩驳的语气。动词部分必须用"应该、该"等助动词，可用在对话的后续句中。

当天的功课本来就应该当天完成。

这个活动你本来就该参加，有什么好抱怨的！

A：看来要想通过这次考试，还真得下点儿功夫。

B：本来嘛！

A：小王最近表现不错，每天都按时来学校上课，听课也很认真。

B：作为学生，本来就应该这样。

重要性等级：★★★　难易度等级：★★　口语化等级：★★★

【027】甭　béng

"不用"的合音，主要用于北方方言。

【027-1】［副词］别、不要，表示劝阻或禁止。多用在祈使句中。

他说的话你甭听，没一句是真的。

今天是星期六，甭老待在家里，咱们出去逛逛吧。

明天甭去上班了，在家歇一天吧。

重要性等级：★★★　　难易度等级：★★　　口语化等级：★★★

【027-2】［副词］表示不需要、不用。

今天不下雨，甭带伞了。

你甭客气，咱们是老朋友了。

甭担心，我会照顾好自己的。

重要性等级：★★★　　难易度等级：★★　　口语化等级：★★★

【028】比方说　　bǐfang shuō

［固定格式］用于举例说明，也可用"比如说"。

杭州可好玩儿了，比方说西湖和灵隐寺，不但风景美，还有很多很有意思的传说。

周末我有很多想做的事情，比方说逛街啊，跟朋友聊天儿啊，等等。

他总是有事没事地跟我搭话，比方说周末去哪儿玩儿啦，最近在忙什么呀，等等。

重要性等级：★★★　　难易度等级：★　　口语化等级：★★

【029】比 N 还 N　　bǐ N hái N

［固定格式］表示极力强调某人的特点或能力。带有夸张的语气，有时有讽刺的意味。

大山在中国生活了很多年，大家都说他比中国人还中国人。

你真是比诸葛亮还诸葛亮，太聪明了。

看你这副样子，好像比专家还专家。

重要性等级：★★　　难易度等级：★★　　口语化等级：★★★

【030】毕竟　　bìjìng

［副词］表示追根究底得出某个结论，用来强调事实或原因。

毕竟是年轻人，精力比较充沛。

他毕竟年纪太小了，有些事情想得不全面。

他说得也不一定都对，<u>毕竟</u>他不太清楚到底发生了什么。

不管怎么说，你这样对他<u>毕竟</u>不太好。

重要性等级：★★★　难易度等级：★★　口语化等级：★

【031】N 毕竟是 N　N bìjìng shì N

[固定格式] 用来强调原因。有时可说成"毕竟是 N"，也可以说成"N 到底是 N"。

孩子<u>毕竟是孩子</u>，不要对他有太高的要求。

<u>笑话毕竟是笑话</u>，不要太当真。

<u>毕竟是大学生</u>，知道的就是多。

<u>大城市到底是大城市</u>，工作机会还是比较多的。

重要性等级：★★　难易度等级：★★★　口语化等级：★★

【032】别　bié

【032-1】[副词] 表示禁止或劝阻，意思相当于"不要"。常用在祈使句中，对话中的"别"可以单用。

他在学习，<u>别</u>打扰他。

<u>别</u>在这儿瞎猜了，还是给她打个电话问问吧。

A：我还是把那件事告诉她吧。

B：<u>别</u>，你千万<u>别</u>说。

A：我先走啦！

B：<u>别</u>，<u>别</u>，咱们一块儿走！

重要性等级：★★★　难易度等级：★　口语化等级：★★★

【032-2】[副词] 表示揣测和担心，通常是不希望发生的事情。常构成"别……吧"格式。

都这么晚了，他还没回来，<u>别</u>出什么事了吧。

我刚才跟他说的那些话，他<u>别</u>不明白吧？

小张今天没来上课，<u>别</u>不是又生病了吧？

老师家是住这个小区吗？你<u>别</u>又把地址搞错了吧。

重要性等级：★★　难易度等级：★★★　口语化等级：★★★

【033】别的不说，就说……吧　biéde bù shuō, jiù shuō……ba

[固定格式] 表示不用举很多例子，只需要举一个例子就可以说明问题。

A：听说最近水果涨价了？

B：可不是嘛。别的不说，就说香蕉吧，每斤比原来贵一块多钱呢。

A：大家都说他这个人挺爱帮助人的。

B：没错。别的不说，就说昨天吧，他帮老王修了一天的车，连午饭都没吃。

A：我觉得杭州这个城市还是挺适合居住的。

B：是啊！别的不说，就说环境吧，一年四季到处都是绿树成荫的。

重要性等级：★　难易度等级：★★★　口语化等级：★★★

【034】别逗了　bié dòu le

[固定格式] 对对方的观点或说法表示否定。常用于关系亲近的两人之间，说话比较随意。

A：要是没有考试就好了。

B：别逗了，要是不考试，你怎么知道自己到底有哪些地方不明白？

A：今天晚上我们熬个通宵吧。

B：你别逗了，要是不睡觉，明天早上上课哪还有精神呀！

A：他们都说你是有钱人。

B：别逗了！

重要性等级：★　难易度等级：★★　口语化等级：★★★

【035】别看　biékàn

[连词] 意思是不要从表面上或习惯认识上判断，后面常常表示相反的意思。常构成"别看……，可（是）/其实……"格式，前后句有时候可以互换位置。

别看他满头白发，年纪可并不老。

今天其实不怎么冷，别看下那么大的雪。

这小孩儿机灵着呢，别看他年龄不大。

别看他工作没几年，其实现在都是公司的骨干了。

重要性等级：★★★　难易度等级：★★　口语化等级：★★★

【036】别 V / A 了　bié V / A le

表劝告，有以下两种意思。

【036-1】［固定格式］阻止某人继续做某事。这里的 V / A 表示的动作或状态都是动作主体可以自己控制的。

<u>别想了</u>。有什么事情等明天再说吧。

你已经喝了不少酒了，<u>别喝了</u>，对身体不好。

这是你应该得的奖金，你就拿着吧，<u>别客气了</u>。

重要性等级：★★★　难易度等级：★★　口语化等级：★★★

【036-2】［固定格式］提醒某人不要发出某个动作。这里的 V / A 表示的动作或状态都是动作主体不容易控制的。

<u>别忘了</u>，明天上午有重要会议，你一定要来参加啊。

这么重要的资料你一定要保存好，可<u>别丢了</u>。

明天的考试你要放松一点儿，<u>别太紧张了</u>。

重要性等级：★★★　难易度等级：★★　口语化等级：★★★

【037】别人　biérén

【037-1】［代词］用来泛指除说话人或某人以外的人。常构成对举形式。

<u>别人</u>有了困难，咱们应该尽量帮助。

你能做的事，<u>别人</u>也能做。

为什么我的意见你从来不听，<u>别人</u>的意见你每次都会考虑？

重要性等级：★★★　难易度等级：★　口语化等级：★★

【037-2】［代词］确指某个人或某些人。

你自己不想做的事却让小张去做，你以为<u>别人</u>就愿意吗？

你也看出来了，你刚才的建议，<u>别人</u>都不同意，你说怎么办？

你看你，<u>别人</u>给你打电话你又不接，这多不好啊！

重要性等级：★　难易度等级：★★★　口语化等级：★★

【037-3】［名词］有"另外的人"的意思。

这里没有<u>别人</u>，你有什么话就说吧。

我家除了我和孩子，没有<u>别人</u>，你随时可以过来玩儿。

重要性等级：★★★　难易度等级：★　口语化等级：★★

【037-4】［代词］特指说话人自已，表现出说话人的不满情绪。

你说要看这本书，现在<u>别人</u>给你拿来了，你又不看。

行了，你们别再说了，少拿<u>别人</u>开玩笑！

你说我能不生气吗？你呀，永远看不到<u>别人</u>对你的好！

重要性等级：★　难易度等级：★★★　口语化等级：★★★

【038】别（不）是……吧　bié（bù）shì……ba

［固定格式］表示揣测和担心，通常表示的是不希望发生的事情。

他今天没来，<u>别是</u>又生病了<u>吧</u>。

这么晚了还不回家，<u>别是</u>出什么事了<u>吧</u>。

好久没看到你女朋友来找你了，<u>别不是</u>又闹别扭了<u>吧</u>。

看你这副垂头丧气的样子，<u>别不是</u>考试又没及格<u>吧</u>。

重要性等级：★★　难易度等级：★★　口语化等级：★★

【039】（你还）别说　（nǐ hái）biéshuō

［固定格式］用在句首，表示认可后面所说的事情。

<u>别说</u>，这孩子说的还真有些道理。

<u>别说</u>，你推荐的这家餐厅味道真的很好。

<u>你还别说</u>，他找的女朋友还挺漂亮的。

A：看你高中时的照片，好瘦啊。

B：<u>你还别说</u>，那时候真的很瘦。

重要性等级：★★　难易度等级：★★★　口语化等级：★★★

【040】别说（是）　biéshuō（shì）

表示让步，可换成"不要说（是）"。

【040-1】［连词］通过淡化某人某事，突出强调另外的人或事物。后一分句
常用"就是……也"或者"连……也……"。

<u>别说</u>白酒，就是黄酒他也不喝。

这些生僻字，<u>别说是</u>小孩儿，连大人也不认识。

<u>不要说是</u>国外，连国内我也没去过几个地方。

重要性等级：★★★　难易度等级：★★★　口语化等级：★★★

【040-2】［连词］有"何况"的意思，用在后一分句。常构成"（更）别/不要说（是）……了"。

这种怪事连我爷爷这种年纪的人都没见过，<u>别说是</u>年轻人了。

你力气这么大都搬不动，<u>别说是</u>我了。

连西藏那么远的地方我都去过了，<u>更不要说</u>苏州了。

重要性等级：★★★　难易度等级：★★★　口语化等级：★★★

【041】**别/甭提多 V/A 了　bié/béng tí duō V/A le**

［固定格式］表示程度之深不必细说，有强调的意味。

他这个人一向大手大脚的，买的鞋穿不了多久就扔了，<u>甭提多</u>浪费了。

他听到这个消息，<u>别提多</u>高兴了。

今天<u>别提多</u>热了。

她爷爷去世了，她<u>别提多</u>伤心了。

有时也可构成"……就别/甭提了"格式。

看到孩子放假回家了，妈妈那高兴劲儿<u>就别提了</u>。

他进来的时候，我正在换衣服，那种尴尬<u>就别提了</u>。

到现在我还没找到合适的工作，心里那个愁劲儿<u>就甭提了</u>。

重要性等级：★★★　难易度等级：★★　口语化等级：★★

【042】**别提了　bié tí le**

［固定格式］表示对不满意的情况不想多谈。

这里的环境实在太糟糕了，<u>就别提了</u>。

A：你的新家怎么样啊？

B：唉！<u>别提了</u>，暖气不热，水管还漏水。

A：你昨天考得怎么样啊？

B：<u>别提了</u>！全考砸了！

重要性等级：★★　难易度等级：★★★　口语化等级：★★★

【043】并不 / 没（有）……　　bìng bù / méi（yǒu）……

［固定格式］"并"起到加强否定语气的作用，强调、说明实际情况和人们看到的、想象的不一样。

这篇课文虽然生词很多，可并不难。

她看起来很老，实际年龄却并不大。

真奇怪！我跟他并没什么来往，他为什么会对我有意见呢？

张小姐说她下午会来的，所以我一直在等她，可最后她并没有出现。

重要性等级：★★★　难易度等级：★★　口语化等级：★★

【044】不必　　bùbì

［副词］表示没有必要，有提醒或劝阻的意思。

你不必生气，她又不是故意的。

她又不是小孩子，你不必啥事都管。

现在的长途电话费又不贵，你不必急着挂电话。

明天的考试不难，你不必紧张。

A：我替你去办吧。

B：不必了。

重要性等级：★★★　难易度等级：★★　口语化等级：★

【045】不 V 不行啊　　bù V bù xíng a

［固定格式］表示这样做是没办法的事，只能如此，含有一种无奈的语气。

明天的会议太重要了，不去不行啊。

年底公司都在催数字，时间紧，任务重，不加班不行啊。

A：你怎么复习得这么认真？

B：明天的考试对我来说太重要了，不好好复习不行啊。

重要性等级：★★★　难易度等级：★　口语化等级：★★★

【046】不 V 不要紧，一 V……　　bù V bù yàojǐn, yī V……

［固定格式］表示不 V 没关系，突然一 V 产生的结果连自己都没想到，表达了说话人的惊讶。

不算不要紧，一算吓了一跳。每个月的生活费竟然这么高！

不吃不要紧，一吃就上瘾了。这个牌子的巧克力太好吃了！

这本书我是不看不要紧，一看就喜欢上了它。

重要性等级：★ 难易度等级：★★★ 口语化等级：★★★

【047】不 V 不 V（多少）也得 V…… bù V bù V（duōshǎo）yě děi V……

［固定格式］表示被形势所迫只能勉强做某事。最后一个 V 后多跟表小量的数量短语。也可说成"不管怎么样也得 V"。

老同学都到齐了，这么难得的机会，你不喝不喝多少也得喝一点儿吧。

人家都发言了，我呢，不说不说也得说几句吧。

还有不到半个月就要过年了，虽说现在过年越来越简单化了，可是不买不买多少也得买点儿年货表示一下儿吧。

重要性等级：★ 难易度等级：★★ 口语化等级：★★★

【048】不成 bùchéng

［助词］用在句末，表示推测或者反问。常构成"难道……不成"格式。

你等在那儿干吗？还要我请你吃饭不成？

他这个时候还不来，难道家里出了什么事不成？

你自己不去，难道要我去不成？

重要性等级：★★★ 难易度等级：★★★ 口语化等级：★

【049】不大 V / A bù dà V / A

［固定格式］表示程度较浅的否定，相当于"不怎么 V/A"。

北京春天不大下雨，倒是经常刮风。

他不大爱跳舞，但是爱唱歌。

老张最近身体不大好，已经有两个月没来上班了。

老师看上去好像不大高兴。

重要性等级：★★★ 难易度等级：★★ 口语化等级：★★★

【050】A 不到哪儿 / 哪里去 A bù dào nǎr / nǎlǐ qù

［固定格式］表示比较的双方在某方面的程度差不多。

他的发音比我好不到哪儿去。

这儿的电器比别的地方贵不到哪儿去，就在这儿买了吧。

你就相信我吧，我的眼光也<u>差</u>不到哪里去。

他那时候还笑我傻，可他自己也<u>聪明</u>不到哪里去。

重要性等级：★★　难易度等级：★★★　口语化等级：★★★

【051】**不得了**　bùdéliǎo

［形容词］表示情况严重或者程度很深，有时有夸张的语气。

哎呀，<u>不得了</u>啦，出大事啦！

大家都认真点儿！万一出了什么岔子，那可<u>不得了</u>。

今天的天气热得<u>不得了</u>。

她急得<u>不得了</u>，可又没办法。

玛丽的中文说得好得<u>不得了</u>。

重要性等级：★★★　难易度等级：★　口语化等级：★★★

【052】**不定**　bùdìng

［副词］表示不能肯定，后面常有表示疑问的代词或者肯定否定连用的短语。

小李这几天闷闷不乐的，<u>不定</u>又在生谁的气了。

我考得这么差，妈妈<u>不定</u>会怎么批评我呢！

大学毕业后，我<u>不定</u>会去哪个城市工作。

明天<u>不定</u>下不下雨，还是带上伞吧。

这场比赛<u>不定</u>谁输谁赢呢！

重要性等级：★★★　难易度等级：★★　口语化等级：★★

【053】**不妨**　bùfáng

［副词］认为这样做比较好，是一种表示建议的委婉的说法。

这次招聘对小李来说是个难得的好机会，<u>不妨</u>让他去碰碰运气。

你<u>不妨</u>先把这件事放在一边，过一段时间再说。

这一款手机很好用，你<u>不妨</u>买一部试试。

这个数学题太难了，我们<u>不妨</u>去问问老师。

重要性等级：★★★　难易度等级：★★★　口语化等级：★

【054】**不管……，都……**　bùguǎn……, dōu……

构成条件复句。表示在任何条件下，结果或结论都不会改变或受到影响。

【054-1】［固定格式］"不管"后有表任指的疑问代词 "什么、谁、怎样、怎么、多、多少"等。

<u>不管</u>是谁，<u>都</u>得遵守学校的各项规定。

<u>不管</u>条件有多艰苦，我都不会改变我的决定。

<u>不管</u>最终的结果是怎么样的，我都得好好谢谢你。

重要性等级：★★★　难易度等级：★　口语化等级：★

【054-2】［固定格式］"不管"后有并列短语，并列的两项之间可用 "或者、还是"等词语连接。

<u>不管</u>他来或者不来，我都会来。

<u>不管</u>他支持还是不支持，我都要坚持做下去。

<u>不管</u>你们爱听还是不爱听，我都得把我的想法说出来。

重要性等级：★★★　难易度等级：★　口语化等级：★

【055】不管 / 甭管怎么说　bùguǎn / béngguǎn zěnme shuō

［固定格式］表示在任何情况下结果或结论都不会改变，用于句首或句中。

<u>不管怎么说</u>，他是你爸爸，你不应该故意气他。

<u>不管怎么说</u>，我今天一定要把任务完成。

<u>甭管怎么说</u>，今天发生的事情你要负全责。

我和女朋友商量了一下儿，<u>甭管怎么说</u>，先把工作解决了再考虑别的。

重要性等级：★★★　难易度等级：★★★　口语化等级：★★★

【056】不光　bùguāng

【056-1】［副词］不止。表示超过某个范围或数量，常常跟"是"搭配。

有这种想法的<u>不光</u>是他一个人。

想挣钱的<u>不光</u>是商人。

<u>不光</u>是我喜欢他，我们这里很多人都喜欢他。

重要性等级：★★★　难易度等级：★★★　口语化等级：★★

【056-2】［连词］不但。常跟"也、还、而且"等搭配使用。

他<u>不光</u>学到了知识，也学会了生活技能。

他<u>不光</u>想去中国，还想去亚洲其他国家。

他**不光**在文艺界很有名气，而且在体育界也很有名气。

重要性等级：★★★　难易度等级：★★★　口语化等级：★★

【057】不过　bùguò

【057-1】［副词］常构成"再 A 不过了"，表示程度最高。

在中国，这种情况再平常**不过**了。

你说的这个理由，再合适**不过**了。

如果你能亲自去一趟，那就再好**不过**了。

重要性等级：★★　难易度等级：★★　口语化等级：★★

【057-2】［副词］指明范围，含有把事情往轻里说、往小里说的意思；仅仅。常构成"不过……罢了 / 而已"。

我**不过**说说，你可别当真。

他**不过**写错了几个字罢了，你干吗发这么大的脾气？

你至于这么认真吗？我**不过**开个玩笑而已。

重要性等级：★★　难易度等级：★★　口语化等级：★★

【057-3】［连词］表示转折，用在后半句的开头，对前半句话加以限制或修正。相当于"只是"。

他性子一向很急，**不过**这段时间好多了。

爸爸最近身体还可以，**不过**心情不太好。

我很想去新疆旅游，**不过**一直没找到合适的时间。

重要性等级：★★★　难易度等级：★　口语化等级：★★

【058】不过如此　bùguò rúcǐ

［固定格式］没有什么特别的；不是很好。有一种不以为然的语气。

我们去吃了才知道，所谓网红餐厅，做的菜也**不过如此**。

大家都说她的能力非常强，我看也**不过如此**。

我想要的生活**不过如此**，每天喝喝茶，看看书，养养花，遛遛狗，仅此而已。

A：你觉得他刚才的发言怎么样？

B：我还以为他对这事有什么高深的见解呢，原来也**不过如此**。

重要性等级：★★★　　难易度等级：★★　　口语化等级：★★

【059】不 V 还好　　bù V hái hǎo

［固定格式］表示对已经发生的事情不满意或感到后悔，认为不做某事可能更好。

你<u>不去帮他还好</u>，越帮越麻烦。

我<u>不听他的解释还好</u>，听了更生气了。

弟弟<u>不玩儿手机还好</u>，只要一玩儿起来就停不下来。

这小女孩儿<u>不看到妈妈还好</u>，一看到妈妈就哭个不停。

重要性等级：★★　　难易度等级：★★★　　口语化等级：★★★

【060】不好说　　bù hǎo shuō

［固定格式］表示对某事没有把握；不能确定。

周末能不能出去玩儿，这可<u>不好说</u>，可能周五老师会布置很多作业。

年轻人谈恋爱的事情还真<u>不好说</u>，也许昨天还黏在一起呢，今天就已经分手了。

A：直接叫他的名字，会不会不太礼貌？

B：这可<u>不好说</u>，要看他喜不喜欢了。

A：你觉得明天会不会下雨？

B：<u>不好说</u>。

重要性等级：★★★　　难易度等级：★★　　口语化等级：★★★

【061】不会吧　　bù huì ba

［固定格式］对发生的事情表示惊讶，说话人有些不敢相信或者不希望事情真的如此。

<u>不会吧</u>？你昨天还说要好好学习呢，今天就开始睡懒觉了。

这么一大盒饼干你竟然一个人就吃完了，<u>不会吧</u>？

A：听说他把财产全都捐出去了。

B：<u>不会吧</u>？这太让人惊讶了！

A：小林决定退学了。

B：<u>不会吧</u>？他成绩这么好，这是怎么了？

重要性等级：★★★　　难易度等级：★★　　口语化等级：★★★

【062】不会 X 吧　bù huì X ba

[固定格式] 对某种情况表示揣测。如果是不好的事情，则表示不希望事情真的发生。

我的手机怎么找不到了，<u>不会</u>丢了<u>吧</u>？

他的中文这么好，<u>不会</u>是中国人<u>吧</u>？

听你的口气，这件事你<u>不会</u>已经知道了<u>吧</u>？

这个书柜的说明书看起来挺复杂的，<u>不会</u>很难装<u>吧</u>？

这部电影的导演很有名的，应该<u>不会</u>不好看<u>吧</u>？

重要性等级：★★★　难易度等级：★★　口语化等级：★★★

【063】不见得　bùjiàndé

[副词] 不一定。表示对情况的主观否定，语气比较委婉。在对话中可以单用。

我发现在很多场合，大家都互相称"老师"，他们<u>不见得</u>都是老师吧？

有时候，有些大公司的待遇也<u>不见得</u>有多好。

你觉得他一定会回来的，我看<u>不见得</u>。

A：他们俩看上去感情好得很，是不是马上要结婚了？

B：<u>不见得</u>。

重要性等级：★★★　难易度等级：★★　口语化等级：★★★

【064】不就得了/行了/好了/完了/成了　bù jiù déle / xíng le / hǎo le / wán le / chéng le

[固定格式] 用反问或陈述的语气突出说话人的观点或建议，认为某事没什么大不了，很容易解决。表达了说话人的不满或不以为然。

你不用亲自去，打个电话<u>不就得了</u>。

你老担心自己的胃出了问题，明天去医院检查一下儿<u>不就行了</u>。

想要考高分，多背几遍<u>不就好了</u>。

既然知道她脾气不好，你平时少惹她<u>不就完了</u>吗？

既然想他，那就给他打个电话<u>不就成了</u>吗？

重要性等级：★★　难易度等级：★★　口语化等级：★★★

【065】不就（是）……吗　bù jiù (shì) ……ma

［固定格式］表示说话人对某事不以为然的态度，认为某事没什么大不了的。

<u>不就</u>做一个阑尾炎手术<u>吗</u>？用不着大惊小怪的。

你怎么坐立不安的，<u>不就是</u>一次考试<u>吗</u>？放松点儿！

你<u>不就是</u>比我多工作了两年<u>吗</u>？有什么了不起的！

重要性等级：★　难易度等级：★★★　口语化等级：★★★

【066】不可否认　bù kě fǒurèn

［固定格式］多是先指出某种必须承认的事实，然后用转折的词语引出跟它相对的某一种观点或现实。

<u>不可否认</u>，你的建议是好的，但很难执行。

中国的高考虽然存在一些问题，但<u>不可否认</u>，高考的确给学生们提供了一个相对平等的竞争机会。

虽然金钱不是万能的，但<u>不可否认</u>，没钱是万万不能的。

重要性等级：★★★　难易度等级：★★　口语化等级：★

【067】不愧是……　bùkuì shì……

［固定格式］当得起；当之无愧。常用于赞美。

真<u>不愧是</u>学经济的，你这股票、基金的一侃，把我都侃晕了。

真<u>不愧是</u>著名律师，法律条文被他分析得头头是道的。

你<u>不愧是</u>"中国通"，关于中国的问题什么都难不倒你。

他俩说话的腔调都一样，<u>不愧是</u>姐弟俩啊。

重要性等级：★★★　难易度等级：★★★　口语化等级：★★

【068】不瞒你说　bù mán nǐ shuō

［固定格式］说实话；说真的。常用在关系亲近的两人之间，后面常接一些不敢、不好意思或不想在大家面前说的话。

老张啊，<u>不瞒你说</u>，我辞职已经两个月了，到现在还没找到工作。

A：今天为什么吃得这么少？

B：<u>不瞒你说</u>，我现在正在减肥呢。

A：你看上去好像精神不太好。

B：唉！不瞒你说，我已经失眠好几天了。

重要性等级：★★　难易度等级：★★　口语化等级：★★★

【069】不难发现　bù nán fāxiàn

［固定格式］用来引出发现的结果，语气相对委婉。

从上面的调查中，<u>不难发现</u>，女性更适合这项工作。

如果我们认真分析一下儿，就<u>不难发现</u>产生这种现象的原因了。

从最近几年的就业形势上<u>不难发现</u>，很多毕业生还是会选择相对稳定的工作。

重要性等级：★　难易度等级：★★★　口语化等级：★

【070】不然的话　bùrán dehuà

【070-1】［固定格式］如果不是这样；否则。引出表示结论或结果的小句，"的话"可以省略，也可说成"要不然的话"或者"要不"，有提醒的意思。

你要好好复习，<u>不然的话</u>，可能要补考哦。

幸亏前段时间买了空调，<u>不然的话</u>，今年夏天就热死了。

明天要早点儿出发，<u>要不然的话</u>，如果赶上早高峰，路上就堵死了。

你前两天买的水果要赶紧吃掉，<u>要不</u>就不新鲜了。

重要性等级：★　难易度等级：★★　口语化等级：★★

【070-2】［固定格式］表示对前半句做假设性的否定，引出另一种选择或另一种选择可能产生的结果。有时跟"要么"搭配。

要么你去找他，<u>不然的话</u>，让他来找你也行。

这个活动你去参加吧。<u>不然的话</u>，叫小李去也可以。

要么你亲自跑一趟，<u>不然的话</u>，这事就算了。

重要性等级：★★　难易度等级：★★　口语化等级：★★

【071】不如　bùrú

［连词］表示取舍关系。连接两个小句，前一小句表示舍弃的部分，后一小句引出选择的部分。

明天就要考试了，现在去看电影，<u>不如</u>在家好好复习。

每次都给孩子这么多零花钱，<u>不如</u>教孩子赚钱的方法。

你给他打电话，还<u>不如</u>亲自去一趟。

我们俩在一起这么痛苦，<u>不如</u>早点儿分手吧。

重要性等级：★★　难易度等级：★★　口语化等级：★★

【072】不是　bù shì

［固定格式］常用于句首，既承接发话人的言语，又推进了话轮的转换。多表达对对方的不满。

A：你干吗把那个箱子给扔了？

B：<u>不是</u>，你不是说要我把没用的东西都处理掉吗？

A：明天我们请假出去玩儿，你去跟老师说吧。

B：那怎么跟老师说呢？<u>不是</u>，凭啥让我去说呀！

A：今天下午的约会，我恐怕去不了了。

B：你怎么又有事情了？<u>不是</u>，你干吗不早点儿说呢？

重要性等级：★★★　难易度等级：★★★　口语化等级：★★★

【073】不是……，而是……　bù shì……, ér shì……

［固定格式］表示前后分句所列举的情况意义相反或相差较远。用肯定和否定两方面的对照，来表明实际情况跟预想的正好相反。

他们并<u>不是</u>不在乎我的成绩，<u>而是</u>怕我紧张，不想给我增加负担。

父母过分关心子女，在生活上处处包办代替，<u>不是</u>爱孩子，<u>而是</u>害孩子。

他们这样做可<u>不是</u>故意给大家添麻烦，<u>而是</u>为各位的安全考虑。

您看到的可<u>不是</u>普普通通的一幅画儿，<u>而是</u>传了好几代的名家作品。

重要性等级：★★★　难易度等级：★★★　口语化等级：★

【074】不是个事　bù shì gè shì

【074-1】［固定格式］表示这样做不是长久之计，表达了说话人认为不应该这样。

自己不买房，老是租房子，总<u>不是个事</u>。

这件事情老是这样拖着不去处理，也<u>不是个事</u>啊。

这么大人了，天天在家啃老，也不出去找个工作，总<u>不是个事</u>吧！

重要性等级：★　难易度等级：★★　口语化等级：★★★

【074-2】[固定格式] 表示某方面或某件事不重要或者不值一提。

只要能找到一份不错的工作，距离都<u>不是个事</u>。

你要能替我把这件事办成，花多少钱都<u>不是个事</u>。

A：这几天多亏了你，要不然我都忙不过来了。

B：别客气，这都<u>不是个事</u>。

重要性等级：★　难易度等级：★★★　口语化等级：★★★

【075】**不是……，就是……**　　bù shì……, jiù shì……

连接两个并列的成分。表示二者选一，非此即彼。

【075-1】[固定格式] 表示推断，强调所说的两种情况必有一种情况是对的。

他<u>不是</u>美国人，<u>就是</u>英国人。

他们<u>不是</u>住八楼，<u>就是</u>住十楼。

他今天没来上课，<u>不是</u>生病了，<u>就是</u>有其他特别重要的事。

重要性等级：★★★　难易度等级：★　口语化等级：★★★

【075-2】[固定格式] 表示列举，强调只有所列举的这两种情况，实际情况不会超出这个范围。

我们班<u>不是</u>韩国人，<u>就是</u>日本人，其他国家的都没有。

他每天<u>不是</u>读书就是写文章，连出去逛街的时间都没有。

你每次跟父母交流，<u>不是</u>吵架就是冷战，真的应该改改你的脾气了。

重要性等级：★★★　难易度等级：★　口语化等级：★★★

【076】**不是……吗**　　bù shì……ma

[固定格式] 构成反问句，有时带有质问的语气。

外国人<u>不是</u>有护照<u>吗</u>？为什么还要开证明？

今天<u>不是</u>要下雨<u>吗</u>？为什么不带伞呢？

你<u>不是</u>不想搭理我<u>吗</u>？干吗还要来问我？

小丁<u>不是</u>早就跟女朋友分手了<u>吗</u>？现在还这么关心人家，不合适吧？

重要性等级：★★★　难易度等级：★　口语化等级：★★

【077】**（可）不是闹着玩儿的**　　(kě) bù shì nàozhe wánr de

[固定格式] 不是儿戏。表示不能轻视，有提醒的意思。

多穿点儿衣服，感冒了<u>可不是闹着玩儿的</u>。

这次考试你一定要重视，通不过<u>可不是闹着玩儿的</u>。

<u>找工作可不是闹着玩儿的</u>，一定要慎重一点儿！

重要性等级：★ 难易度等级：★★ 口语化等级：★★★

【078】不是 X，是 Y bù shì X, shì Y

［固定格式］表示并列关系。否定前一个，肯定后一个。

我买的<u>不是苹果，是梨</u>。

他找的<u>不是保姆，是女朋友</u>。

我现在要应聘的<u>不是兼职，是全职</u>。

你这样做，<u>不是帮我，是害我</u>。

重要性等级：★ 难易度等级：★★ 口语化等级：★★

【079】不是说……吗 bù shì shuō……ma

［固定格式］这一结构常用来表示质疑。

<u>不是说</u>每个人都一样<u>吗</u>？为什么他可以例外？

你们<u>不是说</u>参赛的都是世界级选手<u>吗</u>？怎么一个有名的球员也没有？

你干吗还要来找我？<u>不是说</u>再也不想看到我了<u>吗</u>？

重要性等级：★★ 难易度等级：★★ 口语化等级：★★★

【080】不是我说你 bù shì wǒ shuō nǐ

［固定格式］后面跟的是批评、责备对方的内容。具有缓和语气的作用，常用在关系亲近的两人之间。

小张啊，<u>不是我说你</u>，你这样大吵大闹是没有用的。

<u>不是我说你</u>，你在学习上的确不够努力。

你怎么又熬夜了？<u>不是我说你</u>，天天这样熬夜，身体会吃不消的。

重要性等级：★★ 难易度等级：★★★ 口语化等级：★★★

【081】……不说 ……bù shuō

［固定格式］主要是倾向于表达主观上的递进关系。用在递进关系的前一分句中，常构成"……不说，还／也……"格式，意义上相当于"不仅……而且……"。

住这家酒店太不划算了。价格贵<u>不说</u>，服务还特别差。

这姑娘脾气好<u>不说</u>，还是个热心肠。

这份兼职你就别干了，每天辛苦<u>不说</u>，也赚不了几个钱。

重要性等级：★★　难易度等级：★★★　口语化等级：★★★

【082】<u>不说</u>……，光 / 就……　bù shuō……, guāng / jiù……

［固定格式］后一分句用来引出话题，语义重点在后一分句。意思相当于"连……都，更不要说……了"。

每天的作业特别多，<u>不说</u>作文，<u>光</u>生词就得准备一个小时。

这物价涨得真快呀！<u>不说</u>用的东西，<u>光</u>是吃的东西也一天一个价呀！

<u>不说</u>别的，<u>就</u>说私家车吧，这几年的发展简直太快了。

小王啊，<u>不说</u>你今天的表现怎么样，<u>就</u>看你今天的态度，也实在让我有些失望。

重要性等级：★★　难易度等级：★★★　口语化等级：★★★

【083】不太 V / A　bù tài V / A

［固定格式］减弱否定的程度，含有委婉语气。

他好像<u>不太</u>满意我的工作。

他<u>不太</u>愿意我们搬过来和他一起住。

这件事你做得<u>不太</u>合适吧。

我觉得这里的生活<u>不太</u>方便。

重要性等级：★★★　难易度等级：★　口语化等级：★★★

【084】V 不下去　V bu xiàqù

［固定格式］表示某种状态超出了某人的限度，让人不能忍受。常构成"看不下去、听不下去、说不下去、待不下去、吃不下去"等。

每次聊天儿她总是在炫耀，不是今天买了个包，就是明天买了块手表，实在让人<u>听不下去</u>。

我一个南方人，在这样一个典型的北方城市里，吃不惯，住不惯，真的<u>待不下去</u>了。

这几天妈妈都做面条儿，我实在<u>吃不下去</u>。

重要性等级：★★★　难易度等级：★　口语化等级：★★★

【085】不像话　bùxiànghuà

【085-1】［形容词］（言语行为）不合乎道理或情理，含有批评或不满的
语气。

　　她整天睡懒觉，实在<u>不像话</u>。

　　这孩子太<u>不像话</u>了，考试总是不及格。

　　你怎么能够这样跟妈妈说话？太<u>不像话</u>了！

重要性等级：★★　难易度等级：★★★　口语化等级：★★★

【085-2】［形容词］坏得没法形容。常做"破、脏、差、懒、乱"等负面义
形容词的补语，构成"A 得不像话"。含有不满的语气。

　　那个屋子破得<u>不像话</u>。

　　教室里脏得<u>不像话</u>。

　　这孩子的学习差得<u>不像话</u>。

　　弟弟每天都懒得<u>不像话</u>，不到十点不起床。

重要性等级：★★　难易度等级：★★★　口语化等级：★★★

【086】不要紧　bùyàojǐn

【086-1】［形容词］表示情况不严重或者不是什么大事，不用太在意。含有
劝慰的语气，意思是"没关系"。

　　不用急着还我钱，<u>不要紧</u>。

　　A：大夫，您看我这病严重吗？

　　B：<u>不要紧</u>，普通感冒而已。

　　A：不好意思，耽误你时间了。

　　B：<u>不要紧</u>，<u>不要紧</u>。

重要性等级：★★★　难易度等级：★　口语化等级：★★★

【086-2】［形容词］用在前一小句中，表示某件事情看上去没有什么影响，
但后一小句却引出转折的内容。常构成"……不要紧，但（是）/却……"格式。

　　下雨<u>不要紧</u>，但关键是接下来要连下好几天。

　　你去度假<u>不要紧</u>，但是你不能连电话都不来一个吧？

你这一喊<u>不要紧</u>，我却再也睡不着了。

重要性等级：★★　难易度等级：★★　口语化等级：★★★

【087】不要说（是） bùyào shuō（shì）

[固定格式] 见"【040】别说（是）"条。

重要性等级：★★★　难易度等级：★★★　口语化等级：★★★

【088】不 V 也罢 bù V yěbà

[固定格式] 表示容忍或者只能如此的意思。

这事已经过去了，<u>不提也罢</u>。

这部电影没啥看头儿，<u>不看也罢</u>。

这种工作<u>不要也罢</u>，实在太无聊了。

重要性等级：★★★　难易度等级：★★　口语化等级：★

【089】不用 bùyòng

[副词] 别；不要；不必。有劝阻的意思。

<u>不用</u>客气，都是一家人。

这孩子身高不到一米，<u>不用</u>买票。

妈妈，我已经长大了，您<u>不用</u>再为我操心了。

事情已经很清楚了，<u>不用</u>再查下去了。

A：这么重的行李，我帮你拿吧。

B：<u>不用</u>，<u>不用</u>。

重要性等级：★★★　难易度等级：★　口语化等级：★★★

【090】不用说 bùyòng shuō

[固定格式] 用于肯定性的推断，表示毫无疑问的语气。

小杨又没按时到，<u>不用说</u>，准是在睡懒觉。

他什么也答不出来，<u>不用说</u>，一定是没复习。

A：今天老板怎么亲自过来了？

B：<u>不用说</u>，肯定是有非常重要的会议。

重要性等级：★★★　难易度等级：★★　口语化等级：★★★

【091】不怎么 V / A   bù zěnme V / A

［固定格式］表示程度不高，是一种较浅的否定。

他这人不怎么爱笑。

我不怎么喜欢猫，我更喜欢狗。

他平时不怎么喝酒，一次也就是一两听啤酒。

这种葡萄虽然不酸，可是也不怎么甜。

这儿的冬天不怎么冷，也就是零下七八度吧。

重要性等级：★★★   难易度等级：★★   口语化等级：★★★

【092】不怎么样   bù zěnmeyàng

［固定格式］平平常常；不很好。表示否定的评价。

他的外语水平不怎么样，这种翻译工作恐怕做不了。

我觉得她做饭的水平实在不怎么样。

这里的天气实在不怎么样，变化无常。

你别看他长得不怎么样，人家一肚子学问呢。

A：你觉得他这本小说写得怎么样？

B：不怎么样。

A：你觉得这首歌我唱得怎么样？

B：不怎么样。

重要性等级：★★★   难易度等级：★★★   口语化等级：★★★

【093】不知怎么（V）的   bù zhī zěnme（V）de

［固定格式］表示不知道为什么会发生某事或出现某种情况。表达了说话人
的疑惑语气。

不知怎么的，我竟然走错了路。

最近我没有胃口，不知怎么的。

不知怎么搞的，电脑突然出问题了。

我今天上午竟然把文件交错了，不知怎么弄的。

重要性等级：★★   难易度等级：★★★   口语化等级：★★★

【094】不只　bùzhǐ

［连词］表示递进关系。有"不仅"的意思。

那个地方太偏僻了，<u>不只</u>外地人找不到，就算是本地人也很难找到。

玛丽<u>不只</u>好看，而且还聪明。

整个假期，小林<u>不只</u>学会了做饭，还学会了一些简单的手工。

重要性等级：★★　难易度等级：★★　口语化等级：★

【095】不至于　bùzhìyú

［动词］不会达到某种程度或不会引起某种后果。表示情况没有那么严重，带有不以为然的语气。常构成"还/才/也/总不至于……"等格式，也可以单独成句。

他<u>不至于</u>连这点儿道理也不明白。

要说他们会因为这点儿小事分手，我想还<u>不至于</u>吧。

你只有准备充分了，才<u>不至于</u>被淘汰。

这个问题不难。要是之前好好复习了，也<u>不至于</u>答不上来。

你这么着急吗？总<u>不至于</u>连饭都不吃就走吧？

A：我昨天给他提了一堆意见，他会不会不高兴了？

B：<u>不至于</u>。

重要性等级：★★★　难易度等级：★★　口语化等级：★★★

C

【096】……才怪呢   ……cái guài ne

［固定格式］用在句末，用来否定前面所说的话。

她还没孩子呢，你叫她"大妈"，她会高兴才怪呢！

没工作，没房子，没钱，有姑娘愿意嫁给你才怪呢！

你俩一个月才见一次面，哪儿有时间谈恋爱啊，不分手才怪呢！

重要性等级：★   难易度等级：★★   口语化等级：★★★

【097】才……呢   cái……ne

【097-1】［固定格式］在对比或对话的语境中强调其中一个程度更高，有辩驳义。

你的普通话不标准，小张讲得才标准呢！

这个才是正品呢，其他的都是冒牌货。

去年的比赛算什么呀？今年的比赛才精彩呢！

我哪儿瞎说了？你才瞎说呢！

A：我看你真是不讲道理！

B：你才不讲道理呢！

重要性等级：★★★   难易度等级：★★   口语化等级：★★★

【097-2】［固定格式］表示轻视、轻蔑，通常用于否定句。

这事我才懒得管呢！

这种傻事，我才不干呢！

这种人，我才看不上呢！

我才不想搭理他呢！

重要性等级：★★★   难易度等级：★★   口语化等级：★★★

【098】差不多   chàbuduō

【098-1】［形容词］相差很少；相近。

这件事你做不合适，我做还差不多。

姐妹俩的长相<u>差不多</u>。

那篇文章我已经写得<u>差不多</u>了。

重要性等级：★★★　难易度等级：★　口语化等级：★★

【098-2】［副词］表示接近；几乎。

这里的人<u>差不多</u>都认识他。

妈妈的头发<u>差不多</u>全白了。

我们班<u>差不多</u>一半的同学都选修过二外。

重要性等级：★★★　难易度等级：★　口语化等级：★★

【099】差点儿　chàdiǎnr

表示某种事情接近实现或勉强实现，有惋惜或庆幸的语气。主要分两种
情况：

【099-1】［副词］如果"差点儿"后边所说的事情是说话人希望的，那么用
肯定形式表示否定义，用否定形式表示肯定义。例如：

晚上的车票我<u>差点儿</u>就买到了。（没买到）

晚上的车票我<u>差点儿</u>没买到。（买到了）

去年高考我<u>差点儿</u>就考上北大了。（没考上）

去年高考我<u>差点儿</u>没考上北大。（考上了）

重要性等级：★★★　难易度等级：★★　口语化等级：★★★

【099-2】［副词］如果"差点儿"后边所说的事情是说话人不希望的，那么
不管用肯定形式还是用否定形式，都是表达否定义。例如：

昨天起晚了，<u>差点儿</u>迟到。（没迟到）

昨天起晚了，<u>差点儿</u>没迟到。（没迟到）

路面很滑，我<u>差点儿</u>摔一跤。（没摔跤）

路面很滑，我<u>差点儿</u>没摔一跤。（没摔跤）

重要性等级：★★★　难易度等级：★★　口语化等级：★★★

【100】超　chāo

［副词］表示程度极高，有时略带夸张的语气。年轻人较多使用这种表达。

《长津湖》这部电影<u>超</u>好看，你有空的话一定要去看一下儿。

他这个人<u>超</u>有能力，我特佩服他。

这个地方风景太美了，我<u>超</u>喜欢这里。

刚来北方的时候我<u>超</u>不习惯这里的饮食，现在已经慢慢适应了。

重要性等级：★★★　难易度等级：★★　口语化等级：★★★

【101】趁　chèn

［介词］引出做某事的最佳条件或机会。

昨天逛街的时候，小偷<u>趁</u>她不注意，把钱包偷走了。

你赶紧<u>趁</u>热吃，凉了就不好吃了。

这孩子<u>趁</u>我不在，溜出去玩儿了。

<u>趁</u>中午休息的时候，我俩出去转了转。

重要性等级：★★★　难易度等级：★★★　口语化等级：★★

【102】撑死　chēngsǐ

［副词］表示最大的限度；至多。表达了说话人比较确切的判断。

这种功能简单的老人机很便宜的，<u>撑死</u>就几百块钱吧。

你说他是大学毕业？别开玩笑了！他的文化水平<u>撑死</u>也就高中毕业。

看他这样子，<u>撑死</u>也不过 120 斤。

重要性等级：★　难易度等级：★★　口语化等级：★★★

【103】成天　chéngtiān

［副词］整天。后面跟的是说话人认为不好的事情，表达了说话人的不满或埋怨。

你都多大了！别<u>成天</u>在外瞎混了，该正儿八经地找份工作了。

他<u>成天</u>耷拉着脸，好像大家都欠了他钱似的。

我同屋这个人，<u>成天</u>一上课就睡觉，一下课就精神。

你别<u>成天</u>胡思乱想的！

重要性等级：★★★　难易度等级：★★　口语化等级：★★★

【104】成心　chéngxīn

［副词］故意地；知道不应该做而偏偏要做某事。

他这是<u>成心</u>欺骗我们。

对不起，我不是<u>成心</u>气你的。

我看你是<u>成心</u>不想睡。哪有睡前看恐怖电影的！

A：你干吗要跟我过不去？<u>成心</u>的吧？

B：对不起，我不是<u>成心</u>的。

重要性等级：★　难易度等级：★★★　口语化等级：★

【105】成宿　chéngxiǔ

［副词］整夜。

这段时间为了准备考试，我<u>成宿</u>都在复习。

这孩子最近身体一直不好，<u>成宿</u>都在咳嗽。

你说你<u>成宿</u>都不睡觉，晚上都在干吗呢？

重要性等级：★　难易度等级：★★　口语化等级：★

【106】迟早　chízǎo

［副词］表示预知一件事情必然发生，尽管说不出它发生的确切时间。跟"早晚"相同。常构成"迟早要／会／得……"格式。单说时，多半表示不好的事情总有一天会发生。

你天天这样混日子，<u>迟早</u>要后悔的。

别着急，轮着来，<u>迟早</u>会轮到你的。

这件事情你再想想，<u>迟早</u>得想出一个办法来。

A：他这样不听劝告，总有一天要出事的。

B：可不，你看着吧，<u>迟早</u>。

A：他们夫妻俩天天吵、日日吵的，感情总有一天会吵没的。

B：是啊，<u>迟早</u>。

重要性等级：★★★　难易度等级：★★　口语化等级：★★

【107】重　chóng

［副词］表示动作行为重复或再一次发生，多修饰单音节动词。

你把这个字<u>重</u>写一遍！

你这个动作不行，<u>重</u>来！

错误太多了！你把单词<u>重</u>背一遍吧！

老张退休后把他的那个老房子又<u>重</u>修了一下儿。

重要性等级：★★★　难易度等级：★　口语化等级：★

【108】冲　chòng

【108-1】［动词］面对，后面常接"着"。

你<u>冲</u>着大街瞎喊什么？谁也听不到！

这个房间的风景不错，南面正<u>冲</u>着大海。

我的座位正<u>冲</u>着教室的门。

重要性等级：★★★　难易度等级：★　口语化等级：★★★

【108-2】［形容词］表示猛烈、强烈。

这种白酒的味道很<u>冲</u>。

你脾气太<u>冲</u>了，应该改一改。

你提意见可以，但说话时要注意一下儿，别太<u>冲</u>了。

重要性等级：★　难易度等级：★★　口语化等级：★★

【108-3】［介词］引出动作行为的对象或方向，有"对""向"的意思。

你<u>冲</u>人家发脾气了，对吧？

孩子<u>冲</u>他妈妈那里跑去。

他扭过头来<u>冲</u>我笑了笑。

重要性等级：★★　难易度等级：★★　口语化等级：★★

【108-4】［介词］凭；根据；看在……的份儿上。

<u>冲</u>你的面子，这次活动我怎么也得参加呀。

就<u>冲</u>你这番话，我也得好好干啊。

就<u>冲</u>你做事这股认真的劲儿，我一定会帮你帮到底的。

重要性等级：★★　难易度等级：★★　口语化等级：★★★

【109】V 出来了　V chūlái le

［固定格式］表示辨认的结果由隐蔽到显露。V 通常是"认、吃、看、听"等单音节动词。

盯了他半天，我终于把他<u>认出</u>来了。原来他就是我大学时的同桌。

你<u>吃出</u>这是什么菜来了吗？

我<u>看出来了</u>，她好像并不想搭理我。

A：你听出他是哪里人了吗？

B：<u>听出来了</u>，一听就是上海人。

重要性等级：★★★　难易度等级：★★　口语化等级：★★★

【110】除非　chúfēi

［连词］相当于"只有"，用来表示唯一的条件。常构成"除非……，才……""除非……，否则……""除非……，不然……"等格式。

<u>除非</u>特别高兴的时候，他才喝酒。

<u>除非</u>你亲口答应我这件事，否则我是不会走的。

<u>除非</u>你当面拒绝他，不然他天天都会纠缠你。

他一般不喝酒，<u>除非</u>特别高兴的时候。

重要性等级：★★★　难易度等级：★★　口语化等级：★★

【111】除了 V₁ 就是 V₂　chúle V₁ jiù shì V₂

［固定格式］表示不这样就那样，二者必居其一。强调没有其他的选择。

刚生下来的孩子，<u>除了吃就是睡</u>。

他每天<u>除了上课就是写论文</u>，没别的事。

这段时间我在宿舍里好无聊。每天<u>除了上网就是睡觉</u>，什么也不想做。

重要性等级：★★　难易度等级：★★　口语化等级：★★★

【112】除了 X 还是 X　chúle X hái shì X

［固定格式］"除了"与"还是"后面跟的是同一个事物、同一件事情或同一种状态，表示除此之外别无其他，强调了一种唯一性、单调性或者纯粹性。

这个村子太偏僻了，周围<u>除了高山还是高山</u>，好像跟外面是两个世界。

他连节假日也不休息，<u>除了工作还是工作</u>。

他不会做什么菜，每次<u>除了西红柿炒鸡蛋还是西红柿炒鸡蛋</u>。

我觉得小芳这个姑娘，<u>除了善良还是善良</u>，所以总被人欺负。

重要性等级：★★　难易度等级：★★★　口语化等级：★★★

【113】除了……以外　chúle……yǐwài

［固定格式］表示在某一方面之外还有别的，或者表示所说的不计算在内。

后面常跟"还、也、都"等搭配使用。"以外"有时也可以省略。

张老师除了上课以外，还负责学校里工会的工作。

他除了写小说以外，有时候也写写诗。

除了老刘，我都通知过了。

其他人都到了，除了小张。

重要性等级：★　难易度等级：★★★　口语化等级：★★

【114】从　cóng

［介词］引出某个判断或结论的依据或者来源。

从这件小事，我们可以感觉到他对人的真诚和细心。

从孩子嘴里知道，他爸爸是个中学教师，去年刚刚去世。

从脚步声我就能听出是你来了。

重要性等级：★★★　难易度等级：★★　口语化等级：★★

【115】从 X 到 Y　cóng X dào Y

［固定格式］既可表示时间从早到晚、处所从起点到终点，也可表示人物、数量的范围或者状态的变化。

从天亮到天黑，他一直待在房间里写论文。

从上海到北京，坐高铁只需要五个钟头左右。

来旁听这门课的人一天天增加，从五个到十个，到二十个，一直到教室坐不下为止。

对于这里的习俗，他经历了一个从不适应到比较适应的过程。

人这一生遇到的大部分人，都是从陌生到熟悉，再从熟悉到陌生。

重要性等级：★★★　难易度等级：★★★　口语化等级：★

【116】从来　cónglái

［副词］一直；一向。强调情况从过去到现在都是如此。多用于否定式，构成"从来不"或者"从来没"，有时也可用于肯定式。

他这个人从来不弄虚作假。

这件事情我从来没听说过。

这世上从来就没什么救世主，都得靠自己救自己。

我从来都喜欢独来独往。

重要性等级：★★★　难易度等级：★★　口语化等级：★★★

【117】从……来讲 / 来看 / 来说 cóng……lái jiǎng / lái kàn / lái shuō

［固定格式］根据某种观点或情况进行判断，由此推出某种结论。

从安全的角度来讲，女孩子晚上要少出门。

从道理上来看，他这样做是不对的。

孩子虽然吃了不少苦，但也获得了很多经验，从这方面来说，家长觉得这次活动是很有意义的。

我虽然失败了，但知道了差距在哪儿。从这个角度来说，我不觉得遗憾。

重要性等级：★　难易度等级：★★★　口语化等级：★

【118】从另一个角度看 cóng lìng yī gè jiǎodù kàn

［固定格式］从另一方面看，意思是"换一个角度来看问题"。

这种貌似正确的话，从另一个角度看，是对女性的不尊重。

没有买到这本词典确实有点儿遗憾，不过从另一个角度看，我知道了它很畅销。

很多看似不好的事情从另一个角度看，其实没那么糟糕。

重要性等级：★　难易度等级：★★★　口语化等级：★

【119】从……起 cóng……qǐ

［固定格式］有"从……开始"的意思，多表示时间。常放在句首。

从今天起，我就要在中国学习和生活了。

从那时起，我就爱上了书法和写作。

从我懂事起，我就经常帮妈妈做家务。

从离开中国的那天起，玛丽就已经开始想念在中国生活的点点滴滴了。

重要性等级：★★　难易度等级：★★　口语化等级：★★

【120】从……V起 cóng……V qǐ

［固定格式］表示动作开始的时间或动作的起点，V多为"说、学、算"等单音节动词。

事情还得从他们刚认识时说起。

学习一门外语，通常是从发音学起。

A：你结婚有多长时间了？

B：从领证那天算起，已经有两年零三个月了。

重要性等级：★   难易度等级：★★   口语化等级：★★

【121】从……以后   cóng……yǐhòu

［固定格式］表示从过去某一时间开始，一直到以后的时间。"从"有时可以省略。

从今以后，咱俩各走各的路，互不相干。

从五岁以后，她就再也没见过她的妈妈。

找到工作以后，我就再也没见过他。

重要性等级：★★★   难易度等级：★   口语化等级：★★

【122】从……以来   cóng……yǐlái

［固定格式］表示从过去某一时间开始，一直延续到说话时的这一段时间。"从"常常可以省略。

从他开这家公司以来，天天半夜才能回家。

从开学以来，我还没有请过假。

我认识她以来，就没见她不开心过。

重要性等级：★★★   难易度等级：★   口语化等级：★★

D

【123】打　dǎ

［介词］意思同 "从"。多引出起点、来源或者路线。引出时间起点时，也可说 "打从"。"打" 和 "打从" 多用于北方方言。

打上海到北京共有一千多公里。

打今天起，你不用来了。

他打书架上拿了一本书给我。

一只鸟打我头上飞过去了。

打从我认识你那天开始，你就是这个臭脾气。

重要性等级：★　难易度等级：★★　口语化等级：★★★

【124】打盹儿　dǎ // dǔnr

［动词］小睡；短时间入睡（多指坐着或靠着）。多用于北方方言。

早上起得太早了，白天老是打盹儿。

他上课不认真，老师一讲课他就开始打盹儿。

你中午抽空打个盹儿，省得下午没精神。

重要性等级：★　难易度等级：★★　口语化等级：★★★

【125】打哈哈　dǎ hāha

［固定格式］取笑、开玩笑；随便对待、不用心；打官腔、敷衍。在不同的语境下，意思不同。

每次碰到他们，他们老是拿我打哈哈。

认真点儿！这么严肃的事情，别老是打哈哈。

你能不能别总是打哈哈？你也提点儿意见啊！

他这个人说话老打哈哈，从不办正事。

重要性等级：★　难易度等级：★★　口语化等级：★★★

【126】打（……）那儿起 / 开始　dǎ (……) nàr qǐ / kāishǐ

［固定格式］表示从某一个时间或处所开始，有时 "那儿" 前面可以有其他成分修饰。多用于北方方言。

上个月玛丽参加中文演讲比赛得了第一名，<u>打那儿起</u>，她学中文的积极性更高了。

自从上次跟他吵了一架以后，<u>打那儿起</u>，他再也不搭理我了。

<u>打</u>第一个同学<u>那儿开始</u>，每人报一下儿自己的姓名。

重要性等级：★　难易度等级：★★　口语化等级：★★★

【127】打心眼儿里　dǎ xīnyǎnr lǐ

［固定格式］从内心深处，有强调的意思。多用于北方方言。

记得我们小时候，都<u>打心眼儿里</u>盼着过年，因为可以穿新衣、放鞭炮，还可以吃好吃的。

癌症先后夺去了他父母的生命，他<u>打心眼儿里</u>对这种病既恨又怕。

这个小姑娘又聪明又可爱，大家都<u>打心眼儿里</u>喜欢她。

重要性等级：★　难易度等级：★★★　口语化等级：★★★

【128】大不了　dàbuliǎo

【128-1】［形容词］多用于否定句或反问句，表示情况没有那么严重。常构成"（没）有什么大不了（的）"格式。

这个病没有什么<u>大不了</u>，吃点儿药就会好的。

这不是什么<u>大不了</u>的事，不用担心。

这有什么<u>大不了</u>的？一切都会过去的。

重要性等级：★★　难易度等级：★★　口语化等级：★★★

【128-2】［副词］最坏的情况也不过如此。意思是虽然暂时出现困难，但最终是可以解决的。常用来表示安慰或鼓励。

坐错车不要紧，<u>大不了</u>再坐回去。

这次考不上没关系，<u>大不了</u>下次再考。

说错了没什么，<u>大不了</u>再重新来一遍。

重要性等级：★★　难易度等级：★★　口语化等级：★★★

【129】大大　dàdà

［副词］表示数量很大或者程度很深，有强调的意思。

今年，他们<u>大大</u>提高了招生比例。

这项政策出台后，炒房的人大大减少了。

这套房子的装修费用大大超出了我的预算。

重要性等级：★★　难易度等级：★★★　口语化等级：★

【130】大到……，小到……　dà dào……, xiǎo dào……

［固定格式］表示范围，指全部包括在内。也可说成"小到……，大到……"。

大家聚在一起，大到国家大事，小到柴米油盐，说个没完。

那家超市东西挺多，大到家具电器，小到油盐酱醋，应有尽有。

对于喜欢收藏的人来说，大到一部废旧汽车，小到一张电影票，都可以收藏。

小到一个家庭，大到一个国家，都是要讲规则的。

重要性等级：★　难易度等级：★★★　口语化等级：★

【131】大 N 的　dà N de

［固定格式］N 常为表示时间、季节、假日等时间方面的词语。用"大 N 的"来突显这一时间段，意思是应该做一些跟这个时间段相匹配的事情，后面跟的往往是一些不合时宜的事情。表达了说话人的不满或抱怨。

大中午的，你怎么不休息一下儿？

大夏天的，你穿那么多干吗呀？

大周末的，老板还要我们加班。你说气人不气人！

大早上的，谁在那儿大喊大叫？

重要性等级：★★★　难易度等级：★★　口语化等级：★★★

【132】大多　dàduō

［副词］大部分；大多数。

他们大多从小学习过书法。

得了盲肠炎大多得动手术。

家里买的书我大多已经看过了。

我们班的同学大多是独生子女。

重要性等级：★★★　难易度等级：★★　口语化等级：★

【133】大概 dàgài

【133-1】［副词］表示对时间、数量等不精确的估计。

他今年<u>大概</u>三十多岁。

从现在到考试<u>大概</u>有三个月的准备时间。

来听讲座的同学<u>大概</u>有五十几个。

重要性等级：★★★　难易度等级：★　口语化等级：★★

【133-2】［副词］可能，表示对情况的推测。

他<u>大概</u>不高兴了。

<u>大概</u>他有事，否则不会不来。

他<u>大概</u>已经忘了我了。

重要性等级：★★★　难易度等级：★★　口语化等级：★★

【133-3】［副词］表面上看是一种推测，实际上是一种委婉的肯定语气。

我<u>大概</u>是你所说的那个人吧。

最近老是忘事，<u>大概</u>我已经老了吧。

老李<u>大概</u>是我见过的最聪明的人了。

重要性等级：★★　难易度等级：★★　口语化等级：★★

【134】大伙儿 / 大家伙儿 dàhuǒr / dàjiāhuǒr

［代词］同"大家"，多用于北方方言。

这孩子太可爱了，<u>大伙儿</u>老是喜欢逗他。

这件事我们<u>大伙儿</u>讨论一下儿吧。

<u>大家伙儿</u>要是没意见，就这么定了。

重要性等级：★　难易度等级：★　口语化等级：★★★

【135】大体 dàtǐ

［副词］大概；大致；就主要方面或多数情况来说。也可在后面加"上"，构成"大体上"。

他的那部作品<u>大体</u>已经完成了。

我<u>大体</u>已经明白你的意思了。

我们的看法<u>大体</u>上相同。

我<u>大体</u>上同意你的意见。

重要性等级：★　难易度等级：★★★　口语化等级：★

【136】待见　dàijiàn

［动词］喜爱；喜欢。多用于否定式。

你别这么不招人<u>待见</u>！

他的脾气太坏了，谁都不<u>待见</u>他。

你爱<u>待见</u>谁就<u>待见</u>谁，跟我无关！

重要性等级：★★　难易度等级：★★★　口语化等级：★★★

【137】单　dān

［副词］和"单单"意思一样。有"仅""只"的意思，用来限定行为、事物的范围。后面一般带单音节词。

<u>单</u>说缺点不说优点，不够全面。

想把事情做好，<u>单</u>靠热情是不行的。

<u>单</u>是吃的，他就买了一大堆。

重要性等级：★★　难易度等级：★★★　口语化等级：★

【138】单单　dāndān

［副词］有"只""光""仅仅"的意思。表示从一般情况中指出有特殊性的、个别的。常构成"不单单（是）……"格式。

他怎么谁都没忘，<u>单单</u>忘了我？

别人什么都没说，<u>单单</u>他有一大堆意见。

他做过很多坏事，不<u>单单</u>是这一件。

这不<u>单单</u>是一种正当行为，也是社会道德应该提倡的。

重要性等级：★★　难易度等级：★★★　口语化等级：★

【139】但凡　dànfán

［副词］凡是；只要是。

<u>但凡</u>见过他工作的人，没有一个不被他的勤奋所感动的。

<u>但凡</u>有一线希望，也要努力争取。

<u>但凡</u>你稍微用点儿心，也不至于考得这么差。

重要性等级：★　难易度等级：★★★　口语化等级：★

【140】当然 dāngrán

【140-1】[副词] 表示不必怀疑，有加强肯定的语气。

今天的会很重要，我当然参加。

别人有困难，我们当然应该帮助。

我当然愿意去，就是时间不允许。

A：再晚你都会等我吗？

B：当然。

重要性等级：★★★ 难易度等级：★ 口语化等级：★★

【140-2】[副词] 承接上文，表示补充说明，后面引出的内容在意思上有转折。

这部小说在思想上和艺术上都很不错，当然，在个别细节上还有些不足之处。

我在学习上花了不少时间，当然，我并不是个书呆子。

最近，社会上出现了一种不好的风气，当然，我说的并不是一种普遍现象。

重要性等级：★★★ 难易度等级：★★ 口语化等级：★★★

【141】当真 dàngzhēn

【141-1】[动词] 信以为真。

这是跟你闹着玩儿的，你别当真。

我是随便说说的，他怎么能当真呢？

你不要什么事都太当真，那就不好玩儿了。

重要性等级：★★ 难易度等级：★★ 口语化等级：★★★

【141-2】[副词] 确实；果然。表示一种确认语气。

你要相信我，我当真不知道这件事。

这话当真是她说的？

他说要送我一份礼物的，没过几天，当真送来了。

重要性等级：★ 难易度等级：★★ 口语化等级：★★

【142】到底 dàodǐ

[副词] 究竟。用在疑问句中，表示深究。

你一会儿说去，一会儿又说不去，你<u>到底</u>去不去啊？

你昨天晚上<u>到底</u>干什么去了？

<u>到底</u>是谁拿走了我的手机？

我<u>到底</u>该不该相信你呢？

重要性等级：★★★　难易度等级：★　口语化等级：★★★

【143】N 到底是 N　N dàodǐ shì N

［固定格式］用于强调原因。也可以说成"N 毕竟是 N"，有时第一个 N 可以省去。

<u>孩子到底是孩子</u>，说话没轻没重的。

<u>女人到底是女人</u>，就是心软。

<u>事实到底是事实</u>，不承认也不行啊。

<u>到底是名牌大学</u>啊，各方面的资源都很丰富。

他考虑问题没那么周到，<u>到底是年轻人</u>啊！

重要性等级：★　难易度等级：★★★　口语化等级：★★★

【144】到家　dàojiā

［形容词］表示达到相当高的水平或程度，起到强调的作用。常构成"V/A 到家"格式。

你们的服务真<u>到家</u>！

这次考试我又没及格，真是郁闷<u>到家</u>了。

你的魔术表演还不<u>到家</u>，还需要多多练习。

你真是懒<u>到家</u>了，这点儿活儿都不想干。

A：你看，吃的、喝的什么的，我都准备好了。

B：你可真是想<u>到家</u>了。

重要性等级：★　难易度等级：★★　口语化等级：★★

【145】到时候再说　dào shíhòu zàishuō

［固定格式］表示现在暂时不做考虑，等事情发生时再做打算。有时候可理解成是一种委婉的拒绝。

<u>到底</u>该怎么做？这事我心里也没个底，只能<u>到时候再说</u>了。

A：不带饭，到山上吃什么呀？

B：<u>到时候再说吧</u>。

A：你如果没有女朋友，我可以给你介绍一个。

B：<u>到时候再说吧</u>。

A：你帮了我这么大一个忙，我一定要请你吃个饭。

B：<u>到时候再说吧</u>。

重要性等级：★　难易度等级：★★★　口语化等级：★★★

【146】到头来　dàotóulái

[副词] 到最后；结果（多指不好的方面）。后面可有停顿，多指不好的结果。

你帮了他那么多，<u>到头来</u>他还是不理解你。

这些美好的理想，<u>到头来</u>都破灭了。

这位老人为孩子辛苦了一辈子，操了一辈子的心，<u>到头来</u>，孩子们一个个地全离开了她。

重要性等级：★　难易度等级：★★　口语化等级：★★

【147】V 到 P 头上来／去了　V dào P tóu shang lái／qù le

[固定格式] 认为对方的行为太过分了，表示对对方行为的愤恨或不满。

他竟然欺负<u>到我师父头上来</u>了，胆子也太大了吧！

这帮骗子都骗<u>到我们头上来</u>了，真是太过分了！

你也真够可以的！这笔账，你竟然算<u>到他爸妈头上去</u>了。

重要性等级：★　难易度等级：★★★　口语化等级：★★★

【148】倒（是）　dào（shì）

【148-1】[副词] 表示跟事理或常情相反。相反义比较明显的时候可以换成"反倒"，相反义较轻微时不能换成"反倒"。

大家都在忙，你<u>倒</u>休息起来了。（反倒）

你太客气了，<u>倒</u>显得见外了。（反倒）

别看小李人长得瘦，力气<u>倒</u>不小。（＊反倒）

他虽然生了病，精神状态<u>倒是</u>还不错。（＊反倒）

重要性等级：★★★　难易度等级：★★★　口语化等级：★★★

【148-2】［副词］认为对方的想法或做法是不对的，有否定、责怪的语气。常构成"V 得倒 A"格式。

你说得倒容易，可是事情做起来哪有那么简单！

上周刚刚默写的古文，你怎么一点儿也不记得了？忘得倒干净！

A：听说下周要连放三天假？

B：你想得倒美！能放一天就不错了。

重要性等级：★★　难易度等级：★★★　口语化等级：★★★

【148-3】［副词］表示轻微的让步。常构成"……倒（是）……，只是 / 不过 / 就是……"。可以换成"倒是"。

东西倒不错，只是贵了点儿。

这次考试的题目难倒不难，不过题量有点儿大。

我倒是没意见，就是不知道小张同意不同意。

重要性等级：★★★　难易度等级：★★★　口语化等级：★★★

【148-4】［副词］表示催促或追问，有不耐烦的语气。

别不说话啊，你倒说说啊！

到底是谁的错？你倒想想看！

你倒给个意见啊！

你一直不表态，我倒要看看你是怎么想的。

都几点了？你倒是快点儿啊！

重要性等级：★　难易度等级：★★★　口语化等级：★★★

【149】X 倒没什么　X dào méi shénme

［固定格式］先表示"没关系、无所谓"，后面引出具有转折义的内容。常构成"X 倒没什么，可是 / 就是 / 只是 / 就怕……"等。

这次比赛参加不了，我倒没什么，可是我同屋，他为这次比赛付出了很多，突然不能参加，有些不甘心。

A：你新租的房子住得怎么样？

B：别的倒没什么，就是离上班的地方远了一点儿。

A：你每天一大早就得挤地铁上班，实在太辛苦了。

B：辛苦倒没什么，我不怕辛苦。只是业绩没什么起色，心累啊！

A：明天就要考试了，好紧张啊！

B：考试倒没什么，就怕成绩没有进步。

重要性等级：★　难易度等级：★★★　口语化等级：★★★

【150】X 倒是 X　X dàoshì X

［固定格式］先肯定某件事，再通过转折指出存在的问题。常构成"X 倒是 X，只是 / 就是 / 不过……"格式。

他这个人好倒是好，只是做事情太没有原则了。

他明天来倒是来，就是不知道会待多久。

好书倒是好书，就是这书已经绝版了。

这孩子聪明倒是聪明，不过学习太不认真了。

重要性等级：★★　难易度等级：★★★　口语化等级：★★★

【151】得了　déle

【151-1】［动词］表示结束、制止或同意。这里的"得了"可以用"行了"替换。

得了，别再说了，就这样吧。

得了，别问了，你问不出结果来的。

得了，你没事就先回去吧，不用等我。

得了，就听你的。你说怎样就怎样！

重要性等级：★★　难易度等级：★★★　口语化等级：★★★

【151-2】［助词］用在句末，表示事情这样解决就可以了。有加强语气的作用。

这盆君子兰你要喜欢，拿去得了。

弟弟还小，你让着他点儿得了。

今晚别出去了，在家看电视得了。

重要性等级：★★★　难易度等级：★★★　口语化等级：★★★

【152】得了吧　déle ba

［固定格式］对对方的意见或建议表示不赞同或否定。

A：学校门口那家餐厅的清蒸鳜鱼很好吃的。

B：<u>得了吧</u>，那个菜哪有你说的那么好吃！我前几天刚吃过。

A：我发誓，我接下来要开始减肥了。

B：<u>得了吧</u>，要说减肥你最多只能坚持三天。不信你试试看。

A：你说我要不要专门给他发个邮件说一下儿这件事？

B：<u>得了吧</u>，最好不要再提了！

重要性等级：★★★　难易度等级：★★　口语化等级：★★★

【153】得了　déliǎo

［形容词］表示情况很严重，用于反问或否定式。

你竟然敢动手打人？这还<u>得了</u>？

这孩子越大越不听话，这怎么<u>得了</u>？

<u>不得了</u>啦，出大事了！

重要性等级：★★★　难易度等级：★★★　口语化等级：★★

【154】X 的　X de

【154-1】［固定格式］构成"的"字短语，在功能上具有指代性。

他是<u>教书的</u>。

我爱吃<u>辣的</u>。

<u>穿白裙子的</u>是我同屋。

<u>我的</u>是那个房间。

重要性等级：★★★　难易度等级：★★　口语化等级：★★★

【154-2】［固定格式］强调某种情况、原因。

<u>黑咕隆咚的</u>，你跑出去干什么？

你发什么脾气？<u>无缘无故的</u>！

<u>外面冰天雪地的</u>，你怎么穿这么少？

你就别瞎跳了，<u>老胳膊老腿的</u>！

重要性等级：★★　难易度等级：★★★　口语化等级：★★★

【154-3】［固定格式］用在两个同类的词或短语后面，表示"等等、之类"

的意思。

> 蔬菜水果的，他买回来一大堆。
>
> 昨天的演出，老师学生的，去了很多人。
>
> 看到调查组来了，村民们沏茶倒水的，特别热情。
>
> **重要性等级：★   难易度等级：★★★   口语化等级：★★★**

【154-4】［固定格式］常构成"V_1/A_1 的 V_1/A_1，V_2/A_2 的 V_2/A_2"这样的格式，用来列举多种情况。

> 宿舍里，大家聊天儿的聊天儿，上网的上网。
>
> 今天买的苹果大的大，小的小。
>
> 一到周末，学生们逛街的逛街，约会的约会，寝室里一个人也没有。
>
> **重要性等级：★★   难易度等级：★★★   口语化等级：★★★**

【154-5】［固定格式］X 是形容词或形容词短语，常用来描述某种状态。

> 你怎么说话吞吞吐吐的？
>
> 我被你搞得糊里糊涂的。
>
> 你干吗去了？衣服上脏兮兮的。
>
> 他这个人说话做事总是莫名其妙的。
>
> **重要性等级：★★★   难易度等级：★   口语化等级：★★★**

【154-6】［固定格式］X 常表示一个陈述句或者疑问句，句尾加上"的"，表示对前面所发生情况的确认语气或追究语气。常跟副词"是"搭配使用。

> 这事我知道的。
>
> 他不会来的。
>
> 小李是什么时候走的？
>
> 这道题你是怎么做出来的？
>
> **重要性等级：★★★   难易度等级：★   口语化等级：★★★**

【155】P 的 N   P de N

【155-1】［固定格式］N 是表示职务、身份的名词，表示某人取得某种职务或身份。

> 你俩结婚谁的介绍人啊？

<u>张平的主持人</u>干了二十年了，已经很有经验了。

今天<u>我的东</u>，大家千万不要客气。

重要性等级：★　难易度等级：★★★　口语化等级：★★★

【155-2】［固定格式］前面加动词，构成对举格式，表示各干各的，互不相干。

她跳<u>她的广场舞</u>，我练我的太极拳，互不干涉。

你开<u>你的公司</u>，我搞我的研究，性质怎么能相同呢？

你打<u>你的游戏</u>，我看我的电影，咱们谁也别管谁！

重要性等级：★　难易度等级：★★★　口语化等级：★★

【155-3】［固定格式］用在某些动词后面，N 多是指人的名词或代词，构成"VP 的 N"结构。这类 VN 结构如"开玩笑、找麻烦、吃饭、睡觉、告状"等，多是动宾短语或离合词。

大家总是喜欢开<u>小丁的玩笑</u>。

他老是找<u>我的麻烦</u>。

跟你没关系！吃<u>你的饭</u>吧！

你别去了，睡<u>你的觉</u>吧！

你不会要在老板面前告<u>小张的状</u>吧？

重要性等级：★　难易度等级：★★★　口语化等级：★★

【156】(是)……V 的 N 　　(shì)……V de N

［固定格式］强调动作的发出者或时间、地点、方式等，这个用法只用于已经发生的事情。

你什么时候<u>到的上海</u>？

咦？是<u>谁买的苹果</u>？

你<u>是</u>在哪个大学<u>读的书</u>？

A：你在哪儿买的票？

B：我<u>是</u>在车站<u>买的票</u>。

A：你什么时候碰到的她？

B：我<u>是</u>昨天<u>碰到的她</u>。

重要性等级：★★★　难易度等级：★★　口语化等级：★★

【157】(如果 / 要是) ……的话　　（ rúguǒ / yàoshi) ……dehuà

［固定格式］先提出假设的条件，后面引出在这一条件下会产生的结果。

你觉得困<u>的话</u>，不用等我了，就先睡吧。

聪明<u>的话</u>，就不要在意别人的闲言碎语。

<u>如果</u>明天不去上课<u>的话</u>，今天得先请假。

<u>要是</u>他再不来<u>的话</u>，我就不回去了。

重要性等级：★★★　难易度等级：★　口语化等级：★★★

【158】A 得不能再 A 了　　A de bù néng zài A le

［固定格式］意思是 "A 极了""太 A 了"，表示程度深。A 多为单音节形容词，前后相同。

他俩的关系已经<u>好得不能再好了</u>。

这种新型列车的速度<u>快得不能再快了</u>。

没想到一下子来了这么多人，礼堂里<u>挤得不能再挤了</u>。

重要性等级：★　难易度等级：★★★　口语化等级：★★★

【159】A 得不行　　A de bù xíng

［固定格式］表示程度非常高。A 既可以是单音节形容词，也可以是双音节形容词。

又到年底了，每个人都有一堆的事要做，都<u>忙得不行</u>。

拿着刚刚收到的救灾款，老人<u>激动得不行</u>。

他接到家里的电话，说他心爱的狗死了，这消息让他<u>难过得不行</u>。

重要性等级：★★★　难易度等级：★★★　口语化等级：★★★

【160】V 得 / 不过　　V de / bu guò

［固定格式］意思是 "能 / 不能胜过"，常说 "跑得 / 不过、比得 / 不过、说得 / 不过、打得 / 不过" 等。

你实在跑得太快了，我<u>跑不过</u>你。

要论吃，我可<u>比不过</u>你。

算了，不跟你说了，我<u>说不过</u>你。

A：乒乓球你<u>打得过</u>他吗？

B：<u>打不过</u>。

重要性等级：★★★　难易度等级：★★　口语化等级：★★

【161】A 得慌　A de huang

［固定格式］表示因为非常 A，所以感觉不舒服、难受。A 通常是表示消极意义的形容词，如"饿、累、气、憋、闲、堵"等。

天天没完没了，您说这能不累得慌吗？

他的那番话让我气得慌。

老刘最近在家里闲得慌。

刚才跟老婆吵了一架，他觉得心里堵得慌。

重要性等级：★　难易度等级：★★★　口语化等级：★★★

【162】V 得 / 不起　V de / bu qǐ

［固定格式］表示有 / 没有能力做某事或者能 / 不能经受住某种困难。

这个型号的空调定价太高了，谁买得起啊？

我惹不起他，只好离他远一点儿。

这个产品的质量很好，能用很长时间，完全经得起时间的考验。

这顿饭我还请得起，你不用担心。

重要性等级：★★★　难易度等级：★★　口语化等级：★★

【163】V / A 得（跟）什么似的　V / A de (gēn) shénme shìde

［固定格式］强调某一动作或状态达到很高的程度，有一点儿夸张的语气。

为了这个问题，他们俩吵得跟什么似的，好几天都谁也不理谁。

她一边说，一边哭，哭得跟什么似的，可夸张了。

小马已经收到了名牌大学的录取通知书了，高兴得什么似的。

最近这段时间我忙得跟什么似的，连一日三餐都不正常了。

重要性等级：★　难易度等级：★★★　口语化等级：★★

【164】得　děi

【164-1】［动词］表示需要。

这个项目得半年时间才能完成。

我得到初中才能住校。

这个比赛得多少人参加？

重要性等级：★★★　难易度等级：★★　口语化等级：★★

【164-2】［动词］表示意志上或事理上的必要。

七点了，你们<u>得</u>起床了。（意志上的必要）

她是妹妹，你<u>得</u>让着她点儿。（事理上的必要）

要取得好成绩，就<u>得</u>努力学习。（事理上的必要）

重要性等级：★★★　难易度等级：★　口语化等级：★★

【164-3】［动词］揣测事情必定如此；会。

看来她今天又<u>得</u>迟到了。

作业要是没完成，就<u>得</u>挨爸爸的训了。

赶紧出去买点儿吃的吧，要不一会儿就<u>得</u>挨饿了。

重要性等级：★★★　难易度等级：★★　口语化等级：★★

【165】等 V / A 了就……了　děng V / A le jiù……le

［固定格式］表示如果出现某种动作或状态，就会产生某种结果。有提醒或宽慰的意思。

他现在住的地方远是远了点儿，<u>等</u>地铁通<u>了</u>就方便<u>了</u>。

公司在运营上出了点儿小状况，不过不用担心，<u>等</u>经济好转<u>了</u>就可以给大家发工资<u>了</u>。

有病要赶紧治，<u>等</u>严重<u>了</u>就麻烦<u>了</u>。

重要性等级：★　难易度等级：★★★　口语化等级：★★★

【166】等于　děngyú

［动词］相当于，表示两件事差不多相等。

你到底同意不同意？你不说话就<u>等于</u>默认了。

这意见提了也<u>等于</u>白提，没用。

我在天文方面的知识，几乎<u>等于</u>零。

我觉得自己前二十年<u>等于</u>白活了，连起码的道理都不懂。

重要性等级：★★★　难易度等级：★★　口语化等级：★★★

【167】等于说　děngyú shuō

［固定格式］引出对前面话语的解释，相当于"意思是"。否定形式是"不等

于说", 常构成 "并不等于说" 格式。

他主动向小张认错了, 这<u>等于说</u>, 他也意识到自己的问题了。

这次的考试我又失败了, <u>等于说</u>, 前面的努力又白费了。

要做官先做人, 但这并不<u>等于说</u>, 好人就可以是好官。

一个大科学家和一个普通人在待遇上有差别, 这并不<u>等于说</u>, 他们在人格上不平等。

在这个问题上, 我错了并不<u>等于说</u>他就正确。

重要性等级：★　难易度等级：★★★　口语化等级：★★★

【168】的确　díquè

[副词] 确实是这样。表示肯定或确认的语气, 有时可以单用。

这个电影<u>的确</u>不错。

你说我最近态度很不好, <u>的确</u>, 我最近动不动就想发脾气。

<u>的确</u>, 他提的意见很值得我们考虑。

A：在我们班, 麦克的篮球打得最好。

B：<u>的确</u>。

重要性等级：★★★　难易度等级：★★　口语化等级：★

【169】(一) 点儿　(yī) diǎnr

【169-1】[数量词] 用在名词前表示事物的数量少。

我刚才上街买了<u>点儿</u>水果。

她吃了<u>点儿</u>甜品以后, 心情好多了。

这<u>点儿</u>钱连路费都不够。

菜里再放<u>一点儿</u>盐吧, 太淡了。

重要性等级：★　难易度等级：★　口语化等级：★★

【169-2】[数量词] 用在动词后, 起缓和语气的作用, 使表达更客气。

你想买<u>点儿</u>啥?

时间还早, 我们再喝<u>点儿</u>。

你给我们提<u>一点儿</u>意见吧!

重要性等级：★★　难易度等级：★★　口语化等级：★★

【169-3】［数量词］当与某一标准比较时，表示程度。放在动词或形容词后面，常构成"V / A（一）点儿"格式。

　　你以后说话时注意一点儿！

　　吃了蛋糕以后，我的胃比刚才好点儿了。

　　穿黑衣服会显得人瘦一点儿。

　　重要性等级：★★　难易度等级：★★　口语化等级：★★

【169-4】［数量词］可以构成"A 了点儿"格式，表示对某事或某物的不满。也可以说成"A 了些"。

　　我们住的地方偏了点儿。

　　这个手机很好用，就是贵了点儿。

　　她别的方面都好，就是脾气大了点儿。

　　重要性等级：★　难易度等级：★★　口语化等级：★★

【169-5】［数量词］可以构成"半点儿"，表示的数量比"一点儿"更少，有夸张的意味。

　　他这个人，半点儿本事也没有，整天在那里夸夸其谈。

　　这姑娘说话、做事都很有礼貌，没有半点儿不得体的地方。

　　你嘴里有半点儿真话吗？

　　重要性等级：★　难易度等级：★★★　口语化等级：★★★

【170】东……西……　dōng……xī……

　　［固定格式］表示"这里……那里……"，有"到处（V）"或者"胡乱（V）"的意思。

　　他们进屋后东看看西瞧瞧，好奇得很。

　　衣服东一件西一件地扔了一地。

　　你不要东翻一下儿西翻一下儿，搞得乱七八糟的。

　　重要性等级：★　难易度等级：★★　口语化等级：★★

【171】动不动就 V　dòngbudòng jiù V

　　［固定格式］表示某种行为或状况频繁发生，多用于不希望发生或不正常的事情。有不满或抱怨的语气。

　　这两天她不知道怎么了，动不动就哭。

最近公司的业务太多了，都忙不过来，所以动不动就得加班。

我们经理动不动就冲我们发脾气，大家都不喜欢他。

这里的天气太潮湿了，动不动就下雨，到处湿漉漉的。

重要性等级：★★　难易度等级：★★★　口语化等级：★★★

【172】都　dōu

【172-1】［副词］表总括，后面常跟"谁、哪儿、什么"等特指疑问代词。有询问的意思。

今年暑假都谁想回国探亲啊？

你都哪儿不舒服？

这几天你都干什么了？

重要性等级：★　难易度等级：★★★　口语化等级：★★★

【172-2】［副词］表示"甚至"义，有强调的语气。

对不起，我都忘了你的名字了。

这几天忙糊涂了，我都不记得我说的话了。

我进门时，把他都吵醒了。

重要性等级：★★　难易度等级：★★　口语化等级：★★★

【173】V 都不 / 没 V　V dōu bù / méi V

［固定格式］是"连 V 都不 / 没 V"的省略形式，表示"一点儿都没 V"或者"根本就不 V"。有强调语气。

这么重要的事情，你连问都不问一声，也太不关心了。

我的作业你看都不看一眼，怎么知道我做得对不对？

朋友有困难找小张帮忙，他想都没想就答应了。

这件事我听都没听过，怎么知道结果是什么呢？

重要性等级：★★★　难易度等级：★★★　口语化等级：★★★

【174】都……了　dōu……le

［固定格式］表示已经或将要出现某种新情况。常用"都……了，还……"结构来表达说话人的不满或抱怨，有时也可表示提醒。

都大学生了，还这么不懂事？

都春天<u>了</u>，还这么冷！

都成年人<u>了</u>，还整天打打闹闹的，像什么话！

都三十岁<u>了</u>，还没有成家立业。这怎么行呢？

都大学毕业<u>了</u>，还不赶紧找份工作！

人<u>都</u>伤成这样<u>了</u>，还不赶紧送医院？

都这么大年纪<u>了</u>，你还天天熬夜，不要命了？

重要性等级：★★★　难易度等级：★★　口语化等级：★★★

【175】V 都 V 了　V dōu V le

［固定格式］前后连接两个相同的动词。表示某事既然已经发生了，就不必有太多顾虑了。带有一种不在乎的语气。

<u>来</u>都<u>来了</u>，就进去看看吧。

东西<u>吃</u>都<u>吃了</u>，就不必担心它对身体好不好了。

<u>离</u>都<u>离了</u>，还天天后悔啥呀？

重要性等级：★★　难易度等级：★★★　口语化等级：★★

【176】都 V 了（些）什么　dōu V le（xiē）shénme

［固定格式］常用来表示对对方行为的不满或否定。

你听听，他<u>都说了什么</u>！真是气死我了！

你看看，你整天<u>都干了些什么</u>！

你这脑子里天天<u>都想了些什么</u>啊！还是干点儿正事吧。

你在学校<u>都学了些什么</u>呀！怎么一到考试的时候就啥也不会了？

重要性等级：★　难易度等级：★★★　口语化等级：★★★

【177】都是……　dōu shì……

［固定格式］用来强调事情的起因，常带有抱怨的语气。

<u>都是</u>他迟到，害得大家等了一个多小时。

<u>都是</u>我不好，让大家着急了。

所有的同学都被老师留下来写作业，<u>都是</u>因为你！

<u>都是</u>你一句话，把他给惹急了。

<u>都是</u>你，一会儿要这样改，一会儿要那样改，搞得现在大家都不知道究竟该怎么改了。

重要性等级：★　难易度等级：★★★　口语化等级：★★★

【178】对（于）……来说/讲　duì（yú）……lái shuō/jiǎng

［固定格式］表示从某人或某物的角度来判断或评价。

对外国人来说，这个饭馆的菜确实太油了。

早上六点不到就起床，对我来说，实在是太痛苦了。

参加马拉松对你这样一个有经验的运动员来讲，还不是小菜一碟！

对于这个小城市来说，能举办这样一场国际性的活动，的确是一次难得的机遇。

重要性等级：★★★　难易度等级：★★　口语化等级：★★

【179】对了　duìle

［动词］表示突然想起某事或者表示同意某事。表示突然想起某事时，常起到转换话题的作用。

好，现在下课吧。对了，把昨天的作业交给我。

赶紧睡吧！对了，别忘了吃药。

A：明明，今天考得怎么样啊？对了，妈妈呢？

B：我也不知道。我放学回家就没看到她。

A：老师，您看我这一句这样改行吗？

B：对了，就这么改。

重要性等级：★★★　难易度等级：★★★　口语化等级：★★★

【180】多 A　duō A

【180-1】［固定格式］用在疑问句中，询问程度、数量等。A 多为表示积极意义的形容词，如"大、高、长、远、宽、厚"等。

他多大啦？

那座山有多高？

这条新修的高速公路有多长啊？

北京离上海有多远啊？

重要性等级：★★★　难易度等级：★　口语化等级：★★

【180-2】［固定格式］表示某种程度，多用在"无论（不管）……多……""多……都（也）……""多……多……"等格式中。

无论他每天有<u>多</u>忙，都会抽空给父母打个电话。

<u>多</u>复杂的数学题他都能做出来。

他这个人是要<u>多</u>难说话就有<u>多</u>难说话。

重要性等级：★★　难易度等级：★★　口语化等级：★★

【180-3】［固定格式］用在感叹句中，以强烈的感叹语气表示程度高。

看孩子们今天玩儿得<u>多</u>开心呀！

这么重要的活动，你不来<u>多</u>没意思呀！

这件事能办成，<u>多</u>不容易啊！

妈妈要是知道了这个坏消息，该<u>多</u>伤心啊！

重要性等级：★★★　难易度等级：★　口语化等级：★★★

【181】多半　　duōbàn

［副词］大概。表示对情况的估计，含有揣测的意思。

他现在还没来，<u>多半</u>不会来了。

经理找出这样的理由，<u>多半</u>是不想见你。

看这天气，<u>多半</u>要下雨了。

他<u>多半</u>不是你要找的那个人。

重要性等级：★★★　难易度等级：★★★　口语化等级：★★

【182】多的是　　duō de shì

［固定格式］强调数量多。

我家里的中文书<u>多的是</u>。

别难过了，虽然这次比赛没取得名次，不过以后的机会还<u>多的是</u>。

A：你电脑里有京剧表演的视频吗？

B：<u>多的是</u>，你随便找。

A：你有没有什么做家常菜的菜谱啊？

B：在网上找啊，网上<u>多的是</u>。

重要性等级：★★★　难易度等级：★　口语化等级：★★★

【183】多亏　duōkuī

［动词］表示由于别人的帮助或某种有利因素，避免了不如意的事情。含有感谢或庆幸的意思。常构成"多亏……，否则 / 要不 / 不然……"句式，"多亏"后可以带"了"。

多亏你及时提醒，否则后果不堪设想。

这次多亏了你，要不我们连票也买不上。

多亏我带了雨伞，不然就被雨淋湿了。

他差点儿就没命了，多亏去医院比较及时。

重要性等级：★★★　难易度等级：★★★　口语化等级：★★

【184】多少　duōshǎo

［副词］或多或少；稍微。也可以说成"多多少少"。

老李这话多少有些道理。

一立秋，天气多少有点儿凉意了。

这件事情我们多多少少知道一些。

吃的药还是不要瞎买，多多少少会有副作用。

重要性等级：★★　难易度等级：★★★　口语化等级：★★

【185】多少有那么点儿吧　duōshǎo yǒu nàme diǎnr ba

［固定格式］表示某种状态多多少少总是存在的，表示一种认可的语气。

A：对于明天的表演，你好像很紧张。

B：多少有那么点儿吧，毕竟这是我第一次正式演出。

A：他是不是看不起外地人？

B：我看多少有那么点儿吧。

A：他是不是对丽莎有意思啊？

B：多少有那么点儿吧。

重要性等级：★　难易度等级：★★　口语化等级：★★★

E

【186】二话没说就……　　èrhuà méi shuō jiù……

［固定格式］表示毫不犹豫地做某事，有时也可说成"二话不说（……）就……"。

领导听完我们的话，<u>二话没说</u>就同意了我们的建议。

我跟老王借钱，他<u>二话没说就</u>借给了我。

昨天我上课时突然肚子疼，同桌看到了，<u>二话不说</u>，背着我<u>就</u>往医务室跑。

重要性等级：★　难易度等级：★★★　口语化等级：★★

F

【187】凡是……（全）都……　　fánshì……(quán) dōu……

［固定格式］总括某个范围内的一切。

凡是本校的学生都能参加，留学生也不例外。

凡是符合条件的，都可以报名。

凡是这次考试不及格的，下个月都要参加补考。

凡是需要动脑子的活动，她全都不愿意参加。

重要性等级：★　难易度等级：★★　口语化等级：★

【188】反倒　　fǎndào

用在后一分句中，引出跟前一分句相反的意思。跟"反而"语义相同，但口语化程度更高。

【188-1】［副词］常构成"不但不 / 没……，反倒……"这类表示递进关系的复句，有出乎意料的语气。

儿子不但不帮父亲，反倒帮起别人来了。

她听了我的故事，不但没笑，反倒哭了起来。

你不帮他也就算了，为什么反倒处处为难他？

我原本想帮帮他的，结果没想到反倒越帮越忙。

重要性等级：★★　难易度等级：★★★　口语化等级：★★

【188-2】［副词］常构成"要是 / 假如……，反倒……"这类表示假设条件的转折复句，"要是、假如"等词有时可以省略。

要是你去了，反倒会让他更生气。

我要是去问他，反倒会让他产生怀疑。

他这个人常常说话不算数。假如他哪天说话算数了，反倒有些奇怪了。

你还是别来了。你来了，反倒更麻烦。

重要性等级：★★　难易度等级：★★★　口语化等级：★★

【189】反过来说　　fǎn guòlái shuō

［固定格式］表示从相反或相对的角度来说明同一事物。

当对方回答"不"的时候，未必真的是"不"。反过来说，当对方一个劲儿地说"好"的时候，也未必就真的表示同意。

有些人心理上越焦虑，工作上就越不顺利。反过来说，工作上越不顺利，心理上就越焦虑。

天天做这份工作，我觉得很无聊；但反过来说，如果没有这份工作，我也不知道该做什么好。

重要性等级：★　难易度等级：★★★　口语化等级：★★

【190】反正　fǎnzhèng

【190-1】[副词] 强调情况虽然不同但结果并没有区别。常跟"无论、不管"等呼应，或者有表示正反两种情况的词语。多用在主语前。

无论你去不去，反正我都是要去的。

不管我们怎么劝他，反正他就是不同意。

信不信由你，反正我不信。

你去也行，他去也行，反正都一样。

反正我是要参加的，不管你参加不参加。

重要性等级：★★★　难易度等级：★★★　口语化等级：★★★

【190-2】[副词] 指明情况或原因，表示坚决、肯定的语气。

我反正每天都在办公室，你什么时候来找我都行。

反正不远，咱们就走着去吧。

反正你明天要去学校，就顺便帮我把东西带过去吧。

我就不跟你客气了，反正你也不是外人。

重要性等级：★★★　难易度等级：★★★　口语化等级：★★★

【191】方便的话　fāngbiàn dehuà

[固定格式] 礼貌用语，引出请求。

方便的话，麻烦帮我查一下儿明天飞往北京的航班。

方便的话，请您帮我交一下儿这份文件。

我能搭你的车吗？如果方便的话。

你哪天方便的话，给我来个电话吧。

重要性等级：★★　难易度等级：★★　口语化等级：★

【192】放着 N 不 V　fàngzhe N bù V

［固定格式］表示应该做的事没有做，反而做了不该做的事。常构成"放着 N 不 V，非要……"格式，有批评的意思。

你啊，放着福不享，非要来这里受苦。

他放着好日子不过，非要出去折腾。

你看你，放着正经事不干，在这里起什么哄啊？

重要性等级：★　难易度等级：★★★　口语化等级：★★★

【193】非 V 不可　fēi V bùkě

［固定格式］表示一定要这样做才可以，带有强调的语气。有时"不可"可以省略。

你不用拦着我，这件事情我非说不可。

我叫他不要去，他非去不可。

他不来就算了，干吗非叫他来！

你不让我去，我非去！

重要性等级：★　难易度等级：★★★　口语化等级：★

【194】非得　fēiděi

［副词］一定要；必须。表示强调。

他非得今天赶回家吗？

今天这项工作非得由你来做，我才放心。

不能好好说话吗？你非得发脾气吗？

什么重要的事非得当面说啊？

重要性等级：★★★　难易度等级：★★　口语化等级：★★

【195】分头　fēntóu

［副词］表示各自进行某种活动。

今天的会就开到这里，接下来大家分头去准备吧。

姐姐和弟弟分头去找爸爸和妈妈。

为了保证大家的安全，我们分头走吧。

重要性等级：★　难易度等级：★★　口语化等级：★★

G

【196】该　gāi

【196-1】［动词］常构成"该 P（……）"，表示按次序应当轮到某人（来做某事）了，按情理应当由某人（来做某事）。

下一周该我发言了吧？

现在该我发球了。

快点儿快点儿！该你上场了！

该你了！准备好了吗？

这个会议该让王老师来主持。

重要性等级：★★★　难易度等级：★★　口语化等级：★★

【196-2】［动词］活该。说话人觉得对方不委屈，不值得同情。

A：妈妈，老师今天罚我值日了。

B：该！谁让你不听话呢！

A：哎哟！疼死我了。

B：谁让你腿还没好就去比赛的？不听我的话。该！

重要性等级：★　难易度等级：★★★　口语化等级：★★★

【196-3】［动词］表示情理上或事理上的需要，常构成"该 V 就 V"格式。当用"该不该"来提问时，可以单用一个"该"回答。

你该去就去。

这件事该怎么做就怎么做。

你啊，该吃就吃，该睡就睡，别想那么多！

A：你觉得她该不该提前回来？

B：不该。

A：不遵守社会秩序的人该不该受到批评？

B：该。

重要性等级：★★★　难易度等级：★★★　口语化等级：★★

【196-4】［动词］根据事理或经验推测应该如此。

这孩子<u>该</u>大学毕业了吧?

他要是知道了，又<u>该</u>说我了。

你再不多穿点儿，<u>该</u>感冒了。

重要性等级：★★★　难易度等级：★★　口语化等级：★★★

【197】该 V / A 还是 V / A　gāi V / A háishi V / A

［固定格式］意思是某种情况还是会照样发生或出现，没有改变。表示一种不满或无奈的语气。

我们都劝过他好几次了，他也答应会戒烟，可常常第二天他就忘了他说的话，<u>该抽还是抽</u>。

其实，打这种预防针也没啥用，<u>该感冒还是感冒</u>。

姐姐试过很多办法来减肥，锻炼、节食等等，可<u>该胖还是胖</u>，气得她都绝望了。

重要性等级：★★　难易度等级：★★★　口语化等级：★★

【198】该 V 还（是）得 V　gāi V hái（shi）děi V

［固定格式］不管条件如何，应该做的事情还是要去做。表示一种劝告。这里的 V 表示的都是行为主体可以自己控制的动作。

虽然最近猪肉价格涨了不少，但<u>该买还得买</u>啊。

虽说你俩闹了点儿矛盾，但适当的走动你<u>该去还是得去</u>。

别怕她不高兴，如果她有做得不对的地方，你<u>该说还是得说</u>。

重要性等级：★　难易度等级：★★★　口语化等级：★★

【199】该死　gāisǐ

［动词］表示厌恶、愤恨或埋怨。

<u>该死</u>的猫把家里养的鱼都吃了。

真<u>该死</u>! 我又把钥匙忘在房间里了。

这<u>该死</u>的天气! 都已经下了半个月的雨了。

重要性等级：★　难易度等级：★★　口语化等级：★★★

【200】改天　gǎitiān

［副词］意思是另找时间（见面或联系），有时是一种委婉的拒绝。

这件事改天再谈吧。

改天我们一起去找他吧。

今天我没空，改天一起吃饭吧。

A：咱们啥时候一起出去逛逛啊？

B：行，改天再约吧。

重要性等级：★★★　难易度等级：★　口语化等级：★★★

【201】干 V / A　gān V / A

［固定格式］表示对某件事情无可奈何，只能看着它进行。有一种无奈的语气。

他们俩在房间里讨论事情，不让外人进来，我只好在外面干坐着。

他还没结束呢。你别干等着，先看会儿书吧。

等我知道这个消息的时候，他已经上飞机了。我也只能干瞪眼了。

孩子生病了，妈妈远在国外，只能干着急，一点儿办法也没有。

重要性等级：★　难易度等级：★★　口语化等级：★★

【202】干脆　gāncuì

【202-1】［形容词］直截了当；爽快。

我这个人喜欢说话干脆的人。

他做事一向很干脆。

你到底去不去啊？干脆点儿！

重要性等级：★　难易度等级：★★★　口语化等级：★★

【202-2】［副词］有"索性"的意思，表示动作行为爽快、直截了当。带有果决、痛快的意味。

这台空调都用了十年了，我们干脆买台新的吧！

小张，既然我们都不满意现在的工作，干脆一起辞职吧，自己开个公司。

A：你到底还爱不爱我？

B：干脆跟你说吧，我觉得我们还是分开比较好。

重要性等级：★★★　难易度等级：★★★　口语化等级：★★★

【203】赶紧　gǎnjǐn

【203-1】［副词］表示动作迅速、急迫，不能耽误。多用于已经或经常发生的动作。

小林每天一回家就赶紧做作业。

收到家里的来信，他赶紧写了封回信。

听到妈妈叫我，我赶紧应了一声。

重要性等级：★★★　难易度等级：★★　口语化等级：★★

【203-2】［副词］表示抓紧时间，不能拖延，有催促的意思。用于祈使句，指的是还未发生的情况。表示这一意义时，"赶紧"与"赶快"相同。

孩子病了，赶紧送医院！

赶紧走吧，否则要迟到了！

他好像有什么急事。你赶紧给他回个电话！

重要性等级：★★★　难易度等级：★★　口语化等级：★★

【204】赶快　gǎnkuài

［副词］抓紧时间，加快速度，表示催促。

外面雨大，赶快进来。

时间不早了，赶快回去吧。

你赶快把湿衣服换下来，小心感冒！

重要性等级：★★★　难易度等级：★★　口语化等级：★★

【205】干吗　gànmá

［代词］表示"干什么"，用来询问目的或原因。有时采用反问句形式。

你早就知道这件事，干吗不告诉我？

这么无聊的活动，你干吗要参加啊？

最近你干吗老是不理我啊？

那个餐馆的菜又好吃又便宜，我们干吗不去吃一次呢？

重要性等级：★★★　难易度等级：★★　口语化等级：★★★

【206】刚好　gānghǎo

［副词］恰好。表示正好达到某种程度、某一要求或某一数量。常表达庆幸的语气。

礼物买得不多不少，刚好一人一个。

你来得正好，我刚好要出去。

刚好我同屋要去北京玩儿，我就顺便让她帮我带点儿北京特产。

你们单位不是要招聘三十岁以下的、有相关工作经验的女性吗？我刚好符合你们的条件。

重要性等级：★★★　难易度等级：★★　口语化等级：★★★

【207】搞　gǎo

［动词］有多种词义，可代替多种不同的动词。

我搞了一个方案出来，你看看。（做）

他喜欢搞科学研究。（从事）

我快饿死了，你去搞点儿吃的来。（设法获得）

我搞到了一张周杰伦演唱会的门票。（设法获得）

我把上课地址搞错了。（弄）

这个题我始终搞不清楚。（弄）

你别瞎搞！（做／弄）

你搞什么搞！（做／弄）

重要性等级：★★★　难易度等级：★★　口语化等级：★★★

【208】告诉你　gàosu nǐ

［固定格式］用来提醒或告诫对方，注意自己后面所说的内容。有时有炫耀、警告等语气。

你知道今天学校会有谁来吗？我告诉你啊，他可是个大人物。

你别以为自己做的那些事别人都不知道。告诉你，要想人不知，除非己莫为！

A：明天有考试？没事，我不怕。

B：告诉你，这次考试可不是一般的考试，考不及格就不能毕业了。

A：你还会拉小提琴？

B：没想到吧，告诉你吧，我从三岁起就开始学了。

重要性等级：★　难易度等级：★★　口语化等级：★★★

【209】个　gè

跟不用"个"相比，口语中加上一个"个"使句子语气显得轻松、随意。

【209-1】［量词］用在约数的前面，动词的后面。

他们俩也不过差个两三岁。

一天走个七八千步，没问题。

这本书估计我得看个四五遍才能看懂。

重要性等级：★　难易度等级：★★★　口语化等级：★★★

【209-2】［量词］放在动词和宾语之间，常构成"V 个 N"。

他们没事就见个面，吃个饭啥的。

你赶紧去洗个澡，好早点儿休息。

下班后我打算去看个电影，然后再逛个街。

重要性等级：★　难易度等级：★★★　口语化等级：★★★

【209-3】［量词］用于动词和补语的中间，使补语略带宾语的性质（有时跟"得"连用），表示动作的情况或结果。

这顿饭大家吃得个干干净净。

这件事我一定要去找他问个明白。

她一笑就笑个不停。

重要性等级：★　难易度等级：★★★　口语化等级：★★★

【209-4】［量词］常构成"有 / 没个……"。有不满的语气。

你有个完没有？

这难熬的日子有个头儿没有？

我看你真是没个完！

他一进门就没个好脸。

你都多大了？怎么老是没个正经。

重要性等级：★　难易度等级：★★★　口语化等级：★★★

【210】V（你）个……   V（nǐ）gè……

[固定格式] 后多跟"鬼、头"等詈骂语，表示一种强烈的否定。有时有开玩笑的意思。多用于关系亲近的两个人之间。

你抱怨个鬼啊！

这么晚还出去玩儿，玩儿你个头啊！

笑什么笑？笑你个头！

好什么好？好你个大头鬼啊！

重要性等级：★　难易度等级：★★★　口语化等级：★★★

【211】V（他/它）个够/痛快   V（tā/tā）gè gòu/tòngkuài

[固定格式] 表示尽情地做某事，有强调的意思。

等放假了，我可要玩儿个够。

明天是你生日，你想吃就吃个够，想玩儿就玩儿个够。

考试结束那天，我想和朋友去餐厅吃他个痛快。

重要性等级：★★★　难易度等级：★★　口语化等级：★★★

【212】V 个究竟   V gè jiūjìng

[固定格式] 表示想搞清楚到底是怎么回事，有探究的语气。只用于有限的几个动词，常构成"看个究竟""问个究竟""知道个究竟""听个究竟"等格式。

听到喊声，大家都跑过来想看个究竟。

小华一直在哭，你去问个究竟吧，看看到底是怎么回事。

如果你想知道个究竟，那就直接去问老师吧。

重要性等级：★　难易度等级：★★★　口语化等级：★

【213】各 V 各的   gè V gè de

[固定格式] 表示分别具有或分别做某事，强调不一样。

这两本词典各有各的特点。

我们各挣各的，各花各的。

这是考试，大家各做各的，不要商量。

这个家庭里，一家三口对早餐的要求完全是三个样子，所以每天早上各吃各的，谁也不管谁。

重要性等级：★★★　难易度等级：★★　口语化等级：★★

【214】给　gěi

【214-1】［动词］可代替某些具体动作动词。

爸爸气得给了他一巴掌。（打）

她的表现实在不像话，我忍不住给了她几句。（批评）

弟弟太调皮了，哥哥给了他两脚。（踢）

重要性等级：★　难易度等级：★★★　口语化等级：★★★

【214-2】［动词］表示容许对方做某种动作，相当于"叫""让"。

他这几天也够累得！给他多休息几天吧。

考试成绩出来了，他谁都不给看。

你真够小气的！连一口水都不给喝！

重要性等级：★★　难易度等级：★★★　口语化等级：★★★

【214-3】［介词］表示交付、传递，可用在动词前后。

方便的时候你给他去个电话。

我走的时候留给他一笔钱。

他生日那天我想买个礼物送给他。

重要性等级：★★★　难易度等级：★　口语化等级：★★

【214-4】［介词］引进动作的受益者或受害者。

他给我们当翻译。

我们把房间给她搞得乱七八糟的。

对不起，这本书给你弄脏了。

重要性等级：★★★　难易度等级：★　口语化等级：★★

【214-5】［介词］表示某种遭遇，相当于"被"。

爸爸给他骗了。

昨天我的钱包给小偷儿偷了。

刚买的镜子给孩子打碎了。

重要性等级：★　难易度等级：★★　口语化等级：★★★

【214-6】［介词］引进动作的对象，相当于"朝""向""对"。

小黄给老师深深地鞠了一躬。

我给你道个歉。

他给我使了个眼色，我就不再说话了。

重要性等级：★★★　难易度等级：★　口语化等级：★★

【214-7】［介词］常构成"给我……"结构，用在祈使句中，表示强势的命令。

你给我听着！别再瞎胡闹了！

你给我滚！

你给我老实点儿！

重要性等级：★　难易度等级：★★★　口语化等级：★★★

【214-8】［介词］引进动作的承受者，有介词"把"的意思。

听了这个消息，给我急坏了。

麻烦你给这两个杯子倒上水。

这几天跑上跑下的，给他累得够呛。

重要性等级：★　难易度等级：★★★　口语化等级：★★★

【214-9】［助词］构成"（叫/把/让……）给V"结构。用"给"来突出结果，加强语气。

好好的一辆自行车叫他给弄坏了。

我不小心把杯子给打碎了。

精心准备的这场活动让她给搞砸了。

重要性等级：★★★　难易度等级：★★　口语化等级：★★★

【215】根本　gēnběn

【215-1】［副词］彻底；全面。多用于肯定句。

问题已经得到了根本解决。

想要根本改变这种不良风气，还需要很长一段时间。

重要性等级：★★★　难易度等级：★★　口语化等级：★★

【215-2】［副词］始终；从来；完全。多用于否定句。常跟"就"搭配，构

成"根本就没 / 不……"。

你不要冤枉我，我根本没说过这样的话。

我怎么会认识她呢？我根本就没见过这个人。

我不会投赞成票的。我根本就不同意你的做法。

别瞎说了，去年冬天根本就不冷，我连暖气都没开。

重要性等级：★★★　难易度等级：★★　口语化等级：★★★

【216】根据　gēnjù

[介词] 引出所得结论的前提或者语言行动的基础。

你还是根据大家的意见把报告修改一下儿吧。

根据我的经验，最近不会下雨。

这首歌是根据民间故事改编的。

根据我们的了解，这件事跟他无关。

重要性等级：★★★　难易度等级：★★　口语化等级：★★

【217】跟　gēn

【217-1】[动词] 在后面紧接着向同一方向行动。

快点儿！快跟上！

别老是跟着我！

你慢点儿说！我都跟不上你的节奏了。

重要性等级：★★★　难易度等级：★　口语化等级：★★

【217-2】[介词] 引出动作行为的对象，相当于"同"。

希望你能勇敢地跟疾病做斗争。

刚才我已经跟他打过招呼了。

小张，我有事要跟你商量。

老师，您能跟我说一下儿昨天的考试成绩吗？

重要性等级：★★★　难易度等级：★　口语化等级：★★★

【217-3】[介词] 引出用来比较的对象，常构成"跟……比""跟……相同 / 差不多 / 一样"等格式。

跟昨天比，今天的气温下降了五度。

小刘的情况<u>跟</u>我相同，都是大学毕业后去国外读了研究生。

我的看法<u>跟</u>你差不多。

我<u>跟</u>你一样，都没上过大学。

可以构成"跟……不同（的是）"格式，后面的句子用来解释什么地方不同。

<u>跟</u>应试教育不同，素质教育更强调对学生能力的培养。

<u>跟</u>小李不同，小张很喜欢踢足球。

<u>跟</u>上次不同的是，这次我们准备得很充分。

也可以构成"跟……没什么两样"格式，表示两者几乎没有区别。

我们公司的产品质量<u>跟</u>世界一流公司没什么两样。

他花钱大手大脚的习惯还是没改，<u>跟</u>以前没什么两样。

王老师<u>跟</u>几年前没什么两样，还是那么精力充沛。

重要性等级：★★★　难易度等级：★★　口语化等级：★★★

【217-4】［介词］引出与主语 A 有关系的另一方 B，表示 A、B 之间有某种关系。常构成"A 跟 B"格式，该格式以 B 为主导，不能换成"B 跟 A"。

我<u>跟</u>她只是一般朋友，你千万别误会。

我<u>跟</u>周明既是同学又是老乡。

我<u>跟</u>这个人不认识。

重要性等级：★★★　难易度等级：★★　口语化等级：★★★

【217-5】［连词］连接并列的几项，一般连接名词和代词。这里的"A 跟 B"可以换成"B 跟 A"。

我<u>跟</u>小王都来自北京。

参加会议的还有日本、韩国<u>跟</u>马来西亚等国家的代表。

他的胳膊<u>跟</u>大腿都受了点儿轻伤。

重要性等级：★　难易度等级：★★　口语化等级：★★★

【218】X 跟 X 啊　X gēn X a

［固定格式］该结构中的 X 多为名词性的疑问代词，如"什么、哪儿、谁"等。表示说话人觉得某人说的话或者某件事情没有道理、莫名其妙。

这都<u>什么跟什么</u>啊？乱七八糟的！

这是<u>哪儿跟哪儿</u>啊！我刚从外面回来，什么也不知道就挨了一顿骂！

你说的这都哪儿跟哪儿啊！我都听不懂。

当构成"谁跟谁"时，表示互相之间关系亲近，不分彼此。常构成"咱俩谁跟谁啊"。

我说老李，咱俩谁跟谁啊！不就两万块钱吗？你拿去就是。

A：上次多亏你了！

B：咱俩谁跟谁啊！客气啥！

A：礼物已经收到了。谢谢你记得我的生日。

B：收到就好。咱俩谁跟谁啊！

重要性等级：★★★　难易度等级：★★★　口语化等级：★★★

【219】跟……过不去　gēn……guòbuqù

［固定格式］中间常插入表人或跟人有关系的词，表示让某人不舒服、不自在或者故意为难某人。有时也可加跟人无关的词，可以看成是一种修辞用法。

他怎么总给我提意见啊？他这样做不是跟我过不去吗？

你怎么老是跟小张过不去啊？这样不好吧。

这不是你一个人的错，忘了它吧，别跟自己过不去。

你得注意休息。别跟自己的身体过不去。

这钱你干吗不要啊？现在哪有跟钱过不去的？

重要性等级：★　难易度等级：★★★　口语化等级：★★★

【220】更别提（……）了　gèng biétí（……）le

［固定格式］相当于"更不要/不用说……了"，起强调作用。

这家超市平时人都很多，节假日就更别提了。

平时做练习小林都觉得紧张，考试的时候就更别提了。

小王连车也买不起，更别提买房子了。

他连自己都照顾不好，更别提照顾父母了。

重要性等级：★　难易度等级：★★　口语化等级：★★

【221】够　gòu

【221-1】［副词］强调达到一定的标准或程度，常构成"够A了"结构。表否定时，常构成"还不够A"。A多是表积极意义的形容词。

吃的东西已经够多了，不要再买了。

这水够热了，赶快洗吧。

这孩子学习还不够努力。

房间里还不够暖和。

重要性等级：★★★　难易度等级：★★　口语化等级：★★★

【221-2】［副词］表示程度高，构成"够 A 的（了）"结构。

他这个人够滑头的，很少跟人说实话。

这次台风造成的损失够严重的了。

我在这里的生活够充实的了。

小杨工作已经够努力的了，你别再说他了。

重要性等级：★★★　难易度等级：★★　口语化等级：★★★

【222】（真）够 A 的　（zhēn）gòu A de

［固定格式］表示达到了某种很高的程度。如果前面加"真"，则起到强化评价的功能。

这个小孩儿够聪明的。

这件事真够麻烦的！

今天有三十八度，真够热的！

你这个人啊，什么事都管，真够费心的。

重要性等级：★★★　难易度等级：★★　口语化等级：★★★

【223】（真）够可以的　（zhēn）gòu kěyǐ de

［固定格式］表示达到较高的水平或标准，有时有不满及讽刺的意味。

你英语说得够可以的。要是闭上眼睛听，还真以为是英国人说的呢。

你这身体素质够可以的，应该坚持锻炼很多年了吧？

你真够可以的，把我的字典拿走了却说都不说，害得我找了半天。

她一声不吭就离家出走了，真够可以的！

重要性等级：★　难易度等级：★★★　口语化等级：★★★

【224】够呛　gòuqiàng

【224-1】［形容词］强调程度深。常构成"A 得够呛"，多表达消极语义。

最近学校有活动，把小王忙得够呛。

我昨天骑车时摔了一跤，现在全身还疼得够呛。

我昨天一整天没吃东西，饿得够呛。

重要性等级：★★★　难易度等级：★　口语化等级：★★★

【224-2】[形容词] 意思是某件事情实行起来有点儿困难，表示一种评价。

A：这件事今天能干完吗？

B：够呛！

A：你觉得她能考及格吗？

B：我看够呛。

A：也不知道他的身体还能不能好起来？

B：唉！我觉得够呛。

重要性等级：★★　难易度等级：★★★　口语化等级：★★★

【225】够（……）受的　gòu (……) shòu de

[形容词] 达到或超过所能忍受的最大限度，含有使人受不了的意思。有一种不满或抱怨的语气，有时也有评价的意思。常构成"够P受的"格式。

今天这天气真够受的！我快冻死了。

她这一跤摔得真够受的！差点儿骨折。

今年小马的运气真不好！一系列的变故也真够她受的！

每天上班，老板的坏脾气就已经够我受的了，回到家里，你就别给我添乱了。

这段时间够小林受的了！一堆的事情。

重要性等级：★　难易度等级：★★★　口语化等级：★★★

【226】够意思　gòu yìsi

【226-1】[固定格式] 意思是达到相当的水平，多用来表示赞赏。

这篇评论说得头头是道，真够意思。

他的钢琴弹得真够意思。

A：我这首歌唱得怎么样？

B：够意思。

重要性等级：★   难易度等级：★★★   口语化等级：★★★

【226-2】［固定格式］够朋友；够交情。表示一种评价。

他一个大忙人，却抽空陪你整整玩儿了一天，已经<u>够意思</u>了！

你的好朋友过生日，你连句问候的话都没有，也太<u>不够意思</u>了吧？

你这样对待他，可有点儿<u>不够意思</u>。

重要性等级：★   难易度等级：★★★   口语化等级：★★★

【227】怪不得   guàibude

［副词］表示明白了原因，对某种情况就不再觉得奇怪，有一种释然的语气。常构成"怪不得……，原来……"或者"原来……，怪不得……"句式，"原来"后面引出原因。"怪不得"可以单用。

<u>怪不得</u>这车骑得这么费劲，原来是轮子没气了。

<u>怪不得</u>他们那么厉害，原来都受过专业训练。

原来你已经在中国待了十几年了。<u>怪不得</u>中文说得这么好！

我说你中文怎么这么好呢？原来你已经在中国待了十几年了。<u>怪不得</u>！

重要性等级：★★★   难易度等级：★   口语化等级：★★★

【228】怪 A 的   guài A de

［固定格式］很 A；非常 A。强调程度高。

衣服还好好的，扔了<u>怪可惜的</u>。

这孩子<u>怪聪明的</u>。

今天<u>怪冷的</u>，多穿点儿吧。

我觉得你<u>怪狠心的</u>，对他有点儿不公平吧？

重要性等级：★★★   难易度等级：★   口语化等级：★★★

【229】管   guǎn

［连词］不管；无论。表示动作行为的进行不受任何条件的限制。

<u>管</u>它天冷天热，我每天都要锻炼一个小时。

<u>管</u>他们说什么，自己做好自己的事就行了。

<u>管</u>你同意不同意，反正我已经决定要出国了。

重要性等级：★★★   难易度等级：★★   口语化等级：★★

【230】管保　guǎnbǎo

［动词］表示有把握，相当于"保证"。"管保"所涉及的内容多是正面的事情。

你放心吧，他们管保亏待不了孩子。

好好准备，凭你的水平，我管保你能得第一。

只要你表现积极点儿，管保大家都会认可你的。

重要性等级：★　难易度等级：★★　口语化等级：★

【231】管……叫……　guǎn……jiào……

［固定格式］意思是"把……叫作……"。用"管……叫……"来称呼人或事物，更加口语化。

古人管眼睛叫"目"。

我们都亲切地管他叫"大叔"。

你们俩年龄相差比较大，你管他叫啥比较好呢？

中国南方有些地方管"包子"叫"馒头"。

重要性等级：★　难易度等级：★★★　口语化等级：★★★

【232】管他/它（……）呢　guǎn tā / tā（……）ne

［固定格式］表示只考虑眼下，不考虑后面的条件或结果。表达了说话人的一种不在乎的语气。"管他/它呢"可以单用。

这件事只要你愿意就行，管他高兴不高兴呢。

两天的考试终于结束了。我要好好睡上一觉。至于考试结果，管它呢！

我经常点外卖，主要是因为方便，管它有没有营养呢。

A：你不是说要减肥吗？还吃这么多？

B：管它呢！想吃就吃，开心就好。

重要性等级：★　难易度等级：★★　口语化等级：★★★

【233】光　guāng

【233-1】［副词］只；仅仅。限定范围。有时可与"就"配合，构成"光……就……"格式。也常构成"光……不……"格式，表示对比。

你是大孩子了，不能光知道玩儿。

不<u>光</u>是我，他也参加了这个活动。

她<u>光</u>书就买了好几百元。

<u>光</u>我们班，报名的就有好几个。

你不能<u>光</u>为自己打算，不为别人着想。

他<u>光</u>吃肉，不吃青菜。

你别<u>光</u>说不做。

重要性等级：★★★　难易度等级：★★　口语化等级：★★★

【233-2】［副词］表示某一动作行为经常出现，有"老是、总是"的意思。含有不满或抱怨的语气。

这孩子，不知道跟谁学的，<u>光</u>撒谎。

玲玲啊，您怎么<u>光</u>丢手机啊？今年都给你买了两部手机了。

你怎么一上课就<u>光</u>打瞌睡啊？晚上早点儿休息吧。

重要性等级：★★★　难易度等级：★★　口语化等级：★★★

【234】X 归 X　X guī X

［固定格式］表示虽然 X，但结果不会因此而改变。后面常带有转折义。

我们俩关系<u>好归好</u>，但在这件事情上，我也不会偏向他。

我们从小一起长大，<u>吵架归吵架</u>，感情还是很深的。

咱俩<u>亲戚归亲戚</u>，工作上该怎样就怎样！

A：最近奶奶生病住院了，我真的好难过。

B：<u>难过归难过</u>，你还是得注意身体。你要是身体垮了，谁来照顾你奶奶？

重要性等级：★　难易度等级：★★★　口语化等级：★★★

【235】X 归 X，Y 归 Y　X guī X, Y guī Y

［固定格式］两者对举出现，表示 X 和 Y 之间是有区别的。

<u>道理归道理</u>，<u>习惯归习惯</u>，想要改变固有的习惯并不容易。

咱们先把话说在前头：<u>感情归感情</u>，<u>生意归生意</u>，该怎么办就怎么办。

<u>同情归同情</u>，<u>理性归理性</u>，咱们不能让同情影响了自己的判断力。

重要性等级：★　难易度等级：★★★　口语化等级：★

【236】归……管　　guī……guǎn

［固定格式］表示"由……负责"。

今天的接待工作<u>归</u>小张<u>管</u>。

这件事情<u>归</u>政府<u>管</u>。

家务事不<u>归</u>我<u>管</u>。

结婚后，小王所有的钱都<u>归</u>老婆<u>管</u>。

重要性等级：★　难易度等级：★★　口语化等级：★★★

【237】鬼　　guǐ

【237-1】［形容词］不好的；糟糕的；恶劣的。常构成"鬼 N"格式，多含有抱怨、不满的情绪。

这个<u>鬼</u>地方我一天也不想待下去了。

你搞的什么<u>鬼</u>名堂！

你这点儿<u>鬼</u>把戏，能瞒得了谁！

这<u>鬼</u>天气！天天下雨，烦死了！

重要性等级：★★★　难易度等级：★★　口语化等级：★★★

【237-2】［形容词］聪明的；机灵的。多指小孩儿或动物。常构成"真鬼"或者"鬼得很"等表达。用于成人时，有时有贬义。

他还真<u>鬼</u>，这样都骗不了他。

这孩子<u>鬼</u>得很。

你小心点儿！他这个人可<u>鬼</u>了。

重要性等级：★　难易度等级：★★★　口语化等级：★★★

【238】果然　　guǒrán

［副词］表示真的出现了所预料、所希望或所猜想的事情，表达了一种意料之内的意思。

昨天天气预报说今天有雨，<u>果然</u>，今天下雨了。

我猜他这个时候应该在家，一打电话，他<u>果然</u>在家。

这孩子发誓说他一定要考到重点中学，最后<u>果然</u>没让妈妈失望。

重要性等级：★★★　难易度等级：★★　口语化等级：★★

【239】V 过来　　V guòlái

【239-1】［固定格式］用肯定式或否定式表示回到或回不到原来的、正常的状态。

睡了一天一夜，他终于醒过来了。

小王到现在才明白过来，大家这样做是为了他好。

大家累得喘不过气来。

老师讲得太快了，小林的脑袋根本转不过来。

重要性等级：★★★　难易度等级：★　口语化等级：★

【239-2】［固定格式］常用否定式和反问式表示某人不具备某方面的能力。

工作太多，我一个人忙不过来。

他这个人很喜欢交朋友，朋友多得数都数不过来。

A：这么多孩子，你一个人照顾得过来吗？

B：确实有点儿照顾不过来。

重要性等级：★★★　难易度等级：★　口语化等级：★

H

【240】还　hái

【240-1】［副词］表示在程度上或数量上更进一层，意思相当于"更"，常用于"比"字句。"还"比"更"更口语化，有时有夸张的意味。

你急，我比你<u>还</u>急。

今天比昨天<u>还</u>暖和。

小张比我<u>还</u>小两岁。

他吃的盐比你吃的米<u>还</u>多，你应该听听他的建议。

下课铃一响，你怎么跑得比兔子<u>还</u>快？

重要性等级：★★★　难易度等级：★　口语化等级：★★

【240-2】［副词］表示程度上勉强过得去；基本上达到要求。常跟"算"搭配使用，构成"还算……"格式，带有委婉的语气。

这个菜的味道<u>还</u>不错。

他这个人<u>还算</u>好相处。

这家餐厅不错，菜的味道好，价格也<u>还算</u>便宜。

这张画儿画得<u>还</u>可以，那张画儿太难看了。

A：最近身体怎么样啊？

B：<u>还</u>好，<u>还</u>好。

重要性等级：★★★　难易度等级：★★　口语化等级：★★

【240-3】［副词］有"尚且"的意思，用在上半句，表示同下半句比较，加以推论。常构成"还……呢，何况／更不要说……"等格式，带有一点儿反问的语气。

这么重的箱子，大人<u>还</u>搬不动呢，何况是小孩子？

雷雨天大家<u>还</u>在坚持工作呢，更何况是晴天？

这么大的工作量，两个人都<u>还</u>做不完呢，更不要说让我一个人来做了。

重要性等级：★★　难易度等级：★★　口语化等级：★★

【240-4】［副词］不合理；不寻常；没想到如此，而居然如此。常构成"还……吗"或者"亏你还……"格式，多含有夸赞或责备、讥讽的语气。

下这么大雨，没想到你们<u>还</u>真来了。

你每个月工资那么高，<u>还</u>缺钱吗？

你中文说得这么好，<u>还</u>担心面试通不过吗？

<u>亏你还</u>上过大学，连这点儿道理都不懂。

重要性等级：★★★　难易度等级：★★　口语化等级：★★

【241】还不（都）是…… hái bù（dōu）shì……

［固定格式］强调有某种显而易见的原因，有不满的语气。用"都"时，不满的语气进一步加强。

A：为什么这个队这几年总是得冠军？

B：<u>还不是</u>因为这个队里有好几个国家队的选手。

A：你最近怎么老是加班？周末也不在家陪陪孩子。

B：<u>还不都是</u>为了你们吗？不加班怎么挣钱啊？

后面表示原因时，常构成"（还不）都是 VNV 的"格式，表示正是因为做了某事才导致某一个不好的结果。有抱怨的意思。

张阿姨的糖尿病都是吃甜食吃出来的，还是要多吃清淡的东西。

你这次感冒发烧，<u>都是穿裙子穿的</u>。谁让你大冬天穿这么薄的裙子？

小明最近眼睛近视得厉害，<u>还不都是玩儿游戏玩儿的</u>。

老王这几年肠胃一直不舒服，<u>还不都是喝酒喝的</u>。

重要性等级：★　难易度等级：★★★　口语化等级：★★★

【242】……还不行吗 ……hái bù xíng ma

［固定格式］表示说话人提出某一个方案，希望能够得到听话人的同意并且能够安抚听话人的情绪。

别再催我了，这事我明天就去办<u>还不行吗</u>？

别生气了，我让她亲自来给你道歉<u>还不行吗</u>？

从明天开始，家里的活儿我全包了，你只管吃现成的，<u>还不行吗</u>？

重要性等级：★　难易度等级：★★　口语化等级：★★

【243】还好……　　hái hǎo……

［固定格式］幸好；幸亏。有庆幸的语气。常构成"还好……，否则 / 要不然……"句式。

还好我今天没出去玩儿，否则就完成不了老板交给我的任务了。

还好我不认识他，要不然麻烦就大了。

我差点儿就不及格了，还好今天的考试不算太难。

重要性等级：★★★　难易度等级：★★　口语化等级：★★

【244】……还好说　　……hái hǎoshuō

［固定格式］用在前面较容易的情况之后，表示跟前面的情况相比，后面的情况更难完成。

偶尔加一次班还好说，要是天天加班，可真让人受不了。

明天的活动你让我去凑个数还好说，要是让我上台表演，那可就为难我了。

这么艰苦的环境，如果是年轻人还好说，要是老人的话肯定吃不消的。

重要性等级：★　难易度等级：★★★　口语化等级：★★

【245】还……呢　　hái……ne

［固定格式］指某方面的行为表现跟某人的身份或经历不相符，有不满的语气。常构成"还……呢，连……"或者"连……，还……呢"。

你还英语专业的学生呢，连这么简单的句子都不会翻译。

你还去过法国呢，连法国最有名的美食都不了解。

还好朋友呢，连这点儿忙都不帮，算什么好朋友！

你连基本的法律知识都不清楚，还学过法律呢！

重要性等级：★★★　难易度等级：★★　口语化等级：★★★

【246】还是　　háishi

【246-1】［连词］表示选择关系，常构成"（是）……还是……"。有询问的意思。

明天的会议是你去呢，还是我去？

这事你到底是同意还是不同意啊？

下周去北京，坐高铁呢还是坐飞机？

这个周末是去看电影，还是去逛街，还是去公园，我还没想好。

重要性等级：★★★　难易度等级：★　口语化等级：★★

【246-2】［连词］表示不受所说条件的影响。常构成"不管 / 无论 X 还是 Y，（……）都……"，用来表示一种周遍性。

不管在北京<u>还是</u>在上海，她的演出都很受欢迎。

不管冬天<u>还是</u>夏天，我都坚持跑步。

无论是你<u>还是</u>我，都要参加这次会议。

无论你明天来<u>还是</u>不来，你都要打电话跟我说一下儿。

重要性等级：★★★　难易度等级：★★　口语化等级：★★

【246-3】［副词］表示某种情况持续不变。

老师已经给我解释了好几遍了，但我<u>还是</u>没听懂。

都已经晚上九点了，商场里<u>还是</u>很热闹。

跟他聊了很久，他<u>还是</u>不想放弃自己的想法。

重要性等级：★★★　难易度等级：★★　口语化等级：★★

【247】还是……吧 /（的）好　háishi……ba /（de）hǎo

［固定格式］表示经过考虑、比较，认为这样更可取。也可说成"还是……好了"。

<u>还是</u>游泳<u>吧</u>，打球太热了。

我看，你<u>还是</u>亲自去一趟<u>好</u>。

这件事先别急着下结论，<u>还是</u>先考虑一下儿<u>的好</u>。

我周一很忙，我们<u>还是</u>周末见面<u>好了</u>。

重要性等级：★　难易度等级：★★★　口语化等级：★★

【248】还是……的　háishi……de

［固定格式］常用来纠正或者肯定某一现象或看法。

你别这么想，他<u>还是</u>认可你<u>的</u>。

在大学里，很少见到不学习的人，大部分学生<u>还是</u>非常努力<u>的</u>。

跟很多城市相比，这里的空气质量<u>还是</u>可以<u>的</u>。

A：你觉得她的水平怎么样？

B：她<u>还是</u>很有才华<u>的</u>。

重要性等级：★★★　　难易度等级：★★　　口语化等级：★★

【249】（你）还说呢　（nǐ）hái shuō ne

［固定格式］表示说话人对对方所说的事有不满、生气的意思，强调原因不在自己而在对方，或是其他的情况。常用于关系亲近的两人之间。

A：你怎么考得那么差？

B：都是因为昨天你跟我聊得太晚了，我都没好好复习。还说呢！

A：你们周末没出去玩儿吗？

B：还说呢，本来是打算去的，结果临时帮你修车，没去成。

A：你的鞋怎么刚穿两天就坏了？

B：你还说呢，你给我买的这叫什么鞋呀？

重要性等级：★★　　难易度等级：★★　　口语化等级：★★★

【250】……还在后头呢　……hái zài hòutou ne

［固定格式］说话人认为后面的情况比前面的情况在程度上有所加强。常放在句末，用来提醒别人注意。

这次麻烦她虽然暂时解决了，但更麻烦的还在后头呢。

人生就是一场旅行，美丽的风景还在后头呢。别急，慢慢走慢慢看！

A：哇！这个演出看上去还真不错！

B：这只是开场戏，精彩的节目还在后头呢！

重要性等级：★　　难易度等级：★★　　口语化等级：★★★

【251】还真没看出来　hái zhēn méi kàn chūlái

［固定格式］对对方所说的情况表示否定，有时有讽刺意味。常用于关系亲近的两人之间。

A：我可会做中国菜了。

B：还真没看出来，我以为你只会煮方便面呢。

A：听说他是个很有名的作家。

B：是吗？还真没看出来。

A：你有没有觉得我今天的穿着有点儿变化？

B：这……，还真没看出来。

重要性等级：★　难易度等级：★★　口语化等级：★★★

【252】还真是　hái zhēnshi

［固定格式］表示自己原本没想到，但经对方这么一说，觉得对方说得有道理，因此赞同对方的说法。

A：她应该自信一点儿，不去试试怎么知道自己行不行呢？

B：还真是。咱们去劝劝她吧。

A：名牌的东西质量不一定最好。

B：还真是，有时候物美价廉的东西一点儿也不比名牌产品差。

A：你有没有觉得你同屋长得有点儿像小王的女朋友？

B：你这么一说，还真是。

重要性等级：★★★　难易度等级：★★　口语化等级：★★★

【253】好　hǎo

【253-1】［动词］应该；可以。多用于南方方言。

时间不早了，你好走了。

今天就干到这里吧，你好回去了。

你们准备好了吗？我好开始了吗？

重要性等级：★　难易度等级：★★　口语化等级：★★★

【253-2】［形容词］表示赞许、同意、结束或转换话题等，常常单用。

你说得对！好，就按你说的办。

时间不早了，好，今天就到这里吧。

这个问题就到这里。好，我们来看下一个问题。

重要性等级：★★★　难易度等级：★　口语化等级：★★★

【253-3】［形容词］用在动词前，表示容易。

这个问题很好回答。

这个房间特别好打理。

他这个人不好打交道。

这种实木地板不太好保养。

重要性等级：★★★　难易度等级：★　口语化等级：★★

【253-4】［连词］用在后一分句中，表示目的，相当于"以便""便于"。

告诉我他在哪里，我好去找他。

你到了来个电话，好叫家里人放心。

下周的工作你早点儿做准备，也好早点儿开始。

重要性等级：★★★　难易度等级：★★　口语化等级：★★★

【253-5】［副词］强调程度深，带有感叹语气。

时间过得好快，春节又要到了。

你跑哪儿去了？害得我好找！

他这个人总喜欢问这问那，好烦哪！

重要性等级：★★★　难易度等级：★　口语化等级：★★

【253-6】［副词］用在形容词、数量词等前面，强调数量多或者时间长。

星期天我家来了好多同学。

我等了好久他才下来。

他已经好几年没回家了。

重要性等级：★★★　难易度等级：★　口语化等级：★★

【254】好吧　hǎo ba

［固定格式］用来强调前面所说话语的可信度，加强说话人的语气，隐含了说话人对听话人的不满。

我只是给你提了一些意见，完全没有批评你的意思，好吧。

你说的笑话一点儿都不好笑，好吧。

有时在表达无奈的同时兼有转换话轮的作用。

A：对不起，我今天来晚了，又迟到了。

B：好吧，你的作业带了吗？

A：为什么我们总是说不到一块儿呢？每次一说就吵架。

B：好吧，今天就到这儿吧，有什么话明天再说。

重要性等级：★★　难易度等级：★★　口语化等级：★★★

【255】好歹   hǎodǎi

【255-1】[副词] 用在祈使句中，劝说对方不用在意条件好坏，可以将就地、凑合着做某事。

别那么讲究，好歹能穿就行了。

身体不舒服也不能不吃东西，好歹吃一点儿吧。

能在天黑前找到这么一家旅馆，真是谢天谢地了。好歹在这儿住一晚，明早再走。

重要性等级：★★★   难易度等级：★★★   口语化等级：★★

【255-2】[副词] 不管怎样；无论如何。

既然答应了人家，你好歹要给她一个回复。

好歹她也是你的老同学，你还是替她想想办法吧。

人家好歹也是个大学生，不可能连这点儿道理都不明白。

重要性等级：★★★   难易度等级：★★★   口语化等级：★★

【255-3】[副词] 总算。表示经过不断努力，好不容易实现某种愿望，有一种释然的语气。

跟师傅学了几个月，现在好歹能够独立操作了。

努力了这么几年，这个项目好歹算是完成了。

小芳虽然没考上心中最理想的大学，但也考上了全国重点大学，好歹也算达成心愿了。

重要性等级：★★   难易度等级：★★★   口语化等级：★★

【256】好好   hǎohǎo

口语中多儿化，读作"hǎohāor"。

【256-1】[形容词] 形容情况正常；完好。常构成"好好的"。

你就放心地出国吧，我会把自己照顾得好好的。

好好的一个聚会，叫他给搞砸了。

这些花草都长得好好的，你就放心吧。

重要性等级：★   难易度等级：★   口语化等级：★★★

【256-2】［副词］全面地；尽最大努力地。用于未发生的事情。

这个问题我要<u>好好</u>考虑一下儿。

这件事你得<u>好好</u>向他解释一下儿，免得他误会。

你帮了我这么大一个忙，我真得<u>好好</u>谢谢你。

重要性等级：★　难易度等级：★★　口语化等级：★★

【257】好家伙　hǎojiāhuo

［叹词］表示惊讶或感叹。

<u>好家伙</u>! 你竟然带了这么多吃的来!

国庆节放假，我跟妈妈出去逛街。走到街上一看，<u>好家伙</u>，这么多的人!

我因为休假两周没去上班。昨天一称体重，<u>好家伙</u>! 足足重了四斤。

重要性等级：★★　难易度等级：★★　口语化等级：★★★

【258】好了　hǎole

【258-1】［动词］用在句首，表示事情结束或制止别人的某种言行。表示制止义时，"好了"可以连用。

<u>好了</u>，我们可以下班了。

<u>好了</u>，今天我们就到这儿吧，下周再继续讨论。

<u>好了</u>，<u>好了</u>，别吵了，你们就不能坐下来好好说吗?

重要性等级：★★★　难易度等级：★★　口语化等级：★★★

【258-2】［助词］用在句末，表示安抚对方的语气。

没问题，你放心<u>好了</u>。

有问题尽管提<u>好了</u>。

不用担心，你就把心放在肚子里<u>好了</u>。

重要性等级：★★★　难易度等级：★★★　口语化等级：★★★

【258-3】［助词］用在句末，表示听凭，不在乎。

他想去就让他去<u>好了</u>。

你喜欢就拿去<u>好了</u>。

让他去告<u>好了</u>，我才不怕呢!

重要性等级：★★★　难易度等级：★★★　口语化等级：★★★

【259】好你个 P   hǎo nǐ gè P

[固定格式] 当表示对对方行为的不满或吃惊时，常用此结构。

好你个小王，竟敢开我的玩笑！

好你个张涛！结婚这么大的事竟然都不告诉我一声！

好你个叶风，你竟然敢这样对我的女儿！

重要性等级：★   难易度等级：★★★   口语化等级：★★★

【260】好（不）容易才……   hǎo（bù）róngyì cái……

[动词] 强调很不容易。指事情经过一个困难、漫长的过程才得以完成。"才"有时可以省略。

我好容易才买到的书，怎么能白送给你呢！

飞机好不容易才平稳下来，危险终于过去了。

我好不容易得到这个面试的机会，我一定会珍惜的。

重要性等级：★   难易度等级：★★★   口语化等级：★★

【261】好说   hǎoshuō

[动词] 当别人请求帮助时，表示"没问题""愿意帮忙"。有时连用两个"好说"，语气更客气。

想吃韩国菜？这好说，楼下就有一家韩国餐厅。

A：你能帮我复印一份文件吗？

B：好说，好说。

A：不好意思，一会儿得麻烦你送我一段。

B：好说，不用客气。

重要性等级：★★★   难易度等级：★★   口语化等级：★★★

【262】好像   hǎoxiàng

【262-1】[副词] 表示不十分确定的判断或感觉。

他好像很不高兴。

好像他什么都不知道。

看样子今天好像要下雨。

重要性等级：★★★   难易度等级：★   口语化等级：★★

【262-2】［副词］表示某一情况表面上是这样，实际上并不是这样。常构成"好像……，其实 / 但……"格式。

他看起来好像很糊涂，其实比谁都聪明。

看上去她好像很热情，其实只是想让你买她的东西。

这事好像很简单，但实际上很复杂。

重要性等级：★★　难易度等级：★★　口语化等级：★★

【262-3】［副词］表示商量或建议，有委婉的语气。

时间不早了，我们好像该走了。

这事比较重要，好像还需要讨论一下儿。

到底报考哪个大学？我觉得你好像应该跟父母商量一下儿再做决定。

重要性等级：★★　难易度等级：★★　口语化等级：★★★

【263】好在　hǎozài

［副词］指出幸好存在某种有利条件或情况，可以弥补某种不利情况，有庆幸的语气。

书找不到就算了，好在我家里还有一本。

这一带的路标指示牌太复杂了，好在他是本地人，一下子就找到了那个地方。

A：论文的截止期马上要到了。

B：别着急，好在还有几天时间，可以最后再改一改。

重要性等级：★★★　难易度等级：★★　口语化等级：★★★

【264】好在……，否则 / 不然 / 要不……　hǎozài……, fǒuzé / bùrán / yàobù……

［固定格式］前一分句用"好在"引出有利条件，后一分句指出这一条件若不存在会怎样，有庆幸的语气。

今天手机被偷了。好在我是和同事一起出来的，否则我连回去的路费都成问题。

走了半天也看不到个人。好在路边有个卖西瓜的，不然今天真要渴死我们了。

时间紧任务重。好在我们组长经验丰富，要不我们会更紧张。

重要性等级：★★★　难易度等级：★★★　口语化等级：★★

【265】何必 / 何苦　hébì / hékǔ

［副词］用反问的语气委婉表示那样做没有必要或者不值得。常构成"何必 /
何苦……呢"格式，也可单说"何必 / 何苦呢"。

你何必为这点儿小事和你老公吵架呢?

因为一张电影票搞得自己心情不好，何必呢?

你们何苦专门跑一趟呢? 打个电话不就行了?

明知道她不会来，你还要等她，何苦呢?

重要性等级：★★★　难易度等级：★★★　口语化等级：★★

【266】何况　hékuàng

【266-1】［连词］用反问语气表示更进一层的意思，常用作前后对比。

再大的困难老王都咬着牙挺了过来，何况是这么一个小小的坎儿呢?

这个问题连你们四位专家都弄不明白，更何况我这个外行呢?

他连我都不想搭理，更何况你呢?

重要性等级：★★★　难易度等级：★★　口语化等级：★

【266-2】［连词］表示补充、说明理由，可以用"再说"替换。

小王没去参加比赛是对的，何况他的脚伤还没全好。

喝酒容易伤身体，何况他最近身体还不好。

这件事情你还是找别人吧，我真的没空。何况，我也没兴趣。

重要性等级：★　难易度等级：★★★　口语化等级：★

【267】X 和 / 跟 / 同 Y 比起来　X hé / gēn / tóng Y bǐ qǐlái

［固定格式］X 和 Y 相比较之后得出结论。

我觉得，俄语和英语比起来，俄语的发音更难些。

跑 1000 米跟跑 100 米比起来，我更喜欢跑 1000 米。

要说工作能力，小张同小王比起来，可能小王的能力要强一点儿。

重要性等级：★　难易度等级：★★　口语化等级：★

【268】恨不得　hènbude

［动词］表示急切地盼望做成某事，多用于实际做不到的事。

我女朋友说她最近要来中国，我恨不得马上就能见到她。

我觉得太丢人了，<u>恨不得</u>找个地缝钻进去。

听说北京的秋天特别漂亮，我<u>恨不得</u>插上翅膀飞过去。

重要性等级：★★★　难易度等级：★★★　口语化等级：★★

【269】横竖　héngshù

［副词］反正。强调"不管情况如何，都会如此"，含有肯定的语气。多用于北方方言。

不管我怎么说，他<u>横竖</u>就是不答应。

不管怎么样，这件事<u>横竖</u>要听我的。

他今天<u>横竖</u>要来的，等他来了再说吧。

重要性等级：★　难易度等级：★★　口语化等级：★★

【270】胡　hú

［副词］表示动作行为随意、乱来、不合规则。也常做构词语素，构成"胡闹""胡来"等。常常表达一种不满的语气。

我就怕他<u>胡</u>折腾。

你好好写，别<u>胡</u>写一气。

我正打电话呢！你别<u>胡</u>闹！

我提醒你啊，这么重要的场合，你可别<u>胡</u>来！

重要性等级：★　难易度等级：★★★　口语化等级：★★★

【271】话（可）不能这么说　huà（kě）bù néng zhème shuō

［固定格式］用来反驳别人的说法或指责。

A：便宜没好货。

B：<u>话不能这么说</u>呀，现在物美价廉的东西也不少。

A：现在有钱什么都可以买到。

B：<u>话可不能这么说</u>，爱情不是用钱就能买来的。

A：都说男人有钱就变坏，你觉得呢？

B：<u>话可不能这么说</u>，变不变坏跟有没有钱并没有直接关系。

重要性等级：★　难易度等级：★★★　口语化等级：★★★

【272】话可得说清楚　huà kě děi shuō qīngchu

[固定格式]指事情不能一概而论，要有所区别。有不满的语气。

A：你们商人都只想着赚钱，哪有什么情义啊？

B：<u>话可得说清楚</u>，我是那样的人吗？

A：有一些学生一进了大学就不好好学习了，你可别这样。

B：<u>话可得说清楚</u>，不好好学习的学生毕竟是少数。我不是还跟以前一样努力吗？

重要性等级：★　难易度等级：★★　口语化等级：★★★

【273】话是这么说　huà shì zhème shuō

[固定格式]认为对方的话虽然听上去有道理，但其实是有问题的。通常用在转折关系的上下句中，隐含着"虽然……但是……"的意思。常构成"话是这么说，可（是）……"。

A：钱不是万能的。

B：<u>话是这么说</u>，可没有钱是万万不能的。

A：你每天的课那么多，打工会影响学习的。

B：<u>话是这么说</u>，可要是不打工，学费从哪儿来呀？

A：这件事看上去好像没那么复杂。

B：<u>话是这么说</u>，可是实际上真的做起来，就不是那么回事了。

重要性等级：★★　难易度等级：★★★　口语化等级：★★★

【274】话又说回来　huà yòu shuō huílái

[固定格式]表示转折关系，用来对前一句的表述进行补充和修正。常构成"不过／可是话又说回来，……"。

你不去可以，不过<u>话又说回来</u>了，你不去谁去呢？

这孩子太老实了，又不爱说话，不过<u>话又说回来</u>，谁的性格都不是完美的。

他这个人笨是笨了点儿，可是<u>话又说回来</u>了，他做事倒是很负责任的。

重要性等级：★　难易度等级：★★★　口语化等级：★★★

【275】坏了　huài le

【275-1】[固定格式] 单用，常放在句首，表示突然发生了不好的事情。有引起对方注意的意思。

坏了，我忘了带准考证了。

坏了，看爷爷这个样子，该不是突发心脏病了吧？

坏了坏了，我手机忘了充电了。

重要性等级：★　难易度等级：★★　口语化等级：★★★

【275-2】[固定格式] 用在形容词后面，常构成"A坏了"，表示程度深。

我期末考试数学考了个满分，妈妈高兴坏了。

听到公司裁员这个消息，他难过坏了。

这段时间事情太多了，可把小张给忙坏了。

重要性等级：★★★　难易度等级：★★　口语化等级：★★

【276】换个角度说　huàn gè jiǎodù shuō

[固定格式] 表示从另一个角度来分析问题，以便得出更客观的结论。

有钱的确是好事，可换个角度说，不少人一有钱就变坏了。

他确实吃了很多苦。可换个角度说，如果不吃这些苦，他也不可能成功。

姐姐在有些方面做得不好，这我承认。可是换个角度说，她也是为了这个家啊。

重要性等级：★　难易度等级：★★★　口语化等级：★

【277】回　huí

【277-1】[量词] 表示动作的次数，也用于反复出现的动作。

这件事他问过我一回，我没告诉他。

他回回都是这样，不敲门就闯进来了。

北京我已经去过好几回了。

重要性等级：★★★　难易度等级：★　口语化等级：★★★

【277-2】[量词] 名量词，常跟"事"搭配，构成"（一）回事"。

到底怎么回事啊？我越看越糊涂！

这也不是什么重要的考试。你放松点儿，别太当回事。

别吵了，你们说的根本就不是一回事。

能不能去是一回事，想不想去是另一回事。

重要性等级：★★★   难易度等级：★   口语化等级：★★★

【278】回头   huítóu

【278-1】［副词］过一会儿；过一段时间。有时是一种委婉的拒绝。

别急，这件事我们<u>回头</u>再说。

这个计划你先听听他的意见，<u>回头</u>我们再商量一下儿。

这事你可得想好了，别<u>回头</u>又后悔了。

A：小林，咱们啥时候聚一聚啊？

B：<u>回头</u>再说吧。

重要性等级：★★★   难易度等级：★   口语化等级：★★★

【278-2】［连词］不然；否则。常用在祈使句后的句子开头来说明理由。

小点儿声，<u>回头</u>把孩子吵醒了。

快走吧，<u>回头</u>要迟到了。

认真点儿！<u>回头</u>要挨老板骂了。

重要性等级：★   难易度等级：★★   口语化等级：★★★

【279】活   huó

［副词］简直。表示程度高，带有夸张的语气。

齐白石画的虾，<u>活</u>像真的。

天天起早贪黑，简直是<u>活</u>受罪。

这老头儿平时说话做事都<u>活</u>像个孩子。

重要性等级：★   难易度等级：★★★   口语化等级：★

【280】活活   huóhuó

【280-1】［副词］在活的状态下（多指有生命的东西受到损害）。表示强调的
语气。

你想<u>活活</u>气死我呀？

很多人在那场火灾中被<u>活活</u>地烧死了。

重要性等级：★　难易度等级：★★　口语化等级：★★

【280-2】［副词］生硬地；强制地。表示强调的语气。

这对恋人被<u>活活</u>地拆散了。

两条手臂被机器<u>活活</u>地扯了下来。

重要性等级：★　难易度等级：★★　口语化等级：★★

【280-3】［副词］简直。表示完全如此或差不多如此，有夸张的语气。

瞧你这个样子，<u>活活</u>是个疯子。

他这个人很有表演天赋。<u>活活</u>一个卓别林。

重要性等级：★　难易度等级：★★★　口语化等级：★

J

【281】V / A 极了   V / A jí le

［固定格式］表示达到最高程度，有强调的语气。

我对他的才华佩服极了。

看到小玲的男朋友对她那么体贴，大家都羡慕极了。

这样做好极了。

她的歌唱得好听极了。

北方的冬天冷极了。

重要性等级：★★★   难易度等级：★   口语化等级：★★

【282】即便   jíbiàn

［连词］跟"即使"相同，表示假设的让步。

即便你亲自去，恐怕也解决不了问题。

即便你当时在场，也不一定有更好的办法。

这台电脑即便能修好，也派不上什么大用场了。

这项工作我们还是要认真完成，即便没人来检查。

重要性等级：★★★   难易度等级：★★★   口语化等级：★

【283】既然……，就……   jìrán……，jiù……

［固定格式］表示根据已有条件做出推论。

既然已经这样了，就坚持做下去吧。

既然你不喜欢我，我们就分手吧。

这件事既然你不同意，那我就不勉强了。

重要性等级：★★★   难易度等级：★★   口语化等级：★

【284】加上   jiāshàng

［连词］承接上句，有"进一步"的意思，下文多表示结果。常构成"再加上"。

他不太用功，加上基础也差，所以成绩老是上不去。

小云昨天晚上睡得很晚，再加上心理负担又重，结果今天就病倒了。

这次比赛他之所以被淘汰，一是因为确实准备不足，再<u>加上</u>这次的参赛选手水平都很高，被淘汰也就在所难免了。

重要性等级：★　难易度等级：★★★　口语化等级：★★★

【285】简直　jiǎnzhí

【285-1】［副词］有"完全、实在、真是"的意思，表示达到或者接近某种程度，带有夸张的语气。

一个小孩儿能写出这么高水平的文章，让人<u>简直</u>难以相信。

你能亲自来，<u>简直</u>太让人高兴了。

你怎么能这样做呢？<u>简直</u>是胡闹！

我太崇拜法国作家莫泊桑了，他<u>简直</u>就是我的偶像。

重要性等级：★★★　难易度等级：★★　口语化等级：★★

【285-2】［副词］有"几乎"的意思，表示接近某种情况，但尚未达到。多用于说话人不希望的事情。

这件事如果你不提起，我<u>简直</u>忘得干干净净了。

你的变化太大了，我<u>简直</u>认不出来了。

他这样做，<u>简直</u>要把我气死。

重要性等级：★★★　难易度等级：★★　口语化等级：★★

【286】简直是　jiǎnzhí shì

［固定格式］表达评价义。常放在句中或句尾，往往更强烈地表达了说话人的不满或抱怨。

都多长时间了？你到现在还没写完啊？<u>简直是</u>！

他这个人啊，<u>简直是</u>！我看他是越来越不像话了。

我都跟你说过多少遍了，你这坏脾气该改改了，可你就是不听！<u>简直是</u>！

重要性等级：★★★　难易度等级：★★★　口语化等级：★★★

【287】叫……给 V　jiào……gěi V

［固定格式］被动句的一种形式，常表示不如意的事情。"叫"引出动作的施动者，"给"起到强调的作用。有"给"更加口语化，"给"也可以省略。

他<u>叫</u>人<u>给</u>赶了出去。

那些旧书<u>叫</u>我给扔了。

好好的一个房间<u>叫</u>你给弄成这个样子！真是的！

他昨天<u>叫</u>雨给淋了，所以今天感冒了。

重要性等级：★　难易度等级：★★　口语化等级：★★★

【288】叫 P V，P 还真 V（啊）　jiào P V，P hái zhēn V（a）

［固定格式］表示没想到某人真的会这样做，"叫"也可用"让"来替换。常用来表达不满的语气。两个 V 有时完全相同，有时只是中心语相同。

妈妈<u>叫你先睡，你还真睡</u>！你得帮妈妈一起干点儿活儿啊。

<u>叫你送礼，你还真送礼</u>？就是送了人家也不一定收吧？

我知道他不是真的想让我回去。你以为他<u>叫我回去，我还真回去啊</u>？

人家只是客气，随口<u>叫老丁一起去吃饭，他还真去啊</u>！

重要性等级：★　难易度等级：★★★　口语化等级：★★★

【289】叫 P 看 / 说　jiào P kàn / shuō

［固定格式］表示从某人的角度发表意见或看法，后有停顿。P 多为第一人称和第二人称代词。"叫"相当于"依"或"照"。

<u>叫我看</u>，这件事你做得不对。

外面下这么大的雨，<u>叫我说</u>，今天你就别出门了。

这件事<u>叫你说</u>应该怎么办？

A：你们这样处罚是不是太重了？

B：那<u>叫你看</u>，这件事应该怎么处理呢？

重要性等级：★★　难易度等级：★　口语化等级：★★★

【290】叫你 V / A 你就 V / A　jiào nǐ V / A nǐ jiù V / A

［固定格式］强势命令句，含有不耐烦的语气。中间是 A 时，常构成"叫你 A（一）点儿你就 A（一）点儿"格式。

<u>叫你走你就走</u>，哪儿这么多废话！

<u>叫你别去你就别去</u>，问那么多干吗！

<u>叫你老实点儿你就老实点儿</u>，别耍花招！

<u>叫你安静点儿你就安静点儿</u>，别出声！

重要性等级：★　难易度等级：★★★　口语化等级：★★★

【291】接下来　jiē xiàlái

［固定格式］表示紧接着的一段时间，间隔时间既可以短，也可以长。

接下来，张老师给我们唱首歌吧！

我们今天打完这场比赛以后，接下来就要去北京打另外一场。

过完这个春节，接下来，我要好好减肥了。

我不能再这样混日子了，接下来我要重新做人。

重要性等级：★★★　难易度等级：★　口语化等级：★★★

【292】接着　jiēzhe

【292-1】［动词］连着（上面的话）。

我接着这个话题讲几句。

我接着你的话头补充两句。

你接着我的思路往下说吧。

重要性等级：★　难易度等级：★★★　口语化等级：★★

【292-2】［副词］表示后一动作行为紧跟着前一动作行为。

我作业还没有写完，吃了饭还得接着做。

洗完了衣服，妈妈又接着打扫起房间来了。

我刚才吃了两根香蕉，接着又吃了两块点心，这才不觉得饿了。

重要性等级：★★★　难易度等级：★★　口语化等级：★★

【293】结果　jiéguǒ

［连词］用在下半句，表示在某种条件或情况下产生某种结局，多是不好的或者意想不到的结局。

早上匆匆忙忙出门，结果忘了带钥匙。

我们用这种办法试了几次，结果竟然成功了。

妈妈下午去买菜时，突然下雨了，结果全身都淋湿了。

重要性等级：★★★　难易度等级：★　口语化等级：★★

【294】尽管　jǐnguǎn

【294-1】［副词］表示不必考虑别的，放心地去做。有一种安抚对方的语气。

这些打印纸你尽管用，我家有的是。

我上好闹钟了，你尽管睡，误不了你明天的考试。

有意见你尽管提好了，不用客气。

有的动词后可以加"着"。

这本词典你尽管用着，不用着急还我。

如果他主动跟你说这件事，你尽管听着；如果他不说，你也别问。

重要性等级：★★★　难易度等级：★★★　口语化等级：★★

【294-2】［连词］表示姑且承认某种事实，后句往往有转折义，常常构成
"尽管……，但是/可是……"。

尽管他不接受我的意见，但是我有意见还是要提出来的。

尽管下着雪，但是他还是大老远赶过来了。

尽管我不喜欢她，可是我也不讨厌她。

重要性等级：★★★　难易度等级：★★　口语化等级：★

【295】尽　jìn

［副词］全部；都。用在单音节动词前，跟"是"搭配时，"是"可省略。常
用来表达说话人不满的语气。

他尽做些没用的事。

你买的苹果尽是坏的。

你怎么搞的？地上尽是水。

你尽往家里带一些什么人啊！

国庆节就在家休息吧，街上尽是人！

重要性等级：★★★　难易度等级：★★★　口语化等级：★★★

【296】净　jìng

［副词］只；光；都；老是。有不满的语气。

我净顾着跟他打电话了，把做饭的事给忘了。

每个月这点儿工资，净花在吃上了，哪儿还有钱买别的？

你净打岔，还让不让我把话说完？

他这个人说话总是不注意，净得罪人。

重要性等级：★★★　难易度等级：★★★　口语化等级：★★★

【297】净是 N　jìng shì N

[固定格式] 意思是"除了 N，没有别的"。这里的"净"有"全、都"的意思，动词"是"有时可以省略。常表示埋怨或不满的语气。

学校图书馆里净是旧书，一点儿意思都没有。

一打开电视，净是广告，没什么好看的。

他这个人啊，满嘴净是谎话，根本就不能相信他。

重要性等级：★　难易度等级：★★★　口语化等级：★★★

【298】净 V（一）些 N　jìng V（yī）xiē N

[固定格式] 对某人的所作所为表示不满或否定，这里的"净"有"总"的意思。

小张净做些不靠谱的事，真让人操心！

他净交些不三不四的朋友！

那家伙净干一些见不得人的勾当。

你怎么净吃一些垃圾食品！一点儿营养都没有。

重要性等级：★　难易度等级：★★★　口语化等级：★★★

【299】竟然　jìngrán

[副词] 出乎意料，用来表示说话人对意想不到的事情感到惊讶或者吃惊。

这个小孩子竟然懂这么多道理。

汤姆才学了三个月的中文，竟然能说得这么好。

真该死！我竟然把妈妈的生日给忘了。

你竟然是南方人？怎么一点儿南方口音也没有？

重要性等级：★★★　难易度等级：★★　口语化等级：★★

【300】究竟　jiūjìng

[副词] 到底。用在选择疑问句和特指疑问句中，表示进一步追究，有加强语气的作用。

昨天那件事你究竟答应不答应？

你究竟是在跟我开玩笑还是真的要这样做？

这次出差究竟是你去还是我去？

你最近究竟是怎么回事？老是出错。

他这段时间老是鬼鬼祟祟的，他究竟想干吗？

重要性等级：★★★　难易度等级：★★★　口语化等级：★★

【301】就　jiù

【301-1】［副词］表示在很短时间以内。

你稍等一下儿，我就来。

天很快就亮了。

别急，饭马上就好。

重要性等级：★★　难易度等级：★★　口语化等级：★

【301-2】［副词］表示事情发生得早或结束得早。

这问题以前早就研究过了。

他三点就回家了。

林华中学一毕业就参加工作了。

重要性等级：★★★　难易度等级：★　口语化等级：★

【301-3】［副词］表示前后事情紧接着。

你怎么才来就要走啊？

上完课，我就回家了。

我打算今年放了寒假就出去旅游。

重要性等级：★★★　难易度等级：★　口语化等级：★

【301-4】［副词］表示数目多寡。如果"就"重读，表示说话人认为数量少；如果"就"轻读，表示说话人认为数量多。如果"就"的前后都是数量短语，要根据语境来决定语义。

去的人不多，我们班就去了两个。（重读）

去的人不少，我们班就去了七八个。（轻读）

今天的讲座，怎么就来了十几个人啊？（重读）

他一个人就吃了一碗面条儿。（"就"重读，表示"吃得少"；"一个人"重读，表示"吃得多"。）

重要性等级：★★★　难易度等级：★★　口语化等级：★★★

【301-5】［副词］仅仅；只。

昨天其他人都来了，就他没来。

书架上就那么几本书，没什么可看的。

这事以前就他一个人知道，现在大家都知道了。

重要性等级：★　难易度等级：★★　口语化等级：★★★

【301-6】［副词］表示加强肯定或者确认。

我就知道他会来的，今天他果然来了。

我就不信我学不会。

我就不明白了，为什么别人都能听懂，偏偏我听不懂呢？

我就这个脾气，改不了了。

他就是你们要找的张校长。

我就住你隔壁，有问题随时联系。

重要性等级：★　难易度等级：★★★　口语化等级：★★★

【301-7】［介词］具有引出话题和标记话题的作用，用于句首。

就我们毕业那会儿，找工作还比较容易。

就昨天那件事，我觉得还是应该再好好考虑一下儿。

就这个问题，我看大家还是讨论一下儿比较好。

重要性等级：★　难易度等级：★★★　口语化等级：★★★

【301-8】［连词］有"就是、即使"的意思，表示假设的让步，常构成"就……（，）也……"句式。

你就现在赶到车站也来不及了。

你就说得再好听，我也不信。

他就主动道歉，我也不会原谅他。

重要性等级：★　难易度等级：★★★　口语化等级：★★★

【302】X 就 X（吧）　X jiù X（ba）

［固定格式］表示不论某种情况有或者没有，都不会造成影响，有容忍或无所谓的意思。两个 X 有时完全相同，有时只是中心语相同。

丢了就丢了，再买个新的不就得了？

只要你喜欢，<u>贵点儿就贵点儿吧</u>。

<u>吃点儿亏就吃点儿亏吧</u>，别跟他们计较。

这房间<u>小就小点儿吧</u>，能有个住的地方就不错了。

A：我明天还你书行吗？

B：<u>明天就明天吧</u>，只要别忘了就行。

重要性等级：★★★　　难易度等级：★★★　　口语化等级：★★★

【303】就 V 到这儿　jiù V dào zhèr

［固定格式］表示停止某一行为。

好了，今天<u>就练到这儿</u>吧，明天继续。

上午的会<u>就开到这儿</u>，大家休息休息，下午接着开。

我话<u>就说到这儿</u>。接下来该怎么办，你自己考虑吧。

重要性等级：★　　难易度等级：★★　　口语化等级：★★★

【304】就……来看 / 来说　jiù……lái kàn / lái shuō

［固定格式］用来表示从某方面进行论述说明，多用于与其他人、其他事物相比较。

<u>就气候来看</u>，上海比北京更潮湿一些。

<u>就这本书的内容来看</u>，我觉得不太适合中学生读，太难了。

<u>就学习语言来说</u>，女生比男生有优势。

<u>就我来说</u>，想要按时完成这项任务并不是一件难事。

<u>就工作经验来说</u>，他比别人要丰富些。

重要性等级：★　　难易度等级：★★★　　口语化等级：★★

【305】就那么回事　jiù nàme huí shì

［固定格式］表示不是很好，很一般，或者没有什么特别的。有一种把事情往小里说的语气。

结婚前，她把婚姻想得特别美好。结婚后才发现，婚姻也<u>就那么回事</u>。

大家都说小李英语好，昨天听他说了几句，<u>就那么回事</u>吧。

人生<u>就那么回事</u>，谁也逃脱不了"生死"二字。

重要性等级：★　　难易度等级：★★★　　口语化等级：★★★

【306】就你……　jiù nǐ……

［固定格式］意思是"只有你……"，表示对对方的不满或嘲讽。

别人都不把这当回事，就你想得多！

你以为就你聪明，别人都不如你？

大家都在忙前忙后，就你闲着没事！

就你事多！一会儿要这样，一会儿要那样的。

重要性等级：★　难易度等级：★★★　口语化等级：★★★

【307】就是　jiùshì

【307-1】［副词］单用，表示同意。

就是，就是，您说得很对。

A：今天的天气真不错。

B：就是。

A：就算他再有理，也不应该打人啊。

B：就是。

重要性等级：★　难易度等级：★★　口语化等级：★★★

【307-2】［副词］强调或肯定某种性质或状态。

不管我怎么说，他就是不同意。

我这人就是这脾气，你爱喜欢不喜欢。

我就是想在家待着，哪儿都不想去。

重要性等级：★★★　难易度等级：★★　口语化等级：★★★

【307-3】［副词］确定范围，排除其他。

其他人都来了，就是小王有病请假了。

他别的运动都不喜欢，就是喜欢打乒乓球。

我同屋这个人就是脾气不太好，心地还是很善良的。

重要性等级：★★★　难易度等级：★　口语化等级：★★★

【307-4】［连词］即便。表示假设的让步，下半句常用"也"呼应，常构成
"就是……，也……"句式。

你<u>就</u>是说错了，那也没有什么关系。

<u>就</u>是再忙，你也要先把工作安排好。

你<u>就</u>是生病了，也应该跟我说一声啊。哪能说不来就不来呢？

重要性等级：★★　难易度等级：★★★　口语化等级：★★★

【307-5】［连词］连接并列的两个成分，表示交替或选择关系，常构成"不是……就是……"。

一到周末，他们不是去逛街<u>就</u>是去公园。

她一天到晚不是唱<u>就</u>是跳，开心得不行。

他每天下班后，不是去健身<u>就</u>是去看电影。

重要性等级：★★★　难易度等级：★★　口语化等级：★★

【307-6】［连词］表示轻微的转折，指出唯一的不足，有"不过、只是"的意思。

昨天玩儿得挺开心的，<u>就</u>是有点儿累。

他这个人挺不错的，<u>就</u>是话有点儿多。

我对这个工作还是比较满意的，<u>就</u>是公司离家远了点儿。

重要性等级：★★★　难易度等级：★　口语化等级：★★★

【307-7】［连词］引出话题，或对话题进行补充。

小张，我跟你说件事，<u>就</u>是昨天我们碰到的那个人，你知道他是谁吗？说出来吓你一跳。

还记得我送给你的那本书吗？<u>就</u>是前几天在网上买的那本。

小王，我给你介绍一个男朋友吧，<u>就</u>是我们公司新来的一个小伙子，挺不错的。

重要性等级：★★★　难易度等级：★★　口语化等级：★★★

【308】X 就是 X　X jiù shì X

［固定格式］强调某种性质或状态。

<u>不懂就是不懂</u>，不要不懂装懂。

<u>老师就是老师</u>，到底不一样啊！

<u>我不想做就是不想做</u>，你不要再说了。

<u>好就是好</u>，没必要谦虚！

重要性等级：★　难易度等级：★★★　口语化等级：★★★

【309】就是了　jiùshì le

用在句末，表示肯定语气。"了"有时候可以省略。

【309-1】［固定格式］用在祈使句末尾，表示不用犹豫或者不用怀疑。

我一定办到，你放心就是了。

要想知道后面到底发生了什么，你看下去就是了。

你如果不放心，我再去检查一次就是。

你如果嫌他烦，别搭理他就是。

重要性等级：★★★　难易度等级：★★　口语化等级：★★★

【309-2】［固定格式］用在陈述句末尾，有把事情往小里说的意味。这里的"就是了"相当于"罢了"，常构成"只是/不过……就是了"。

你不要多想，我这样做没有别的意思，只是不想那么麻烦就是了。

要是我参加比赛的话，一定能得奖，只是我不想去就是了。

这事大家都知道，不过不说就是了。

重要性等级：★　难易度等级：★★★　口语化等级：★★★

【310】（也）就是说　（yě）jiù shì shuō

［固定格式］用来解释前边的话，后接解释性的内容。

我明天下午两点在鲁迅公园门口等你，就是说"不见不散"，别忘了哦！

现在都是五天工作制，也就是说星期六、星期天都休息。

我真后悔上这个补习班，也就是说，不仅没学到知识，而且还浪费了很多时间。

重要性等级：★★★　难易度等级：★★　口语化等级：★★★

【311】就算……，也/还是……　jiùsuàn……，yě/háishi……

［固定格式］表示假设的让步。后面还可跟"总、又"等搭配。

退一步说，就算他这篇文章写得不大好，但是也还是有可取之处的。

就算我们今天晚上不睡觉，还是没法完成任务啊！

就算他不欢迎我们，总不至于把我们拦在门外吧？

就算我们能提出更好的方案，那又有什么用呢？他也不会听我们的。

重要性等级：★★★　难易度等级：★★　口语化等级：★★★

【312】就 P 所知 jiù P suǒ zhī

［固定格式］用在句首，表示消息来源。

<u>就你所知</u>，现在比较热门的职业是什么？

<u>就我所知</u>，有的男生比女生更细心，你周围的朋友中有这样的吗？

在回国的这段日子里，<u>就大家所知</u>，他花了大量的时间进行社会调查。

重要性等级：★　难易度等级：★★★　口语化等级：★

【313】A 就 A 在…… A jiù A zài……

［固定格式］对事物所呈现的某方面的特征进行评价。

问题<u>难就难在</u>上哪儿找这么多的人。

这份工作<u>好就好在</u>工资比较高。

他这个人<u>聪明就聪明在</u>知道如何跟人相处。

面对这两份都很不错的工作，我<u>痛苦就痛苦在</u>不知道如何选择。

重要性等级：★　难易度等级：★★★　口语化等级：★★

【314】就这样 jiù zhèyàng

【314-1】［固定格式］对前面内容的概括和解释。

我第一次参加口语考试时忘了带准考证，第二次参加口语考试时把时间记错了，<u>就这样</u>，到现在我还没拿到口语证书。

我要的爱情很简单，两个人互相包容、互相理解，<u>就这样</u>，细水长流，一直到老。

想要练好书法，一定要静下心来，先学会临帖，再背帖，<u>就这样</u>，慢慢练，一定会有收获的。

重要性等级：★★★　难易度等级：★　口语化等级：★★★

【314-2】［固定格式］对话或交谈完结时的结束语，也可说"就这么着"。

如果大家没什么问题的话，今天<u>就这样</u>吧。

好，今天的会议<u>就这样</u>，明天接着开。

我们今天<u>就这样</u>，大家早点儿回去休息吧。

重要性等级：★★★　难易度等级：★　口语化等级：★★★

【314-3】［固定格式］同意或附和对方的意见。也可说"就这么着"。

A：老板，我昨天交给您的那份计划书您觉得怎么样？

B：<u>就这样</u>，就按你的计划来安排。

A：你看我这篇论文还需要再改改吗？

B：现在想要大改也很难了，我看<u>就这样</u>吧。

A：下周的会议，您看这样安排怎么样？

B：没问题，<u>就这样</u>吧。

重要性等级：★★★　难易度等级：★★　口语化等级：★★★

【315】居然　jūrán

［副词］表示对发生的事情感到吃惊和不满，常常是意想不到或者不合情理的事情。

他成绩一向不好，这次<u>居然</u>考了个第一名，大家都很吃惊。

没想到吃了这种便宜的药，病<u>居然</u>好了。

天哪！几分钟就可以做完的事，这位老兄<u>居然</u>花了将近两个小时。

这么简单的道理，你<u>居然</u>还不懂！

重要性等级：★★★　难易度等级：★★★　口语化等级：★★

【316】据　jù

［介词］按照；依据。引出某种说法或看法的来源或由来，常构成"据……说""据……看""据……了解""据……估计"等格式。

<u>据</u>书上说，辣椒是维生素含量最丰富的菜。

<u>据</u>我看，今年的冬天会比去年冷。

<u>据</u>你对他的了解，你觉得他这个人怎么样？

<u>据</u>我的估计，今天来看画展的人数应该会超过昨天。

重要性等级：★★★　难易度等级：★★　口语化等级：★

【317】据说　jùshuō

［动词］根据别人说；根据传说。

这个人<u>据说</u>很有学问。

<u>据说</u>，这座房子的主人是个大人物。

<u>据说</u>，他是哈佛大学毕业的高才生。

据说这里的冬天很冷。

重要性等级：★★★　难易度等级：★　口语化等级：★★

【318】据 P 所知　jù P suǒ zhī

［固定格式］见"【312】就 P 所知"条。

重要性等级：★　难易度等级：★★★　口语化等级：★

【319】绝对 juéduì

完全；一定。带有说话人的主观色彩。

【319-1】［副词］用在否定词前面，表示完全否定，强化了否定语气。

这些题我都检查过了，绝对没有错误。

这次比赛他们做了充分的准备，绝对不会输的。

这件事只有我们两个人知道，你绝对不能告诉别人。

重要性等级：★★★　难易度等级：★★　口语化等级：★★★

【319-2】［副词］强调事情就是这样，带有肯定语气。

他是我的朋友，人品绝对可靠。

这件事我们绝对有把握，你就放心吧。

这台电脑绝对便宜。你不买会后悔的。

重要性等级：★★★　难易度等级：★★　口语化等级：★★★

K

【320】开　kāi

【320-1】［动词］写出（单据、文件等）。

妈妈给我<u>开</u>了一份购物清单。

我打算申请国外大学的研究生，想麻烦您给我<u>开</u>一份在读证明。

我给你<u>开</u>个药方，你去附近药店买点儿药。

重要性等级：★★★　难易度等级：★　口语化等级：★★★

【320-2】［动词］按某种比例分配。

如果赚了钱，咱们三七<u>开</u>吧。

今天晚上的饭钱，咱俩对半<u>开</u>吧。

我看他们俩今天的比赛胜负应该是五五<u>开</u>。你觉得呢?

重要性等级：★★　难易度等级：★　口语化等级：★★★

【320-3】［动词］（饭菜等）摆出来吃。

妈妈在厨房里大喊:"<u>开</u>饭了，<u>开</u>饭了。"

今天来贺喜的人不多，先<u>开</u>三桌吧。

重要性等级：★★　难易度等级：★★　口语化等级：★★★

【320-4】［动词］做趋向补语，表示分开或离开。

窗户关得太紧了，推不<u>开</u>。

你躲也躲不<u>开</u>了，还是出去见见他吧。

这个抽屉根本就拉不<u>开</u>。

重要性等级：★★★　难易度等级：★　口语化等级：★★★

【320-5】［动词］做趋向补语，表示空间上的容纳量。

这张桌子十个人哪儿坐得<u>开</u>呀?

这张床比较大，即便三个孩子睡也睡得<u>开</u>。

房间太小了，要是多来几个人，站都站不<u>开</u>。

重要性等级：★★★　难易度等级：★★　口语化等级：★★★

【320-6】［动词］做趋向补语，表示扩大或扩展。

他考上名牌大学的好消息马上在学校传开了。

流行性感冒在这座城市蔓延开了。

你说的那个关于考生的限制条件早就没了，现在政策已经放开了。

重要性等级：★★★　难易度等级：★★　口语化等级：★★★

【320-7】［动词］做趋向补语，表示动作开始并继续下去。

这孩子一看到妈妈就哭开了。

天还没亮，工人们就干开了。

你听，他们又吵开了，真烦人！

这几个人不知道怎么回事，在街上打开了，别人都远远地绕道走了。

重要性等级：★　难易度等级：★★★　口语化等级：★★★

【320-8】［动词］做趋向补语，比喻清楚、开阔。只跟"想、说、看"等少数动词搭配。

凡事都要想开点儿，不要动不动就要死要活的。

你们俩之间能有什么深仇大恨啊？只要说开了就没事了。

别想那么多了，一切都看开一点儿，以后的路还长着呢！

重要性等级：★★★　难易度等级：★★　口语化等级：★★★

【321】看　kàn

【321-1】［动词］认为；觉得。常构成"你看""我看"等结构。

你看这件衣服怎么样？适合我穿吗？

我看今天会下雨，还是带把伞出门吧。

A：实在不行，我们就把这房子卖了吧。你看呢？

B：这么大的事，还是再考虑考虑吧。

重要性等级：★★★　难易度等级：★★　口语化等级：★★★

【321-2】［动词］取决于；决定于。常构成"就看……了"格式。

这件事能不能成功就看你的了。

他能不能进入决赛，就看他今天的表现了。

你下周能不能出院，就看这几天的身体恢复情况了。

重要性等级：★　难易度等级：★★★　口语化等级：★★★

【321-3】［动词］提醒对方注意可能发生的某种不好的事情或情况。

小心！看车！

过马路时看着点儿！

看路！别摔着！

看脚下！一摊水。

重要性等级：★★　难易度等级：★★　口语化等级：★★★

【322】看得 / 不上　kàn de / bu shàng

［固定格式］"看得上"表示感兴趣，"看不上"表示没兴趣。

谁能看得上我这样的人啊？工资又低，长得又不咋地。

这么偏的房子恐怕没有人会看得上。

这种工作太辛苦了，挣钱又少，一般人都看不上。

重要性等级：★★★　难易度等级：★★　口语化等级：★★★

【323】看看，V 了吧　kànkan, V le ba

［固定格式］表达了对对方现状的嘲讽，隐含的意思是"如果早听我的，就不会这样"。

看看，下雨了吧，还不信我说的，这下被雨淋着了吧。

看看，输了吧，叫你不听我的。

让你早点儿去，你非要拖到现在才去。看看，来不及了吧。

这么一大笔钱就这样被他骗走了，看看，后悔了吧。

重要性等级：★　难易度等级：★★　口语化等级：★★★

【324】看来　kànlái

［动词］表示根据经验或已知情况做出大概的推断。

看来我也得改改消费习惯了。不然大手大脚惯了，将来恐怕连家也养不起呀！

这事看来他不会反对，否则他早就跳出来指手画脚了。

看来今天要下雨啊！你看这乌云！

迈克到现在还没来，看来是有什么事耽搁了。

重要性等级：★　难易度等级：★★★　口语化等级：★★★

【325】看 P 那（……）样　kàn P nà（……）yàng

［固定格式］有开玩笑或嘲讽的语气，也可说成"瞧 P 那样"。常用于关系较近的两人之间。

看你那傻样，跟个木头似的。

他真是一点儿出息都没有。看他那熊样！

看小张那可怜样，我们就帮帮她吧。

看你那样！这么点儿小事，至于这么生气吗？

重要性等级：★　难易度等级：★★★　口语化等级：★★★

【326】看你说的　kàn nǐ shuō de

［固定格式］当听到对方说道歉、感谢、开玩笑或不适当的话时，表示"不要这么说"。通常用在关系比较近的两个人之间。也说"瞧你说的"。

A：我真不知道该怎么感谢你。

B：看你说的，朋友之间客气啥啊？

A：听说你吃羊肉串，一次能吃五十串。

B：看你说的，我哪儿吃得了那么多啊，最多四十九串。

A：以后我再也不想看到他了。

B：看你说的，大家都是朋友，别这样。

重要性等级：★★　难易度等级：★★　口语化等级：★★★

【327】看起来　kàn qǐlái

［固定格式］揣测；估计。表示说话人的判断是根据事情的表面情况做出的。

看起来这件事还没了结。

他看起来很不高兴的样子。

看起来他好像对这件事情很不熟悉。

这小朋友玩儿得这么开心，看起来不像是生病的样子。

重要性等级：★★★　难易度等级：★★　口语化等级：★★

【328】看情况　kàn qíngkuàng

［固定格式］表示根据不同情况采取不同的对策。

A：听说今天有雨，咱们还比不比赛了？

B：<u>看情况</u>吧，雨小就比。

A：下周去上海，咱们怎么去呀？

B：到时候<u>看情况</u>，如果高铁票买不到，就坐飞机。

A：妈妈，明天你一定要带我去游乐场。

B：<u>看情况</u>吧。

重要性等级：★★★　难易度等级：★★　口语化等级：★★★

【329】(你) 看 (看) 人家　(nǐ) kàn (kan) rénjia

[固定格式] 表示羡慕、佩服某人，“人家”后可以直接加人名。

<u>看人家</u>小马，才二十几岁就已经是公司 CEO 了，哪像我呀，都三十好几了，还一事无成。

<u>看看人家</u>，都在学习。只有你，天天在玩儿。

<u>你看看人家</u>小玲，又聪明又可爱，哪儿像你这样，整天糊里糊涂的。

重要性等级：★★★　难易度等级：★★　口语化等级：★★★

【330】看人家 (……) 那 N　kàn rénjia (……) nà N

[固定格式] 表示羡慕或赞赏别人的某个方面，“人家”后可以直接加人名。

你<u>看人家那</u>气场，一看就知道是一位了不起的人物。

你<u>看人家那</u>大眼睛，真是太让人羡慕了。

<u>看人家那</u>校服，多好看啊！

<u>看人家</u>刘雯<u>那</u>身材，穿什么都好看。

重要性等级：★　难易度等级：★★★　口语化等级：★★★

【331】看上　kàn∥shàng

[动词] 表示由于喜欢而想要得到；看中。

我<u>看上</u>了海边的那所房子，不过价钱实在太高了。

他一眼就<u>看上</u>了那个姑娘，可惜人家对他没意思。

这么好的工作，你竟然没<u>看上</u>？眼光也太高了吧！

像我这样要长相没长相、要地位没地位的人，她能<u>看得上</u>吗？

重要性等级：★★★　难易度等级：★★　口语化等级：★★

【332】看上去　kàn shàngqù

［固定格式］表示从外表估计。

看上去这位姑娘不过十八九岁。

这里的房子看上去不会太便宜。

您看上去真不像四十岁的人，有什么保养秘诀吗？

你别用这种语气跟胡小姐说话！她看上去有点儿生气了。

重要性等级：★★★　难易度等级：★★　口语化等级：★★

【333】看样子　kàn yàngzi

［固定格式］看来，表示根据前面的情况做出估计或判断。

天阴得厉害，看样子要下大雨了。

路上的车都堵得死死的，看样子我今天要迟到了。

A：生鱼片他一口也没吃。

B：看样子他不喜欢吃生鱼片。

A：看样子你早就到了，让你久等了。

B：没事没事。

重要性等级：★★★　难易度等级：★★　口语化等级：★★★

【334】VV看 / V 一下儿看　VV kàn / V yīxiàr kàn

［固定格式］表示试着做（某事）。助词"看"增加了商量的语气，使语气更
缓和。

这是我送给你的礼物，你猜猜看，是什么？

这道题有那么难吗？我来试试看。

这个电视机我老是修不好，你来修一下儿看。

为什么老俞的电话老是打不通呢？你打一下儿看。

重要性等级：★★★　难易度等级：★★　口语化等级：★★★

【335】看在……的份儿 / 面子上　kàn zài……de fènr / miànzi shang

［固定格式］表示因为考虑到某个情面或关系而决定这样做。

看在我们是好朋友的份儿上，我就再帮你一次吧。

看在他生病的份儿上，这次出差我替他去吧。

<u>看在你爸爸的面子上</u>，我就饶了你这一回。

我之所以主动帮他，完全是<u>看在你的面子上</u>。

重要性等级：★★★ 难易度等级：★★ 口语化等级：★★

【336】看 P 怎么 V　kàn P zěnme V

【336-1】［固定格式］V 通常是"收拾、教训、处罚、对付"等具有负面意义的动词，表达了一种强烈的不满。

这孩子竟然把房间搞成这样，一会儿<u>看我怎么收拾他</u>！

他居然欺负小张的妹妹？<u>看小张怎么教训他</u>！

A：小勇太调皮了，竟然把讲台上的电脑给弄坏了。

B：<u>看老师怎么处罚他</u>！

重要性等级：★ 难易度等级：★★★ 口语化等级：★★★

【336-2】［固定格式］V 是一般性动词，P 通常是非第一人称的代词或指人名词，表示一种不满。

弟弟把爸爸交给他的事情给办砸了，<u>看他怎么交代</u>！

A：马上到月底了，小李还有好多工作任务没完成。

B：是啊，要是到月底完不成，老板追究起来，<u>看小李怎么办</u>！

A：我想借公司的车用一下儿，可以吗？

B：可以是可以，不过，你要是把车弄坏了，<u>看你怎么赔</u>！

重要性等级：★★ 难易度等级：★★★ 口语化等级：★★★

【337】看着 V 吧　kànzhe V ba

［固定格式］表示对方可以根据自己的经验或意愿做出决定，表达了一种不在乎的语气。

A：今天晚上做什么菜呢？

B：你<u>看着办吧</u>，什么都行。

A：这几件旧家具我都要了，该给你多少钱？

B：多点儿少点儿没关系，你<u>看着给吧</u>。

A：下周你就要过生日了，买什么礼物给你呢？

B：你看着买吧，太便宜的肯定不要。

重要性等级：★★　难易度等级：★★　口语化等级：★★★

【338】靠　kào

［动词］表示动作行为凭借的手段、工具或者依据。

我算明白了，这年头啊，靠谁都不如靠自己！

很多事情关键是如何去做。光靠嘴说是没用的。

他靠反复地观看比赛录像来了解对手的发球特点。

我靠自己的本事吃饭，走到哪儿都不怕。

重要性等级：★　难易度等级：★★★　口语化等级：★★

【339】可　kě

【339-1】［副词］用于一般陈述句，有"确实、的确"的意思，表示强调的语气。

你别冤枉他，他可没说过这种话。

他这一问，可把我给问住了。

明天的面试我一定要参加，这么好的机会我可不想失去。

重要性等级：★★★　难易度等级：★★★　口语化等级：★★★

【339-2】［副词］用于反问句，加强反问语气。

大家都说这座山里住了一个白胡子老爷爷，可谁见过呢？

这么大的一个城市，可上哪儿去找他啊？

你要是出国了，我可怎么办啊？

重要性等级：★★★　难易度等级：★★　口语化等级：★★★

【339-3】［副词］用于祈使句，强调必须如此，有时有恳切劝导的意思。常构成"可要／可得／可别／可不能……"等，有"一定、千万、无论如何"的意思。

这件事很重要，你可千万要记住！

孩子，你可得振作起来啊！以后的路还长着呢！

都这么大了，你可别再让妈妈操心了。

这次考试你可不能粗心大意啊！

重要性等级：★★★　难易度等级：★★　口语化等级：★★★

【339-4】[连词] 表转折，意思同 "可是" "但是"。

今天我虽然有点儿累，<u>可</u>心情还算不错。

他住的房子租金有点儿高，<u>可</u>那一片住宅区的生活还是比较便利的。

他帮了我，<u>可</u>我还不知道他叫什么名字。

重要性等级：★★★　难易度等级：★　口语化等级：★★★

【340】可不（是）　kěbù（shi）

[副词] 意思是 "你说得对" "还真是"，表示附和或赞同对方的观点。可以单用。

A：想要写出一篇像样的文章来，真不是一件简单的事。

B：<u>可不</u>，需要花费大量的时间和精力。

A：已经四月份了，天气还是这么冷。

B：<u>可不是</u>嘛，我到现在还穿着毛衣呢。

A：这孩子也太不懂事了，都这么大了，还这么让大人操心。

B：<u>可不是</u>。

重要性等级：★★★　难易度等级：★★★　口语化等级：★★★

【341】……可倒好　……kě dào hǎo

[固定格式] 表示对某人或某事的不满，有对比的意味。

别人都在忙，你<u>可倒好</u>，天天在这里睡大觉。

人家下班后都按时回家，他<u>可倒好</u>，不到半夜不回去。

原本想着周末出去郊游的，这<u>可倒好</u>，天气预报说周末有大雨。

重要性等级：★　难易度等级：★★★　口语化等级：★★★

【342】……可好　……kě hǎo

[固定格式] 用于比较。表示相比之下，情况不如过去或他人，后面常跟负面的情况。

以前他的身体可棒了，现在<u>可好</u>，老是动不动就生病。

别人都安安静静地看书，他<u>可好</u>，老是走来走去的。

让你早点儿走你偏不听，这下<u>可好</u>，雨越下越大，回不去了吧？

重要性等级：★　难易度等级：★★　口语化等级：★★★

【343】可见 kějiàn

［连词］承接上句，表示由此可以做出某种判断或结论。

他一上午连着来了三次电话，<u>可见</u>他很着急。

一连做了三遍，还是错，<u>可见</u>你根本没用心。

A：怎么又生气了？

B：你连我的生日都记不住，<u>可见</u>你并不爱我。

重要性等级：★　难易度等级：★★★　口语化等级：★

【344】可 X 可 Y kě X kě Y

［固定格式］表示两种情况都可以存在，X 和 Y 常为正反对举的两种情况。

下午的会没那么重要，<u>可</u>去<u>可</u>不去。

这种椅子的高度可以调节，<u>可</u>高<u>可</u>低，用起来很方便。

A：老板，您觉得昨天来面试的那个小姑娘表现怎么样啊？

B：能力一般，<u>可</u>要<u>可</u>不要。再考虑一下儿吧。

重要性等级：★　难易度等级：★★★　口语化等级：★

【345】可……了 kě……le

【345-1】［固定格式］强调程度高，句末语气词也可用"啦"。

这几天的天气<u>可</u>不好<u>了</u>，老是下雨，到处湿漉漉的。

昨天上班，小张穿得<u>可</u>淑女<u>了</u>！

这个明星你不知道吗？他最近<u>可</u>火<u>了</u>。

妈妈今天早上买的鱼<u>可</u>新鲜<u>啦</u>！

这个小朋友<u>可</u>有礼貌<u>啦</u>，每次见到我都"叔叔"长"叔叔"短的。

重要性等级：★★★　难易度等级：★　口语化等级：★★★

【345-2】［固定格式］有"总算、终于"的意思，表达一种释然的语气。

你<u>可</u>回来<u>了</u>，真把人急坏了。

看到他顺利通过了考试，这下我<u>可</u>放心<u>了</u>。

姐，<u>可</u>找到你<u>了</u>，你再借点儿钱给我，最近手头有点儿紧。

重要性等级：★★　难易度等级：★★　口语化等级：★★★

【346】可巧　kěqiǎo

[副词] 恰好；凑巧。表达了一种庆幸的语气。

我们正念叨你呢，可巧你就来了。

他丢了一个钱包，可巧让我捡到了。

我正打算找他们，可巧他们俩都在教室里。

重要性等级：★　难易度等级：★★　口语化等级：★

【347】可想而知　kěxiǎng'érzhī

[固定格式] 表示由于前面的原因，就很容易推断出后面的结果。

我女朋友为了所谓的健康，每次炒菜的时候既不放油又不放盐，那味道就可想而知了。

她当时为了实现自己的梦想，背井离乡，到处漂泊，可想而知她当时有多孤独。

俗话说"墙倒众人推"，他现在的日子也就可想而知了。

重要性等级：★★　难易度等级：★★★　口语化等级：★

【348】可也是　kě yě shì

[固定格式] 表示原本跟对方的观点不一样，经对方这么一说，又认可了对方的观点。

A：你就别老埋怨孩子昨天在比赛中表现不好了。要是换作你，说不定还不如孩子呢。

B：可也是，在那种紧张的状态下，表现不好也正常。

A：你说，我跟他都不认识，主动过去跟他套近乎，这样合适吗？

B：可也是，你连人家叫什么都不知道。

A：我看明天你就别去参加那个活动了，既浪费时间又没有意义。

B：可也是。

重要性等级：★　难易度等级：★★★　口语化等级：★★★

【349】可以肯定地说　kěyǐ kěndìng de shuō

[固定格式] 常用于句首或句中，表明说话人对事物肯定的判断。

可以肯定地说，学习态度和学习效果是成正比的。

虽然我说服不了你，但可以肯定地说，你这么做是错误的。

可以肯定地说，他的建议是有一定道理的。

重要性等级：★   难易度等级：★★   口语化等级：★

【350】可以说……   kěyǐ shuō……

[固定格式] 当介绍完一种情况之后，为了让别人更容易明白，换一种方式进一步说明。有时是一种夸张的说法。

这两个人长得太像了，可以说跟一个人一样。

秋天去北京香山看红叶的人很多，可以说人比红叶还多。

张老师认识的汉字太多了，可以说是一部"活字典"。

重要性等级：★   难易度等级：★★   口语化等级：★★

【351】恐怕   kǒngpà

也许；说不定。

【351-1】[副词] 表示估计、揣测，有时兼表担心。

来参加这次会议的恐怕有上百人。

他走了恐怕有二十天了。

这次考试太难了，我恐怕过不了。

他这个时候还没来，恐怕不会来了。

这样做恐怕效果不会好。

重要性等级：★★★   难易度等级：★★   口语化等级：★★

【351-2】[副词] 带有商量的口吻，其实说话人已经有了自己的想法，常表示一种委婉的语气。句尾常有"吧"。

你这样直来直去的，恐怕不太好吧？

都几点了，他恐怕已经回家了吧？

恐怕事情不是你想的那么简单吧？

他心里恐怕已经有答案了吧？只是不说罢了。

重要性等级：★★   难易度等级：★★   口语化等级：★★

【352】快（要）/就（要）……了   kuài（yào）/ jiù（yào）……le

[固定格式] 表示动作或事件即将发生。如果句子里有明确的时间，就不能

用"快（要）……了"，只能用"就（要）……了"。

快下雨了，赶快回家吧。

明天就考试了，我们要抓紧时间复习了。

时间过得真快，她长得快要跟妈妈一样高了。

天就要亮了，快走吧。

马上就要过年了，我得赶紧准备点儿年货。

重要性等级：★★★　难易度等级：★　口语化等级：★★

【353】况且　kuàngqiě

［连词］表示进一步申述理由或追加理由，常构成"况且……还 / 也 / 又……"格式。

里面太热了，况且离开车时间还早，我们在外面待一会儿吧。

你应该向他表示感谢，况且他还不止一次帮过你。

路不太远，况且天气也不错，我们走着去吧。

让我主动去找他商量这件事，不太合适吧？况且，我跟他又不熟。

重要性等级：★★★　难易度等级：★★★　口语化等级：★

【354】亏你 / 他……　kuī nǐ / tā……

［固定格式］表达对对方的不满或批评，多用于讥讽。常构成"亏你 / 他 V 得……"或者"亏你 / 他还……"格式。

这种馊点子亏你想得出来！

这点儿道理都不懂，亏你还是大学生呢。

他也不嫌丢人。这种话亏他说得出口！

亏他还救过你呢！你竟然这么忘恩负义！

重要性等级：★★★　难易度等级：★★★　口语化等级：★★

L

【355】来　lái

【355-1】[动词] 后面接名词，用于命令、请求。常构成"（给我）来（一）个/杯/碗+N"这类祈使句。

服务员，麻烦给我来个汉堡！

渴死我了！快给我来杯水！

老板，来一碗肉丝面！

重要性等级：★★★　难易度等级：★　口语化等级：★★★

【355-2】[动词]（问题、事情等）发生；来到。常构成"……来了"格式。

既然问题来了，就得马上解决。

任务来了，大家赶紧准备吧。

麻烦来了，我得去处理一下儿。

重要性等级：★★★　难易度等级：★★　口语化等级：★★

【355-3】[动词] 做某个动作（代替意义具体的动词）。

你唱得太好了，再来一个。（唱）

我做的面条儿怎么样？你要不要再来一碗？（吃）

大家都说你会讲笑话，要不你来一个？（讲）

重要性等级：★★★　难易度等级：★★　口语化等级：★★★

【355-4】[动词] 用在另一动词前面，构成"来V"格式，表示要做某事。

好吧，那我来说两句。

你洗菜，我来炒菜。

明天晚上的活动你来主持吧。

重要性等级：★★★　难易度等级：★★　口语化等级：★★

【355-5】[动词] 用在另一动词后面，表示"来"的目的。常构成"V来了"格式。

他回家探亲来了。

我们给你贺喜来了。

坏了，他找我算账来了。

重要性等级：★★　难易度等级：★★　口语化等级：★★

【355-6】［动词］趋向动词。常构成"V 得 / 不来"格式，表示有能力或者没有能力 V，如"唱得 / 不来、学得 / 不来、做得 / 不来"等。

这首歌音太高了，我唱不<u>来</u>。

他这种八面玲珑的处事方法，我可学不<u>来</u>。

A：这件事情你一个人做得<u>来</u>吗？

B：当然做得<u>来</u>。

重要性等级：★★★　难易度等级：★★★　口语化等级：★★

【355-7】［动词］趋向动词，表示保持亲疏关系的可能或者不可能。与其搭配的动词仅限于"谈、合、处"等少数动词。

他们俩脾气相投，很谈得<u>来</u>。

我们俩根本谈不<u>来</u>，说不上两句就会吵起来。

这两个人性格差异太大了，恐怕合不<u>来</u>。

你们俩处得<u>来</u>就处，处不<u>来</u>就分手，不必勉强。

重要性等级：★★　难易度等级：★★　口语化等级：★★★

【355-8】［动词］可以跟"看、说、想、算"等构成"看来、说来、想来、算来"等格式，带有估计或着眼于某一方面的意思。

这个人看<u>来</u>年纪不小了。

说<u>来</u>我们住在这儿都已经二十年了。

想<u>来</u>他对我应该没什么意思，不然的话，早就给我打电话了。

算<u>来</u>我们已经有两年没见面了。

重要性等级：★★　难易度等级：★★★　口语化等级：★★★

【355-9】［动词］用在动词性成分之间或介词性成分与动词性成分之间，表示前者是方式、方法、条件等，后者是目的。常构成"V₁……来 V₂……"格式。

他买了个面包<u>来</u>当午餐。

你又能用什么理由<u>来</u>说服他呢？

他有什么资格<u>来</u>管我？

小刘报了个二胡培训班<u>来</u>打发业余时间。

重要性等级：★★★　难易度等级：★★　口语化等级：★★★

【355-10】[助词] 用在"十、百、千"等数词或数量词后面，表示概数。

这儿离县城有十**来**里路。

咱们图书馆订阅了大概两百**来**种期刊。

这次马拉松比赛大概有千**来**号人参加。

重要性等级：★★★ 难易度等级：★★ 口语化等级：★★★

【355-11】[助词] 用在数词"一、二、三"后面，列举理由、事实等。常构成"一来……，二来……"等结构。

最近我一直没来看你，一**来**是因为工作忙，二**来**是因为交通不便。

孩子还是进幼儿园比较好，一**来**家长可以安心工作，二**来**孩子可以从小养成集体生活的习惯。

我之所以报了个钢琴培训课，一**来**是想打发时间，二**来**是想陶冶性情，三**来**是想学个乐器丰富一下儿自己的生活。

重要性等级：★ 难易度等级：★★★ 口语化等级：★★★

【355-12】[名词] 用在时间词的后面，有"以来"的意思，表示从过去到现在。

二十多年**来**他一直在农村工作。

这几天**来**他正忙着赶写一篇文章，难得出门。

山本这个月**来**学习很认真，老师已经表扬过他好几次了。

重要性等级：★★★ 难易度等级：★★ 口语化等级：★★

【356】V 来 V 去，还是……   V lái V qù, háishi……

[固定格式] 通过某一个动作的反复，表示经过权衡做出某种决定或得出某个结论。

他就是偏爱这个品牌，选来选去，还是选了它。

这个决定对他来说太重要了，他想来想去，还是拿不定主意。

我吃来吃去，还是觉得这家餐馆最好吃。

重要性等级：★ 难易度等级：★★★ 口语化等级：★★★

【357】来着   láizhe

用在句尾，表示某一种情况在不久以前发生过。

【357-1】［助词］常用在陈述句末或疑问句末，陈述或询问不久前发生的事情。

他刚才还在这儿<u>来着</u>，怎么一转眼就不见了？

老师刚才说什么<u>来着</u>？我没听见。

我昨天去你寝室找你<u>来着</u>，他们说你去操场了。

重要性等级：★★★　难易度等级：★★　口语化等级：★★★

【357-2】［助词］用来询问曾经知道但现在想不起来的事情。

咱们学校的电话号码是多少<u>来着</u>？好久不用，都忘了。

你昨天穿什么衣服<u>来着</u>？我怎么想不起来了？

对了，你是哪里人<u>来着</u>？我记得你曾跟我说过。

重要性等级：★★★　难易度等级：★★　口语化等级：★★★

【358】懒得　lǎnde

［动词］表示因为疲劳或者没有兴趣等原因而不愿意做某事。

每次下班回来后累得我动都不想动，更<u>懒得</u>做饭了。

他这个人老是油嘴滑舌的，我<u>懒得</u>搭理他。

A：你不是一直喊着要减肥吗？怎么到现在一点儿动静都没有？

B：唉！我<u>懒得</u>动。

重要性等级：★★★　难易度等级：★★★　口语化等级：★★

【359】老　lǎo

【359-1】［副词］总是，多含不满的语气。也可说成"老是"。

<u>老</u>麻烦你帮我照看孩子，真不好意思。

他这个人<u>老</u>爱拿别人的生理缺陷开玩笑，太不尊重人了！

你不要<u>老是</u>看到我的缺点，难道我就没有优点吗？

你每次做错事，怎么<u>老是</u>埋怨别人？

重要性等级：★★★　难易度等级：★　口语化等级：★★★

【359-2】［副词］有"很""非常"的意思，常构成"老A（的）了"格式，表示程度高。此时，"老"只跟正向的形容词搭配，不跟负向的形容词搭配，如可以说"这歌老好听了"，不说"这歌老难听了"。

年纪都<u>老</u>大的了，还这么不懂事！

这孩子<u>老</u>聪明了。

校门口的那棵树已经长得<u>老</u>高的了。

重要性等级：★★★　难易度等级：★★　口语化等级：★★★

【359-3】[副词] 可以构成"老 A 老 A 的"格式，表示程度高。A 为相同的形容词。

这几天温度很低，湖上的冰<u>老</u>厚<u>老</u>厚的。

爷爷的胡子<u>老</u>长<u>老</u>长的了，也不刮刮。

这口井<u>老</u>深<u>老</u>深的，你要小心一点儿！

重要性等级：★　难易度等级：★★　口语化等级：★★★

【360】乐得　lèdé

[动词] 表示某种情况或安排正合自己的心意，因而顺其自然。有一种庆幸的语气。

在乡下避暑的日子实在太舒服了！人家一再留他，他也<u>乐得</u>多住几天。

这个周末孩子们有事不能回来，老人也<u>乐得</u>清闲。

什么？你自己能搞定？那太好了，我正<u>乐得</u>轻松呢！

今天晚上老公有应酬不回来吃饭，我也<u>乐得</u>不用做饭。

重要性等级：★　难易度等级：★★★　口语化等级：★★

【361】V……V 了……　　V……V le……

[固定格式] 用来描述某动作已完成的状态、数量或持续的时间等。

昨天我们几个一起<u>吃</u>火锅<u>吃</u>了三百块钱。

山本<u>学</u>中文<u>学</u>了三年了。

我们<u>开</u>会<u>开</u>了两天了。

<u>听</u>这首歌我已经<u>听</u>了无数遍了，都听腻了。

A：你等了多长时间了？

B：我<u>等</u>你<u>等</u>了两个小时了。

重要性等级：★★　难易度等级：★★　口语化等级：★★★

【362】V 了等于没 V　V le děngyú méi V

[固定格式] 做了某事却没有获得想要的结果。表示做某事没有效果，表达了一种否定的评价义。

你这样背书，背了等于没背。

你说的都是废话，说了等于没说。

让你去收集问卷，你却空手而归。你这去了等于没去。

重要性等级：★　难易度等级：★★　口语化等级：★★★

【363】V 了（也）就 V 了　V le（yě）jiù V le

[固定格式] 表示某个动作行为既然已经做了，就不必后悔了。有一种安抚对方的语气。

我觉得，你跟你男朋友分了就分了吧，反正你俩也不是一路人。

虽然这个包花了你不少钱，但买了也就买了，别再心疼了。

我知道你不想做这件事，但做了也就做了，就别后悔了。

重要性等级：★　难易度等级：★★★　口语化等级：★★★

【364】V 了就 V 了呗，有 / 没什么……　V le jiù V le bei, yǒu / méi shénme……

[固定格式] 认为某事没那么重要，体现了一种无所谓的态度。

赢了就赢了呗，有什么可吹的！

输了就输了呗，有什么好灰心的！

买了就买了呗，没什么好后悔的。

说了就说了呗，没什么可担心的。

重要性等级：★　难易度等级：★★　口语化等级：★★★

【365】A 了去了　A le qù le

[固定格式] 强调程度高。A 都是单音节形容词，常见的有"大、高、贵、远、深、多"等正向形容词。

那座山高了去了，你去爬的时候可要小心一点儿。

我跟他的关系，真是远了去了，八竿子都打不着。

以前这片树林深了去了，里面有野鸡、野兔什么的，可现在林子里的树越来越少了，什么动物也看不到了。

这种水果在我们那里多了去了，没什么稀罕的。

重要性等级：★★★　难易度等级：★★　口语化等级：★★★

【366】愣（是）　lèng（shì）
多用于北方方言。

【366-1】［副词］偏偏，用"愣"或"愣是"都可以。表达了一种出乎意料的语气。

怎么回事！我不叫他去，他<u>愣</u>要去。

没人邀请他参加这次活动，他<u>愣是</u>往里闯。

这么高的山，爷爷<u>愣是</u>爬上去了。

重要性等级：★★★　难易度等级：★★★　口语化等级：★★★

【366-2】［副词］硬是；无论如何都。这里通常用"愣是"，常构成"愣是不／没"结构。表达了一种强调的语气，有时也有不满的意思。

我敲了半天门，他<u>愣是</u>不开。

我好话都说尽了，他<u>愣是</u>不原谅我。

不管我怎么解释，他<u>愣是</u>没明白。

重要性等级：★★　难易度等级：★★★　口语化等级：★★★

【367】俩　liǎ
是"两个"的合音，后面不再接"个"或其他量词。

【367-1】［数量词］两个。

兄弟<u>俩</u>性格差别比较大。

我去超市买了<u>俩</u>苹果。

你<u>俩</u>就别在这儿添乱了。

估计咱<u>俩</u>年龄差不多大。

重要性等级：★★★　难易度等级：★　口语化等级：★★

【367-2】［数量词］不多；几个。表示数量少。

就算你有<u>俩</u>钱，也不能乱花啊！

参加活动的一共只有这么<u>俩</u>人，恐怕还不够。

让你多想几个节目，你想了半天怎么只想出这么<u>俩</u>节目来？

重要性等级：★　难易度等级：★★　口语化等级：★★★

【368】连　lián

［介词］连带；包括。表示一起或者全部都算在内。

苹果洗干净以后可以连皮吃。

这种植物如果要移植，一定要连根拔起。

我们学校参加这次会议的连我一共三个人。

连前言在内，这本书一共有十二万字。

重要性等级：★　难易度等级：★★　口语化等级：★★★

【369】连……带……　lián……dài……

有"全部在内"的意思。

【369-1】［固定格式］表示包括前后两项，跟名词或动词组合。

这次旅游连老人带小孩儿一共去了二十几个。

她在理发店连烫带染共花了三百块。

他的这套新房子连装修带家具差不多花了五十万吧。

重要性等级：★★　难易度等级：★★　口语化等级：★★★

【369-2】［固定格式］表示两种动作同时发生，不分先后。常跟性质相近的单音节动词搭配。

看到妈妈回来了，孩子们连蹦带跳地跑了进来。

新年联欢会上，他连说带唱地表演了一段。

妈妈连哄带骗地把孩子从游乐场里拉了出来。

重要性等级：★★　难易度等级：★★　口语化等级：★★★

【370】连……都/也……　lián……dōu/yě……

［固定格式］表示强调，"连"有"甚至"的意思。常构成"连 V 都没/不 V"格式。

你怎么连这个问题都回答不上来？

他连想都没想就答应了我的请求。

我同屋连说都不说就把我的电脑拿走了。

她连饭也没吃就走了。

这件事情连我也不知道。

重要性等级：★★★　难易度等级：★　口语化等级：★★

【371】连……都不如 lián……dōu bùrú

［固定格式］表示连最低级别的事物都比不过。强化了说话人的语气，有时有夸张的意味。

你这个人真傻，连小孩子都不如。

我的英语连他都不如，怎么能跟你比呢？

没想到这里的生活条件连一般的三、四线小城市都不如，实在是太让我吃惊了。

重要性等级：★★★　难易度等级：★★　口语化等级：★★★

【372】连同 liántóng

［连词］相当于"连……在内"。

我们学校今年毕业的本科生有两千多人，连同毕业的硕士生、博士生，毕业人数差不多有三千人。

今年连同去年下半年，公司共赚了几十万元。

我昨天下午买了一堆水果，连同几瓶饮料，一共花了两百块。

重要性等级：★　难易度等级：★★★　口语化等级：★★

【373】两 liǎng

［数词］表示不定的数目，和"几"差不多，是一种语义模糊的说法。

你等一下儿，我跟你说两句话。

最近没有时间，这个问题我们过两天再说吧。

虽然我做的菜味道不咋地，你也给个面子勉强吃两口吧。

你给我两分钟时间，我们聊一下儿吧。

重要性等级：★★★　难易度等级：★★　口语化等级：★★

【374】两头 liǎngtóu

［名词］事情的两方面。

她家庭事业两头忙，能不辛苦吗？

妈妈对我有意见，妻子也对我有很多的不满意，我两头不落好。

夹在两个老板中间，他两头都不能得罪，这可怎么办才好呢？

重要性等级：★　难易度等级：★★　口语化等级：★★

【375】了事 liǎo // shì

［动词］让事情得到平息或结束，多指事情结束得不彻底或不得已。

有了矛盾，不先想想怎么化解，而是离婚<u>了事</u>，这怎么可以呢？

这件事太让他头疼了，他想尽快<u>了</u>了这件<u>事</u>。

每一次的社会实践活动你都应该从中学到一些东西，不可以随便应付<u>了事</u>。

重要性等级：★★★　难易度等级：★★★　口语化等级：★

【376】临 V　lín V

[固定格式] 表示动词行为将要发生的时候。

他俩是<u>临</u>毕业的时候才确定恋爱关系的。

<u>临</u>散会他才通知我明天早上八点出发。

<u>临</u>睡前喝杯热牛奶有助于睡眠。

早上<u>临</u>出门时才想起来忘了带笔记本电脑。

重要性等级：★★★　难易度等级：★★　口语化等级：★

【377】乱 V　luàn V

[固定格式] 随意做某事或者做某事很随便，有不满的语气。常构成"别乱V"，表示劝阻。

你又不了解情况，别<u>乱</u>出主意。

你站在这儿别动，别<u>乱跑</u>。

你净<u>乱</u>说话！这下捅娄子了吧？

这里是公共场所，不可以<u>乱</u>喊<u>乱</u>叫。

A：我觉得你俩挺合适的。

B：别<u>乱</u>说，我们只是一般朋友。

重要性等级：★★★　难易度等级：★★　口语化等级：★★

【378】论　lùn

[介词] 引出比较或者衡量的依据。

<u>论</u>体力活，男人比女人强；<u>论</u>手工活，女人又比男人强。

你这鸡蛋是<u>论</u>斤卖还是<u>论</u>个卖？

要<u>论</u>聪明，我可比不上他。

周末的这份兼职是<u>论</u>小时计算的。

重要性等级：★★★　难易度等级：★★　口语化等级：★

M

【379】马上（就）…… mǎshàng（jiù）……

【379-1】［固定格式］表示事情在很短时间内即将发生或紧接着另一件事发生。

火车马上进站了，快把行李准备好。

查完资料以后，我马上开始动手写论文了。

下了课以后你一定要马上复习一下儿，否则很难记住。

A：你准备什么时候去？

B：我马上就去！

A：赶紧的！轮到你上台表演了！

B：马上就来。

重要性等级：★★★ 难易度等级：★ 口语化等级：★★

【379-2】［固定格式］表示情况将在以后某个时间发生，可以指心理上觉得距离比较近的时间。

马上大学生了，怎么还整天吊儿郎当的？

我马上要退休了，不想再管这些麻烦事了。

马上就要秋天了，怎么还这么热啊？

马上就要实现我的人生目标了，你说我能不激动吗？

重要性等级：★★★ 难易度等级：★ 口语化等级：★★

【380】蛮 V / A 的 mán V / A de

［固定格式］表示程度高，和"很、挺、怪"等词表示的程度较高的意思基本相同。多用于南方方言。

他说的话蛮有道理的。

这个礼物我蛮喜欢的。

我觉得老张这个人还是蛮有人情味的。

这个人蛮热情的。

他老是借钱不还，蛮不像话的。

重要性等级：★★★　难易度等级：★★　口语化等级：★★★

【381】满　mǎn

［副词］完全，有强调的语气。

听他的意思，这件事他<u>满</u>有把握的。

你说起来容易，但这事做起来却<u>满</u>不是那么回事。

刚才看到你桌上放的那篇文章，我<u>满</u>以为是你自己写的呢。

每次给你提意见，你总是<u>满</u>不在乎的样子。

重要性等级：★★★　难易度等级：★★　口语化等级：★★

【382】没的说　méi de shuō

也说"没说的"。

【382-1】［固定格式］当然可以；没问题。表示说话人对对方提出的要求满口答应，完全不拒绝。

咱们是朋友，如果有什么需要我帮忙的，<u>没的说</u>。

不就是给你跑个腿儿吗？<u>没的说</u>，你只要说句话就行。

A：今天下班后能顺便捎我一段吗？

B：<u>没的说</u>。

重要性等级：★　难易度等级：★★　口语化等级：★★★

【382-2】［固定格式］表示一种赞美，"很好"的意思。前面常跟"真是"搭配使用。

你家先生可真是<u>没的说</u>呀，里里外外一把好手。

她弟弟真是<u>没的说</u>呀，唐诗宋词背得滚瓜烂熟，老师同学都很佩服他。

小李的英语表达能力<u>没的说</u>。

重要性等级：★　难易度等级：★★　口语化等级：★★★

【383】没个够　méi gè gòu

［固定格式］表示过分放纵某种言行而没有节制，有时略带贬义。常构成"（一）V起来（就）没个够"格式。

他最喜欢喝啤酒，喝起来<u>没个够</u>。

我弟弟最喜欢网上聊天儿，一聊起来就<u>没个够</u>。

你怎么每次一吃起来就<u>没个够</u>？还说要减肥呢！

重要性等级：★　难易度等级：★★　口语化等级：★★★

【384】没 X 没 Y（的）　méi X méi Y（de）

【384-1】［固定格式］X 和 Y 是两个意义相关的名词性、动词性或形容词性成分，整个格式起到强化的作用。

两个老人<u>没儿没女</u>，挺可怜的。

你说话做事老是这样<u>没遮没拦</u>的，这可不好。

这么大姑娘了，别总是<u>没羞没臊</u>的，也要注意一下儿自己的形象。

像我这样<u>没学历没背景</u>的，要在大城市闯荡，只能靠自己。

重要性等级：★★★　难易度等级：★★　口语化等级：★★★

【384-2】［固定格式］X 和 Y 是两个反义的形容词，整个格式多表示应区别而未区别，有不满的意思。

你怎么在爷爷面前总是这么<u>没大没小</u>的！太不像话了。

他说话总是<u>没轻没重</u>的，你别往心里去。

你平时跟老板说话，即使再熟，也不能太<u>没上没下</u>的。人家毕竟是你老板。

重要性等级：★★　难易度等级：★　口语化等级：★★★

【385】没什么大不了的　méi shénme dàbuliǎo de

［固定格式］说话人对发生的事不太看重，认为不重要、不要紧。有一种不在乎的语气。

A：糟了，我的学生证丢了。

B：别着急，<u>没什么大不了的</u>，再补一个就行了。

A：你今天被警察罚款了吧？

B：<u>没什么大不了的</u>，就罚了五十块钱。

A：听说你被公司炒了？

B：这份工作我正不想干呢！<u>没什么大不了的</u>。

重要性等级：★★　难易度等级：★★　口语化等级：★★★

【386】没 / 有什么 V 头儿　méi / yǒu shénme V tóur

［固定格式］肯定式和否定式都表示没必要或者不值得。"头儿"前常跟"逛、

喝、看、说、玩儿"等单音节动词搭配使用，表示"可逛的""可喝的""可看的""可说的""可玩儿的"等。

这家商店没什么逛头儿，咱们还是换一家吧。

这种破电影，真没什么看头儿。

这儿的茶有什么喝头儿，味道一般，而且也太贵了点儿。

这件事有什么说头儿，最后还不是由他一个人来决定吗？

这种游戏有什么玩儿头儿？你竟然天天把时间耗在这上面！

重要性等级：★　难易度等级：★★★　口语化等级：★★★

【387】没事　méi∥shì

【387-1】［动词］跟某人没有关系或某人没有责任。

别担心，你只要把问题说清楚就没事了。

闯了这么大的祸，你怎么还像个没事人似的？

你以为你一走了之就没事了？麻烦还在后头呢！

这里没你啥事，你就别在这儿凑热闹了。

重要性等级：★★　难易度等级：★★　口语化等级：★★★

【387-2】［动词］常用来表示"不要紧""没关系""没什么大不了的""算不了什么"，多在对方表示歉意或感谢时使用。

这件事情你不用担心，没事，很容易解决。

A：不好意思，这次给您添麻烦了！太感谢啦！

B：没事，您不用客气，其实也没给我添什么麻烦。

A：不好意思，把你的鞋踩脏了。

B：没事，没事。

重要性等级：★★★　难易度等级：★　口语化等级：★★★

【388】没想到　méi xiǎngdào

［固定格式］表示事情出乎意料。

我以为老师不会同意我们的请求，没想到老师竟然同意了。

小王以为小李不认识玛丽，没想到他们早就是好朋友了。

刚一出门，没想到下起雨来了。

我真是<u>没</u>想到，他竟然是这样的人！

重要性等级：★★★　难易度等级：★　口语化等级：★★★

【389】X 没有 Y……　X méiyǒu Y……

［固定格式］用"没有"来比较两个事物。比较时以 Y 为标准，意思是 X 达不到 Y 的程度。常构成"X 没有 Y 那么……"格式。

上海<u>没有</u>北京那么冷。

姐姐<u>没有</u>弟弟那么爱运动。

我<u>没有</u>你那么傻。

小张<u>没有</u>你那么懒。

重要性等级：★★　难易度等级：★　口语化等级：★★

【390】没有比……更 V / A 的了　méiyǒu bǐ …… gèng V / A de le

［固定格式］表示某物、某人或某件事在某方面的程度是最高的。"更"也可用"还"或"再"等替换，构成"没有比……还 / 再 V / A 的了"格式。

在这个世界上，<u>没有比</u>我<u>更</u>关心你<u>的了</u>。

<u>没有比</u>嫁给你<u>更</u>让我后悔<u>的了</u>。

这本小说你一定要看，<u>没有比</u>它<u>更</u>精彩<u>的了</u>！

你可真够傻的。<u>没有比</u>你<u>还傻的了</u>。

这个菜太好吃了。我吃过的菜里<u>没有比</u>这个<u>再</u>好吃<u>的了</u>。

重要性等级：★　难易度等级：★★　口语化等级：★★

【391】没有什么可 / 好 V 的　méiyǒu shénme kě / hǎo V de

［固定格式］表示不值得做某事，没有做某事的必要。有时也可表达一种否定评价。

生活对每个人都是不公平的，<u>没有什么可</u>抱怨<u>的</u>。

都说这条街是网红街，其实<u>没有什么可</u>逛<u>的</u>。

他这个人<u>没有什么好</u>说<u>的</u>，完全是一个无赖。

A：你昨天逛街时怎么没买东西？

B：我觉得<u>没有什么可</u>买<u>的</u>。

A：别走，价钱可以商量嘛。

B：<u>没有什么好</u>商量<u>的</u>，价钱高于一百我就不要。

重要性等级：★　难易度等级：★★　口语化等级：★★

【392】没怎么　méi zěnme

【392-1】［固定格式］构成"没怎么 V"格式，表示基本上没有做某事，是一种否定性的表达。

昨晚我没怎么睡觉，一直在做 PPT。

今天头疼得厉害，没有胃口，所以没怎么吃饭。

A：下午的活动小张参加了吗？

B：不知道啊。我没怎么注意。

重要性等级：★★★　难易度等级：★★　口语化等级：★★★

【392-2】［固定格式］构成"没怎么 A"格式，表示还没有达到 A 的程度。

他已经病了好几个月了，到现在还没怎么好。

这几个苹果还没怎么烂，还可以吃。

最近我已经吃得很少了，可还是没怎么瘦。

重要性等级：★★　难易度等级：★★　口语化等级：★★★

【392-3】［固定格式］单用，常用作"怎么了"的否定回答。

A：你最近怎么了？看上去脸色不好。

B：没怎么。

A：你们俩最近怎么了？闹别扭了？

B：没怎么。

重要性等级：★★★　难易度等级：★★　口语化等级：★★★

【393】没辙　méi∥zhé

［动词］没有办法，多用于北方方言。肯定式是"有辙"，表示有办法。

所有办法都想过了，这下可没了辙了。

让你好好学习，你就是不听。现在考试没通过，我也没辙了。

放心吧，这事我有辙。

A：这事你有辙没辙啊？

B：没辙！

重要性等级：★★　难易度等级：★★　口语化等级：★★★

【394】没准儿　méi∥zhǔnr

［动词］不一定；说不定。

他这么努力，没准儿真能考上名牌大学呢！

我们已经十年没见了，没准儿他已经结婚了，说不定连孩子都有了。

《哈利·波特》没准儿是在中国卖得最好的引进版小说。

我明天去不去还没个准儿呢。

他说来就来，说走就走，没个准儿。

重要性等级：★★　难易度等级：★★　口语化等级：★★★

【395】美得 P　měi de P

［固定格式］对某人的否定评价，认为某人的想法不切实际。P 一般为第二、第三人称代词。

又不想上班，又想挣大钱，美得你！

A：她天天都在梦想着嫁一个又有钱又爱她的老公。

B：美得她！

A：你明天下班后来接我吧。

B：美得你！我明天还有事呢。

重要性等级：★　难易度等级：★★　口语化等级：★★★

【396】免不了 miǎnbuliǎo

［动词］不可避免；难免。多指不希望发生的事情。

刚到国外，免不了会碰到一些文化冲突。

你俩天天混在一起，闹矛盾这种事是免不了的。

老同学结婚，这礼金是免不了的。

生活中免不了会有各种各样的困难，必须要自己想办法去解决。

重要性等级：★★★　难易度等级：★★　口语化等级：★★

【397】免得　miǎnde

［连词］以免；省得。着重指可以避免某种不希望出现的情况。

到北京以后马上给家里打个电话，免得我们惦记。

这件事我再说明一下儿，<u>免得</u>引起误会。

学习上如果有不懂的，一定要及时问老师，<u>免得</u>问题越积越多。

重要性等级：★★★　难易度等级：★★　口语化等级：★★

【398】明明　míngmíng

［副词］有"确实、显然"的意思，表示情况明白清楚，强调事物的确定性。多用在前后意思有转折或者带反问语气的句子里。

<u>明明</u>是他先撞到我身上的，却还要骂人，真是太不讲道理了。

你<u>明明</u>知道今天要下雨，为什么出门还不带伞？

我<u>明明</u>是把手机放在衣服口袋里了，怎么就找不到了呢？

重要性等级：★★★　难易度等级：★★　口语化等级：★★

【399】磨叽　mòji

多用于北方方言，可以重叠。

【399-1】［动词］翻来覆去地说。

他<u>磨叽</u>了半天也没把事情说明白。

你怎么说话总是<u>磨磨叽叽</u>的？痛快一点儿不行吗？

你可真够<u>磨叽</u>的，就这么两句话，都说不清楚。

重要性等级：★　难易度等级：★★　口语化等级：★★★

【399-2】［动词］办事拖拉；做事行动迟缓。

快点儿走吧，再<u>磨叽</u>，上课就要迟到了。

就这么点儿工作，都<u>磨叽</u>了三天了，还没干完。

别<u>磨叽</u>了，赶紧的，火车马上要开了。

重要性等级：★★　难易度等级：★★　口语化等级：★★★

N

【400】拿 ná

【400-1】［介词］有"把、对"的意思，引出所处置或所关涉的对象。

他就是不承认错误，你能拿他怎么样呢？

只要碰到不开心的事，他就拿我当出气筒。

你别拿我穷开心了好不好？

他们有事没事总拿小张开玩笑，这可不太好。

重要性等级：★★   难易度等级：★★   口语化等级：★★

【400-2】［介词］有"用"的意思，引出动作行为的方式、方法、依据等。

你们不能总拿老眼光看人啊！

他拿刚发的工资买了一套新的家具。

科学研究必须要拿数据说话，不能想当然。

重要性等级：★★   难易度等级：★★   口语化等级：★★

【401】拿……来说／来讲 ná……lái shuō / lái jiǎng

［固定格式］引出要说明的事物或情况，相当于"以……为例"或者"比如……"。

不是每个人都喜欢唱歌的，拿我来说，就从来不去唱卡拉 OK。

我觉得中文太有意思了，就拿汉字来说吧，看起来就像是一幅幅有趣的图画。

小张很有运动细胞。拿跑步来讲吧，他是我们班跑得最快的。

重要性等级：★   难易度等级：★★   口语化等级：★★★

【402】拿 P 没办法 ná P méi bànfǎ

［固定格式］表示没有对付某人的好办法，表达一种无奈。

他总是迟到，真拿他没办法。

这孩子倔得很，连妈妈都拿他没办法。

我们都拿小王没办法，他这个人总是说发脾气就发脾气。

A：对不起，请你再说一遍。

B：我都说了三遍了，你还没听懂？真拿你没办法。

重要性等级：★　难易度等级：★★　口语化等级：★★★

【403】拿……说事　ná……shuōshì

［固定格式］以某事作为否定对方的借口或托词。表达了一种不满的语气，多用于否定或反问。

你别动不动就拿离婚说事！我才不怕呢！

A：你看你都四十了，赶紧找个女朋友成个家，别整天在外面瞎混。

B：妈，你能不能别总拿这个说事？

A：早就跟你说要好好学习，你偏不听，结果就读了这么个破学校。

B：你怎么老拿我学校说事？

重要性等级：★　难易度等级：★★　口语化等级：★★★

【404】哪　nǎ

【404-1】［代词］用于虚指，表示不确定的一个。

哪天有空我还要找你谈谈。

我也不知道哪年哪月才能再见到你。

不知道他突然从哪个地方钻了出来，吓了我一跳。

重要性等级：★★★　难易度等级：★　口语化等级：★★

【404-2】［代词］用于任指，表示任何一个，后面常有"都、也"呼应，或者用两个"哪"一前一后呼应。

这几件衣服哪一件都不适合你。

他太有才了！琴棋书画哪一方面他都懂。

这几套房子他哪套也不喜欢。

你觉得哪个好我们就买哪个。

重要性等级：★★★　难易度等级：★　口语化等级：★★

【404-3】［代词］用于反问，表示强烈的否定，相当于"怎么"。常构成"哪……啊"句式。

这件事我哪知道啊？

这么大的事，哪能我一个人说了算啊？

就算两个人闹了点儿别扭，<u>哪</u>能说分手就分手啊？

天下<u>哪</u>有免费的午餐啊？

重要性等级：★★★　难易度等级：★　口语化等级：★★★

【405】哪怕……再……　　nǎpà……zài……

［固定格式］意思是"不管怎么样"，表示假设兼让步。后面多用"都、也"等呼应，构成"哪怕……再……，……都／也……"结构。

<u>哪怕</u>工作<u>再</u>忙，他都会抽出一些时间陪陪家人。

<u>哪怕</u>天气<u>再</u>冷，他也要去参加学校的活动。

<u>哪怕</u>困难<u>再</u>大，他也要坚持到底。

为了突出结果，"哪怕……再……"引出的分句也可以放在后面。

我明天一定要回去，<u>哪怕</u>雨下得<u>再</u>大。

我才不相信你的鬼话呢，<u>哪怕</u>你说得<u>再</u>好听。

我是不会轻易放弃自己的理想的，<u>哪怕</u>父母<u>再</u>有意见。

重要性等级：★★　难易度等级：★★　口语化等级：★★

【406】哪儿／哪里　　nǎr／nǎlǐ

【406-1】［代词］用于虚指。

我怎么看你这么面熟？我好像在<u>哪儿</u>见过你。

我不知道<u>哪儿</u>得罪了你，让你这么生气？

不知道他从<u>哪里</u>学来了一身的臭毛病。

重要性等级：★★★　难易度等级：★　口语化等级：★★★

【406-2】［代词］用于任指。后面常有"也、都"呼应，前面可用"无论、不管、不论"等。

我今天要加班，<u>哪儿</u>也不能去。

无论走到<u>哪儿</u>，都不应该忘记自己的家乡。

不管你去<u>哪儿</u>，我都得跟着你。

重要性等级：★★★　难易度等级：★　口语化等级：★★★

【406-3】［代词］用于任指。前后两个"哪儿"或"哪里"相呼应，表示条件关系。

哪儿有压迫，哪儿就有反抗。

在哪儿跌倒，就在哪儿爬起来。

哪里有梦想，哪里就有希望。

重要性等级：★★★　难易度等级：★　口语化等级：★★★

【406-4】［代词］用于反问，表示强烈的否定。常构成"哪儿/哪里……啊"句式。

他哪儿是广东人啊？他是福建人。

哪儿有天上掉馅儿饼这种好事啊？

我哪儿是她的对手啊？我们完全不是一个级别的。

至于他为什么要辞职，你去问他呀。我哪里知道啊？

重要性等级：★★★　难易度等级：★　口语化等级：★★★

【407】哪儿啊　 nǎr a

［固定格式］用于别人对自己褒奖时表示否认的谦辞，也说"哪里哪里"。通常用于同辈之间。

A：听说你的法语说得非常好！

B：哪儿啊，我刚学了三个月。

A：我妈妈说你是电脑高手。

B：哪儿啊，我只会处理最简单的问题。

A：你真是太聪明了！

B：哪里哪里。

重要性等级：★　难易度等级：★★　口语化等级：★★★

【408】哪有 P 这样（V）的　 nǎ yǒu P zhèyàng（V）de

［固定格式］对某人的做法表示责备或不满，也可说成"有 P 这样（V）的吗"。P 常为第二人称和第三人称。

马上要期末考试了，大家都忙着复习，哪有你这样的，天天躲在房间里睡大觉。

哪有你这样做生意的！一天一个价，这谁受得了啊？

有小张这样谈恋爱的吗？一个月才跟女朋友见一次面，他也真是的。

重要性等级：★　难易度等级：★★★　口语化等级：★★★

【409】那　nà

【409-1】［代词］兼有指代前一句话的作用。

要是现在能有一杯热咖啡，<u>那</u>就更好了。

她都这么大岁数了，还没有男朋友。要说不急，<u>那</u>是假话。

这个方案如果大家都没有意见的话，<u>那</u>就通过了。

重要性等级：★★　难易度等级：★　口语化等级：★★★

【409-2】［代词］用在动词、形容词前，表示夸张，构成"那 V / A 啊"格式。

他闷着头<u>那</u>干啊，谁都没有他的效率高。

他跑得<u>那</u>快呀，简直像阵风。

小张反应<u>那</u>灵敏啊，没几个人能比得上。

重要性等级：★　难易度等级：★★　口语化等级：★★★

【409-3】［代词］与"这"对举，表示众多事物，不确指某人或某事物。

货架上的东西，这也不错，<u>那</u>也挺好，不知挑哪个好了。

这个小女孩看看这，看看<u>那</u>，对周围的环境充满了好奇。

你这也不喜欢，<u>那</u>也不愿意的，怎么这么挑剔啊！

重要性等级：★★　难易度等级：★　口语化等级：★★★

【409-4】［连词］承接上句假设的事实或理由，引出下句的结果或判断。可以跟"那么"换用，但"那"更口语。常构成"要是 / 如果……的话，那……"格式。

你要是去的话，<u>那</u>我就不去了。

如果明天不加班的话，<u>那</u>我们就去逛街吧。

好，<u>那</u>你就叫他进来吧。

既然方案已经定下来了，<u>那</u>我们就赶紧行动吧。

重要性等级：★★★　难易度等级：★　口语化等级：★★★

【410】那才（叫）……呢　nà cái（jiào）…… ne

用于比较，表示说话人认为自己所说的在程度上更高一些。有时有夸张的意思。

【410-1】［固定格式］构成"那才（叫）A 呢"，这里的"叫"可以省略。

A：这个饭馆的麻婆豆腐做得不错。

B：这不算什么，有机会你尝尝我做的，<u>那才好吃呢</u>！

A：我家隔壁常常大声放音乐，吵死了！

B：这还算吵啊？我家旁边就是工地，白天晚上都在施工，<u>那才叫吵呢</u>！

重要性等级：★　难易度等级：★★　口语化等级：★★★

【410-2】［固定格式］构成"那才叫 N 呢"格式，这里的"叫"不可以省略。

你看看人家那大学，要大楼有大楼，要大师有大师，<u>那才叫大学呢</u>！

我家隔壁那个小姑娘，每回考试都年级第一，<u>那才叫学霸呢</u>！

重要性等级：★　难易度等级：★★　口语化等级：★★★

【411】那倒不见得　nà dào bùjiàndé

［固定格式］表示说话人不完全同意对方的说法，相当于"不一定"。有时可以省略"那"或"那倒"。

A：看上去他好像很喜欢他目前的这份工作。

B：<u>不见得</u>吧。

A：我觉得有了钱就能生活得更快乐一些。

B：<u>倒不见得</u>，有钱人也有他们的烦恼。

A：你们这个工作是不是只招聘有博士学位的人哪？

B：<u>那倒不见得</u>，我们更重视一个人的实际工作能力。

重要性等级：★★★　难易度等级：★★★　口语化等级：★★★

【412】那倒是　nà dàoshì

［固定格式］表示同意对方的观点。常用来指说话人先前不这么认为，经过对方的解释、说明后，说话人表示同意或者想法改变了。

A：我们国庆节去看香山红叶吧！

B：国庆节人多，红叶也不太红，不如晚两个星期去。

A：<u>那倒是</u>！

A：这部音乐剧虽然剧情不复杂，但是表达了很丰富的思想。

B：那倒是！

A：我看你们还是早点儿动身吧，万一路上堵车就麻烦了。

B：那倒是！

重要性等级：★★★　难易度等级：★★　口语化等级：★★★

【413】那得看……　nà děi kàn……

［固定格式］表示不能确定，要根据具体的情况来判断。常跟疑问词搭配。

A：从这儿坐车到动物园要多少钱？

B：那得看你坐什么车。坐地铁要四块，坐公交车两块就够了。

A：下周的晚会咱们得租多大的场地？

B：那得看请多少人来。

A：在上海一个月的生活费得花多少啊？

B：那得看你怎么过了。

重要性等级：★★★　难易度等级：★★　口语化等级：★★★

【414】那个　nàge

［代词］代替不便直说的话，表达更委婉。口语中读"nèige"。常构成"太那个"格式，具体意思需要结合语境来分析。

你最近的脾气太那个了，能不能改一改？

她这个人长得倒是挺漂亮的，就是穿得有点儿那个。

第一次见面就跟人家谈钱的事，是不是太那个了？

这部电影里面有些镜头太那个了，不适合小孩子看。

重要性等级：★★　难易度等级：★★　口语化等级：★★★

【415】那还用说　nà hái yòng shuō

［固定格式］用在反问句中，表示不用说、没必要说。也常说"还用说"。

A：回国以后记得常给我们来电话。

B：那还用说？我不会忘记你们的。

A：海运和空运哪个更快？

B：那还用说？当然是空运快了。

A：你觉得玛丽和丽莎谁的中文说得更流利？

B：当然是玛丽了，<u>还用说啊</u>？

重要性等级：★★　难易度等级：★★　口语化等级：★★★

【416】那会儿　nàhuìr

［代词］意思是"那时候"，指过去或将来的时候。口语中也读作"nàhuǐr"。

记得<u>那会儿</u>他还是个小孩子，现在都长这么大了。

再过几年爸爸妈妈就老了，<u>那会儿</u>我们做子女的要在各方面负起责任来。

我结婚<u>那会儿</u>你还上幼儿园呢。

我们上学<u>那会儿</u>的事我至今还记得。

等我将来大学毕业找到好工作了，到<u>那会儿</u>，我打算贷款买一套房子。

重要性等级：★★★　难易度等级：★　口语化等级：★★★

【417】那叫一个 A　nà jiào yī gè A

［固定格式］表示程度高，有夸张的意味。A 主要是形容词，有时也可以是表程度或状态的四字格。

昨晚的演出，<u>那叫一个精彩</u>啊！

今天看世界杯决赛直播的时候，大伙儿<u>那叫一个兴奋</u>啊！

她的心理素质实在太好了，即便是临场发挥，往台上一站，<u>那叫一个稳</u>啊！

我刚才看了下托福测试题的答案，<u>那叫一个惨不忍睹</u>，<u>那叫一个不堪回首</u>啊！

对面宿舍楼唱歌唱得<u>那叫一个"撕心裂肺"</u>啊！

重要性等级：★★★　难易度等级：★★★　口语化等级：★★★

【418】那就看 P 的了　nà jiù kàn P de le

［固定格式］表示把做好某事的希望寄托在某人身上。"那"可以省略。

小严说他会帮我们把这件事情搞定，接下来<u>那就看他的了</u>。

A：我认识好多大学生，我帮你找一个辅导老师吧。

B：<u>那就看你的了</u>。

A：你们放心，只要小高一上场，咱们队准赢。

B：<u>那就看小高的了</u>。

重要性等级：★　难易度等级：★★　口语化等级：★★★

【419】那就／要看……了　nà jiù / yào kàn……le

［固定格式］表示要根据具体情况来决定，"那"可以省略。

大家学习的内容都是一样的，能不能取得好成绩，<u>那就看</u>你自己的能力和努力程度<u>了</u>。

什么样的大学是好大学？<u>那就看</u>你的标准是什么<u>了</u>。

A：在中国买个手机得多少钱？

B：<u>那要看</u>你买什么样的<u>了</u>。

A：买新车好还是买二手车好？

B：<u>那要看</u>你有没有钱<u>了</u>，钱不多的话就买辆二手车吧。

重要性等级：★★★　难易度等级：★★　口语化等级：★★★

【420】那就听你的　nà jiù tīng nǐ de

［固定格式］表示干脆利落地接受对方的建议。

A：我觉得那件衣服的颜色太深，不如这件好看。

B：<u>那就听你的</u>，买这件吧。

A：这个饭馆的铁板牛肉做得非常好，你可以尝尝。

B：<u>那就听你的</u>，点一个铁板牛肉吧。

A：我们暑假去丽江玩儿吧，听说那儿风景很不错。

B：好，<u>那就听你的</u>。

重要性等级：★　难易度等级：★★　口语化等级：★★★

【421】那什么　nà shénme

［固定格式］用来开启话题、延续话题、转换话题等等。可位于句首或句中，不可放在句末。

我已经好久没去逛街了，<u>那什么</u>，有没有人愿意明天去逛街啊？（延续话题）

A：你找我有事吗？

B：<u>那什么</u>，明天会议的发言稿你写好了吗？（开启话题）

A：你觉得我这篇作文写得怎么样啊？

B：你这篇作文还行吧。<u>那什么</u>，你明天不是有中文考试吗？（转换话题）

重要性等级：★★★　难易度等级：★★★　口语化等级：★★★

【422】那像什么话　nà xiàng shénme huà

［固定格式］表示某种做法是不应该的或者说不过去的，意思是"不像话"。

要是连晚饭也不请她们吃一顿就打发她们回家去，<u>那像什么话</u>？

你临走都不跟他打声招呼，<u>那像什么话</u>！

A：别走了，就住我家吧。你们睡床，我睡沙发。

B：<u>那像什么话</u>？我们还是住酒店吧。

重要性等级：★　难易度等级：★★　口语化等级：★★★

【423】那些个　nàxiē gè

［固定格式］意思是"那些"，口语中常读作"nèixiē gè"。

门口<u>那些个</u>人在干吗？

这些我留着，<u>那些个</u>都给你。

忘记<u>那些个</u>不开心的吧。一切向前看！

重要性等级：★★　难易度等级：★★　口语化等级：★★★

【424】难道说……　nándào shuō……

用在反问句中。

【424-1】［副词］加强反问的语气，可构成"难道说……不成"格式。

我不愿意去，<u>难道说</u>你还要逼我去不成？

这点儿小事，<u>难道说</u>你要记一辈子？

我是你的好朋友，你<u>难道说</u>连我也不相信吗？

重要性等级：★★　难易度等级：★★　口语化等级：★★★

【424-2】［副词］表示揣测的语气。

怎么一点儿动静都没有？<u>难道说</u>家里没人？

他和平常一样有说有笑的，<u>难道说</u>他真的还不知道那件事吗？

你的车呢？<u>难道说</u>你已经把它卖了？

重要性等级：★★　难易度等级：★★　口语化等级：★★★

【425】难怪 nánguài

【425-1】［动词］不应当责怪，含有谅解的意思。前后一般带有说明情况的小句。

小王天天想家，这也难怪，刚到一个新地方，哪能一下子就习惯呢？

这件事情妹妹不理解，这也难怪，她毕竟还小嘛。

重要性等级：★★　难易度等级：★★　口语化等级：★★★

【425-2】［副词］表示明白了原因以后，对某种情况就不再觉得奇怪。有释然的语气。常构成"难怪……，原来……"或者"原来……，难怪……"格式。有时可单用。

难怪房间这么干净，原来妈妈已经收拾了一个下午了。

这个节目小林演过很多次了，难怪演得这么好。

原来李小姐是上海音乐学院毕业的，难怪歌唱得这么好听。

A：李小姐的歌唱得不错吧？她是上海音乐学院毕业的。

B：难怪！

重要性等级：★★★　难易度等级：★★　口语化等级：★★★

【426】呢 ne

【426-1】［语气词］用在句中表示停顿，多为对举格式。常用来舒缓语气。

这件衣服你喜欢呢，就买下来；不喜欢呢，就别买。不用考虑那么多。

我们几个都喜欢体育运动：老张呢，喜欢篮球；小李呢，喜欢足球；我呢，喜欢打乒乓球。

其实呢，我也不是不喜欢他，就是总觉得跟他没话说。

下周我想去北京旅游：一来呢，想逛逛北京的几个著名景点；二来呢，想去跟几个老同学碰个面。

重要性等级：★★　难易度等级：★　口语化等级：★★★

【426-2】［语气词］表示动作或情况正在进行，常构成"正／在／正在……呢"格式。

别走了，外面正下着雨呢。

老张，门外正有人找你呢。

我正想着你呢，你就来了。

老王，在种花呢？

他正在睡觉呢。

重要性等级：★★★　难易度等级：★　口语化等级：★★★

【426-3】［语气词］用在陈述句的末尾，表示确认事实，多含夸张的语气。常构成"才……呢"或者"还……呢"格式。

这个药灵得很呢，吃了头就不疼了。

我不辛苦，你们才辛苦呢。

亏你还是个大学生呢，连这个道理都不懂。

重要性等级：★★★　难易度等级：★★　口语化等级：★★★

【426-4】［语气词］用在疑问句（特指问、选择问、正反问）的末尾，表示询问和深究。

人呢？都到哪儿去了呢？

我这样做，到底对还是不对呢？

明天是你去呢，还是我去呢？

A：我只知道小美在 A 班学习。那玛丽呢？

B：玛丽在 C 班学习。

重要性等级：★★★　难易度等级：★　口语化等级：★★

【427】能不……吗　néng bù……ma

［固定格式］以否定的反问形式来加强说话人的肯定语气。

新买的车比旧车好太多了，我能不喜新厌旧吗？

铁放在外面，能不生锈吗？

她天天泡在图书馆，成绩能不好吗？

你天天给我打电话，已经严重影响到我的正常生活了，我能不抱怨吗？

重要性等级：★★　难易度等级：★★　口语化等级：★★

【428】能不能……还难说 / 不好说呢 néng bu néng……hái nánshuō / bù hǎoshuō ne

［固定格式］表示是否如愿还不一定，有不确定的语气。

A：你儿子学习不错，考名牌大学应该没问题。

B：现在高考竞争这么激烈，<u>能不能考上还难说呢</u>。

A：你放假要去海南旅游吗？

B：我打算去的，不过最近流感这么严重，<u>能不能去得成还不好说呢</u>。

重要性等级：★　难易度等级：★★★　口语化等级：★★★

【429】能 V 就 V　néng V jiù V

[固定格式] 表示尽最大可能地做某事。

两年没回家了。这次好不容易回去和父母一起过个春节，我是<u>能多陪陪父母就多陪陪父母</u>，尽量跟他们多待一段时间。

这件事你<u>能办就办</u>，不能办就拉倒，千万别勉强自己。

A：今天的工作量太大了，我可能完不成。

B：没关系，<u>能完成多少就完成多少</u>吧。

重要性等级：★★★　难易度等级：★★　口语化等级：★★★

【430】能……吗　néng……ma

[固定格式] 用疑问句的形式来表达说话人的否定态度，有一种质疑的语气。

还有不到一周的时间就要考试了，你说你现在才开始复习<u>能</u>来得及<u>吗</u>？

A：老王怎么又开始抽烟了？难道他爱人同意他抽烟了？

B：当然不是，要是你爱人身体不好还抽烟，你<u>能</u>同意<u>吗</u>？

A：大卫在中国这么多年了，突然要回国生活，他舍得走吗？

B：换作你，你<u>能</u>舍得<u>吗</u>？

重要性等级：★★★　难易度等级：★★　口语化等级：★★

【431】你（还）别说　nǐ（hái）biéshuō

[固定格式] 用否定形式表达肯定语气，对某种出乎自己意料的说法或事实表示确认或认同。

<u>你别说</u>，那个电影还真不错。

那个留学生的中文还真地道，<u>你还别说</u>。

A：你看那个人长得像不像你爸？

B：你还别说，真有点儿像。

A：他已经戒了好几次烟了，都没戒成，这次戒得了吗？

B：你还别说，听说他这一次真戒掉了。

重要性等级：★★　难易度等级：★★　口语化等级：★★★

【432】你不知道　nǐ bù zhīdào

［固定格式］引出后面的信息，提醒说话人注意。有时有寻求对方认同的意思。放在句首和句中。

在北京、上海这样的大城市，<u>你不知道</u>，工作机会确实比小城市多啊！

A：老张啊，最近怎么一直没看到你啊？

B：唉！我现在天天在家里照看小孙子，<u>你不知道</u>，根本就没空儿出门啊。

A：快考试了，小李复习得怎么样了？

B：<u>你不知道</u>，小李最近学习可用功啦！每天都学到很晚才睡觉。

重要性等级：★★　难易度等级：★★★　口语化等级：★★★

【433】你给我 V / A　nǐ gěi wǒ V / A

［固定格式］强势命令句。常用于上对下，强对弱，语气非常不客气。

<u>你给我</u>滚！

<u>你给我</u>听着！不许乱跑！

<u>你给我</u>闭嘴！

<u>你给我</u>老实点儿！

重要性等级：★★　难易度等级：★★★　口语化等级：★★★

【434】你还 / 可真行　nǐ hái / kě zhēn xíng

［固定格式］"你还真行"和"你可真行"都可以用来赞美对方，但"你可真行"也可以用来表示讽刺，具体语气由语境决定。

<u>你还真行</u>！什么时候学的法语？翻译得太好了。

电脑修好了？<u>你还真行</u>啊！

这么难的事你一下子就办好了，<u>你可真行</u>！

<u>你可真行</u>，这么简单的事都能让你给办砸了。

让你有事时多跟我商量商量你偏不听，这下上当受骗了吧，<u>你可真行</u>啊！

重要性等级：★　难易度等级：★★　口语化等级：★★★

【435】你看……　nǐ kàn……

［固定格式］用来征求对方的意见，表示一种客气、商量的语气。

小冯生病住院了，你看我们要不要给他爸爸打个电话？

你看房间这样布置可以吗？

我们争取明天就把计划做出来，你看呢？

重要性等级：★★　难易度等级：★　口语化等级：★★★

【436】你看（看）你　nǐ kàn（kan）nǐ

［固定格式］表示对对方的不满、埋怨或批评。常放在句首。

你看看你，派给你的活儿不好好干，天天想着投机取巧，挨骂了吧？

你看你，整天就知道宅在家里，也不出去运动运动。

你看你，平时不好好学习，一到快考试的时候就开始着急了。这有什么用？

重要性等级：★★★　难易度等级：★★★　口语化等级：★★★

【437】你看我　nǐ kàn wǒ

［固定格式］表示对自己的自责或者批评。还可说"你看我这人""你看我这脑子"等。"你"可以省略。

你看我，一忙就把重要的事给忘了。这是你女朋友托我从泰国给你带回来的礼物，你收好。

你看我这人，跟你站这儿聊半天了，也没请你进去坐坐。

看我这脑子，刚才我说到哪儿了？哦，对了，说到明天开会的事。

重要性等级：★★★　难易度等级：★★★　口语化等级：★★★

【438】你 V 你的吧　nǐ V nǐ de ba

［固定格式］表示你只管做某事，不需要顾及别的。可以看成是对对方的一种宽慰。

你忙你的吧，不要管我。

没什么大事，你吃你的吧。

你睡你的吧，不用起来。我拿点儿东西就走。

重要性等级：★　难易度等级：★★★　口语化等级：★★★

【439】你（就）饶了我吧　nǐ（jiù）ráole wǒ ba

［固定格式］表示对对方提出的要求予以委婉的拒绝，常用于关系亲近的两人之间。

A：来！把这瓶酒都喝了！

B：你饶了我吧，我已经喝得不少了。

A：明天的晚会上，你给我们表演一个节目吧！

B：我哪儿会表演什么节目啊？你饶了我吧。

A：你啥时候有空过来给我们做个讲座吧！

B：你就饶了我吧！

重要性等级：★　难易度等级：★★　口语化等级：★★★

【440】你说 A 不 A　nǐ shuō A bu A

［固定格式］表示说话人认为程度较高，且希望得到听话人的认同。

这一个月我丢了两次钱包，你说倒霉不倒霉呀？

你说巧不巧啊？我正想买这本书呢，朋友就送了一本给我。

我昨天刚买了一部新手机，今天就被偷了，你说气人不气人？

重要性等级：★　难易度等级：★★　口语化等级：★★★

【441】你说呢　nǐ shuō ne

［固定格式］用来征求对方的意见。有时候说话人心里已经有了明确的答案，是一种无疑而问。

看样子今年夏天不会太热，我们先别装空调了，你说呢？

今年寒假我们回乡下过春节吧，你说呢？

A：我们是先去看电影还是先去逛街？

B：你说呢？

重要性等级：★★★　难易度等级：★★　口语化等级：★★★

【442】你说是不是　nǐ shuō shì bu shì

［固定格式］表示说话人希望从对方那里得到认同，常放在句尾。

想要被别人尊重，先要尊重自己，你说是不是？

作为子女，有了独立生活的能力以后，就应该多替父母分担生活的压力，你说是不是?

　　A：你竟然连我都不认得了?

　　B：你毕业以后的变化真是太大了，我没认出你来也是正常的，你说是不是?

重要性等级：★★★　难易度等级：★★　口语化等级：★★★

【443】你说说　　nǐ shuōshuo

［固定格式］表面上是让对方说，其实说话人已经有明确的态度，只是希望得到听话人的认同。有不满的语气。

　　你到底想干吗啊，你说说。

　　你说说，他现在这个样子我怎么能放心呢?

　　这孩子都这么大了，你还管这管那的，你说说，这不是自寻烦恼吗?

重要性等级：★★★　难易度等级：★★　口语化等级：★★★

【444】你听我说　　nǐ tīng wǒ shuō

［固定格式］在安抚听话人的情绪的同时，提醒对方注意并且希望得到听话人的认同。

　　A：我找了很多人，都没人愿意帮忙，这可怎么办啊?

　　B：老张，别着急，你听我说，我马上给朋友打电话，他一定会帮忙的。

　　A：你干吗要骗我?

　　B：你听我说，事情不是你想的那样。这里面是有误会的。

　　A：你这几天为什么不理我? 生我气了?

　　B：你听我说，我不是生气了，这几天实在是太忙了，根本顾不上你。

重要性等级：★　难易度等级：★★★　口语化等级：★★★

【445】你（们）听着 / 听好了　　nǐ（men）tīngzhe / tīnghǎo le

［固定格式］表示让对方老老实实地听自己所说的话。常放在句首，有命令、警告或威胁的语气。有时中间可加上"给我"，构成"你（们）给我听着""你（们）给我听好了"格式，语气更加强硬。

　　你听着，你以后不要再来了。我们家不欢迎你!

　　你们听着，要是这个月的任务完不成的话，这个季度的奖金就泡汤了。

　　你给我听好了，玲玲是我的女朋友，不许你再来纠缠她!

你们给我<u>听好了</u>，今天老板心情不好，你们表现都积极一点儿，别惹老板生气！

重要性等级：★★★　难易度等级：★★　口语化等级：★★★

【446】你呀　nǐ ya

［固定格式］表示说话人对对方的不满或责怪，常用于关系亲近的两人之间。

A：妈妈，我把隔壁的窗户给打破了。

B：<u>你呀</u>，净给我找麻烦。

A：你可别让我做饭，我真的不会做。

B：<u>你呀</u>，只会吃！

A：明天早上的活动我就不去参加了，我实在起不来。

B：<u>你呀</u>！

重要性等级：★　难易度等级：★★　口语化等级：★★★

【447】你以为呢　nǐ yǐwéi ne

［固定格式］借助反问形式来反驳听话人的观点。

A：我觉得他不是忘恩负义的人。

B：他就是这样的人。<u>你以为呢</u>？

A：两百块钱就买了这么一点儿东西啊！

B：<u>你以为呢</u>？

A：辛辛苦苦加了三天班，就挣了这么点儿钱。

B：<u>你以为呢</u>？

重要性等级：★★　难易度等级：★★★　口语化等级：★★★

【448】你这个 P　nǐ zhège P

［固定格式］表示对某人的批评甚至是责骂，"个"有时候可以省略。

<u>你这个</u>不听话的孩子，总是让我操心！

<u>你这个</u>白眼儿狼，白养你那么多年！

<u>你这个</u>禽兽，竟做出这种事来！

<u>你这</u>好吃懒做的家伙，整天游手好闲，啥事也不干！

<u>你这个</u>人啊，老是把别人的劝告当成耳旁风！

<u>你这</u>孩子，怎么这么没礼貌！

重要性等级：★★★　难易度等级：★★　口语化等级：★★★

【449】你知道（的）　nǐ zhīdào（de）

［固定格式］引出要强调或解释的内容，提醒听话人的注意。可以自由地放在句首、句中和句尾，放在句尾时"的"一般不能省略。有时也可说成"你知道吗/吧"。

　　像我们这种人，<u>你知道</u>，每天忙忙碌碌，生活都不容易。

　　<u>你知道</u>，我们公司的一大特色就是产品直接出口国外。

　　我一向不喜欢交际，<u>你知道的</u>。

　　<u>你知道吗</u>？不是每一次做错了事情别人都会原谅你。所以，做任何事之前都要多考虑考虑。

　　你竟然相信别人的话，却不相信我的话。<u>你知道吗</u>？你真的让我很失望。

　　有事就说出来，别憋在心里。你短信也不回，电话也不接，我们很担心你。<u>你知道吧</u>？

重要性等级：★★★　难易度等级：★★　口语化等级：★★★

【450】弄　nòng

【450-1】［动词］根据不同的语境可以表示不同的具体动作。

　　这孩子一回家就喜欢<u>弄</u>他那些玩具。（摆弄）

　　每次出差回来，他总是<u>弄</u>些没用的东西带回来。（拿/买）

　　我马上要去上夜班了，你给我<u>弄</u>点儿饭吃吧。（做）

　　这台电脑老是出问题，你帮我<u>弄弄</u>吧。（修理）

　　房间太乱了，你去把房间<u>弄</u>一下儿。（整理）

　　这事总得<u>弄</u>出个结果才行。（搞）

　　我在电脑上搜索了半天，终于<u>弄</u>了一些资料出来。（设法取得）

重要性等级：★★★　难易度等级：★★　口语化等级：★★★

【450-2】［动词］可以构成"把……弄到手"结构，表示达到了自己满意的结果。

　　他排了好久的队，终于把这款限量发售的手机<u>弄</u>到手了。

　　我终于把那个工作<u>弄</u>到手了。

恭喜你啊！终于把签证<u>弄</u>到手了。

重要性等级：★★　难易度等级：★★　口语化等级：★★★

【450-3】［动词］可以构成"别弄了"句式，表示劝告。

都十二点了，别<u>弄</u>了，赶紧睡吧。

别<u>弄</u>了，房间被你弄得越来越乱。

这里我来收拾吧，你别<u>弄</u>了。

重要性等级：★　难易度等级：★★　口语化等级：★★★

【451】弄不好　　nòng bu hǎo

［固定格式］否则；要不然。意思是如果事情做得不好就会出现不好的结果。常常表示一种提醒。

你多穿点儿衣服吧，<u>弄不好</u>会感冒的。

你抓紧时间复习吧，<u>弄不好</u>连 60 分也考不到。

今天的工作到现在还没完成，<u>弄不好</u>又要熬夜了。

重要性等级：★★　难易度等级：★★★　口语化等级：★★★

P

【452】怕　pà

［副词］表示揣测或者估计。带有担心或者商量的语气，也可表示委婉的语气。与"恐怕"的用法基本相同，但"怕"更口语化。句末常有语气词。

天气这么阴冷，怕要下雪了吧。

快八点了他还没到，怕是迷路了吧。

咱们怕有十来年没见面了吧？

如果不赶紧阻止他，怕要出大问题！

重要性等级：★★★　难易度等级：★★　口语化等级：★★★

【453】配　pèi

【453-1】［动词］有资格；够得上。否定形式用"不配"。主语限于人。

只有李老师这样的人才配称得上优秀教师。

你老是骗我！你根本就不配做我的闺蜜。

A：他配当我们的代表吗？

B：他不配！

重要性等级：★★★　难易度等级：★★　口语化等级：★★★

【453-2】［形容词］相当；般配。

我怎么觉得你今天的发型和你的衣服不太配。

他俩真是天生一对，看上去太配了。

你这么个大老板，竟然干这些又脏又累的活儿！这跟你的身份不相配。

重要性等级：★★★　难易度等级：★★　口语化等级：★★★

【454】偏偏　piānpiān

【454-1】［副词］有"故意""反而"的意思，表示有意跟现实情况相反，或者同主观愿望相违背。这里的"偏偏"可以换成"偏"。

我把大的苹果给他，可他偏偏要吃小的。

叫他不要去，他偏偏要去。

父母想让她大学考到北方，可她偏偏想留在南方。

重要性等级：★★★　难易度等级：★★　口语化等级：★★

【454-2】［副词］有"没想到"的意思，表示事实跟主观愿望相反。这里的"偏偏"不能换成"偏"。

昨天我去他家里看他，偏偏他出去了。

我刚出门，偏偏下起了一场大雨。

这几天太干燥了，大家都盼着能下一场雨，可老天偏偏不下雨。

重要性等级：★★　难易度等级：★★　口语化等级：★★

【454-3】［副词］有"单单""只有"的意思，表示限于一定的范围，说明情况特殊或者例外，带有不满的语气。这里的"偏偏"不能换成"偏"。

别的同学上课时都很认真，偏偏小张爱搞小动作。

阳台上其他的花都开得不错，偏偏这一盆看上去要死了。

昨天大家都在公司里加班，偏偏小陈一个人下班回家了。

重要性等级：★★★　难易度等级：★★　口语化等级：★★

【455】凭　píng

【455-1】［介词］引出某个动作或结论的凭借、依靠或根据。

他凭多年的经验，觉得这个人是个骗子。

你凭常识也应该能够判断得出来，他是在骗你。

他到底是好人还是坏人，单凭这一点还下不了结论。

观众一律凭票入场。

就凭你，也敢向他叫板？

重要性等级：★★★　难易度等级：★★★　口语化等级：★★

【455-2】［连词］任凭；不论。表示无条件，"凭"后必有表示任指的词语。

凭大家怎么劝，他都不听。

凭你跑得有多快，我也能赶上你。

凭我怎么说，他都不相信我说的话。

重要性等级：★★★　难易度等级：★★★　口语化等级：★

【456】凭什么   píng shénme

［固定格式］意思是"你有什么资格或者有什么理由这么说、这么做"，用于疑问句，以不满的语气质问别人，也可单独成句。

有话好好说嘛，他们凭什么骂人？

你是我什么人？凭什么管我？

A：我看你们卖的东西是假的。

B：你凭什么说我们的东西是假的？你有什么证据？

A：你不能进去。

B：凭什么？

重要性等级：★★★   难易度等级：★★★   口语化等级：★★★

Q

【457】其实　qíshí

［副词］实际上。表示实际情况跟所看所想的不一样，多含转折义。

他平时抽烟、喝酒，<u>其实</u>不是真的喜欢，只是觉得无聊，用来打发时间罢了。

我们在他家等了他很久，<u>其实</u>他早就去公司了。

听口音他像北方人，<u>其实</u>是个地地道道的南方人。

A：老张，你好像对绘画很有研究。

B：<u>其实</u>啊，我对绘画一窍不通，也从来没有学过画画儿。

重要性等级：★★★　难易度等级：★　口语化等级：★★

【458】A 起来　A qǐlǎi

［固定格式］表示某种状态开始发展，并且程度在加深。否定式为"A 不起来"。

他的身体正一天天<u>好起来</u>。

天气渐渐<u>暖和起来</u>了。

我这个人不管吃多少甜品，都<u>胖不起来</u>。

A：我们应该每天让自己<u>快乐起来</u>，不要受负面情绪的影响。

B：可是，我觉得自己<u>快乐不起来</u>。

重要性等级：★★★　难易度等级：★　口语化等级：★★

【459】V 起来　V qǐlǎi

【459-1】［固定格式］表示对情况的估计或揣测，常放在句首。

<u>看起来</u>，这件事他不会同意的。

<u>算起来</u>，我在这儿工作已经有五年了。

<u>听起来</u>，他手头的工作快要完成了。

重要性等级：★★★　难易度等级：★★　口语化等级：★★★

【459-2】［固定格式］从某一方面来看或者来评价。

这篇文章读起来很有意思。

他做起事来，总是慢腾腾的。

要论起成本来，这种手工作品几乎是零成本。

这个菜闻起来很香。

这个布料摸起来很光滑。

重要性等级：★★   难易度等级：★★   口语化等级：★★★

【459-3】［固定格式］表示动作开始，并有继续进行的意思。

他这个人一说起来就没完没了。

爸爸一说起自己小时候的故事来，就停不下来了。

新实验室已经搞起来了。

他一句话把大家逗得都笑了起来。

不管是什么问题，我们每次讨论起来都很热烈。

重要性等级：★★★   难易度等级：★★   口语化等级：★★★

【460】起码　qǐmǎ

【460-1】［副词］表示最低限度，相当于"至少"，有把事情往小里说的意思。

就算你晚上不能参加这个聚会了，你起码应该提前说一声。

看样子，他起码有六十了。

别人知道不知道我不清楚，起码他是知道的。

每天早上从家里去公司上班，路上起码一个小时。

要完成这项工作，最起码也要两天的时间。

这篇文章最起码也有五千字。

重要性等级：★★★   难易度等级：★★   口语化等级：★★★

【460-2】［形容词］常跟名词搭配，有"基本"的意思。常构成"起码的"格式。

要想报考这所重点中学，起码的几个条件必须要符合。

遵守学校规定，是对学生们最起码的要求。

人身自由应该是公民最起码的权利。

每人配一台台式电脑，这是最起码的。

重要性等级：★★　难易度等级：★★　口语化等级：★★★

【461】起先　qǐxiān

［副词］起初，表示最初一段时间。常构成"起先……，后来……（再后来……）"格式，表示事情一先一后发生。

刚才听到外面树叶哗哗地响，起先还以为是下雨了，打开窗一看，原来在刮风。

他起先在中学教书，后来去大学教书了。

起先他只是在学校里小有名气，后来上了本地的报纸，再后来就成了家喻户晓的明星了。

起先他们俩关系还可以，后来就出现了各种矛盾，再后来就根本不来往了。

重要性等级：★　难易度等级：★★★　口语化等级：★★★

【462】恰好　qiàhǎo

［副词］正好；刚巧。常表达庆幸的语气。

我和他的想法恰好一致。

来接我的这个人我恰好认识。

你们来得真巧，今天我恰好在家休息。

昨天买的苹果，不多不少恰好十斤。

我正要出门，恰好妹妹回来了。

重要性等级：★★★　难易度等级：★★　口语化等级：★

【463】千万别 / 不要 V　qiānwàn bié / bùyào V

［固定格式］有"一定不要 V"的意思，表示劝阻、提醒等。有强调的作用。

这款手机不好用，千万别买！

开车的时候，特别是开长途的时候，千万别走神！

明天出发前你先查一下儿路线，千万不要走错路了。

明天的考试时间是早上八点，你千万不要迟到。

重要性等级：★★★　难易度等级：★　口语化等级：★★★

【464】千万要 / 得 V　qiānwàn yào / děi V

［固定格式］有"一定要 V"的意思，表示叮嘱、请求等。有强调的作用。

明天的会议很重要，你千万要记得参加。

开车时千万得小心！

我托你办的事，你千万要放在心上。

刚才跟你交代的事情，你可千万得记住啊！

重要性等级：★★★　难易度等级：★　口语化等级：★★★

【465】前后脚儿　qiánhòujiǎor

多用于北方方言。

【465-1】[副词] 指两个人或几个人离去或到来的时间很接近。

真巧！你们俩是前后脚儿进的门。

你早点儿来就好了，她们俩是前后脚儿从这里离开的。

重要性等级：★　难易度等级：★　口语化等级：★★★

【465-2】[副词] 强调两件事相继发生，间隔的时间不长。

我们俩是前后脚儿进了同一家公司。

她们俩是前后脚儿结的婚。

宁波的电影节、杭州的博览会，都是前后脚儿开幕，热闹得很。

重要性等级：★　难易度等级：★★　口语化等级：★★★

【466】瞧你……　qiáo nǐ……

[固定格式] 对对方的表现不太认可，有打趣、戏谑或埋怨的语气。常用于关系亲近的两个人之间。常构成"瞧你一副心不在焉的样子／一副寒酸样／一大把年纪／乐的／上气不接下气的"等格式，有时"瞧你"可单用。

瞧你这记性！上海不是开通了去北京的高铁了吗？干吗非要买机票？

瞧你这一副苦瓜脸，你倒是说说你究竟有什么烦恼啊，看我能不能帮到你。

瞧你！又把孩子给逗哭了。

瞧你！干吗把自己搞得压力重重的？想开一点儿！

有时也可说"瞧他……"，有不满的意味。

瞧他那副死样子，整天都没精打采的，啥事也不干，啥事也干不了。

瞧他一大把年纪了，还整天干些不靠谱的事。

重要性等级：★★★　难易度等级：★★★　口语化等级：★★★

【467】瞧你说的　qiáo nǐ shuō de

[固定格式] 见"【326】看你说的"条。

重要性等级：★　难易度等级：★★　口语化等级：★★★

【468】巧　qiǎo

[形容词] 恰巧；正碰到某个机会上。否定式是"不巧"，常构成"真不巧"格式，表示因错过某种机会而感到遗憾。

巧了，咱俩今天撞衫了。

好巧啊，我们竟然在这儿碰到了。

我一出门就碰到他来找我，真巧啊！

太不巧了，我赶到车站的时候，火车已经开走了。

真不巧，我今天有事，不能陪你逛街了。

你来得真不巧，妈妈刚刚出门。

重要性等级：★★★　难易度等级：★　口语化等级：★★★

【469】V 去　V qù

[固定格式] 表示去的目的。V 常常是双音节动词或者是动宾短语。

走！吃饭去！

都几点了！赶紧睡觉去！

他上街买东西去了。

咱们看电影去。

重要性等级：★★★　难易度等级：★★　口语化等级：★★★

【470】去你的　qù nǐ de

[固定格式] 对对方观点或态度的不认可，有不满的语气。常用于关系亲近的两个人之间。

A：你要是明天不上班，会不会被公司开除？

B：去你的，怎么说话呢！

A：你可千万别想不开。

B：去你的，我没那么脆弱。

A：你竟然得了业余组歌唱比赛的第一名？不会是第二名和第三名都没

来吧？

　　B：<u>去你的吧</u>！

　　重要性等级：★　难易度等级：★★★　口语化等级：★★★

【471】全　quán

【471-1】［副词］总括某个范围内的全部，没有例外，有"都"的意思。常跟"都"连用，构成"全都……"。

　　参加会议的十六个人<u>全</u>来了。

　　除了这几本书，别的我<u>全</u>不要。

　　你要的那几本书我<u>全</u>都借来了。

　　你做的这几道题<u>全</u>都是不对的。

　　重要性等级：★★★　难易度等级：★　口语化等级：★★★

【471-2】［副词］表示一个事物的百分之百；完全。

　　这锅汤<u>全</u>坏了，不能喝了。

　　这是一辆<u>全</u>新的汽车。

　　新买的苹果里没有<u>全</u>红的。

　　重要性等级：★★★　难易度等级：★★　口语化等级：★★★

【472】却　què
表示转折。

【472-1】［副词］有"倒、可"的意思。前后的意思相反或者相对，有略感意外的意思。常构成"可却……"。

　　刚要出发，可<u>却</u>下起雨来了。

　　文章虽然不长，可<u>却</u>挺有意思。

　　爷爷虽然年纪很大了，可干活儿<u>却</u>很利索。

　　重要性等级：★★★　难易度等级：★　口语化等级：★★

【472-2】［副词］表示意思更进一层，强调后面说出的情况。常跟"又"连用，构成"却又……"格式。

　　他想把门打开，<u>却</u>又开不了。

我想叫他等我一下儿，<u>却又</u>怕他笑我胆小。

她想让我帮她，<u>却又</u>不好意思开口。

重要性等级：★★★　难易度等级：★　口语化等级：★★

【473】**确实**　quèshí

［副词］的确；实在。表示情况完全符合事实，带有肯定的语气。

<u>确实</u>，现在一些用人单位存在各种歧视问题。除了身高歧视、性别歧视，还有年龄歧视、地域歧视等等。

有的家长对孩子<u>确实</u>过分溺爱了，除了要给他喂饭、穿衣服、系鞋带，甚至上学还要替他背书包。

这件事情你别问我，我<u>确实</u>一点儿都不知道。

A：想要从根本上解决腐败这个问题，不是一件容易的事。

B：<u>确实</u>。

重要性等级：★★★　难易度等级：★★　口语化等级：★★

R

【474】让   ràng

【474-1】［介词］被，引出动作的发出者。"让"后面的名词一般不能省略。可以构成"让 N（给）V"结构，也可以构成"让 N₁ 把 N₂（给）V"结构。

今天的活儿都<u>让</u>他们干完了。

窗户<u>让</u>大风吹坏了一扇。

地上<u>让</u>人泼了一摊水。

在这件事情上，我<u>让</u>他将了一军！

这几个玩具都<u>让</u>孩子们给拿走了。

我七岁那年，爸爸<u>让</u>癌症给夺去了生命。

我<u>让</u>树枝把衣服给挂破了。

重要性等级：★★★   难易度等级：★★   口语化等级：★★

【474-2】［介词］跟"看、说"搭配使用，表示某人的主观看法。"让"相当于"依"或"照"。

<u>让</u>我看，这事八成儿是黄了。

<u>让</u>我说，这件事情还是交给他去做比较保险。

重要性等级：★★★   难易度等级：★★   口语化等级：★

【475】让 P 给赶上了   ràng P gěi gǎnshàng le

［固定格式］表示某人正巧遇上某事。根据不同的语境，可以表示很幸运或者很倒霉。"给"可以省略。

我们这儿很多年没下过这么大的雪了，今天偏偏<u>让你给赶上了</u>。

A：你怎么买这么多书？

B：今天书店有优惠活动，<u>让我给赶上了</u>，所以就多买了几本。

A：你看今天新闻了吗？昨天凌晨有座大楼着火了，有几十个人受伤了，小张也在里面。

B：啊？这么倒霉的事，怎么偏偏<u>让小张给赶上了</u>？

重要性等级：★   难易度等级：★★   口语化等级：★★★

【476】让你／您见笑了　　ràng nǐ／nín jiànxiào le

［固定格式］客气话。表示为自己的不当行为或错误而感到抱歉，有时也用来表示谦虚。

不好意思，我家这孩子老是在哭闹，吵到你了，<u>让你见笑了</u>。

A：你把"网上聊天儿"说成"晚上聊天儿"了。

B：哦，是吗? <u>让你见笑了</u>。

A：我看了你最近发表的小说，写得真不错!

B：写得不好，<u>让您见笑了</u>。

重要性等级：★　难易度等级：★★★　口语化等级：★★

【477】(真) 让你说着了　　(zhēn) ràng nǐ shuōzháo le

［固定格式］表示对方说的话非常符合事实，也可说成"你真是说着了"或者"你说对了"。

他们俩真的分手了，<u>让你说着了</u>。

昨天下雨，今天就天晴了。<u>真让你说着了</u>。

A：看来你不喜欢旅游。

B：<u>让你说着了</u>，不忙的时候，我喜欢一个人安静地看看书。

A：你好像很喜欢吃甜的。

B：<u>真让你说着了</u>，蛋糕啊、巧克力啊，我吃起来没个完。

重要性等级：★　难易度等级：★★　口语化等级：★★★

【478】让人 V／A 的是　　ràng rén V／A de shì

［固定格式］引出某事给人带来的某种感受，这里的"人"也可换成其他指人名词。

<u>让人欣慰的是</u>，很多学生毕业很多年后会以各种方式回报母校。

<u>让人费解的是</u>，他怎么能在这么短的时间里解决如此棘手的问题。

<u>让我尴尬的是</u>，我还没准备好，就被他推到了台上。

<u>让小宋不理解的是</u>，跟他处了五年的女朋友昨天啥也没说就和他分手了。

重要性等级：★　难易度等级：★★★　口语化等级：★

【479】让我说你什么好　ràng wǒ shuō nǐ shénme hǎo

［固定格式］说话人对对方的表现太不满意了，以至于不知道用什么话来批评对方。

你说让我说你什么好！都跟你说了一百遍了：考试要仔细，千万不要粗心。结果呢？大部分的错题都是粗心造成的！

A：我的钥匙呢？

B：你又找不着钥匙了？让我说你什么好，东西老是乱放！

A：我昨天去相亲了，那个姑娘实在不是我喜欢的类型。

B：唉！找对象你老是高不成低不就的，一转眼快三十了，让我说你什么好！

重要性等级：★　难易度等级：★★★　口语化等级：★★★

【480】人家　rénjia

【480-1】［代词］泛指第三人称，相当于"别人"。

我们不能只看到人家的缺点，看不到人家的优点。

我听人家说，你们搬到北京去了，是这样吗？

每次开讨论会的时候，不要光自己说，也要多听听人家怎么说，这样才有进步。

重要性等级：★★★　难易度等级：★　口语化等级：★★★

【480-2】［代词］指代前面出现过的人，相当于"他、他们"。

刘芳正在准备考试，人家哪有时间出来跟你玩儿啊？

小王一直很关心你，你不好好生活下去，怎么对得起人家？

昨天你同学王林，人家过来找了你好几次，你都不在。

A：我有个朋友在一家外资企业上班，听说是世界五百强，待遇可好了！

B：你看看人家公司，再看看我们公司！

重要性等级：★★★　难易度等级：★★　口语化等级：★★★

【480-3】［代词］用在人名、地名、国名之前，多构成"人家N"，表示赞赏。

你看人家小青多懂事啊！

人家上海的交通多方便呀，哪像咱这小城市。

看人家新加坡，街上多干净啊！

重要性等级：★★★　难易度等级：★★　口语化等级：★★★

【480-4】［代词］女性用"人家"指代自己，有撒娇的感情色彩。

人家都急死了，你还开玩笑，快告诉我吧。

你们不帮忙也就算了，还站在旁边嘲笑人家，真讨厌！

行了，别说了，人家不想去嘛！

重要性等级：★★★　难易度等级：★★　口语化等级：★★★

【481】人家那……V / A 得　　rénjia nà……V / A de

［固定格式］表示别人在某方面远远超过自己，有夸奖和羡慕的语气。

到底是从小就练书法。你看人家那字写得！

你看人家那小日子过得，太滋润了！

你看人家那歌唱得，太好听了！

人家那花园漂亮得！真是羡慕啊！

重要性等级：★　难易度等级：★★★　口语化等级：★★★

【482】任　　rèn

【482-1】［动词］任凭；听凭。

我昨天买回来的这几样东西任你挑。

你要有自己的思想，不能任别人摆布。

你得管管他呀，不能任他瞎胡闹啊！

重要性等级：★★　难易度等级：★★　口语化等级：★

【482-2】［连词］表示不受任何条件的限制，相当于"无论、不管"，后面多带表示任指的疑问代词。常构成"任……也""任……都""任……还是"等格式。

任谁也说服不了他。

任你怎么说我都不信。

任你是谁，都要遵守学校的纪律。

任孩子跑多远，还是让妈妈找回来了。

重要性等级：★　难易度等级：★★★　口语化等级：★

【483】如果……，就 / 那么……　rúguǒ……，jiù / nàme……

［固定格式］表假设。前句提出假设的条件，后句说明在这一条件下将产生的结果。

如果他回来了，<u>就</u>请他打电话给我。

如果大家同意这个计划，我们<u>就</u>马上开始。

如果因为身高的问题找不到理想的工作，<u>那么</u>在这个社会上还有什么公平可言？

现在人们对电的依赖程度越来越高，<u>如果</u>停电，<u>那么</u>造成的损失就太大了。

<u>如果</u>还有不同意见，<u>那么</u>请大家都提出来。

重要性等级：★★★　难易度等级：★　口语化等级：★

【484】如果说……（的话）　rúguǒ shuō……（dehuà）

［固定格式］说明一种事实或做出一种判断。前后小句加以对比，突出后面的小句。常构成"如果说……（的话），那么……"格式。

<u>如果说</u>期中考试没考好是因为准备时间不够，<u>那么</u>，这次期末考试你就得提前准备起来了。

<u>如果说</u>20 世纪是石油的世纪，<u>那么</u>21 世纪就是水的世纪。

<u>如果说</u>古人迷信还可以理解<u>的话</u>，<u>那么</u>现代人迷信就有点儿说不过去了。

重要性等级：★★★　难易度等级：★★　口语化等级：★★

S

【485】仨　sā

［数量词］三个。后面不再接"个"或其他量词。

兄弟仨性格差别比较大。

我去超市买了仨苹果。

我女朋友竟然让我在商场门口等了她仨小时！

你们仨去吧，我就不去了。

重要性等级：★★★　难易度等级：★★★　口语化等级：★★★

【486】V 上了　V shàng le

［固定格式］表示动作开始并持续。

她失恋以后心情一直不好。看，她又哭上了。

他最近老是看什么都不顺眼。你看，又抱怨上了。

看了这部电影以后，李娜又喜欢上了这部电影的男主角。

老师让他们赶紧复习功课，可他们却聊上了。

重要性等级：★★★　难易度等级：★★　口语化等级：★★★

【487】稍微　shāowēi

［副词］表示数量不多、时间不长或者程度不深。

张老师马上就到，你稍微等一下儿。

这个菜要是稍微辣一点儿就好了。

他听了朋友的话以后，稍微有点儿不高兴。

汉语的虚词比较复杂，稍微不注意就会用错。

最近流感比较严重，稍微不留神就可能感染病毒。

我不怎么饿，你稍微给我留一点儿吃的就行。

重要性等级：★★★　难易度等级：★★　口语化等级：★★

【488】(你) 少 V　(nǐ) shǎo V

［固定格式］表示制止某人做某事。语气较重，通常是不好的事情。

少在这儿胡说八道！

你<u>少看这些乱七八糟的书</u>，对你不好。

行了，<u>你少来这一套</u>! 没什么用。

<u>你少打击人家</u>，搞得她现在越来越不自信了。

重要性等级：★★★　难易度等级：★★　口语化等级：★★★

【489】少不了　shǎobuliǎo

【489-1】[动词] 不能缺少，肯定形式是"少得了"，通常用于疑问句和否定句。

办这个事，一定<u>少不了</u>你。

这种事怎么<u>少得了</u>你呢?

A：明天的活动我能不去吗?

B：不行，哪能<u>少得了</u>你!

重要性等级：★★　难易度等级：★★　口语化等级：★★★

【489-2】[动词] 避免不了，常表示一种提醒。

你这样简单粗暴地办事情，<u>少不了</u>要被领导骂的。

以后有事<u>少不了</u>要麻烦你。

不管你做什么事情，在获得成功之前，<u>少不了</u>会走一些弯路。

重要性等级：★★　难易度等级：★★　口语化等级：★★★

【490】少说也有……　shǎoshuō yě yǒu……

[固定格式] 相当于"至少有……"，常用来说明事物的数量和动作行为的次数等。

今天这天气太热了，<u>少说也有</u>三十七八度。

礼堂里黑压压的一群人，<u>少说也有</u>千儿八百吧。

他看上去<u>少说也有</u>六十岁了。

这个礼拜，我去他办公室找他，<u>少说也有</u>三四次了，可每次去他都不在。

重要性等级：★　难易度等级：★★　口语化等级：★★★

【491】谁不知道　shéi bù zhīdào

[固定格式] 用反问形式来强化语义，意思是"当然知道"或者"大家都知道"。

<u>谁不知道</u>你喜欢她啊? 快告诉她吧!

<u>谁不知道</u>小王啊？他篮球打得特棒！

这么简单的问题还需要你来教我啊？<u>谁不知道</u>啊？

重要性等级：★★　难易度等级：★★　口语化等级：★★★

【492】谁让……呢　　shéi ràng……ne

［固定格式］表示由于某种客观情况，这样做是应该的，或者表达"无可奈何、只能如此"的语气。

以后有问题随时来问我，<u>谁让</u>我是你的老师<u>呢</u>？

你想用就拿去吧，<u>谁让</u>咱们是朋友<u>呢</u>！

<u>谁让</u>咱俩是老同学<u>呢</u>，你这点儿忙我肯定帮。

这事怪不了别人，<u>谁让</u>我没本事<u>呢</u>。

在我家，爸妈管着我，哥哥姐姐也管着我，完全没有我说话的地方，<u>谁让</u>我最小<u>呢</u>。

重要性等级：★★★　难易度等级：★★　口语化等级：★★★

【493】谁……谁 V　　shéi……shéi V

［固定格式］表条件或假设的紧缩句，第一个"谁"后面的成分是 V 的条件或前提。

明天的跳绳比赛，<u>谁</u>厉害<u>谁上</u>。

周末的活动，<u>谁</u>想去<u>谁去</u>。

今天的座谈会，<u>谁</u>愿意说<u>谁说</u>。

我们这个游戏的规则就是<u>谁</u>答对了<u>谁</u>就可以奖励一盒巧克力，<u>谁</u>答错了<u>谁</u>就要受到惩罚。

重要性等级：★　难易度等级：★★★　口语化等级：★★★

【494】谁说不是（呢）　　shéi shuō bù shì（ne）

［固定格式］对对方的观点表示认同，也可以说"说的是"。

A：你一个人又当爹又当妈，太不容易了。

B：<u>谁说不是</u>！

A：小张教育孩子的方式方法肯定是有问题的。

B：<u>谁说不是呢</u>，迟早有一天会出事。

A：你看我十年前的这张照片，看上去还真的年轻啊！

B：谁说不是呢。岁月就是一把杀猪刀，哈哈！

重要性等级：★★　难易度等级：★★★　口语化等级：★★★

【495】谁说的　shéi shuō de

［固定格式］借用疑问形式对对方话语做出否定的回应。

A：你怎么连我都信不过？

B：没有啊，谁说的！

A：我觉得你同屋这个人性格有些内向。

B：谁说的！一旦碰到他感兴趣的话题，他就会说个没完。

A：我觉得他唱歌没你唱得好听。

B：谁说的！

重要性等级：★★★　难易度等级：★★★　口语化等级：★★★

【496】谁也 V 不了 / 不过谁　shéi yě V bu liǎo / bu guò shéi

［固定格式］表示相互 V 不了或 V 不过，没有最终的结果。

咱们这叫"公说公有理，婆说婆有理"，谁也说服不了谁。

这一周是考试周，我的几个朋友都特别忙，所以啊，他们谁也帮不了谁。

他们俩感情好得不得了，谁也离不了谁。

他俩天天吵架，可谁也吵不过谁。

重要性等级：★　难易度等级：★★★　口语化等级：★★★

【497】谁知道　shéi zhīdào

［固定格式］表示没想到，表达了一种意料之外的语气。后面引出的内容多有转折义。

我已经给他买了火车票，谁知道他又不想走了。

我以为他马上就会离开，谁知道，他东拉西扯地侃了一个多钟头，我还是搞不清他到底想说什么。

本来说好周六去公园的，谁知道下起雨来了。

重要性等级：★★　难易度等级：★★　口语化等级：★★★

【498】谁知道呢　shéi zhīdào ne

［固定格式］表示对事情不了解或很难预测。

A：这个菜又好吃又好看，是怎么做的呀？

B：谁知道呢！

A：我看这次北京队一定打不过上海队。

B：谁知道呢！等着瞧吧。

A：你不要担心，也许事情还没那么严重。

B：谁知道呢！但愿吧！

重要性等级：★★★　难易度等级：★★　口语化等级：★★★

【499】什么　shénme

【499-1】［代词］表示不确定的指代。放在名词或形容词前，指代不肯定的人或事物，构成"什么N／A"格式。省去"什么"后意思基本不变。

这个作家好像很有名，你看过他的<u>什么</u>作品吗？

跟大家在一起，我从来没感觉到<u>什么</u>孤单。

你在上海还有<u>什么</u>亲戚吗？

你就别说<u>什么</u>客气话了，有困难就直接说吧。

重要性等级：★★★　难易度等级：★★　口语化等级：★★★

【499-2】［代词］表示不确定的指代。放在动词后，指代不肯定的事物。常构成"V（着）什么"。

他们好像在谈论<u>什么</u>，已经坐在那里两个小时了。

他走过来了，手里好像拿着个<u>什么</u>。

老师看上去有些心不在焉，像是在想着<u>什么</u>。

重要性等级：★★★　难易度等级：★★　口语化等级：★★★

【499-3】［代词］常放在句首，也可独用，表示惊讶。

<u>什么</u>？都九点了？你怎么不早点儿叫我？

<u>什么</u>？你已经研究生毕业了？一点儿都看不出来。

<u>什么</u>？你已经下班了？我还早着呢！

A：你可能还不知道吧？老张昨天下班时被车撞了，现在还在医院里昏迷着呢！

B：<u>什么</u>？

重要性等级：★★★　难易度等级：★★　口语化等级：★★★

【500】什么……（啊）　shénme……（a）

表示否定，有不满的语气。

【500-1】［固定格式］放在名词前，构成"什么N（啊）"结构。

你讲的这是<u>什么</u>话！完全没有道理！

你还看<u>什么</u>电视啊，还不赶紧做作业！

他这是<u>什么</u>素质啊！一张嘴就骂人。

重要性等级：★★★　难易度等级：★★　口语化等级：★★★

【500-2】［固定格式］放在句首。"什么"后面引述对方的话，表示不同意。

A：我明天去吧。

B：<u>什么</u>"明天去"，你必须今天去！

A：我不知道明天要考试。

B：<u>什么</u>"不知道"，昨天我还提醒你来着。

A：别玩儿了，赶紧好好学习吧！

B：<u>什么</u>"好好学习"，我都已经学了好多天了，该休息了。

A：他刚才说得太好了。

B：<u>什么</u>"太好了"，他说得完全不对。

重要性等级：★★　难易度等级：★★　口语化等级：★★★

【501】V／A什么（V／A）　V／A shénme（V／A）

［固定格式］表示否定，有不满的语气。前后词语重复时，强化了这种不满的语气。

<u>挤什么</u>！一个个地来！

还<u>去什么</u>！会议都已经结束了。

<u>吃什么吃</u>！都什么时候了，你还有心情吃！

你<u>跑什么跑</u>！见了我跟见了鬼一样！

<u>看什么看</u>！有什么好看的。

<u>年轻什么年轻</u>！他都快七十了。

A：我觉得这里还挺干净的。

B：<u>干净什么干净</u>，桌子上有好多灰。

重要性等级：★★★　难易度等级：★　口语化等级：★★★

【502】V 什么 N　V shénme N

［固定格式］表示否定，有不满的语气。VN 可以是离合词，也可以是动宾短语。

<u>结什么婚</u>啊？一个人过不是挺好吗？

<u>相什么亲</u>啊！我没有时间。

<u>做什么作业</u>啊？这么好的天气，跟我一起去操场踢球吧！

A：周末我们去唱歌吧。

B：<u>唱什么歌</u>啊？还是去逛街吧。

重要性等级：★★★　难易度等级：★★★　口语化等级：★★★

【503】什么 X 啊 Y 啊（的）　shénme X a Y a（de）

［固定格式］放在几个并列成分前，用于列举。

平时在家里，<u>什么缝衣服啊洗碗啊</u>，都是妈妈的事情。

她很喜欢园艺，<u>什么花啊草啊的</u>，种了一院子。

我们几个好朋友常常约在周末一起活动，<u>什么逛街啊聊天儿啊</u>，一玩儿就是整整一天。

重要性等级：★　难易度等级：★★　口语化等级：★★★

【504】什么 X 不 X 的　shénme X bu X de

［固定格式］前后 X 为同一个名词、动词、形容词，表示说话人对 X 的不在乎、无所谓的态度。

A：老张啊，接下来你得考虑一下儿职称的问题了。

B：<u>什么职称不职称的</u>，我不在乎。只要好好把课上好就行了。

A：这次太谢谢你了。

B：<u>什么谢不谢的</u>，别提这个。咱俩谁跟谁啊！

A：你女朋友真漂亮！

B：什么漂亮不漂亮的，只要人善良，对我好就行。

A：谢谢，真是太麻烦你了！

B：什么麻烦不麻烦的，都是朋友，客气啥。

重要性等级：★   难易度等级：★★   口语化等级：★★★

【505】……什么的   ……shénme de

［固定格式］放在一个成分或几个并列成分后，表示列举，相当于"等"或者"等等"。

桌子上摆着一碟菜，还有酒杯什么的。

货架上放满了白菜、萝卜、西红柿什么的。

每天早上到了办公室以后，先要打扫卫生、整理办公桌什么的。

每次下班回到家，我都要买菜、烧饭什么的，太烦了。

重要性等级：★★★   难易度等级：★★   口语化等级：★★★

【506】什么（……）都/也……   shénme（……）dōu/yě……

［固定格式］表示在所说范围内没有例外。该结构可以连用，用来加强语气。"都"后面可以是肯定形式，也可以是否定形式；"也"后面一般为否定形式。

这孩子能干得很，什么都会做。

今天是你生日，你什么都不用管，只管歇着。

他早上什么也没吃就上班去了。

这孩子都这么大了，什么也不会做。

我什么话都说了，他就是不听。

什么地方都去了，什么人都问了，就是找不到他。

重要性等级：★★★   难易度等级：★★   口语化等级：★★

【507】V₁什么（N）就V₂什么（N）   V₁ shénme（N）jiù V₂ shénme（N）

［固定格式］两个"什么"前后照应，前者是条件，对后者起决定作用。前面可以跟能愿动词"想、愿意、能"等搭配使用。V₁和V₂可以相同，也可以不同。

不用客气，有什么就吃什么吧。

你准备了什么节目就演什么节目吧！

你带了什么衣服就穿什么衣服吧。

你找到什么材料就用什么材料吧。

放假后，你想做什么就做什么吧！

你业余时间愿意学什么就学什么吧。

你有空时能帮我什么就帮什么吧。

重要性等级：★　难易度等级：★★　口语化等级：★★★

【508】什么呀　shénme ya

［固定格式］用来否定对方的说法，表示事情不是对方所说的那样，是一种否定的评价。

A：这是鸡肉吧？

B：什么呀，这是牛肉。

A：听说这星期要考试了。

B：什么呀，是下星期考。

A：听说你已经找到男朋友了，很快就要结婚了。

B：什么呀！

重要性等级：★　难易度等级：★★　口语化等级：★★★

【509】省得　shěngde

［连词］免得，表示"避免某种不好的、不希望的情况发生"。常用在后一句的开头。"省得"比"免得"更口语化。

东西坏了自己要学着修一修，省得麻烦别人。

多吃点儿，省得一会儿饿。

你过来时提前打个电话给我，省得你白跑一趟。

我们赶紧把这件事情给做了吧，省得被她骂。

重要性等级：★★★　难易度等级：★★　口语化等级：★★★

【510】十有八九　shí yǒu bā jiǔ

［固定格式］表示可能性很大；很可能。是一种接近肯定的推断。

我的帽子不见了，十有八九是忘在教室里了。

前边马路上围了那么多人，十有八九是出交通事故了。

她整天有事没事找你说话，十有八九是喜欢上你了。

重要性等级：★　难易度等级：★★　口语化等级：★★★

【511】时不时　shíbùshí

［副词］时常，可以构成"时不时地V"。

他在屋里玩儿电脑，时不时还跑到厨房来弄点儿吃的。

我一眼就认出他来了，他最近总是时不时地到店里来买东西。

最近他看我心情不好，时不时地会给我讲个笑话，逗我开心。

重要性等级：★★★　难易度等级：★★★　口语化等级：★★

【512】实话对 / 跟你说吧　shíhuà duì / gēn nǐ shuō ba

［固定格式］也可说成"实话告诉你吧"，来引出后面表事实的句子。多用于关系亲近的两人之间。

实话对你说吧，你这样下去是不会有好结果的。

实话跟你说吧，她决不会嫁给你的。

她三番五次地拒绝你，实话跟你说吧，其实她对你很有意见。

重要性等级：★　难易度等级：★★　口语化等级：★★★

【513】实际上　shíjìshàng

［副词］其实，后面多含转折义。

他说他听懂了，实际上他根本没懂。

她看起来只有二十多岁，实际上已经三十多了。

他嘴上说他想来，但实际上他不一定愿意来。

重要性等级：★★★　难易度等级：★　口语化等级：★★

【514】实在　shízài

［副词］有"真""的确"的意思，表示对情况的确认。

这孩子太淘气了，妈妈对他实在没办法。

你说的这个人我实在不了解，没有发言权。

这件事我实在不知道应该怎么跟你说。

小李实在是太聪明了，数学每次都能考满分。

重要性等级：★★★　难易度等级：★★　口语化等级：★★

【515】事到如今，也只好……　shì dào rújīn, yě zhǐhǎo……

［固定格式］表示尽管事情发展得很不如意，也只能接受它或另做打算。表达无奈的语气。

A：你不是说对你的工作不太满意吗？为什么不换个工作呢？

B：虽说不满意，可已经干了这么多年了，事到如今，也只好继续干下去了。

A：听说你儿子只差几分没考上研究生，他打算怎么办呢？

B：有什么办法？事到如今，也只好等明年再考了。

重要性等级：★　难易度等级：★★　口语化等级：★★

【516】事实上　shìshí shàng

［固定格式］表示实际上。

事实上，那些口口声声说自己从不撒谎的人本身就是在撒谎。

事实上，他两个月前就已经回国了，只是没告诉你。

你以为她是单身？事实上她早就结婚了。

重要性等级：★★★　难易度等级：★★★　口语化等级：★

【517】是……，不是……　shì……, bù shì……

［固定格式］肯定一个，否定另一个。有时也可以说成"不是……，是……"。两个结构强调的都是后半句。

你别着急了，是我参加考试，不是你参加考试。

你别着急了，不是你参加考试，是我参加考试。

我是来学中文的，不是来旅游的。

我不是来旅游的，是来学中文的。

重要性等级：★★★　难易度等级：★★　口语化等级：★

【518】是不是……　shì bu shì……

【518-1】［固定格式］表示商量或征询意见，有委婉的意味。

她到现在还没有来学校，你是不是打个电话问一下儿？

你是不是应该先跟父母商量一下儿，再决定是否出国？

这个问题太复杂了，我们是不是再找几个人一起讨论一下儿？

重要性等级：★★★　难易度等级：★　口语化等级：★★★

【518-2】［固定格式］表示确认。

你最近好像瘦了，<u>是不是</u>压力太大了？

看你最近变化很大啊，你<u>是不是</u>有女朋友了？

她今天又没来上课，<u>是不是</u>病了？

重要性等级：★★★　难易度等级：★　口语化等级：★★★

【519】是……的　shì……de

【519-1】［固定格式］强调已发生动作的主体、时间、地点、方式等。如果谓语是动宾结构，"的"也可以放在宾语前。

我们<u>是</u>昨天晚上到北京<u>的</u>。

我们<u>是</u>昨天晚上到<u>的</u>北京。

我<u>是</u>校门口碰到她<u>的</u>。

我<u>是</u>校门口碰到<u>的</u>她。

这件事<u>是</u>谁告诉你<u>的</u>？

这件事<u>是</u>谁告诉<u>的</u>你？

他<u>是</u>以前的老师介绍过来<u>的</u>。

重要性等级：★★★　难易度等级：★★　口语化等级：★★★

【519-2】［固定格式］表示对主语的描写或说明，强调说话人的看法和态度，有加重的语气。

要知道，他的烹调技术<u>是</u>很高超<u>的</u>。

如果你主动邀请他，他<u>是</u>一定愿意去<u>的</u>。

如果一直是这样的态度，你<u>是</u>写不好毕业论文<u>的</u>。

别担心，这个问题<u>是</u>可以解决<u>的</u>。

放心吧，那样的事情<u>是</u>绝对不会发生<u>的</u>。

重要性等级：★★★　难易度等级：★★　口语化等级：★★★

【520】是……还是……　shì……háishi……

［固定格式］表示选择其中一个。

<u>是</u>你去买<u>还是</u>我去买？

你<u>是</u>喝咖啡<u>还是</u>喝茶？

<u>是</u>付现金<u>还是</u>刷卡？

晚饭<u>是</u>在家吃<u>还是</u>出去吃？

到底<u>是</u>性格决定命运<u>还是</u>命运决定性格？

重要性等级：★★★　难易度等级：★　口语化等级：★★

【521】X 是 X，可是 / 但是 / 不过 / 就是 / 只是……　X shì X, kěshì / dànshì / bùguò / jiùshì / zhǐshì……

表示让步。上半句承认某种事实，下半句从转折的角度说出主要观点。

【521-1】［固定格式］在上半句里，"是"前后的名词、动词或形容词完全相同。

<u>老同学是老同学</u>，可是我们并不经常来往。

这件事我<u>知道是知道</u>，但是细节不清楚。

<u>我去是去</u>，不过不在那儿吃饭。

<u>好诗是好诗</u>，就是长了点儿。

这件衣服<u>漂亮是漂亮</u>，就是贵了点儿。

这件衣服<u>便宜是便宜</u>，只是质量好像不是太好。

重要性等级：★　难易度等级：★★★　口语化等级：★★★

【521-2】［固定格式］在上半句里，"是"前后的词部分相同。

这张书桌<u>旧是有点儿旧</u>，可是还能用。

你呀，<u>心是好心</u>，就是话说得过头了些。

我<u>听是听清楚了</u>，就是记不住，老是忘。

这套化妆品她<u>买是想买</u>，只是买不起。

重要性等级：★　难易度等级：★★★　口语化等级：★★★

【522】A 是 A 了点儿　A shì A le diǎnr

［固定格式］先指出不足，再从正面予以肯定。上下句之间有转折关系。

这东西<u>贵是贵了点儿</u>，不过质量真的不错。

这孩子<u>调皮是调皮了点儿</u>，但是非常聪明可爱。

这房间<u>小是小了点儿</u>，不过各方面的设施都很齐全。

重要性等级：★　难易度等级：★★★　口语化等级：★★★

【523】……是两码 / 回事　……shì liǎng mǎ / huí shì

［固定格式］表示某两件事完全不同或者毫无关系。

通知你面试和是否录用你是两码事。你别高兴得太早了。

不少人觉得，爱情和婚姻是两码事。因为爱情是理想的，婚姻是现实的。

你爱他并不能代表他一定会爱你，这是两回事，不要混为一谈。

重要性等级：★★★　难易度等级：★★　口语化等级：★★★

【524】V 是能 V，可是 / 就是 / 不过……　V shì néng V, kěshì / jiùshì / bùguò……

［固定格式］对对方提出的问题先予以肯定的回答，但同时又指出存在的不足。

A：你儿子会开车吗？

B：他呀，开是能开，可是刚拿驾照不久，技术不太熟练。

A：这么老的电脑还能用吗？

B：用是能用，就是速度慢了点儿。

A：你会游泳吧？

B：游是能游，不过游不了多远。

重要性等级：★　难易度等级：★★　口语化等级：★★★

【525】P 是谁呀　P shì shéi ya

【525-1】［固定格式］意思是 "P 不是一般人"，含有对 P 的夸奖。P 重读。

大伙儿都有点儿替小张担心，可小张轻松地笑着说："我是谁呀，在球场上摸爬滚打了十几年，能输给一个新手？放心吧。"

老李是谁呀！什么大风大浪没见过？还会被这点儿困难吓倒？

我们当然相信你，你肯定可以的。你是谁呀！

重要性等级：★　难易度等级：★★★　口语化等级：★★★

【525-2】［固定格式］意思是 "P 是无足轻重的小人物"，含有对 P 的不屑。P 一般不能是第一人称。"是" 可以省略。"谁" 重读。

你是谁呀？敢这样跟我说话？

A：小张刚才说话挺不客气的。

B：他谁呀？说话这么没大没小的。

重要性等级：★　难易度等级：★★★　口语化等级：★★★

【526】**X 是 X，Y 是 Y**　X shì X, Y shì Y

［固定格式］前后用相同的名词、代词或动词。连用两个这样的格式，强调二者不同，不能混淆。

去年是去年，今年是今年，每年情况都不一样，怎么能相提并论呢？

说是说，做是做，大家再有意见也不能耽误干活儿。

你是你，我是我，我俩没有什么可比性。

工作是工作，生活是生活，千万别搅在一起。

重要性等级：★　难易度等级：★★★　口语化等级：★★★

【527】**X 是一回事，Y 是另一回事**　X shì yī huí shì, Y shì lìng yī huí shì

［固定格式］表示 X 和 Y 这两件事情之间没有必然的关系。

他有没有名是一回事，演得好不好是另一回事。

喜欢打篮球是一回事，打得怎么样是另一回事。

他喜欢学中文是一回事，学得好不好是另一回事。

她漂不漂亮是一回事，嫁不嫁得出去是另一回事。

重要性等级：★　难易度等级：★★　口语化等级：★★★

【528】**是这样（的）**　shì zhèyàng（de）

【528-1】［固定格式］用在句首。承接上文的话题，进而解释说明。

A：小张他人呢？

B：是这样，他昨天上夜班刚回来，还在房间里睡觉呢。

A：你今天怎么又迟到了？

B：是这样，今天路上特别堵，所以我才迟到了。

A：你们毕业后有什么打算？

B：是这样的，我们想自己创业试试看。

A：你昨天没来上课，为什么没请假？

B：是这样的，昨天我让我同屋帮我请假来着，可是他把这事给忘了。

重要性等级：★★   难易度等级：★★★   口语化等级：★★★

【528-2】［固定格式］用在句末。对前文内容进行总结，预示某一话题的结束。

　　A：你的考试成绩出来了吗？

　　B：语文和数学已经出来了，英语成绩还不知道。是这样。

　　A：上周的那个实验怎么样了？

　　B：我们已经做过两次了，基本上已经得出结论了。是这样的。

重要性等级：★★   难易度等级：★★★   口语化等级：★★★

【528-3】［固定格式］引出下文所说的内容，这里的"的"不能省。

　　我曾经看过一部短篇小说，故事的内容是这样的：……

　　这件事情的经过是这样的：……

　　为什么我要召集大家开个会呢？原因是这样的：……

重要性等级：★★★   难易度等级：★★   口语化等级：★★★

【529】受得了   shòu de liǎo

［固定格式］表示"能忍受"，否定形式是"受不了"。

　　要是碰上个"母老虎"天天管着你，那谁受得了啊？

　　我女朋友要求我必须每天给她发微信、打电话或者视频聊天儿，这谁受得了啊？

　　公共汽车里人很多，又闷又热，让人受不了。

　　A：天天把你关在房间里看书，你受得了吗？

　　B：受得了啊！有什么受不了的。

重要性等级：★★★   难易度等级：★★★   口语化等级：★★

【530】顺   shùn

顺便，表示并非特意去做某一件事。常作为构词语素，构成"顺 N"式合成词（如"顺口、顺嘴、顺路、顺手"等）。

　　昨天聊天儿时他顺口说了一句，我们才知道你病了。

　　你在这儿别顺嘴乱说话，这样影响不好。

　　我送你吧，反正顺路。

他说着说着顺手就递给我一个苹果。

重要性等级：★★★   难易度等级：★★   口语化等级：★

【531】顺便   shùnbiàn

［副词］表示趁做某件事的方便（去做另一件事）。

我下周去美国，顺便去看一下儿老朋友。

你去超市时，顺便给我买点儿东西吧。

你有空可以过来聊聊，顺便去逛一下儿附近新开的一家超市。

我一会儿也要去那儿，顺便可以送你过去。

重要性等级：★★★   难易度等级：★   口语化等级：★★

【532】顺便问一下儿   shùnbiàn wèn yīxiàr

［固定格式］表示借说某事的机会，提出另一个问题希望对方回答。

老师，这是我补交的作业。顺便问一下儿，明天的考试几点开始？

我很喜欢你的性格，我觉得我们俩很谈得来。顺便问一下儿，你周末有时间吗？

小林，你昨天的单词默写竟然全对了。顺便问一下儿，你有什么记单词的好方法吗？

重要性等级：★   难易度等级：★★   口语化等级：★★★

【533】说白了   shuō bái le

［固定格式］说句实在话，表示用简单明白的话来说。

说白了，很多精彩的体育比赛都是广告商出钱赞助的，如果不播这些广告，你可能连比赛的影儿都见不着。

他这个人脾气古怪，说白了，他总是喜怒无常。

他最近几年写的小说没多少人看，说白了，就是不大受欢迎。

这部电影实在太无聊了，说白了，就是一个老套的男欢女爱的爱情故事。

重要性等级：★★★   难易度等级：★★★   口语化等级：★★★

【534】说 A 不 A   shuō A bù A

［固定格式］意思是"要说 A，其实也并不 A"，表示还可以。常构成对举格式。

他住的地方<u>说远不远</u>，<u>说近不近</u>，离公司大概半个小时的路程。

我这个人<u>说忙不忙</u>，<u>说闲不闲</u>，一直是这个样子。

最近的房价<u>说贵不贵</u>，<u>说便宜也不便宜</u>，反正总有人买。

重要性等级：★　难易度等级：★★　口语化等级：★★★

【535】**说不定**　shuōbudìng

【535-1】［动词］说不好；说不确切。

到底能不能参加，现在还<u>说不定</u>。

到底哪些人会来参加明天的会，现在还<u>说不定</u>。

明天上午他会不会出现在赛场也<u>说不定</u>。

重要性等级：★★★　难易度等级：★　口语化等级：★★★

【535-2】［副词］很可能，表示推测。

如果你想避免尴尬的话，你不来<u>说不定</u>会更好呢。

都已经十点了，<u>说不定</u>超市已经关门了。

你再不动身，<u>说不定</u>就赶不上火车了。

重要性等级：★★★　难易度等级：★★　口语化等级：★★★

【536】**说不过去**　shuō bu guòqù

［固定格式］表示不合情理或者不应该，有批评的意思。肯定形式是"说得过去"，意思是"还可以"或者"能够接受"。

自从大学毕业以后，他很少回家看父母，也很少跟父母联系，这有点儿<u>说不过去</u>吧？

他见到老师也不打招呼，装作没看见就走了，的确<u>说不过去</u>。

你俩关系那么好，她过生日你都不送她礼物，这实在<u>说不过去</u>。

A：大家都是朋友，他说话这么不客气，<u>说得过去</u>吗？

B：唉！<u>说不过去</u>！

重要性等级：★★　难易度等级：★★★　口语化等级：★★★

【537】**说不好**　shuō bu hǎo

［固定格式］表示不能准确地说明或解释。

A：在哪儿买电脑最便宜？

B：我也说<u>不好</u>，你最好多去几个商店看看。

A：你觉得今天的比赛谁会赢？

B：这可说<u>不好</u>。

A：你觉得线上上课好还是线下上课好？

B：说<u>不好</u>。

重要性等级：★★★　难易度等级：★★　口语化等级：★★★

【538】说不上　shuōbushàng

【538-1】［动词］因了解不多、认识不清而不能具体地说出来。

从这里去无锡，他也说<u>不上</u>哪条路比较近。

他是哪个学校毕业的，我也说<u>不上</u>。

你要问我这款手机哪个型号更好，我还真说<u>不上</u>。

重要性等级：★★★　难易度等级：★★　口语化等级：★★★

【538-2】［动词］因不成理由或不可靠而无须提到或够不上某种标准、程度。

我正好顺路送你过去，说<u>不上</u>帮忙。

我跟他只是一般关系，说<u>不上</u>是什么朋友。

这个东西说<u>不上</u>是好是坏。

这个手机，我说<u>不上</u>喜欢，也说<u>不上</u>不喜欢。

他的事业说<u>不上</u>飞黄腾达，但也还做得顺风顺水。

重要性等级：★★　难易度等级：★★　口语化等级：★★★

【539】说到……　shuōdào……

［固定格式］引出话题。

说<u>到</u>北京的名胜古迹，人们往往会首先想到长城、故宫、颐和园这几个地方。

说<u>到</u>快乐，每个人对于快乐的感受可能会不一样，标准也会不一样。

说<u>到</u>吃，我觉得我最有发言权。

重要性等级：★★★　难易度等级：★★★　口语化等级：★★★

【540】说到底　shuō dàodǐ

［固定格式］表示从根本上来说。后面引出观点。

说到底，电脑只是人造出来的一种工具，人不能被它控制。

我们勤奋工作的原因可能各不相同，可说到底，都是为了让生活变得更美好。

说到底，我只是个打工的，没有发言权，更别说决定权了。

重要性等级：★★★　难易度等级：★★★　口语化等级：★★★

【541】说得容易　shuō de róngyì

［固定格式］表示说话人认为想要做成某件事并不容易，表达了对对方观点的一种不认可。也可说"说得简单"，意思是其实做起来并不简单。

说得容易！这事情不好办啊！

他倒说得容易！你让他去试试看啊。

你说得容易！一旦真的要做起来，就没那么简单了。

A：你赶紧把驾照考出来吧！

B：你说得简单，我现在哪有那么多时间啊？

重要性等级：★　难易度等级：★　口语化等级：★★★

【542】说得上 / 算得上 / 谈得上……　shuō de shàng / suàn de shàng / tán de shàng……

［固定格式］表示够……条件，值得某种评价。否定形式是"说不上 / 算不上 / 谈不上"。"说得上"的否定形式"说不上"见"【538】说不上"条。

我觉得，只有先考上好高中，才说得上考好大学。

他算得上是我们班的学霸了。

只有学好了本领，将来才谈得上报效祖国。

这也太不公平了！哪里还谈得上什么男女平等呀？

他的中文水平算不上好。

他只是一个普通的医生，谈不上什么专家，治不了复杂的病。

重要性等级：★★★　难易度等级：★★★　口语化等级：★★★

【543】说的是　shuō de shì

［固定格式］表示同意对方说的，也可以说"谁说不是（呢）"。

A：现在夏天越来越热，不装空调不行啊！

B：<u>说的是</u>啊，好像现在家家户户都有空调了。

A：要是再多一间房子该多好啊！

B：<u>说的是</u>，可房子再多，你永远都觉得少一间。

A：玲玲可是个好姑娘。

B：<u>说的是</u>呀。

重要性等级：★　难易度等级：★★　口语化等级：★★★

【544】说的也是　shuō de yě shì

［固定格式］权衡之后认为对方说的有道理，表示同意、附和对方的说法。

A：我们把会场安排在露天场所，如果下雨怎么办？

B：你<u>说的也是</u>，这个问题我们还真没考虑到。

A：他不建议我们这么快做决定，让我们再考虑考虑。

B：他<u>说的也是</u>，这么重要的事情，我们不该这么匆忙决定。

A：跟成绩相比，孩子的健康更重要，只要她每天高高兴兴的，我就放心了。

B：<u>说的也是</u>。

重要性等级：★★★　难易度等级：★★★　口语化等级：★★★

【545】说好了 / 说定了　shuō hǎo le / shuō dìng le

［固定格式］与某人相约时的用语。常用来约定时间、地点、某个具体的事情等。

明年春天你一定要来上海，我陪你到处逛逛。<u>说好了</u>啊！

<u>说定了</u>，明天早上我们在鲁迅公园门口碰头，不见不散啊。

A：<u>说好了</u>啊，你找到工作后一定要请我吃一顿，别到时候又反悔。

B：怎么会呢？

重要性等级：★★★　难易度等级：★　口语化等级：★★★

【546】说 V 就 V　shuō V jiù V

［固定格式］表示事情发生得毫无准备、毫无征兆。

你怎么又发脾气了？<u>说</u>翻脸<u>就</u>翻脸。

你们俩怎么<u>说</u>分手<u>就</u>分手了？这么大的事应该冷静处理。

她这个人<u>说</u>哭<u>就</u>哭，<u>说</u>笑<u>就</u>笑，情绪变化很快。

其实你去年买的那套衣服挺漂亮的，怎么<u>说</u>不要<u>就</u>不要了？真是浪费！

重要性等级：★★★   难易度等级：★★★   口语化等级：★★★

【547】说句不好听的　　shuō jù bù hǎotīng de

［固定格式］意思是"说得不客气一点儿"，后面说的通常是不好的事情。

他根本没有发挥作用，<u>说句不好听的</u>，比赛的时候有他没他都一样。

就你毕业以后挣的那点儿工资，<u>说句不好听的</u>，连房租都不够，更别说干其他事了。

<u>说句不好听的</u>，你这篇文章写得太没水平了，像小学生写的。

重要性等级：★   难易度等级：★★   口语化等级：★★★

【548】说句公道话　　shuō jù gōngdàohuà

［固定格式］表示自己说出的话不带有个人感情，是从公平的角度出发的。

今天裁判罚了咱们队很多次，不过<u>说句公道话</u>，他罚得是有道理的。

虽说他是咱们的老朋友，可是<u>说句公道话</u>，这件事他办得实在不怎么样。

<u>说句公道话</u>，这件事小张做得比你漂亮。

重要性等级：★   难易度等级：★★   口语化等级：★★★

【549】说句心里话　　shuō jù xīnlǐ huà

［固定格式］表示"说实在的"。

<u>说句心里话</u>，你一个人克服了那么多困难，我真的很佩服你。

他派给我的任务，<u>说句心里话</u>，我不一定完成得了，因为难度太大了。

<u>说句心里话</u>，我觉得自己很没用，这么点儿小事都做不好。

重要性等级：★★★   难易度等级：★   口语化等级：★★★

【550】说来惭愧　　shuō lái cánkuì

［固定格式］表示因为做得不够好而不好意思说。

我来中国一个多月了，不过<u>说来惭愧</u>，到现在和中国人还说不了几句话。

<u>说来惭愧</u>，张艺谋的电影我没看过几部，但我还是很欣赏这位导演的才华的。

A：昨天你们的比赛结果怎么样？

B：说来惭愧，输得太惨了。

重要性等级：★　难易度等级：★★　口语化等级：★★

【551】说来也巧　shuō lái yě qiǎo

［固定格式］表示恰好遇到好时机或者好运气，含有庆幸的语气。

周末我去买电脑。说来也巧，正好赶上电脑促销，省了我一大笔钱。

我两年没回老家了。说来也巧，公司要派我去那儿开会，正好顺便回家看看。

说来也巧，昨天我刚逛完街回到家，外面就下起了大雨。

重要性等级：★　难易度等级：★★　口语化等级：★★★

【552】说老实话　shuō lǎoshí huà

［固定格式］说实在的。后面引出说话人的观点，也可说成“说实在的”。

这件事你真的有把握吗？说老实话，听你说得这么不肯定，我心里还是很担心的。

说老实话，我对他的了解并不多，你要问我对他的看法，我还真说不出来。

明天就要考试了，说老实话，我还没怎么复习呢！

重要性等级：★　难易度等级：★★　口语化等级：★★★

【553】说了半天　shuōle bàntiān

［固定格式］表示在与对方的谈话中发现意想不到的真实情况。

昨天老师说今天我们班会来一位新同学，说了半天，原来是你啊。

A：你去过卢浮宫吗？那里的艺术品可多啦，有《蒙娜丽莎》、维纳斯雕像等等。要是有机会去看看就好了。

B：说了半天，你还没去过啊？

A：你刚才说什么了？能不能再说一遍？

B：说了半天，我刚才的话都白说了啊？你到底听进去了没有？

重要性等级：★　难易度等级：★★　口语化等级：★★★

【554】P说了算　P shuōle suàn

［固定格式］表示某人可以做主，掌握决定权。否定形式是“P说了不算”。

A：谁是这里的负责人啊？

B：你找老张吧，我们这儿的事情都是他说了算。

A：这件事你说了算我说了算？

B：那还用说吗？当然你说了算！

A：你们家的事谁说了算？

B：小事我不管，大事我说了不算。

重要性等级：★★★ 难易度等级：★★ 口语化等级：★★★

【555】说（到）哪儿去了 shuō（dào）nǎr qù le

[固定格式]意思是不必客气，这样说太见外了，是一种客套话。

A：我把你的书弄脏了。真对不起，我赔你一本新的吧。

B：你这是说哪儿去了？不就是一本书吗？

A：你给他辅导了那么多次，他没付学费吗？

B：说到哪儿去了？朋友之间，帮帮忙还要钱吗？

A：哎呀，这几天真是太麻烦你了，耽误了你好多时间。

B：说哪儿去了？咱俩谁跟谁啊！

重要性等级：★ 难易度等级：★★★ 口语化等级：★★★

【556】说起…… shuōqǐ……

[固定格式]开始一个新的话题时，用这个格式开头，用来引起对方注意。有时也可以说成"提起""谈起"。

说起中国作家，大家最熟悉的可能就是鲁迅了。

说起开车呀，其实不比走路轻松。开车既要注意力高度集中，又要有足够的耐心去对付堵车的问题。

说起学中文的趣事，我三天三夜也讲不完。

重要性等级：★★ 难易度等级：★★ 口语化等级：★★★

【557】说起来 shuō qǐlái

[固定格式]后面可加语气词"啊"，可以有停顿，引出话题。

说起来，我们一进大学就认识了，但真正成为好朋友，是上大学四年级以后的事情。

说起来我们认识很多年了，但我觉得还是不太了解他。

说起来啊，谁都知道学外语要多听、多读、多说、多写，可就是能做到的人并不多。

说起来，我已经很久没去逛街了。

重要性等级：★★★　难易度等级：★★★　口语化等级：★★★

【558】说什么也……　shuō shénme yě……

[固定格式] 表示"无论如何也……"。

这次来中国虽然时间很紧，但说什么也得去看看我的中文老师。

人家给我帮了这么大的忙，我说什么也要请人家吃顿饭吧。

这孩子说什么也不让我走，非要我留下来陪他玩儿。

现在说什么也没用了，只有好好表现，用实际行动来证明自己的能力。

重要性等级：★　难易度等级：★★★　口语化等级：★★★

【559】说实在的　shuō shízài de

[固定格式] 说老实话；说真的。后面引出自己的想法。

说实在的，我挺喜欢那个女孩子的，就是不知道该如何向她表白。

这工作这么辛苦，说实在的，我真不想干了。

说实在的，这件事情对我来说有点儿难，我不一定做得好。

重要性等级：★★★　难易度等级：★★　口语化等级：★★★

【560】说是……　shuō shì……

[固定格式] 用来表示转述别人的话。

妈妈很喜欢养花。说是养花不仅能美化环境，净化空气，还能结交到更多的朋友。

刘经理最近一直没来上班，说是生病了。

今年冬天我打算去海南过年，说是上海今年冬天是有史以来最冷的冬天。

重要性等级：★★　难易度等级：★★★　口语化等级：★★★

【561】说是……，但是/其实/实际上……　shuō shì……, dànshì/ qíshí / shíjìshàng……

[固定格式] 相当于"表面上说……，但是……"，表示所说的与实际情况不一致，具有转折义。

这种运动说是可以减肥，但是我怎么觉得越减越肥。

老李开的这个小公司，说是不赚钱，其实他早就发财了。

房东怎么这样啊？这个房子说是让我们住半年，可实际上住了不到两个月就催我们搬走。

重要性等级：★★ 难易度等级：★★★ 口语化等级：★★★

【562】说是这么说 shuō shì zhème shuō

［固定格式］见"【273】话是这么说"条。

重要性等级：★ 难易度等级：★★★ 口语化等级：★★★

【563】说正经的 shuō zhèngjing de

［固定格式］表示不开玩笑了，接下来要谈主要的或重要的事。常用于关系亲近的两人之间。"正经"在口语中也读作"zhèngjǐng"。

你们怎么老爱开我的玩笑！说正经的，你们谁看见小张了？我找他有事。

这方面的知识我可不敢瞎说，说错了还不让人笑话呀。不过，说正经的，我是该好好看看书了。

小刚啊，你都毕业好几年了，不会一直啃老吧？说正经的，你还是赶紧找份像样的工作吧。

重要性等级：★ 难易度等级：★★ 口语化等级：★★★

【564】死 sǐ

【564-1】［形容词］表示动作行为死板、固执，不知变通。多含贬义。

分了就分了吧，你别这么死心眼儿，好姑娘多的是。

规矩是死的，人是活的，有时候也要学会变通。

开会的时间不要定死。

你的脑筋太死了，要灵活一点儿。

重要性等级：★★ 难易度等级：★★ 口语化等级：★★★

【564-2】［副词］至死，表示坚决。多用于否定式。

小女孩紧紧地抓着妈妈，死也不松手。

这个条件死也不能答应。

他死不认输，我也拿他没办法。

重要性等级：★★ 难易度等级：★★ 口语化等级：★★★

【564-3】[副词] 表示程度高，相当于"极"。修饰形容词，构成"死 A"，含有轻微的贬义。

这张桌子死沉死沉的。

他这个人的嘴死硬，就是知道自己错了也不肯承认错误。

重要性等级：★　难易度等级：★★　口语化等级：★★★

【565】死活 V　sǐhuó V

[固定格式] 表示不管怎么说都不改变。V 多为否定形式。有强调的语气。

我劝了他半天，可他死活不答应。

叫他别去，他死活要去。

问她叫什么名字，她死活不告诉我。

我跟朋友说我昨天在南京西路看到了一位大明星，可她死活不信。

重要性等级：★★★　难易度等级：★★　口语化等级：★★

【566】V / A 死（我 / 人）了　V / A sǐ（wǒ / rén）le

[固定格式] 表示某个程度或状态达到极点。"死"用作补语时，前面不能插入"得、不"。句末的语气词也可用"啦"。

我女儿成绩这么差，愁死我了！

他这种打扮真的笑死人了。

看到爸爸出差回来了，孩子高兴死了。

这孩子老是惹麻烦，气死我啦！

重要性等级：★★★　难易度等级：★★　口语化等级：★★★

【567】死死（地）V　sǐsǐ（de）V

[固定格式] 有"紧紧地 V""牢牢地 V"的意思，表达强调语气。

这孩子哭着跑过来，抱住妈妈的腿死死不松手。

不知道是什么原因，他今天老是死死地盯着我看。

小区门口被一辆大卡车死死地堵住了。

重要性等级：★　难易度等级：★★　口语化等级：★

【568】算　suàn

【568-1】[动词] 算做；当作。表示对事实的判断和确定。也可说成"算是"。

今天这顿<u>算</u>我请客，你们都别客气。

我<u>算</u>什么模范？跟小张比差远了。

他年纪虽然大了，身体还<u>算</u>结实。

重要性等级：★★　难易度等级：★★★　口语化等级：★★★

【568-2】[动词] 算数；有效。常构成"说了算"或者"说了不算"。

你要说话<u>算</u>话，不能反悔。

下个月派谁出差，领导说了<u>算</u>。

你说了不<u>算</u>，这件事要由大伙儿一起做决定。

A：怎么样？输了吧？

B：这次不<u>算</u>，我们再来下一局。

重要性等级：★★★　难易度等级：★★★　口语化等级：★★★

【568-3】[动词] 表示比较起来最突出。也可说成"算是"。

在我们班，就<u>算</u>小张头脑最活了。

我比较了一下儿周围几家商店，这家商店<u>算</u>最划算的了。

跟周边几个城市相比，我们家乡<u>算</u>是经济发达的。

重要性等级：★★★　难易度等级：★★★　口语化等级：★★★

【568-4】[副词] 总算，也可说成"算是"，有释然的语气。

盼望了好多年的住房问题，今天<u>算</u>解决了。

你<u>算</u>找对人了，我对这件事很了解。

今天在外面跑了一整天，<u>算</u>是没白忙。

重要性等级：★★　难易度等级：★★★　口语化等级：★★★

【569】算不了什么　suàn bù liǎo shénme

[固定格式] 没什么；无所谓。有把事情往小里说的意味。也可说"算得了什么"。

工作辛苦一些<u>算不了什么</u>，只要能多赚点儿钱让家人过得更好，那我就满足了。

身体胖一点儿瘦一点儿<u>算不了什么</u>，健康比什么都重要。

A：今天辛苦你啦！

B：这点儿事<u>算不了什么</u>，你别放在心上。

A：小明跑步真厉害啊！

B：不就是跑了五公里吗？这算得了什么？我也能行。

重要性等级：★　难易度等级：★★★　口语化等级：★★★

【570】算了　suànle

【570-1】[动词] 作罢；不再计较。

他不愿意去就算了吧，别勉强他了。

这次比赛又被淘汰了，我实在不甘心，难道就这样算了不成？

算了，别跟他计较了。

算了算了，我这箱苹果就便宜卖给你了。

重要性等级：★★★　难易度等级：★★★　口语化等级：★★★

【570-2】[助词] 用在句末，表示祈使、终止等语气。同"得了"。

这个手机给我用算了，你再去买个新的吧。

这破书包还留着干什么，扔了算了。

我看你干脆回国算了，一个人在国外太辛苦了。

重要性等级：★★★　难易度等级：★★　口语化等级：★★★

【571】算什么 N　suàn shénme N

[固定格式] 表示够不上某一标准或称号，是一种否定的评价。

大家都说我是书法家，其实我算什么书法家呀？随便写写罢了。

他算什么男人啊？老婆病了都不回家看一眼。

A：那不是你们学校的歌星吗？

B：她算什么歌星呀？就会唱那么几首歌。

重要性等级：★★★　难易度等级：★★　口语化等级：★★★

【572】算 P 一个　suàn P yī gè

[固定格式] 表示让某人加入。

听说你们合唱团正在招新？算小张一个吧，他很喜欢唱歌。

A：我们想成立一个乐队。

B：太好了，算我一个吧。

A：听说新来的同学篮球打得不错。让他加入我们的球队，好不好？

B：那下次比赛也算他一个。

重要性等级：★★★　难易度等级：★★　口语化等级：★★★

【573】虽说　suīshuō

［连词］后面常接"但（是）/ 不过 / 可（是）……"等表转折义的连词，表示"虽然……，但是……"的语义。

这位老人虽说大字不识一个，但是却很识大体。

朋友之间虽说是可以开玩笑，但也该有个分寸。

他的工资虽说不算低，不过在上海要维持两个人的生活，还是有些紧张的。

今天虽说是周末，可他还是有一堆的工作要做。

重要性等级：★★★　难易度等级：★★★　口语化等级：★★★

【574】随 P　suí P

【574-1】［固定格式］表示"像某人"，否定形式是"不随 P"。

我儿子的性格随他妈。

都说"女儿像爸"，可是小琳长得却随她妈，不随她爸。

A：这孩子长得像谁？

B：他长得随他爸。

重要性等级：★　难易度等级：★★　口语化等级：★★★

【574-2】［固定格式］表示任由某人，有一种无所谓或不在乎的语气。可以单用。

他想住哪个房间，随他。

去不去，随你！

A：这张旧椅子如果不要的话，我就把它扔了。

B：随你吧。

重要性等级：★★　难易度等级：★★　口语化等级：★★★

【574-3】［固定格式］常构成"随 P 怎么 V"，表示不受条件限制。

他想怎么说就怎么说吧。不要理他，随他怎么说去。

我没有笑话你的意思，随你怎么想。

随我怎么劝，他都不动心。

重要性等级：★　难易度等级：★★★　口语化等级：★★★

【575】随便　suí∥biàn

【575-1】［动词］听从某人的安排；由某人决定。

去不去都行，随你的便。

到底去不去，随便你。

A：你觉得我要不要把这件大衣买下来？

B：随便你！

A：你晚上想吃点儿啥？

B：随便！

重要性等级：★★★　难易度等级：★★　口语化等级：★★★

【575-2】［形容词］不加限制；没有明确的目的。

你不要紧张，我们就随便聊聊。

你喜欢哪一件，随便挑！

A：先生，你想买什么？

B：我随便看看。

重要性等级：★★★　难易度等级：★　口语化等级：★★

【575-3】［形容词］（言行）不多考虑；不慎重。重叠形式为"随随便便"。

他这个人说话比较随便，你不要太在意。

你这个决定做得也太随便了点儿吧？

写文章不能随随便便，要对读者负责。

重要性等级：★★★　难易度等级：★　口语化等级：★★

【575-4】［形容词］不讲究；凑合。

他这个人吃穿都很随便。

A：我对女朋友的要求不高，随便找一个就行。

B：那怎么能行呢？

重要性等级：★★★　难易度等级：★　口语化等级：★★

【576】随便……都……　suíbiàn……dōu……

［固定格式］相当于"无论 / 不管……都……"，表示在任何情形下结果都不会改变。"随便"的后面需要有疑问代词或正反问的形式。

真也好，假也好，随便你说什么，我一概都不相信。

随便你去还是不去，她都无所谓。

随便他怎么大声嚷嚷，大伙儿都当没听到。

重要性等级：★★　难易度等级：★★★　口语化等级：★★★

【577】随时　suíshí

【577-1】［副词］时时刻刻，表示每时每刻会发生或出现。

你把伞带上，可能随时会下雨。

看样子老王身体不太好，走起路来一摇一晃的，好像随时都可能摔倒。

这种八卦新闻，随时都可以在网上看到。

重要性等级：★★★　难易度等级：★★　口语化等级：★★

【577-2】［副词］不论某个时候，表示一有什么需要就进行某种相应的活动。

材料我们已经整理好了，准备随时向领导汇报。

唉，我要能住得离你近一点儿就好了，可以随时过去看你。

工作中你有什么困难可以随时跟我说。

重要性等级：★★★　难易度等级：★★　口语化等级：★★

【578】随 V₁ 随 V₂　suí V₁ suí V₂

［固定格式］表示前后两个动作紧接着发生，中间没有时间间隔。V₁、V₂ 多为单音节动词。这里的"随"有"随时"的意思。

烤鸭必须随做随吃，凉了就不好吃了。

有什么事你就叫我，我保证随叫随到。

重要性等级：★　难易度等级：★★★　口语化等级：★★

【579】随他去　suí tā qù

［固定格式］表示不管他，他愿意做什么就做什么，表达了说话人一种不在乎的态度。也可说"由他去"。

孩子大了，他爱穿什么就穿什么吧，随他去吧，你就甭操这份心了。

小马非要现在就回家，我也只好<u>由他去</u>了。

A：你怎么也不管管这孩子？

B：我现在忙得要命，懒得管他，<u>随他去</u>，他想怎样就怎样吧。

重要性等级：★　难易度等级：★★★　口语化等级：★★★

【580】索性　suǒxìng

［副词］表示直截了当、干脆。表达了一种直截了当的决断。

这项工作既然已经开始了，<u>索性</u>就把它做完吧。

找了几个地方都没有找着你的手机，<u>索性</u>就别找了，再买个新的吧。

晚上我们<u>索性</u>加个班，把所有的数据都统计出来吧。

重要性等级：★　难易度等级：★★★　口语化等级：★★

T

【581】太……了　tài……le

【581-1】［固定格式］表示程度过头，常用于负面评价。

这篇文章写得<u>太</u>简单<u>了</u>，你再改改吧。

我<u>太</u>相信他<u>了</u>，没想到他一直在骗我。

这孩子<u>太</u>娇气<u>了</u>，你别<u>太</u>娇惯他<u>了</u>。

他<u>太</u>不懂事<u>了</u>，怎么能说这样的话？

我每天上下班路上要花三个小时，<u>太</u>不值得<u>了</u>。

重要性等级：★★★　难易度等级：★　口语化等级：★★

【581-2】［固定格式］表示程度高，多用于赞叹、夸奖等。只限于正面评价。

你做的这个报告<u>太</u>有意思<u>了</u>。

你给了我们这么多的帮助，<u>太</u>感谢<u>了</u>。

我正在发愁呢，你就来了。你来得<u>太</u>及时<u>了</u>。

重要性等级：★★★　难易度等级：★　口语化等级：★★

【582】特 V / A　tè V / A

［固定格式］表示程度超过一般，相当于"特别 V / A"，"特"更加口语化。搭配的动词多是心理动词，有强调的意思。

这次的考试题目<u>特</u>难。

他这个人<u>特</u>好。

哥哥今天起得<u>特</u>早。

我<u>特</u>喜欢一个人待在房间里。

我<u>特</u>同情她。

重要性等级：★★★　难易度等级：★★　口语化等级：★★★

【583】特别是……　tèbié shì……

［固定格式］在几种同类的事物或情况中，指出突出的一个。相当于"尤其是"。

我要感谢我的家人，<u>特别是</u>我的母亲，她为我的成长付出了很多心血。

老师们都很喜欢这个学生，特别是语文老师。

这次地震造成的损失很大，特别是在农村，很多房子都倒了。

重要性等级：★★★　难易度等级：★　口语化等级：★★

【584】替 P　tì P

[固定短语]"替"有"为、给"的意思，引出动作行为的对象。

大家都替他高兴。

请你替我们几个拍个照。

麻烦你替我谢谢他。

这次比赛太紧张了，我都替你捏了一把汗。

重要性等级：★★★　难易度等级：★　口语化等级：★★

【585】听 P 的口气　tīng P de kǒuqì

[固定格式]根据某人想说而没说或不愿明确说出口的话来判断，后面引出结论。

听她的口气，她好像不太喜欢小王。

听小张的口气，他好像对这件事情很有把握。

A：我现在做买卖也很需要钱。

B：听你的口气，是不打算把钱借给我了？

A：老师，听说有的学校圣诞节都不上课。

B：听你的口气，你也想放假？

重要性等级：★　难易度等级：★★　口语化等级：★★★

【586】听上去　tīng shàngqù

[固定格式]表示从别人的描述中得出自己的判断。

他给我讲了很多旅行的见闻，听上去，他的那次旅行很有意思。

老师跟我们说了考试的方式，听上去这次考试不会太难。

听上去老刘是一个经历很丰富的人。

A：听上去你好像对他很了解。

B：还行吧。

重要性等级：★★　难易度等级：★★　口语化等级：★★★

【587】听 P 说　tīng P shuō

［固定格式］表示从别人那里听到某种说法。

听你妈说，你要买一台新电脑？

听老师说，下周有考试。

明年这里要拆迁，我是听邻居说的。

重要性等级：★★★　难易度等级：★★　口语化等级：★★★

【588】听 P 这么一说　tīng P zhème yī shuō

［固定格式］根据某人的话，听话人从言语上或行为上做出相应的判断或反应。

听你这么一说，我也觉得他这件事情做得不厚道。

听他这么一说，我当时差点儿从椅子上跳起来。

听小王这么一说，大家也就没有再往前走了。

A：那个餐厅的菜味道一般，服务态度也不好。

B：听你这么一说，我可不想去那儿吃饭了。

重要性等级：★　难易度等级：★★　口语化等级：★★★

【589】挺 P　tǐng P

［固定格式］支持某人，是口语中比较新的用法。

你好好干吧，我们都挺你。

小张要参加班长的竞选，大家都挺他。

不是所有的朋友都能在关键时刻挺你到底的。

重要性等级：★　难易度等级：★　口语化等级：★★★

【590】挺……的　tǐng……de

［固定格式］表示程度高，"的"常常可以省略，有强调的语气。

一直找不到女朋友，家人都挺替他发愁的。

跟女朋友分手了，我心里挺不痛快的。

他学习挺努力，你不用担心。

这件事没做好，我感到挺惭愧。

重要性等级：★★★　难易度等级：★　口语化等级：★★

【591】通通　tōngtōng

［副词］表示全部的、所有的，有强调的语气，总括的对象一般放在"通通"前。相当于"统统"。

暑假的时间我通通用来旅游。

这几个人我通通不认识。

前两天买的这些东西通通不好吃。

你刚才讲的我通通都明白。

重要性等级：★★★　难易度等级：★★　口语化等级：★★★

【592】同样是 N　tóngyàng shì N

［固定格式］用于引出话题，后面对这一话题的不同表现或方面进行说明。

同样是主食，南方人喜欢吃米饭，北方人喜欢吃面食。

同样是手表，有的有闹钟功能，有的有照相功能。

同样是学生，为什么有的那么勤奋，有的却特别懒惰呢？

同样是大学，有的大学食堂的伙食很好，有的大学食堂的伙食却很糟糕。

重要性等级：★　难易度等级：★★★　口语化等级：★★

【593】统统　tǒngtǒng

［副词］见"【591】通通"条。

重要性等级：★★★　难易度等级：★★　口语化等级：★★★

【594】V / A 透　V / A tòu

［固定格式］表示某个动作的结果或某个状态很彻底，有强调的语气。

我跟他相处这么多年都还没摸透他的脾气。

等我把这份文件研究透以后再告诉你。

葡萄还没熟透。

他的名气很大，可以说红透整个华语乐坛。

A：你觉得你能看透他吗？

B：我始终看不透他。

重要性等级：★★★　难易度等级：★★★　口语化等级：★★

【595】V / A 透了　V / A tòu le

[固定格式]表示程度极深，常跟非褒义的动词、形容词搭配，有不满或抱怨的语气。

她这次考试的成绩糟糕透了。

为了办这个手续，我已经楼上楼下跑了几个来回了，真是麻烦透了！

大家对他的做法恨透了。

天天忙这些鸡毛蒜皮的小事，我都厌烦透了。

重要性等级：★★★　难易度等级：★★★　口语化等级：★★★

【596】图　tú

[动词]极力希望得到（某种好处），常构成"图的是……"。

我大老远地来中国留学，图的是可以学到地道的中文。

A：你这样做到底图什么？

B：什么都不图，就图个心安。

A：他要才没才，要钱没钱，你嫁给他到底图什么呢？

B：图的是他人老实，我想跟他好好过日子。

重要性等级：★★★　难易度等级：★★★　口语化等级：★★★

【597】退而求其次　tuì ér qiú qícì

[固定格式]指得不到最好的，只能将就要差一点儿的，表达了一种无奈的语气。

出国旅游费用太高了，还是退而求其次，在国内旅游算了。

完美的人是没有的，我看你还是退而求其次，找一个心地善良的人就行了。

我们本想找一个既有沟通能力又有专业知识的人来应聘这个岗位，现在只能退而求其次，尽量找有专业知识的人吧。

A：你的工作最后怎么打算的？

B：退而求其次吧，找一个稳妥一点儿的。

重要性等级：★　难易度等级：★★★　口语化等级：★

【598】退一步说　tuì yī bù shuō

[固定格式]表示一种让步。有时也可以说成"退一万步说"，后者让步的程

度更大。

家里有我照顾，你就放心地去吧。<u>退一步说</u>，即便有什么事情，朋友也会帮我的。

他一定能考上大学，<u>退一步说</u>，像他这样聪明的人，即使不上大学，也会有很好的未来。

我一定要嫁给你。<u>退一万步说</u>，哪怕所有的人都反对，我也不会轻易放弃的。

重要性等级：★　难易度等级：★★★　口语化等级：★★★

W

【599】完了　wánle

【599-1】[连词] 用在两件事中间，表示两件事相承接，依次发生。

下了班我要先接孩子，完了还得去买菜。

你先在网上找一下儿资料，完了再打印出来。

我们今天的讨论就到这儿吧，完了我会把讨论的要点发给大家。

重要性等级：★★★　难易度等级：★★★　口语化等级：★★★

【599-2】[固定格式] 事情失败或没有希望时的哀叹。

完了完了，我要迟到了！

A：你这次考试没及格。

B：完了，又要补考了。

A：天气预报说周末有大雨。

B：完了，爬不了山了。

重要性等级：★★★　难易度等级：★★　口语化等级：★★★

【600】万万　wànwàn

[副词] 绝对。表示强调，比"绝对"更加口语化。只用于否定式，常构成"万万不""万万别""万万没"等。

你万万不能这么做。

酒后万万别开车。

我万万没想到他竟然是这样的人。

重要性等级：★★★　难易度等级：★★★　口语化等级：★★

【601】万一　wànyī

[连词] 表示可能性极小的假设，用于不如意的事。在对话中可以用"万一……呢"提问。

万一下雨，我们就不去了。

万一买不到那本书，怎么办？

<u>万一</u>计算错误，就会影响整个工程。

A：这个项目<u>万一</u>老板不同意呢？

B：那就麻烦了，但愿一切顺利吧！

重要性等级：★★★　难易度等级：★★　口语化等级：★★★

【602】往　wǎng

【602-1】［介词］引出动作的方向。

说完，他头也不回就<u>往</u>外走了出去。

这趟车开<u>往</u>上海。

你<u>往</u>哪儿走啊？洗手间在右边。

不好意思，麻烦你<u>往</u>里靠一下儿！

重要性等级：★★★　难易度等级：★　口语化等级：★★★

【602-2】［介词］引出动作继续进行的方向，常构成"往下V"格式。

没关系，你接着<u>往</u>下说。

我现在也不知道这个故事应该怎么<u>往</u>下写。

A：结尾是什么？那个男主角死了吗？

B：别急，你继续<u>往</u>下看。

重要性等级：★　难易度等级：★　口语化等级：★★★

【603】往多了说　wǎng duōle shuō

［固定格式］最多。

我住的地方离学校不太远，<u>往多了说</u>也就四五站路吧。

他们俩大学毕业后很少联系，<u>往多了说</u>，一年也不过联系一两回。

这箱苹果<u>往多了说</u>也不过四十斤吧。

重要性等级：★　难易度等级：★★★　口语化等级：★★★

【604】往好里说……，往坏里说……　wǎng hǎo lǐ shuō……, wǎng huài lǐ shuō……

［固定格式］对同一件事情从好的方面和坏的方面分别评价。重点常常在后一分句上，有批评或不满的意思。

你不要一见面就问人家姑娘那么多的问题：这<u>往好里说</u>，是你主动关心人家；<u>往坏里说</u>，人家还以为你对她有什么别的心思呢。

天天干这些既无聊又没有创造性的工作：这<u>往好里说</u>，是培养耐性；<u>往坏里说</u>，是浪费青春。

重要性等级：★　难易度等级：★★★　口语化等级：★★★

【605】为的是……　wèi de shì……

［固定格式］引出前面行动的目的。

他们在机场等了两三个小时，<u>为的是</u>见到自己喜欢的球星，希望得到偶像的亲笔签名。

我们组织这样的活动，<u>为的是</u>让学生们有机会体验一下儿真实的农村生活。

我们现在之所以不停地排练，<u>为的是</u>在演出时把最好的效果呈现给观众。

重要性等级：★　难易度等级：★★★　口语化等级：★

【606】为了　wèile

［介词］表示目的。用在后边小句的时候，有时说"是为了……"，有补充、说明的意思。

他<u>为了</u>写这篇论文，已经查了几百篇参考文献了。

<u>为了</u>他的事情，妈妈可真是操碎了心。

我这样做完全是<u>为了</u>孩子。

工厂改进生产设备，是<u>为了</u>提高产品质量。

重要性等级：★★★　难易度等级：★　口语化等级：★

【607】为（了）A起见　wèi（le）A qǐjiàn

［固定格式］表示为达到某种目的。

我在学校附近买房子，主要是<u>为</u>方便<u>起见</u>。

<u>为了</u>公平<u>起见</u>，参加比赛的选手必须是同一年龄段的。

<u>为了</u>安全<u>起见</u>，开车时不要看手机。

重要性等级：★　难易度等级：★★★　口语化等级：★★

【608】问题是　wèntí shì

［固定格式］在前文的基础上提出更重要的观点，并提醒对方注意。

那本书好像被人借走了，但<u>问题是</u>，我不记得到底是谁借走的。

我当然知道应该要提高我们的工作效率，可<u>问题是</u>，具体应该怎么做呢？这不是一件容易的事啊！

A：听说小张又跟男朋友分手了。

B：<u>问题是</u>，他们真的分得了吗？

重要性等级：★★★　难易度等级：★　口语化等级：★★★

【609】我的 P　　wǒ de P

［固定格式］用于关系亲密的两人之间，表示一种抱怨、无奈的语气。P 指的是家庭地位比较高的一种身份。

<u>我的</u>小祖宗，你还吃不吃啊？

<u>我的</u>大小姐，你到底想干吗呀？

<u>我的</u>姑奶奶，你到底想让我怎么做啊？

重要性等级：★　难易度等级：★★★　口语化等级：★★★

【610】我敢说　　wǒ gǎn shuō

［固定格式］表示非常肯定地确认某种事实。

看这天气，<u>我敢说</u>，今天肯定会下雨。

你看他的脸色，<u>我敢说</u>，他一定生病了。

<u>我敢说</u>，这是我吃过的最好吃的点心。

重要性等级：★　难易度等级：★★★　口语化等级：★★★

【611】我跟你说 / 讲　　wǒ gēn nǐ shuō / jiǎng

［固定格式］引出说话人的观点，提醒对方注意，有时也可放在要表达的观点之后。常用于关系亲近的两人之间。

<u>我跟你说</u>，这件事你可千万别跟别人说，这是个秘密。

你如果真想减肥的话，晚上就别吃那么多了，<u>我跟你说</u>，晚餐不控制的话，再怎么减也没用。

虽然你最近工作压力很大，但也不能天天熬夜。熬夜对身体的损害非常大，<u>我跟你说</u>。

重要性等级：★★★　难易度等级：★★　口语化等级：★★★

【612】我就说　wǒ jiù shuō

［固定格式］表示事情的结果与说话人之前猜想的是一样的，表达了一种意料之内的语气。

　　我就说他一定会给你打电话的。怎么样？被我说着了吧？

　　我就说叫你不要去吧，你偏不听，白跑了一趟不是？

　　今天的活动他没来参加吧？我就说嘛，你还不信！

重要性等级：★★　难易度等级：★★★　口语化等级：★★★

【613】我就知道（……）　wǒ jiù zhīdào（……）

［固定格式］表示自己对事情的结果早有预感，表达了一种意料之内的语气。

　　我就知道他今天不会来晨跑，他昨天看球赛看到了半夜。

　　A：我们球队输了。

　　B：我就知道我们会输，对方可是拿过全市冠军的啊！

　　A：小邓到现在还没有还我钱。

　　B：他肯定不会还这笔钱的。我就知道。

重要性等级：★★★　难易度等级：★★　口语化等级：★★★

【614】我看……　wǒ kàn……

［固定格式］表示“我认为……”，引出说话人的观点。

　　A：男女车厢分开，是不是就有利于女性乘车了？

　　B：我看未必。

　　A：学历高的人素质是不是一定高？

　　B：我看不一定。有些学历高的人素质却很低。

　　A：怎么这么愁眉不展的？

　　B：我看这次考试我又悬了。

　　A：怎么吃了药，头还是那么疼？

　　B：我看你应该赶紧去医院，别再拖了。

重要性等级：★★★　难易度等级：★★★　口语化等级：★★★

【615】我是说　wǒ shì shuō

【615-1】［固定格式］对前面话语进行补充或纠正。

我觉得她们姐妹俩很不一样，<u>我是说</u>，在性格方面。（补充）

A：家里有人吗？

B：我妹妹在。

A：哦，<u>我是说</u>，你家大人在家吗？（纠正）

重要性等级：★★★　难易度等级：★★　口语化等级：★★★

【615-2】［固定格式］对前面话语进行强调或解释。

A：你为什么想知道我现在最希望完成的事情是什么？

B：因为我想……如果，<u>我是说如果</u>，如果你有什么最希望完成的事情，我一定会帮你实现的。（强调）

A：今天晚上你不想去参加聚会了吗？

B：不是不想去，<u>我是说</u>，我们手头的工作能完成吗？（解释）

重要性等级：★★★　难易度等级：★★　口语化等级：★★★

【616】我说 P 啊　wǒ shuō P a

［固定格式］表示提醒、催促，往往带有埋怨的语气。

<u>我说小李啊</u>，你别整天游手好闲的，该干点儿正事了。

<u>我说王经理啊</u>，你倒是说句话啊，这个价格到底行不行啊？

<u>我说你啊</u>，应该多注意自己的身体，别老是想着工作。

A：你帮了我大忙，我可得好好谢谢你。

B：<u>我说老张啊</u>，咱俩谁跟谁啊，用不着这么客气。

重要性等级：★　难易度等级：★★★　口语化等级：★★★

【617】我说呢　wǒ shuō ne

［固定格式］对出现的情况觉得反常，经过解释或观察才恍然大悟。

原来他是你男朋友啊。<u>我说呢</u>！他怎么这么关心你！

昨天半夜被冻醒了，才发现被子是横着盖的，<u>我说呢</u>！

<u>我说呢</u>，杰森今天看上去好像有什么事，原来是失恋了。

重要性等级：★★★　难易度等级：★★★　口语化等级：★★★

【618】我说什么来着　wǒ shuō shénme láizhe

［固定格式］意思是"我没说错吧"，表示自己之前的说法得到了验证，带有一点儿得意的语气。

我说什么来着？叫你好好复习你偏不听，这下好了，考试没通过，还得补考。

A：这种瓜好难吃啊！

B：我说什么来着？不让你买，你非要买。

A：老师说圣诞节不放假。

B：我说什么来着？我说不放，你还不信。

重要性等级：★　难易度等级：★★　口语化等级：★★★

【619】我说……，原来……　wǒ shuō……, yuánlái……

［固定格式］表示原本对某事感到奇怪，现在找到了原因，有释然的语气。也可说成"原来……，我说……"。

我说今天怎么那么冷呢，原来下雪了。

我说你约我时有点儿神秘兮兮的，原来是怕人看到我俩在一起啊。

我说铃木中文怎么那么好，原来他是在中国长大的。

原来铃木是在中国长大的，我说他中文怎么那么好。

A：今天好像有一位外国总统来我们学校参观。

B：原来是大人物来了，我说学校里怎么有那么多车呢。

重要性等级：★★　难易度等级：★★★　口语化等级：★★★

【620】我 V₁ 我的（……），你 V₂ 你的（……）　wǒ V₁ wǒ de（……）, nǐ V₂ nǐ de（……）

［固定格式］表示各干各的，互不相干。有时也说成"你 V₁ 你的（……），我 V₂ 我的（……）"。V₁、V₂ 可以相同，可以不同。

晚饭后我们谁也别干涉谁。我看我的电视，你玩儿你的游戏。

会议室里热闹得很，我说我的，你说你的，谁也不听谁的。

从今以后，我们各走各的路。你走你的阳关道，我走我的独木桥。

重要性等级：★　难易度等级：★★　口语化等级：★★★

【621】无所谓　wúsuǒwèi

［动词］表示不在乎；没有关系。常构成"无所谓 X 不 X"，也可构成"X 不 X 无所谓"。

今天去还是明天去，我都无所谓。

大家都替他着急，可他好像什么都无所谓似的。

我想买一部手机，无所谓品牌不品牌，但一定要功能齐全，方便好用。

他来不来无所谓，我不在乎。

好不好吃无所谓，关键是有没有营养。

重要性等级：★★★　难易度等级：★★　口语化等级：★★

X

【622】瞎 V / A xiā V / A

[固定格式]表示动作行为很随便、没有根据。"瞎"相当于"乱、胡",表达了一种不满的语气。

小张又帮不上我们什么忙,就会瞎操心。

瞎算什么呢?算了半天没有一个题是对的。

你不懂不要装懂。千万别瞎说!

别瞎着急,火车还有一个小时才开呢。

重要性等级:★★★ 难易度等级:★★ 口语化等级:★★★

【623】下 xià

【623-1】[量词]常构成"V 一下儿"。用在动词后有缓和语气的作用,不表示动作的次数。

小王,你详细介绍一下儿事情的经过。

你能帮我找一下儿小李吗?

题目全部做完以后别忘了检查一下儿。

重要性等级:★★★ 难易度等级:★ 口语化等级:★

【623-2】[量词]用在"两、几"后面,常构成"有两下(子)""有几下(子)",表示有本领、有技能。

宋师傅这么快就把电脑给修好了,还真有两下。

没想到你还真有几下子!佩服佩服!

我还以为你多厉害呢?就这么几下,你还要逞能?

重要性等级:★ 难易度等级:★★ 口语化等级:★★★

【624】先 xiān

【624-1】[副词]表示某一行为或事件发生在前。

他比我先到。

我先说几句。

我打算先去北京，再去上海，接着去杭州，最后去香港。

我今天晚上下班晚，你先吃，不用等我。

重要性等级：★★★　难易度等级：★　口语化等级：★★★

【624-2】[副词] 用在否定式中，构成"先别 / 不 V"，表示"暂时不要 V"。常用于规劝、要求或提醒等。

你先别买，说不定过段时间还会再降价的。

你先别急，有事慢慢说嘛。

一会儿散会以后你先别走，我还有话要跟你说。

咱们先别去想这笔钱怎么个用法，我觉得目前最重要的是上哪儿凑这笔钱。

重要性等级：★★★　难易度等级：★★　口语化等级：★★★

【625】先不说　xiān bù shuō

[固定格式] 意思是最重要的或最需要考虑的方面先避而不谈，后面先说其他方面。

这套家具价格贵先不说，质量也没广告中说得那么好啊。

我看这工作你就辞掉吧，离家远先不说，各方面的待遇也不好。何必呢？

明天晚上的读书报告会我就不去了，先不说是不是有收获，就是时间上我也挤不出来啊。

重要性等级：★★　难易度等级：★★★　口语化等级：★★★

【626】先放一边　xiān fàng yībiān

[固定格式] 指某事暂时没有那么重要，可以先不考虑。也可以说"先放一放"。

学开车的事先放一边，现在最重要的是找工作。

你手头上的事先放一边，赶紧来帮帮我。

考教师资格证这事不着急，先放一边，以后再说吧。

重要性等级：★　难易度等级：★★★　口语化等级：★★★

【627】先……，然后……　xiān……, ránhòu……

[固定格式] 表示动作的先后顺序，后一分句中的"然后"常跟"才、又、再"等副词搭配使用。

他听完老师的问题，先想了想，然后才回答。

这孩子学习很自觉，每次放学后总是先做功课，然后才出去玩儿。

他下班回家后，先吃了点儿东西，然后又洗了个澡，才上床睡觉。

我们明天先去北京，然后再决定是否去沈阳。

重要性等级：★★★　难易度等级：★　口语化等级：★★★

【628】现成　xiànchéng

［形容词］已经准备好的，不用临时做或临时去找的；原有的。口语中常儿化为"现成儿"，读成"xiànchéngr"。

在我家吃吧，饭菜都现成，一点儿不费事。

答案是现成的，照着抄就行了。

现成的材料你不用，非要自己去找，何苦呢？

A：太辛苦你了！我每次下班回来都吃现成的，我都不好意思了。

B：谁让我们是好朋友呢！客气啥？

重要性等级：★★★　难易度等级：★★★　口语化等级：★★

【629】现在好了　xiànzài hǎole

【629-1】［固定格式］表示前面的原因造成了后面的结果，通常是消极义或负面义的结果，表达了不满或抱怨的语气。这里的"现在好了"相当于"现在坏了"。

本来下周想要休年假的，结果老板突然通知有一个紧急任务要完成，现在好了，休假的事泡汤了。

今天搬货的时候居然忘记了自己肩膀以前受过伤！现在好了，肩膀酸痛得要命。

早就跟你说要好好学习，你偏不听。现在好了，连这么简单的考试你都不及格。

重要性等级：★★　难易度等级：★★　口语化等级：★★★

【629-2】［固定格式］表示跟以前的情况相比较，现在的情况好转了。常跟"不过、但（是）"等有转折义的连词搭配。

以前去哪儿都是挤公交车，现在好了，自己有了车，真方便！

昨天晚上出去跑步时受凉了，头疼，咳嗽，不过现在好了，没那么难受了。

我是个南方人，刚到北方时，老是吃面食，很不习惯，但现在好了，反倒不太吃米饭了。

重要性等级：★★★　难易度等级：★　口语化等级：★★★

【630】（我）限你……　（wǒ）xiàn nǐ……

［固定格式］命令某人在规定的时间段完成某事，常构成"限你＋时间词＋V"这一结构，表达了强烈的命令语气。

限你在今天中午十二点前主动道歉，否则一切后果自己承担！

限你三分钟内把你在朋友圈里发的照片全部删掉！不然的话，我们就分手吧。

我限你两天之内把作业写完交给我！

重要性等级：★　难易度等级：★★★　口语化等级：★★★

【631】相比之下　xiāngbǐ zhī xià

［固定格式］表示两个或两个以上的人或事物放在一起比较而得出某个结论。

这两所学校，相比之下，还是去这所学校好。

相比之下，姐姐更懂事一点儿。

小学和初中，相比之下，我更想做小学老师。

重要性等级：★★　难易度等级：★★★　口语化等级：★★

【632】相当 V / A　xiāngdāng V / A

［固定格式］表示程度高，有一种强调的语气。

老师对我们今天的表现相当满意。

他这个人相当聪明。你有问题就问他吧。

你的中文说得相当好。

这次的社会实践，大家都有相当大的收获。

我们那个时候的生活条件是相当艰苦的。

你知不知道你今天的行为相当不礼貌？

重要性等级：★★★　难易度等级：★　口语化等级：★★★

【633】相当于……　xiāngdāng yú……

［固定格式］表示"跟……差不多"，主要用来解释说明。

上海的东方明珠塔约有 468 米，<u>相当于</u>180 层楼那么高。

有了这样一个电子阅读器，就<u>相当于</u>有了一个自己的图书馆。

最近这个品牌的化妆品在打折促销，<u>相当于</u>原来的价格现在可以买两瓶。

重要性等级：★★★　难易度等级：★★★　口语化等级：★★

【634】相对来说　xiāngduì lái shuō

［固定格式］表示以另一方为参照点，通过比较得出某一结论。

因为这个小区地段好，周围又有配套的学校和超市，所以，<u>相对来说</u>房价比较高。

<u>相对来说</u>，我更喜欢性格文静的女生。

医生和教师这两个职业，<u>相对来说</u>，他更愿意做教师。

重要性等级：★★　难易度等级：★★　口语化等级：★★★

【635】相反　xiāngfǎn

［连词］用在下文句首或句中，表示转折或者递进关系，常跟"正、正好、恰恰"等搭配使用。

早睡早起不仅没有坏处，<u>相反</u>倒有不少好处。

不是我影响他的工作，正<u>相反</u>，是他在影响我的学习。

我觉得有时候不是性格决定命运，正好<u>相反</u>，是命运改变性格。

他以为我毕业后会读研，恰恰<u>相反</u>，我更想早点儿工作。

重要性等级：★★　难易度等级：★★　口语化等级：★★

【636】想必 / 想来　xiǎngbì / xiǎnglái

［副词］有"想来一定"的意思，表示偏于肯定的推断。

林老师带了这么多资料来参加会议，<u>想必</u>是事前做了充分的准备。

如果世界各国能合作应对，环境污染的问题<u>想必</u>会解决得更好一些。

等了半天也没看到他来，<u>想来</u>他没有收到会议通知。

最近这么忙，<u>想来</u>，他假期是不会回家了。

重要性等级：★★★　难易度等级：★★★　口语化等级：★

【637】想不 V / A 都难　xiǎng bù V / A dōu nán

［固定格式］表示由于条件具备，出现某种结果是顺理成章的，也可以看成是一种推断。

小张每天花那么多时间学中文，<u>想不学好都难</u>。

明天是老刘的生日，他这么热情地邀请我参加生日聚会，我<u>想不去都难</u>。

他每天都会挤出时间来运动，<u>想不健康都难</u>。

这么劲爆的新闻，<u>想不火都难</u>。

重要性等级：★　难易度等级：★★　口语化等级：★★★

【638】想 V 就 V　xiǎng V jiù V

［固定格式］表示随心所欲地做某事，有时也可说成"想怎（么）样就怎（么）样"。

今天晚上的电影你<u>想去看就去看</u>吧，剩下的工作我来做。

我盼着赶紧放假，这样我就可以<u>想吃就吃</u>，<u>想睡就睡</u>，<u>想出去玩儿就出去玩儿</u>。那日子，想想都美！

你赶紧改改你这大小姐的脾气吧，不能<u>想做什么就做什么</u>，一点儿规矩也没有。

重要性等级：★★★　难易度等级：★★　口语化等级：★★★

【639】想开　xiǎng // kāi

［动词］不把不如意的事放在心上，否定式是"想不开"。

爸爸去世了，他难过了好长时间，我们都劝他<u>想开</u>一点儿。

老林是一个<u>想得开</u>的人，即使受到接二连三的打击，他还是保持着乐观的心态。

他最近受了那么多委屈，一定很伤心，这几天你们多关心他一下儿，免得他<u>想不开</u>。

重要性等级：★★★　难易度等级：★★　口语化等级：★★

【640】想哪儿去了　xiǎng nǎr qù le

［固定格式］表示说话人不同意对方或者其他人的想法，认为他们所想的不合适。

你这是<u>想哪儿去了</u>，他绝对不会做出这种事的。

我怎么会对她有意思呢？你想哪儿去了，我一直把她当妹妹看。

A：在这儿生活可不像北京、上海那么方便。

B：这儿只是个三线小城市，哪儿能跟北京、上海这样的大城市比啊？你都想哪儿去了。

重要性等级：★　难易度等级：★★★　口语化等级：★★★

【641】想也／都别想　xiǎng yě / dōu bié xiǎng

［固定格式］表示没有实现的可能性。

要不是我连续开了好几个夜车，想要提前写完论文，想也别想。

要不是那么多朋友关心他、帮助他，这次要渡过这个难关他想都别想。

小王太厉害了，每次考试都是第一名，别人想得第一，想都别想。

重要性等级：★　难易度等级：★★★　口语化等级：★★★

【642】像　xiàng

［副词］可能；好像。表示揣测，常构成"像……一样"格式。

看他有些面熟，我像是在哪儿见过这个人。

听口音，我们老师像是上海人。

他站在那里不说话，像不认识我一样。

我喊了他几声，小李像是没听到一样。

重要性等级：★★★　难易度等级：★★　口语化等级：★★

【643】（你）像……　（nǐ）xiàng……

［固定格式］用在具体例子的前面，起到解释、说明的作用。

他这个人说话太不注意场合了。像昨天，他竟然在开会的时候直接就把小王骂了一顿，大家都觉得有点儿尴尬。

他精通多国语言，你像英语啊、法语啊、德语啊，他都能张口就来。

今年夏天真的很热。你像上海、杭州这些地方，连续十几天都是三十八九度。

重要性等级：★　难易度等级：★★　口语化等级：★★★

【644】小心（别）V　xiǎoxīn（bié）V

［固定格式］提醒对方不要去实施某种行为。V常为不可控的负面义动作，

构成祈使句的 "小心 V" 和 "小心别 V" 是同义的。

　　这里骗子多，<u>小心上当</u>！（＝小心别上当）

　　看着点儿路，<u>小心摔着</u>！（＝小心别摔着）

　　天冷，<u>小心别感冒了</u>！（＝小心感冒了）

　　那边的路有点儿复杂，<u>小心别走错了</u>！（＝小心走错了）

　　重要性等级：★★★　难易度等级：★★　口语化等级：★★★

【645】心里没底　xīnlǐ méi dǐ

［固定格式］表示对事情的结果没有把握。

　　A：你觉得我们明天能赢吗？

　　B：这一年来对手的水平提高得很快。明天的比赛咱们能不能赢，我<u>心里可</u>
<u>没底</u>。

　　A：你应聘的那个工作有消息了吗？

　　B：初试已经通过了，昨天那个公司给我发来了复试的通知。不过说实话，
<u>我心里没底</u>。

　　重要性等级：★　难易度等级：★★★　口语化等级：★★★

【646】心里有数 / 没数　xīnlǐ yǒushù / méi shù

［固定格式］心里清楚或者不清楚。

　　项目的进展情况不用随时向领导汇报，但你自己要<u>心里有数</u>。

　　这段时间朋友们对我的关心，我<u>心里都是有数</u>的。

　　他不善理财，连自己每个月花了多少钱都<u>心里没数</u>。

　　重要性等级：★★　难易度等级：★★★　口语化等级：★★★

【647】兴许　xīngxǔ

［副词］可能，表示推测。

　　天突然黑下来了，<u>兴许</u>会下雨。

　　艾森今天没来，<u>兴许</u>他明天会来。

　　这件事张老师<u>兴许</u>有办法，你去问问他吧。

　　<u>兴许</u>明天早上出发也来得及。

　　重要性等级：★★　难易度等级：★★　口语化等级：★★

【648】……行不行　……xíng bu xíng

［固定格式］表示商量。

咱们假期一起去九寨沟玩儿吧，你看行不行？

A：我快饿死了，什么时候才能开饭啊？

B：六点，行不行？

A：老板，你这衣服卖得太贵了，如果不便宜一点儿我就不买了。

B：我再给你便宜五十块，行不行？

重要性等级：★★★　难易度等级：★★　口语化等级：★★★

【649】行了　xíngle

［动词］见"【151-1】得了"条。

重要性等级：★　难易度等级：★★★　口语化等级：★★★

【650】幸好　xìnghǎo

［副词］幸亏。指由于某种偶然出现的有利条件而避免了某种不良后果，含有庆幸的语气。常构成"幸好……，（要）不然／否则／才……"句式。"幸好"比"幸亏"更加口语化。

幸好我带了足够的钱，不然我们只能走着回去了。

我已经忘了这件事了，幸好你提醒我，要不然就有麻烦了。

幸好爸爸不知道这件事，否则他一定会很生气。

今天出门时幸好带了把伞，才没被雨淋到。

重要性等级：★★★　难易度等级：★★　口语化等级：★★★

Y

【651】压根儿　yàgēnr

［副词］根本；从来。表示强调，多用于否定式。

我<u>压根儿</u>就没想到他会来看我的演出。

以前他答应我的那些事，他<u>压根儿</u>就不记得了。

我太了解老李这个人了，他借别人的钱<u>压根儿</u>就不会还。

我<u>压根儿</u>就不知道今天竟然是我同屋的生日。

重要性等级：★★　难易度等级：★★　口语化等级：★★★

【652】严格来说　yángé lái shuō

［固定格式］表示从更严格的角度引出说话人的观点。

<u>严格来说</u>，你不符合我们的招聘标准，录取你是因为我们放宽了要求。

<u>严格来说</u>，这些产品没有达到相应的要求，所以还不能上市。

<u>严格来说</u>，你写的这个是议论文而不是记叙文，两者之间还是有不小的区别的。

重要性等级：★　难易度等级：★★★　口语化等级：★★

【653】眼看（……）就要……了　yǎnkàn（……）jiù yào……le

［固定格式］马上就要发生或出现某种状态。"就要"有时也可以用"就、快、快要"等替换。

雨<u>眼看就要</u>停<u>了</u>，你们可以准备出门了。

天气<u>眼看就要</u>冷起来<u>了</u>，你得买件过冬的衣服了。

<u>眼看就要</u>毕业<u>了</u>，可我还没想好将来做什么呢！

<u>眼看</u>春节<u>就要</u>到<u>了</u>，我们去买点儿年货吧。

<u>眼看</u>钱<u>就要</u>用完<u>了</u>，下个月的生活费怎么办呢？

重要性等级：★　难易度等级：★★　口语化等级：★★★

【654】眼看着……　yǎnkànzhe……

［固定格式］听凭不如意的事情发生或发展，有一种无奈的语气。多用于否定句或反问句。

我们不能<u>眼看着</u>朋友受别人欺负却不去帮忙。

这么重要的事，我怎么能<u>眼看着</u>不管？

他在站台上<u>眼看着</u>一辆又一辆的地铁开走，硬是没挤上车。

<u>眼看着</u>天马上就要黑下来了，小女孩篮子里的鲜花还没有全部卖出去。

重要性等级：★★　难易度等级：★★★　口语化等级：★★★

【655】要　yào

【655-1】［动词］一定要；应该。

路很滑，大家<u>要</u>小心！

早点儿睡吧，明天还<u>要</u>早起呢。

明天就考试了，你<u>要</u>赶紧复习。

重要性等级：★★★　难易度等级：★　口语化等级：★

【655-2】［动词］有"快要、就要"的意思，表示情况即将发生。常构成"要……了"格式。

天<u>要</u>黑了，你们快回家吧。

我女儿<u>要</u>结婚了，就在这个星期天。

请大家注意，火车<u>要</u>进站了。

重要性等级：★★★　难易度等级：★　口语化等级：★

【655-3】［动词］有"更加"的意思，表示比较。

这两张照片，前一张<u>要</u>清楚一些。

这个情况他比我<u>要</u>了解得多。

<u>要</u>说唱歌，他比我唱得<u>要</u>好一些。

重要性等级：★★★　难易度等级：★★　口语化等级：★★★

【655-4】［连词］要是；如果。表示假设，"要"后面相当于省略了"的话"。常构成"要……，就……""要……，非得……不可"等结构。

你<u>要</u>不嫌弃，我做个红烧鱼给你尝尝。

你<u>要</u>见到他的话，一定代我向他问好。

明天的聚会，<u>要</u>太远的话，我就不去了。

你倒还记得我的生日，<u>要</u>我爸爸，早就忘了。

明年暑假<u>要</u>能去青海旅游就好了。

<u>要</u>想得到一等奖学金，非得学习特别好不可。

重要性等级：★★★　难易度等级：★★　口语化等级：★★★

【655-5】［连词］有"要么"的意思，常构成"要……，要……"，表示在两项中进行选择。

你赶紧拿主意，<u>要</u>就今天，<u>要</u>就明天，决不能再拖了。

张明高考成绩一般，只有两条路可走：<u>要</u>就是去外地的非重点大学，<u>要</u>就是直接工作。

你到底选好了没有？<u>要</u>就这个，<u>要</u>就那个，你都选了两个钟头了。

重要性等级：★★　难易度等级：★★　口语化等级：★★★

【656】要不（然）　yàobù（rán）

【656-1】［连词］引出建议，可换成"要么"。

明天周末，咱们去看电影吧，<u>要不</u>去喝咖啡也行。

辛苦了！先洗个脸？<u>要不</u>，先喝点儿水？

别着急，<u>要不然</u>这样，我先借点儿钱给你，等你有钱了再还给我。

你可以给他打个电话，<u>要不然</u>你就自己跑一趟。

重要性等级：★★★　难易度等级：★★　口语化等级：★★★

【656-2】［连词］否则。

幸亏来得早，<u>要不</u>就赶不上火车了。

你要赶紧想出一个对策来，<u>要不</u>就麻烦了。

他一定有什么事耽误了，<u>要不然</u>不会到现在还没回来。

重要性等级：★★★　难易度等级：★★　口语化等级：★★★

【657】要不是　yàobùshì

［连词］如果不是。表示如果没有这种情况，就不会达到另一种结果。

<u>要不是</u>她一直帮助我，我根本就不可能获得现在的成绩。

<u>要不是</u>大卫给我翻译，我一句话也听不懂。

<u>要不是</u>你提醒我，这件事我早就忘了。

这份报表<u>要不是</u>老板一直在催我，我才懒得弄呢！

重要性等级：★★★　难易度等级：★★　口语化等级：★★★

【658】要多 V / A 有多 V / A　yào duō V / A yǒu duō V / A

［固定格式］表示程度达到极点。

最近家里养了一只小猫咪，<u>女儿要多喜欢有多喜欢</u>。

你没去过东北吧？那儿的冬天<u>要多冷有多冷</u>。

昨天演讲的时候，我把该说的话给忘了，真是<u>要多尴尬有多尴尬</u>。

听到自己被重点大学录取的时候，小丁是<u>要多兴奋有多兴奋</u>。

重要性等级：★　难易度等级：★★　口语化等级：★★★

【659】要 V 就 V　yào V jiù V

【659-1】［固定格式］表示"如果想要 V 就 V"，意思是可以按照自己的意愿做某事，有一种听任或不在乎的语气。

我就说一次，你<u>要听就听</u>，不听拉倒。

你<u>要去就去</u>，不去就不去，问那么多干吗？

回家以后，你<u>要弹琴就弹琴</u>，<u>要看电视就看电视</u>。随便你！

重要性等级：★　难易度等级：★★　口语化等级：★★★

【659-2】［固定格式］表示以某个条件作为唯一的选择，不考虑别的。常构成"要 V 就 VN"结构。

以后买汽车，<u>要买就买</u>电动汽车。

以后找男朋友，<u>要找就找</u>他那样的。

我可不想上普通大学，<u>要上就上</u>名牌大学。

重要性等级：★★★　难易度等级：★★★　口语化等级：★★★

【660】要看了　yào kàn le

［固定格式］表示不同情况要区别对待，不能一概而论。

A：我觉得没必要动不动就去大医院。

B：这<u>要看了</u>：如果是小病，去街道医院就可以了；如果是大病，还是要去大一点儿的医院比较保险。

A：最近两年大学毕业生是不是很难找到理想的工作？

B：那<u>要看了</u>，有兼职经验的学生通常比较好找工作。

重要性等级：★　　难易度等级：★★　　口语化等级：★★★

【661】要么……，要么……　　yàome……，yàome……

［固定格式］表示对几种情况或者几种意愿进行选择，可以多个连用。

你赶紧让他来开会，要么给他发个微信，要么直接给他打个电话。

我们今天要么看电影，要么去逛街，你决定吧。

要么你去，要么他去，要么我去，不管怎么样，今天必须要有人去。

重要性等级：★　　难易度等级：★★　　口语化等级：★★★

【662】要么不 V，一 V 就……　　yàome bù V，yī V jiù……

［固定格式］通过从反说到正说的方式来引出某个话题，并突出强调动作 V 持续的时间长或者造成的程度深。

这孩子要么不出去，一出去就是一上午。

这个地方要么不下雨，一下雨就是好几天。

这里要么不刮风，一刮风就是满天的黄沙。

他这个人要么不说话，一说话就能把你笑死。

重要性等级：★　　难易度等级：★★　　口语化等级：★★★

【663】要命　　yào // mìng

【663-1】［动词］表示程度达到极点，是一种强调。常构成"V / A 得要命"格式。

他嘴上虽然说"不着急，慢慢来"，但心里却急得要命。

她明明喜欢这个男孩儿喜欢得要命，但就是不说出来，非要等着那个男孩儿来表白。

哈尔滨一到冬天就冷得要命，我这个南方人可实在是受不了。

重要性等级：★★　　难易度等级：★　　口语化等级：★★★

【663-2】［动词］对造成某种困窘局面的埋怨语。

这人真要命，火车都快开了，他还不来。

她这次考试又没及格，真是要命！

外面竟然下这么大的雨！要命！我没带伞。

重要性等级：★★　　难易度等级：★　　口语化等级：★★★

【663-3】［动词］常构成"要P的命"结构。表示某事给某人造成极大的困难，使人不能承受。

一下子亏了几十万，这可真<u>要</u>了小王的<u>命</u>了。

A：你要是想买这儿的房子至少得准备五百万。

B：这不是<u>要</u>我的<u>命</u>吗？我连五十万都拿不出来。

A：学校下星期有万米长跑比赛，我们都报名了，也给你报上了。

B：一万米长跑？我走都走不下来，这不是<u>要</u>我的<u>命</u>吗？

重要性等级：★   难易度等级：★★   口语化等级：★★★

【664】要是   yàoshi

［连词］如果；如果是。表示假设。

<u>要是</u>别人这样对你，你难道不会生气吗？

你现在出去？<u>要是</u>小张来找你怎么办？

<u>要是</u>别人，我才懒得理他呢。

A：我们别在家做饭了，以后就在外面吃吧，又好吃又方便。

B：那可不行，<u>要是</u>每天都在外面吃，你受得了吗？

有时跟否定词连用，构成"要是不/没……，就……"格式。

每个人<u>要是</u>不能自己选择自己的生活方式，那就太痛苦了。

下周的面试你<u>要是</u>不早点儿做准备，恐怕就来不及了。

这家公司的工作压力太大了。<u>要是</u>没有一个强健的身体，就别想在这儿做了。

重要性等级：★★★   难易度等级：★★   口语化等级：★★★

【665】要是……（那）还好   yàoshi……(nà) hái hǎo

［固定格式］表示可以接受某方面的情况，后面常跟"如果"类的假设引出相反的结论。

<u>要是</u>我们能够一起去<u>还好</u>，如果让我一个人去见他，我可不敢。

A：我们打算结婚的事，你跟你父母说了吗？

B：我还没敢说。<u>要是</u>他们同意了<u>那还好</u>，万一不同意，我怕惹出更大的麻烦。

A：这家公司你觉得怎么样？

B：要是离家近那还好，如果离得远，那就太不方便了。

重要性等级：★　难易度等级：★★★　口语化等级：★★★

【666】要是……，就不至于……　　yàoshi……, jiù bù zhìyú……

［固定格式］表示假设关系。意思是如果假设成立，就不会造成后面不好的结果。

要是提前安排好住宿，就不至于现在这样到处找旅馆了。

当初你要是多听听别人的建议，就不至于像现在这样搞得这么被动了。

你要是早点儿起床，提前做好上学的准备，就不至于迟到了。

重要性等级：★　难易度等级：★★★　口语化等级：★★★

【667】要是……就好了　　yàoshi……jiù hǎo le

［固定格式］常用来表达某种愿望式假设。

要是我会游泳就好了。

要是一放假就能回国就好了。

要是没人管我就好了。

要是我能有一个聪明的脑袋就好了。

重要性等级：★　难易度等级：★　口语化等级：★★★

【668】要是我没 V 错的话　　yàoshi wǒ méi V cuò dehuà

［固定格式］委婉地表达对某人某事肯定的意见或看法。V 多为"看、听、猜、说"等动词。

要是我没看错的话，刚才走过去的那个人应该是我大学同学。

老师刚才好像说下周要考试，要是我没听错的话。

A：老板为什么这么急着开会？

B：要是我没猜错的话，准是为了昨天顾客投诉那件事。

A：今天他脸色怎么那么难看啊？

B：肯定是因为昨天没考好，心情不好，要是我没说错的话。

重要性等级：★　难易度等级：★★　口语化等级：★★★

【669】要说 yàoshuō

【669-1】［连词］引出话题，意思是"说起来或谈到某一个方面"。

<u>要说</u>舒服，当然还是家里舒服。

<u>要说</u>气候，我还是更喜欢南方的气候，比较湿润。

<u>要说</u>他这个人啊，真是让人有些无语。他的一些想法和做法都太奇怪了。

重要性等级：★★   难易度等级：★★★   口语化等级：★★★

【669-2】［连词］有"如果说"的意思。

为什么要炒我的鱿鱼？<u>要说</u>我不够聪明我也就认了，可是这段时间我至少一直在认认真真、踏踏实实地做事啊。

<u>要说</u>我不想去参加明天的会议，那也不是真的，主要还是因为时间冲突了。

<u>要说</u>他有多喜欢我，倒也不至于，但至少他也不会讨厌我吧。

重要性等级：★   难易度等级：★★★   口语化等级：★★★

【670】要我说（呀） yào wǒ shuō（ya）

［固定格式］用来引出自己的观点或看法。

<u>要我说</u>呀，想要提高自己的社交能力，就必须得多参加学校的社团活动。

A：我觉得，要想学好中文，就要多听多练。

B：<u>要我说</u>，还是应该多和中国朋友聊天儿。

A：他最近老说要请我吃饭，你说这是为什么呀？

B：<u>要我说</u>呀，他肯定是有事要求你帮忙。

重要性等级：★   难易度等级：★★   口语化等级：★★★

【671】要 N 有 / 没 N yào N yǒu / méi N

［固定格式］表示该具备的条件都具备了或者都不具备，强调条件很好或者很不好。常构成"要 N_1 有 / 没 N_1，要 N_2 有 / 没 N_2"结构。这里的名词 N 有时也可用一些疑问代词来替换，如"要啥有 / 没啥""要什么有 / 没什么"等。表肯定时，有夸赞的语气；表否定时，有遗憾的语气。

张小姐有什么不好？<u>要身材有身材</u>，<u>要长相有长相</u>。

我这里是<u>要人有人</u>，<u>要设备有设备</u>，就等你一句话了。

刚开始创业的时候，我们<u>要资金没资金</u>，<u>要厂房没厂房</u>，全靠一股拼命的劲儿。

六十年代我们结婚那会儿，要家具没家具，要电器没电器，哪像你们年轻人现在要啥有啥。

我们扬州不比北京差，人才、资源，要什么有什么。

重要性等级：★★　难易度等级：★★★　口语化等级：★★★

【672】要照我说　*yào zhào wǒ shuō*

［固定格式］表示说出自己的意见或看法供对方参考，希望别人能按照自己所说的去做。

A：我妈妈说她想夏天来看我。

B：要照我说，还是秋天来比较好，顺便可以欣赏这里的红叶。

A：红的、蓝的我都喜欢，你说我买哪件好呢？

B：要照我说，你还是买蓝的吧。红的太鲜艳了，不适合你。

重要性等级：★　难易度等级：★★　口语化等级：★★★

【673】要知道　*yào zhīdào*

［固定格式］用来提醒说话人注意后面的信息。

你去哈尔滨可一定要多穿点儿。要知道，那里冬天外面的温度有时达到零下二十度。

你为什么会主动帮我啊？要知道，我俩并不熟。

这么贵的樱桃我可舍不得买。要知道，一斤要二十几块呢。

重要性等级：★　难易度等级：★★　口语化等级：★★★

【674】也　*yě*

【674-1】［副词］用来缓和语气，表示委婉。一般轻读。

你也太娇气了，这点儿委屈都受不了。

这件事也不能全怪他，不应该只批评他。

你也不是外人，我就实话实说了。

也难怪他不高兴，你这决定做得太草率了点儿吧！

重要性等级：★★★　难易度等级：★★　口语化等级：★★★

【674-2】［副词］表示"甚至"，用来加强语气。可以构成"连……也……"

格式，"连"可以省略，"也"有时可以用"都"来替换。

连七八岁的孩子也学会电脑了。

连妈妈的话他也不听了。

她最近懒得动，连出去买个菜她也嫌麻烦。

构成"V也不／没V"结构。意思是"一点儿也不／没V"，多表示不认可或不满意的态度。

我送了一个礼物给他，结果他看也不看，就扔在桌上了。

早上起得太晚了，妈妈做好的早餐他动也没动，就跑出去了。

构成"V也V不＋补语"结构，强化否定语义。

我和好朋友两年没见面了，这次见到，我们有太多想说的话了，说也说不完。

他怒气冲冲地闯了进来，拦也拦不住。

重要性等级：★★★　难易度等级：★★　口语化等级：★★★

【674-3】［副词］表示无论假设成立与否，结果都相同。

这件事你不说我也知道。

说什么咱们也要坚持下去，千万别放弃。

我就是嫁不出去也不会嫁给他这样的人。

我知道这事是你做的，你不承认也没用。

重要性等级：★★★　难易度等级：★★　口语化等级：★

【675】V／A也V／A不到哪儿去　V／A yě V／A bù dào nǎr qù

［固定格式］表示程度不深，V和A多为单音节词。

听说这次油价会下跌，我估计跌也跌不到哪儿去。

她的成绩虽然有点儿差，可是差也差不到哪儿去。

你说这个城市好，我看好也好不到哪儿去。

重要性等级：★　难易度等级：★★　口语化等级：★★★

【676】V₁也不是，V₂也不是　V₁ yě bù shì, V₂ yě bù shì

［固定格式］不能这样，也不能那样，左右为难。

我儿子太顽皮了，把家里的墙壁涂得五颜六色的，我是哭也不是，笑也不是。

A：你不是对这个项目有意见吗？为什么昨天讨论的时候你不提出来呢？

B：这个项目可是公司大老板负责的，我能怎么办呢？同意也不是，反对也不是。

A：他是你朋友，请你参加生日晚会，你就去呗！

B：可是我实在是没时间哪，真是去也不是，不去也不是。

重要性等级：★★★　难易度等级：★★★　口语化等级：★★★

【677】V₁ 也 V₁ 不……，V₂ 也 V₂ 不……　V₁ yě V₁ bù……，V₂ yě V₂ bù……

［固定格式］副词"也"前后重复一个动词（多为单音节动词），后面是带"不"的可能补语的否定形式。强调不管如何做，也达不到"动词 + 可能补语"的状态。

这事真难办呀，我走也走不了，留也留不下。

中国这么大，比这里美得多的风景区数也数不完，说也说不尽。

这件事把我折磨得吃也吃不下，睡也睡不好。

重要性等级：★　难易度等级：★★★　口语化等级：★★★

【678】V₁ 也 V₁ 不得，V₂ 也 V₂ 不得　V₁ yě V₁ bude，V₂ yě V₂ bude

［固定格式］意思是"不能 V₁，也不能 V₂"，不知如何是好，有一种无奈的语气。V₁ 与 V₂ 可以是意思相近或相关的动词，也可以是意思相反的动词。

这孩子太不听话了，说也说不得，管也管不得。

这个公司我是走也走不得，留也留不得，真是难受！

我对他是打也打不得，骂也骂不得。真不知道拿他怎么样才好。

这件事让我哭也哭不得，笑也笑不得。

重要性等级：★　难易度等级：★★★　口语化等级：★★★

【679】V 也得 V，不 V 也得 V　V yě děi V，bù V yě děi V

［固定格式］表示没有选择，意思是"必须 V"，有时是一种勉强，有时是一种无奈。V 多为单音节动词。

这顿饭，你吃也得吃，不吃也得吃。我看你还是去吧！

这次比赛小张是最好的人选，他去也得去，不去也得去。总之他必须代表公司参赛。

这笔生意你做也得做，不做也得做。你没有选择！

老婆的话都是对的。我<u>听也得听，不听也得听</u>。只要老婆高兴，让我做什么都行。

重要性等级：★★★　难易度等级：★★★　口语化等级：★★★

【680】也好　yěhǎo

放在句末，语气较轻。

【680-1】［助词］表示对某种做法或者措施虽不满意但能认可，有安抚的语气。

不买<u>也好</u>，反正这些东西都不是必需的，何必浪费钱呢！

这样的选拔机会，难得碰上一次，去锻炼一下儿<u>也好</u>。

我去跟她当面谈一下儿<u>也好</u>，免得在电话里说不清楚。

重要性等级：★★★　难易度等级：★★★　口语化等级：★★★

【680-2】［助词］可以连用，表示不管前面条件如何，后面的结果或者结论都是一样的。后面常有"都、总"等配合使用。后面的"也好"有时可以换成"也罢"。

你同意<u>也好</u>，不同意<u>也好</u>，反正这事都已经定下来了。

欧洲人<u>也好</u>，亚洲人<u>也好</u>，在某些原则性的问题上，大家的看法都是一致的。

你说我笨<u>也好</u>，说我傻<u>也罢</u>，反正我每次看到需要帮助的人，总是会尽量去帮助他们。

事情既然已经发生了，后悔<u>也好</u>，着急<u>也罢</u>，反正都没用，只能勇敢地去面对。

重要性等级：★　难易度等级：★★★　口语化等级：★★★

【681】N₁也 V 了，N₂也 V 了　N₁ yě V le, N₂ yě V le

［固定格式］表示该做的都已经做了。两个 V 可以相同，也可以不同。

你们<u>饭也吃了，酒也喝了</u>，这下该好好干活儿了吧？

我<u>衣服也洗了，地板也拖了</u>，你怎么还是不满意呢？

他最近<u>北京也去了，上海也去了</u>，还是没想好把店铺开在哪儿比较好。

重要性等级：★　难易度等级：★★★　口语化等级：★★★

【682】也（真）是的　yě（zhēn）shi de

［固定格式］表达了说话人的不满，有时也可用于自责。

你也是的，到了上海，竟然都没给我发个微信联系一下儿。

他这人也真是的，女朋友都病了，都不知道心疼人家。

这书也真是的，格式上和印刷上都有好多错误。

我也真是的，这几天一直在外面出差，家里的事一点儿也没顾上。

重要性等级：★★　难易度等级：★★★　口语化等级：★★★

【683】也未尝不……　yě wèicháng bù……

［固定格式］表示委婉的肯定，常构成"也未尝不可"格式。

好几个人同租一套房子，虽然住得有点儿挤，但你要是换一个角度想想，这也未尝不是一件好事。人多热闹啊。

国庆假期预订酒店通常比较紧张，但趁这个时间结婚，也未尝不好，至少亲朋好友们都有时间来参加婚礼。

虽说现在工作任务还没完成，需要抓紧时间加班加点，不过偶尔出去休闲娱乐一下儿，也未尝不可。劳逸结合嘛。

重要性等级：★　难易度等级：★★★　口语化等级：★

【684】一百个不 V / A　yībǎi gè bù V / A

［固定格式］表示否定程度非常深，相当于"绝对不""非常不"，语气较重。

叫我认错，我一百个不接受。我又没错！

每年只要一回家探亲，妈妈就给小宋安排各种相亲，他是一百个不愿意。

大过年的我还得赶书稿，我真是一百个不乐意。

爸爸每次一让我做数学题，我就一百个不高兴。可又能怎么办呢？

重要性等级：★　难易度等级：★★★　口语化等级：★★★

【685】一般来说　yībān lái shuō

［固定格式］引出规律或规则性的内容。也可以说成"通常来说"，是指按正常的情况来说，不包括例外。

一般来说，从上海去北京坐高铁大约要五个小时。

一般来说，他每天总是八点到学校。

我通常不参加这种类型的聚会，一般来说。

重要性等级：★★ 难易度等级：★★ 口语化等级：★★

【686】一 M 比一 M······ yī M bǐ yī M······

［固定格式］表示程度逐渐加深。M 多为量词。

最近他的精神状态<u>一天比一天</u>好。

这段时间雪下得<u>一次比一次</u>大。

我前几天刚学的这套体操越做越好，<u>一遍比一遍</u>熟。

我觉得现在春节的年味儿<u>一年比一年</u>淡。

重要性等级：★★★ 难易度等级：★★ 口语化等级：★

【687】一点儿也不 V / A yīdiǎnr yě bù V / A

［固定格式］强调"完全不"。

这几天我<u>一点儿也不</u>想出门。

他<u>一点儿也不</u>愿意跟人沟通。

父母为了培养她，在她身上花了那么多时间和精力，她却<u>一点儿也不</u>领情。

还早呢，我<u>一点儿也不</u>困。

我觉得这家餐厅的菜<u>一点儿也不</u>好吃。

我看他长得<u>一点儿也不</u>好看。

重要性等级：★★ 难易度等级：★★ 口语化等级：★

【688】一方面······，（另）一方面······ yī fāngmiàn······，（lìng）yī fāngmiàn······

［固定格式］用来连接并列的两种相互关联的情况。

你<u>一方面</u>要好好学习，<u>一方面</u>要注意身体。

要想学好一门外语，<u>一方面</u>要多背单词，<u>另一方面</u>要多听多说。

我们<u>一方面</u>要看到自己的进步，<u>另一方面</u>也要看到自己的不足。

重要性等级：★★ 难易度等级：★★★ 口语化等级：★

【689】P 一个 N P yī gè N

［固定格式］P 一般为人称代词，N 常为没有话语权的弱势人群。这一结构强调 P 不是重要人物，地位很低或者权力很小。有时也可以把数量词放在 N 的后面，构成"PN 一个"。

他一个小学生知道什么？

你问我一个刚来的有什么用？

她一个服务员，你骂她干什么？

我普通老师一个，能有什么权力？

我小职员一个，挣点儿钱不容易啊！

重要性等级：★　难易度等级：★★★　口语化等级：★★★

【690】一个个的　　yī gègè de

［固定格式］表达了对某个群体内人员的负面评价，有气愤、埋怨等语气。常跟第二人称代词"你们"和指示代词"这"搭配使用，多用于熟人之间或者上对下。

你瞧瞧你们这一个个的，哪有一点儿大学生的样子？

一个个的，都傻站在那儿干吗？还不赶紧过来帮忙！

唉！现在的孩子太不让人省心了。这一个个的，简直要把我气死了。

重要性等级：★★　难易度等级：★★★　口语化等级：★★★

【691】一个劲儿地 V　　yīgejìnr de V

［固定格式］表示不停地继续做某事。

孩子一个劲儿地哭。

雨一个劲儿地下。

她一个劲儿地骂我。

你别老是一个劲儿地埋怨好不好？

重要性等级：★　难易度等级：★★　口语化等级：★★★

【692】一会儿　　yīhuìr

口语中常读"yìhuǐr"。

【692-1】［副词］表示在一定时间内两种现象交替出现，常构成"一会儿……，一会儿……"格式。

广州的春天就是这样，一会儿下雨，一会儿出太阳。

老师讲课的声音一会儿高，一会儿低。

他一会儿进，一会儿出，忙个不停。

孩子一会儿哭，一会儿闹，我快被烦死了。

重要性等级：★   难易度等级：★★   口语化等级：★★

【692-2】［副词］表示"在很短的时间内"。

你再等等，他一会儿就回来了。

今天的作业太简单了，一会儿就做完了。

累了吧？休息一会儿吧。

她犹豫了一会儿，然后点了点头。

重要性等级：★★★   难易度等级：★   口语化等级：★★

【693】一……就……   yī……jiù……

【693-1】［固定格式］表示一件事情紧接着另一件事情发生。

他一下课就走了。

她一拿起书就睡着了。

他一看见那个女孩就立刻爱上了她。

重要性等级：★★★   难易度等级：★   口语化等级：★

【693-2】［固定格式］表示一旦满足某个条件，就会产生某种结果。

他一到冬天就感冒。

我一喝牛奶就肚子疼。

小李一晒太阳皮肤就过敏。

重要性等级：★★★   难易度等级：★   口语化等级：★★★

【694】一 V 就是……   yī V jiù shì……

【694-1】［固定格式］强调时间长或者数量多，"就是"后面是表示时间或数量的词语。

他可喜欢爬山了，常常一爬就是一整天。

小王喜欢买书，一买就是好几本。

我平时都不敢睡午觉，因为一睡就是一个下午。

重要性等级：★   难易度等级：★★   口语化等级：★★★

【694-2】［固定格式］表示很容易就能判断出某人、某事或某物的性质。常

构成"一看 / 听就是……"结构。

这古董一看就是假的。

小心点儿吧！刚才那个跟你聊天儿的人一看就是个坏人。

你这话一听就是没经验。哪有冬天种花的！

A：你一看就是新来的吧？

B：你怎么知道的？

A：我这首歌唱得怎么样？

B：一听就是五音不全。

重要性等级：★★★　难易度等级：★★　口语化等级：★★★

【695】一句话的事　yī jù huà de shì

[固定格式] 只要说一句话就能解决问题。表示某人因为具有某种权力或某种优势条件，所以做某事很容易。

你不就是想要我写封推荐信吗？放心吧，一句话的事。

那家公司是我大哥开的，你要想进去，还不是我一句话的事？

他在这个单位的权力最大，要谁不要谁，都是他一句话的事。

重要性等级：★　难易度等级：★★★　口语化等级：★★★

【696】一口气 V　yī kǒu qì V

[固定格式] 连续不停地做某事，也说成"一气儿 V"，后面不带"地"。

他一口气把碗里的汤喝完了。

我一口气读完了这本小说。

玛丽一口气爬到了山顶。

张明一口气跑到了六楼。

重要性等级：★★★　难易度等级：★★　口语化等级：★★★

【697】一口一个……　yī kǒu yī gè……

[固定格式] 表示不停地说或叫同一内容，有套近乎的意思。所说内容在书面语中常用引号引出。

现在很多餐厅的服务员见到女顾客，总是一口一个"美女"地招呼着。

北京人说话，总是一口一个"您"地称呼对方。

每次和男朋友见面，他总是<u>一口一个</u>"我爱你"。

即使在公众场合，小冯也<u>一口一个</u>"亲爱的"叫他女朋友，实在让人觉得有点儿肉麻！

重要性等级：★　难易度等级：★★　口语化等级：★★★

【698】一块儿 V　yīkuàir V

［固定格式］表示同时同地做某件事。"一块儿"跟"一起、一同"相同，后面不带"地"。

天黑了，咱俩<u>一块儿</u>走吧。

这两种菜<u>一块儿</u>炒吧。

这几个问题，我们<u>一块儿</u>讨论一下儿吧。

他俩昨天<u>一块儿</u>离开了北京。

重要性等级：★★　难易度等级：★★　口语化等级：★★★

【699】一来……，二来……　yī lái……，èr lái……

［固定格式］用来说明多项理由，有时也可接"三来……"。

我下午常去咖啡馆喝咖啡，<u>一来</u>我喜欢咖啡的味道，<u>二来</u>喝咖啡能让我彻底放松。

他已经越来越不喜欢自己目前的工作了，<u>一来</u>是因为工资太低了，<u>二来</u>是因为发挥不出自己的优势来，<u>三来</u>是因为工作太没有挑战性了。

A：你今天怎么迟到了？

B：不好意思。<u>一来</u>我住的地方比较偏僻，<u>二来</u>又赶上下雨，很难叫到车，所以来晚了。

重要性等级：★　难易度等级：★★★　口语化等级：★★★

【700】一 V（就）V 了……　yī V（jiù）V le……

［固定格式］表示动作持续的时间长或者数量多，超出了心理预期。后面常跟数量短语。

下午这个会议没想到我<u>一说说了</u>一个小时。

自从她丈夫去了国外，她<u>一等就等了</u>十几年。

这个报告他<u>一写就写了</u>好几万字。

小刚太饿了，<u>一吃就吃了</u>两大碗米饭。

重要性等级：★　难易度等级：★★★　口语化等级：★★★

【701】一溜烟地 V　yīliùyān de V

［固定格式］表示跑得很快，V 为"跑"类动词。

孩子背上书包，<u>一溜烟地跑出了门</u>。

他说了一声"再见"，<u>一溜烟地冲了出去</u>。

骗子拿到钱以后，转身<u>一溜烟地跑得无影无踪</u>。

那个小偷迅速爬上围墙，<u>一溜烟地逃走了</u>。

他急忙骑上车，<u>一溜烟地向东追去</u>。

重要性等级：★　难易度等级：★　口语化等级：★★

【702】一时半会儿　yīshí-bànhuìr

［固定格式］后面多用否定，表示短时间内暂时做不了某事或达不到某种状态。口语中也读"yīshí-bànhuǐr"。

他昨天突然问我这个问题，我<u>一时半会儿</u>不知道怎么回答他。

我<u>一时半会儿</u>想不起来把护照放在哪儿了。

这场雨<u>一时半会儿</u>停不了，你就安心地在这儿待着吧。

重要性等级：★　难易度等级：★★　口语化等级：★★★

【703】一是……，二是……　yī shì……, èr shì……

［固定格式］通过并列关系来对前面的内容进行说明，还可构成"一是……，再就是……""一是……，二是……，三是 / 再就是……"等格式。

她在图书馆的工作内容，<u>一是</u>整理图书，进行分类，<u>二是</u>帮读者找图书。

我们现在联系的方式主要有三个：<u>一是</u>打电话，<u>二是</u>发微信，<u>三是</u>视频聊天儿。

A：你为什么想去苏州旅行？

B：<u>一是</u>想让自己放松放松，<u>再就是</u>想顺便去买点儿苏州特产。

重要性等级：★★★　难易度等级：★★　口语化等级：★★★

【704】V 一 M 是一 M　V yī M shì yī M

［固定格式］多表示对做某事不够积极，认为做总比不做要好。M 多为量词，也常构成"V 多少是多少"格式。有时包含一种听任或不在乎的态度，有时包含一种宽慰的语气。

往后的路走<u>一步是一步</u>吧，慢慢来。

你这种<u>过一天是一天</u>的混日子的想法可不太好啊。

虽然进度有点儿慢，但我们<u>做一点儿是一点儿</u>，总会做完的。

不着急，能<u>学多少是多少</u>，只要有进步就行。

重要性等级：★　难易度等级：★★★　口语化等级：★★★

【705】一头 V　yītóu V

［固定格式］表示头部急速往前、往里或往下做某个动作，强调动作很快。后面不带"地"。

他出门晚了，<u>一头钻进车里</u>，让司机赶紧开车。

那小伙儿救了人以后，<u>一头扎进胡同里</u>不见了。

我今天累极了，回到家，<u>一头倒在了床上</u>，很快就睡着了。

重要性等级：★　难易度等级：★★　口语化等级：★★★

【706】一味（地）V　yīwèi（de）V

［固定格式］表示不顾客观条件或情况，固执地坚持某种行为或做法。含有批评的语气。

你<u>一味想出人头地</u>，到头来恐怕适得其反。

出了事，别<u>一味埋怨孩子</u>，还是应该赶紧想出个对策来。

出了问题，经理没有<u>一味地指责别人</u>，而是承担起了全部责任。

张老板太自私了，<u>一味地只考虑自己的利益</u>，完全不考虑别人的利益。

重要性等级：★　难易度等级：★★★　口语化等级：★

【707】一窝蜂地 V　yīwōfēng de V

［固定格式］形容很多人一起乱哄哄地做某事。

下课铃响了，孩子们<u>一窝蜂地跑出了教室</u>。

讨论才刚刚开始，他们就<u>一窝蜂地吵闹起来</u>。

火车刚一进站，旅客们就<u>一窝蜂地往门口挤去</u>。

重要性等级：★　难易度等级：★★　口语化等级：★★

【708】一下子（就）……　yīxiàzi（jiù）……

［固定格式］表示某种情况在短时间内发生或者突然出现。

你怎么<u>一下子</u>买这么多东西？

小张这么一问，一下子把我问住了。

我恨不得一下子就能学好中文。

迈克一下子就把老师布置的作业全都做完了。

雷声过后，天一下子就黑了下来。

重要性等级：★★★　难易度等级：★　口语化等级：★★★

【709】一下子……，一下子……　yīxiàzi……, yīxiàzi……

［固定格式］表示不同情况在短时间内交替出现。

听到老板叫他，他的脸一下子红，一下子白，表情尴尬极了。

一下子说腿疼，一下子说胳膊疼，你到底哪儿疼？

这天气，一下子冷，一下子热，很容易感冒。

重要性等级：★　难易度等级：★★　口语化等级：★★★

【710】一向　yīxiàng

［副词］表示从过去到现在一贯这样，保持不变。

他这个人说话一向喜欢直来直去，不喜欢绕圈子。

他一向都是一个非常讲信用、诚实可靠的人。

上海的梅雨天一向都是又潮又热，北方人是很难适应的。

重要性等级：★★　难易度等级：★★　口语化等级：★

【711】一 M（N）也 / 都 V否　yī M（N）yě / dōu V否

［固定格式］强调对某种动作、行为、性质的否定。M 是量词，后面可以跟名词性成分。V否是指动词性成分的否定形式。

我在这儿一天也待不下去了。

我来中国之前，川菜一次都没吃过。

她生气的时候，一句话也不说。

我这学期一节课都没缺。

重要性等级：★★★　难易度等级：★　口语化等级：★

【712】应该……才是　yīnggāi……cái shì

［固定格式］表示说话人认为这样做才是正确的、应该的。可以看成是一种建议。

孩子考上了大学，你应该高兴才是。

他做事太马虎，你应该多批评他才是。

下个月要考试了，你应该早做准备才是。

你好朋友来上海了，你应该主动请他吃饭才是。

重要性等级：★　难易度等级：★★★　口语化等级：★★

【713】硬 V　yìng V

［固定格式］陈述句中，表示不考虑客观条件或别人的想法，坚持做某事。多表示无奈或者勉强的语气。此时的"硬 V"可换成"硬是 V"。用于祈使句时，常构成"别硬 V"格式，表示"不要不顾实际，只凭主观想法做事"。

他不会喝酒，硬喝，一下子就喝醉了。

我不想去，妈妈硬让我去，真没办法。

杯子明明是弟弟打碎的，可他硬说是我打的。

文章要是暂时写不出来，别硬写，先放一段时间再说。

你要是觉得不舒服，就回去休息吧，别硬撑了。

我已经吃饱了，你就别硬让我吃了。

重要性等级：★★★　难易度等级：★★　口语化等级：★★

【714】硬是　yìngshì

【714-1】［副词］同陈述句中的"硬"。表示不考虑客观条件或别人的想法，坚持做某事。常构成"硬是 V"结构。

自行车已经没气了，他硬是骑着回了家。

我喊得嗓子都疼了，她硬是不开门。

上周妈妈胃病犯了，她硬是自己在家撑了好几天才去医院。

重要性等级：★★　难易度等级：★★　口语化等级：★★

【714-2】［副词］无论如何也 / 都；就是。常构成"硬是一……也没 / 不 V"或是"硬是一……都没 / 不 V"结构。

那天到底都有谁参加，我硬是想不起来了。

我们在一起待了两天，他硬是一句话也没说。

一屋子人，我硬是一个也不认识。

过年时跟亲戚们打牌，从大年三十到正月十五，我硬是一场牌都没赢过。

重要性等级：★　难易度等级：★★　口语化等级：★★

【715】用 P 的话讲 / 说　yòng P de huà jiǎng / shuō

［固定格式］引出所说内容的来源或出处。

用邓小平的话讲，科技是第一生产力。

今天的比赛队员们发挥得很好，打得很精彩，用网友的话说，他们的表现很给力。

如果你真的想好了，那就勇敢地去做吧！用但丁的话说，走自己的路，让别人去说吧。

重要性等级：★　难易度等级：★★★　口语化等级：★★★

【716】用得 / 不着　yòng de / bu zháo

【716-1】［固定格式］表示有 / 没必要。

这事还用得着你亲自动手吗？我一个人就能解决。

你用不着这么客气，以后咱们就是一家人了。

A：这个电脑这么重，我帮你一起搬吧。

B：用不着。

重要性等级：★★　难易度等级：★★★　口语化等级：★★★

【716-2】［固定格式］有 / 没用或者有 / 没需要。

这几本书我已经用不着了，送给你吧。

我同屋回国时把他用不着的东西都留给我了。

A：这把椅子太旧了，扔了吧。

B：别，还用得着。

重要性等级：★　难易度等级：★★　口语化等级：★★★

【717】尤其是……　yóuqí shì……

［固定格式］用来引出需要强调的那一个，也可换成"特别是"。

我很容易过敏，尤其是春天。

现代社会，患慢性病的人口比例越来越高，尤其是在大城市里，这一点更明显。

大家的意见，尤其是小张的意见，对我的帮助特别大。

重要性等级：★★★   难易度等级：★★★   口语化等级：★

【718】由他去   yóu tā qù

［固定格式］见"【579】随他去"条。

重要性等级：★   难易度等级：★★★   口语化等级：★★★

【719】有的是   yǒudeshì

［固定格式］强调数量很多，有时隐含了"不怕没有"的意思。

你买房的钱不够可以跟他借，他有的是钱。

别总是抱怨了，这世界上有的是比你不幸的人。

像这种造型可爱、色彩鲜艳的鹅卵石，在这个沙滩上有的是。

A：你有中文书吗？借给我看看。

B：有的是，你想看哪一类的？

重要性等级：★★★   难易度等级：★★   口语化等级：★★★

【720】X 有 X 的……，Y 有 Y 的……   X yǒu X de……，Y yǒu Y de……

［固定格式］常用来表示 X 和 Y 在某一方面不相同。

小王有小王的优点，小李有小李的长处。

今天有今天的事，明天有明天的事。

读书有读书的辛苦，工作有工作的辛苦。

在小城市生活有在小城市生活的悠闲，在大城市生活有在大城市生活的便利。

重要性等级：★   难易度等级：★★   口语化等级：★★★

【721】有点儿   yǒudiǎnr

［副词］表示程度不高；稍微。多用于不如意的事情。

今年上海的冬天有点儿冷。

他的工作态度有点儿不认真。

听到这个消息，我多少有点儿吃惊。

我知道真相以后，稍微有点儿难过。

"有点儿"可以单独回答问题。

A：你不觉得疼吗？

B：<u>有点儿</u>。

A：他是不是后悔了？

B：<u>有点儿</u>。

重要性等级：★★★　难易度等级：★　口语化等级：★★

【722】有点儿太 A 了　yǒudiǎnr tài A le

［固定格式］表示事物的发展或结果超出了说话人的预期，有时有不满或抱怨的语气。

事情最终的结果<u>有点儿太完美了</u>，让我们都不敢相信。

这时间过得<u>有点儿太快了</u>，又到年底了。

我不太喜欢小张，他这个人<u>有点儿太骄傲了</u>。

在这件事情上小明是不是<u>有点儿太认真了</u>？何必呢？

重要性等级：★★　难易度等级：★★　口语化等级：★★★

【723】有两下子　yǒu liǎngxiàzi

［固定格式］认为对方或者其他人有能力、有水平，是一种夸奖。

他要是没<u>有两下子</u>也不敢接这么难的活儿啊。

只知道你唱歌唱得好，真没想到你跳舞也<u>有两下子</u>。

他真<u>有两下子</u>，刚教两个月，学生的成绩一下子就上去了。

重要性等级：★　难易度等级：★★　口语化等级：★★★

【724】有那么点儿意思　yǒu nàme diǎnr yìsi

［固定格式］意思是具有某种做派或接近某种状态，是一种正面的评价。

A：我朋友的摄影水平还不错吧？

B：你别说，还真<u>有那么点儿意思</u>。

A：怎么样？这个茶楼的布置是不是特别有古风古韵的感觉？

B：的确，真的<u>有那么点儿意思</u>。

A：我唱的这段京戏<u>有那么点儿意思</u>吧？

B：还真是。

重要性等级：★　难易度等级：★　口语化等级：★★★

【725】有 P 呢　　yǒu P ne

[固定格式] 表示有某人的帮助，对方不必担心，表示对对方的一种宽慰。

A：我不会说中文怎么办？

B：没关系，<u>有我呢</u>。

A：咱们不会走错路吧？

B：放心吧，<u>有导游呢</u>。

A：这几个题我想了半天也没想出来。

B：不用担心，<u>有老师呢</u>。

重要性等级：★★　难易度等级：★★　口语化等级：★★★

【726】有什么办法呢　　yǒu shénme bànfǎ ne

[固定格式] 表示无可奈何，没办法。

A：这么多单词都要记住吗？

B：<u>有什么办法呢</u>？考试都要考啊。

A：这个活动一定要参加吗？

B：老师说了，不参加算旷课啊！<u>有什么办法呢</u>？

A：为什么你买的机票这么贵？

B：我<u>有什么办法呢</u>？一到节假日，票价就涨上去了。

重要性等级：★　难易度等级：★★　口语化等级：★★★

【727】有什么 A 不 A 的　　yǒu shénme A bu A de

[固定格式] 常常顺着前一句的意思来表达不以为然的态度，意思是"A 不
A 并不重要"。

A：你刚才跟他说话也太不客气了吧？

B：我们俩的关系熟得不得了，<u>有什么客气不客气的</u>。

A：你送我的礼物太贵了。

B：<u>有什么贵不贵的</u>，你喜欢就行。

A：下午的电影好看吗？

B：这本来就是单位组织的一场电影，规定每个人都要看的，<u>有什么好看不好看的</u>。

重要性等级：★　难易度等级：★★　口语化等级：★★★

【728】有什么好 / 可 V / A 的　yǒu shénme hǎo / kě V / A de

［固定格式］用反问的形式表示不以为然、不值得或者没必要，表达一种否定评价。

有什么好买的？这个商店的东西又贵又不实用！

有什么好大惊小怪的？这种事情我见得多了。

有什么可犹豫的？这么好的机会你再犹豫就没有了！

背单词有什么可怕的？只要每天坚持，就一定会有收获。

重要性等级：★★★　难易度等级：★★　口语化等级：★★★

【729】有 N 说，……　yǒu N shuō, ……

［固定格式］指明观点的出处并引出观点。

网上有帖子说，这里的旧房子全部要拆掉盖新的。

有消息说，明年这里开始建设地铁站，到时候房价还会涨。

有朋友说，他想把房子租出去。你有兴趣租吗？

重要性等级：★　难易度等级：★★★　口语化等级：★★

【730】X 有 Y 这么 / 那么 A　X yǒu Y zhème / nàme A

［固定格式］X 和 Y 两种事物相比较时，以 Y 为标准，X 达到了 Y 的程度。该格式的否定式是"X 没有 Y 那么（这么）A"。

我弟弟快有我这么高了。

我有她那么漂亮就好了。

那两棵枣树有碗口那么粗。

这座楼没有那座楼那么破。

我没有你想的那么傻。

重要性等级：★　难易度等级：★★　口语化等级：★★★

【731】有这么……吗　yǒu zhème……ma

［固定格式］用反问形式表示否定。

这件事有这么麻烦吗？弄了两天都没弄好。

这道题目有这么难吗？全班就没有几个人做对。

这件事你干吗瞒着我？怕我反对？我有这么不讲道理吗？

你老躲着我干吗？我有这么让你讨厌吗？

重要性等级：★　难易度等级：★★　口语化等级：★★★

【732】又　yòu

【732-1】［副词］在表示前后互相矛盾的情况时，用"又"可以加强转折语气。常构成"可又……""却又……"等格式。

有件事想告诉你，却又怕你听了不高兴，你想知道吗？

这个句子看上去不太合语法，可我又不知道应该怎么改才好。

他很怕冷，但是又不想多穿衣服。

重要性等级：★★★　难易度等级：★★　口语化等级：★★★

【732-2】［副词］用在否定句、反问句中，加强否定、反问语气，表示事实既然如此，后面的结论就是理所当然的了。

你又不是我，你怎么知道我是怎么想的？

他又没看过那个电影，怎么知道好不好？

他又不会吃了你，你怕他干什么？

下雨又有什么关系？咱们照常锻炼。

重要性等级：★★★　难易度等级：★★　口语化等级：★★★

【733】又来了　yòu lái le

［固定格式］又一次听到不喜欢听的话时的埋怨语。

A：我再抽最后一支，以后我再也不抽烟了。

B：又来了，这种话你已经说过二十遍了。

A：只有好好学习才能考上好大学，考上好大学才有好工作。

B：您又来了。学习很重要，我还不知道吗？

重要性等级：★　难易度等级：★★　口语化等级：★★★

【734】又是……，又是……　yòu shì……, yòu shì……

［固定格式］既可以表示两个及以上动作连续进行，又可以用来强调两种及以上情况同时存在。后面常加"的"。

你今天是有什么紧急的事找我吗？又是短信，又是微信的，发个没完没了！

A：昨天晚上的演唱会怎么样？

B：热闹极了！台上的歌手又是唱，又是跳的，台下的观众又是喊，又是叫的。

A：你第一次去男朋友家，他的家人对你怎么样？

B：可热情啦。他妈妈又是倒茶，又是拿水果的，还给我看我男朋友小时候的照片呢。

重要性等级：★　难易度等级：★★★　口语化等级：★★★

【735】又……又……　　yòu……yòu……

［固定格式］连接并列的动词、动词性短语或形容词、形容词性短语，强调两种情况或状态同时存在。

在晚会上，大家又唱又跳，热闹得很！

这孩子可聪明了，又会写又会算。

这个电影我又想看又不想看。

我对他是又爱又恨。

我姐姐长得又聪明又漂亮，大家都很喜欢她。

重要性等级：★★★　难易度等级：★　口语化等级：★★

【736】V₁又V₂，V₂又V₁　　V₁ yòu V₂, V₂ yòu V₁

［固定格式］表示两个动作反复交替进行，有时"又"可以省略。

这个电脑他拆了又装，装了又拆，直到自己觉得满意才停下来。

他这几天是吃了又睡，睡了又吃，啥正事都不干。

小雅听一会儿又看一会儿，看一会儿又听一会儿，整个下午都在网上学中文。

重要性等级：★　难易度等级：★★★　口语化等级：★★★

【737】原来　　yuánlái

［副词］表示发现了真正的原因或搞清楚了情况，有释然的语气。常跟"怪不得"搭配使用，也常构成"我说……，原来……"或者"原来……，我说……"格式。

原来你不能吃辣的，怪不得那么好吃的麻婆豆腐你一口都没吃。

怪不得你英语这么好，原来你去英国留过学啊。

我说谁在敲门呢？原来是你呀！

原来是他病了，我说他怎么没来呢？

A：小王昨天吃坏了肚子，今天去医院了。

B：原来是这样啊。怪不得他今天没来开会呢。

重要性等级：★★★　难易度等级：★　口语化等级：★★★

【738】X 远没有 Y……　X yuǎn méiyǒu Y……

［固定格式］意思是跟 Y 相比，X 在程度上差得很远。

你过奖了，我远没有你说的那么好。

我觉得开车上下班远没有骑车上下班那么方便。

这个国外品牌的手机远没有人们想象的那么火，反倒是国内的那个品牌更受

欢迎。

重要性等级：★　难易度等级：★★★　口语化等级：★★★

【739】越来越 V / A　yuè lái yuè V / A

［固定格式］表示程度随时间的推移而进一步发展。

这孩子越来越没礼貌了，太不像话了。

我越来越不喜欢这个城市了。

我对中国书法越来越着迷了。

来中国以后，他的中文说得越来越流利了。

重要性等级：★★★　难易度等级：★　口语化等级：★

【740】越是……，就越……　yuè shì……, jiù yuè……

［固定格式］表示递进。

我们越是研究，就越发现更多的不足。

现代文明越是发展，大家就越注重对隐私权的保护。

你越是天天督促我好好读书，我就越不能集中精力。

她越是跟我套近乎，我就越不喜欢她。

重要性等级：★★★　难易度等级：★★★　口语化等级：★

【741】越 X（……）越 Y　yuè X（……）yuè Y

［固定格式］表示在程度上 Y 随 X 的增加而增加。中间既可连接词语，也可

连接小句。

外面的风越刮越大。

你怎么越长越漂亮了？

你越劝他休息，他干得越起劲儿。

你越批评他，他越紧张。

考试时越紧张，就越容易出错。

重要性等级：★★★　难易度等级：★　口语化等级：★

Z

【742】V 砸了　V zá le

［固定格式］某事没做好或者失败了，如"演砸了、考砸了、办砸了、讲砸了"等等。

接到演出任务后，他一刻都不敢松懈，一直在不停地排练，生怕最后演砸了。

这次高考如果考砸了，我就没法进入理想的大学。

你可千万别把我交代给你的事办砸了。

重要性等级：★　难易度等级：★　口语化等级：★★★

【743】再/最 A 不过了　zài / zuì A bùguò le

［固定格式］强调 A 的程度很高，意思是"没有比……更 A 的了"。

我觉得他们俩的性格、脾气都很相似，如果能发展成男女朋友，是再合适不过了。

这个小镇实在太美了，到处鸟语花香的，要是能在这儿多住几天，那就再舒服不过了。

A：明天我买票时顺便帮你买一张吧。

B：那最好不过了。

重要性等级：★　难易度等级：★★　口语化等级：★★★

【744】再不　zàibu

［连词］要不然，有商量的语气。

我打算让老张负责这个项目，再不让小王也一起参加吧，俩人有事好商量。

对不起，我最近太忙了，可能没办法完成你托我办的事情，再不你重新找个人吧！

A：昨天那个项目的方案定了吗？

B：还没呢。再不这样吧，今天晚上我们碰个头，把方案定下来。你看怎么样？

重要性等级：★　难易度等级：★★　口语化等级：★★★

【745】再就是　*zài jiù shì*

［固定格式］表示另外有所补充，相当于"还有"。

我们学校的重点科目除了语文和数学，再就是英语。

中文说得流利的同学有玛丽、麦克，再就是山本。

我有两件事要跟你说：一是明天的会取消了，再就是，张老师下午的课提前了十分钟。

你赶紧把明天的会议材料准备好。再就是，明天的会由你来主持。

重要性等级：★　难易度等级：★★　口语化等级：★★★

【746】再说　*zàishuō*

【746-1】［动词］表示留到以后再处理或考虑，有时候表示委婉的拒绝。

A：你想不想换一辆好一点儿的汽车？

B：等有了钱再说吧。

A：你都涨工资了，咱们啥时候一起出去吃个饭庆祝一下儿？

B：再说吧。

A：假期我们一起去西藏好不好？

B：再说。

重要性等级：★★★　难易度等级：★★　口语化等级：★★★

【746-2】［连词］有"而且"的意思，表示更进一步的说明。

明天的秋游我没时间去，再说我也不想去。

这件事你必须要表明态度，再说你是这个小组的组长，你的态度很重要。

昨天我们讨论的那个方案，还是你去跟麦克说吧，再说，我跟他也不熟。

重要性等级：★★　难易度等级：★★　口语化等级：★★★

【747】再……，……也／都……　*zài*……，……*yě / dōu*……

［固定格式］表示让步关系的复句，也可以构成紧缩句。"再"有时可连用。

再简单，再节约，到时候结婚也得摆几桌酒席吧。

即便天再冷，风再大，我们也要按时完成任务。

我再忙都得去一趟啊。

重要性等级：★★★　难易度等级：★★　口语化等级：★★

【748】再 A 也没有……A　　zài A yě méiyǒu……A

[固定格式] 用于比较句，表示后者的程度更深，数量更多。

A：要是不买汽车，我天天打车上班，那多贵呀！

B：<u>再贵也没有</u>买车贵。

A：我认识的汉字比你多多了。

B：<u>再多也没有</u>山本认得<u>多</u>吧？

A：我来上海已经十几年了，时间够长的了吧？

B：<u>再长也没有</u>我长。我都来了二十年了。

重要性等级：★　难易度等级：★★　口语化等级：★★★

【749】再一个　　zài yī gè

【749-1】[固定格式] 表示"另外一个"，用于列举。常构成"一个……，（一个……，）再一个……"格式。

　　我的同屋分别来自三个地方：一个是山东，一个是湖南，<u>再一个</u>是广东。

　　他的比赛成绩一次不如一次，主要是训练时间不够造成的，<u>再一个</u>原因是技术上也有问题。

　　关于下周的会议，我有两个问题要跟你讨论一下儿：一个是会议的具体时间，<u>再一个</u>是会议的具体安排。

重要性等级：★　难易度等级：★★　口语化等级：★★★

【749-2】[固定格式] 有"并且、而且"的意思，起连接作用。

　　我今天没有去上课，本来我就觉得身体有些不舒服，<u>再一个</u>，今天的课实在是太无聊了。

　　上周我和女朋友分手了。我们俩性格上差异太大了，<u>再一个</u>，她的暴脾气也让我受不了。

　　我不太喜欢这个房子，离市区太远了，<u>再一个</u>，房型也不好。

重要性等级：★　难易度等级：★★★　口语化等级：★★★

【750】再怎么说，……也……　　zài zěnme shuō，……yě……

[固定格式] 意思是"不管怎么样，……也……"。

　　<u>再怎么说</u>，她<u>也</u>是你的家人，你有事情的时候，也应该跟她商量一下儿。

虽然爸爸的做法有点儿过分，但<u>再怎么说</u>，你<u>也</u>不应该不辞而别吧?

我知道小张有小张的难处，可是，<u>再怎么说</u>，他<u>也</u>不能袖手旁观啊!

重要性等级：★   难易度等级：★★   口语化等级：★★★

【751】在乎   zàihu

［动词］放在心上；介意。多用于否定句或反问句。

你那么有钱，难道还<u>在乎</u>这么几个钱?

对这一点，他倒不十分<u>在乎</u>。

什么荣誉不荣誉的，我不<u>在乎</u>。

我都活了这么一大把年纪了，还会<u>在乎</u>别人的闲言碎语吗?

重要性等级：★★★   难易度等级：★★   口语化等级：★★

【752】在 P 看来   zài P kànlái

［固定格式］引出某人的看法或观点。

这些问题，<u>在我看来</u>，是不难解决的，只要你多花点儿心思就行了。

<u>在很多人看来</u>，小高这几年变了很多，好像换了个人一样。

我并不喜欢自己的工作。可能<u>在外人看来</u>，我这个工作还不错。

重要性等级：★   难易度等级：★★   口语化等级：★★★

【753】在一定 / 某种程度上 zài yīdìng / móu zhǒng chéngdù shang

［固定格式］表示或多或少。

这些问题<u>在一定程度上</u>反映出我们的管理还存在一些局限。

新书能卖多少，<u>在一定程度上</u>反映了它的受欢迎程度。

办公室主任提出的建议<u>在某种程度上</u>代表了全体员工的心声。

重要性等级：★   难易度等级：★★★   口语化等级：★

【754】咱们   zánmen

【754-1】［代词］指说话人和听话人双方。

你来得正好，<u>咱们</u>商量一下儿。

<u>咱们</u>是一家人，你不用客气。

A：<u>咱们</u>今天晚上出去吃吧。

B：好啊!

　　重要性等级：★★★　难易度等级：★　口语化等级：★★★

【754-2】［代词］表示听说双方以及听说双方以外的第三方。

　　这件事您问我，我也不清楚。等经理回来后，咱们一块儿商量一下儿。

　　等他上完课，咱们一块儿去打乒乓球吧。

　　你把王老师叫上，咱们一起出去吃个便饭吧。

　　重要性等级：★　难易度等级：★★　口语化等级：★★★

【754-3】［代词］借指我（们）或你，具体指的是谁，需要由语境来区分。语气上显得更亲切、更随意一些。

　　修电脑，可别找我，咱们是个外行。（指"我"）

　　咱们老百姓，过好自己的小日子就行了。哪还有时间管其他的！（指"我们"）

　　咱们别哭了，妈妈一会儿就回来了。（指"你"）

　　乖！咱们把药吃了好不好？（指"你"）

　　重要性等级：★　难易度等级：★★　口语化等级：★★★

【755】早不 V，晚不 V　zǎo bù V, wǎn bù V

［固定格式］表示某件事情发生得不是时候，往往带有抱怨的语气。常构成"早不 V，晚不 V，偏偏 / 非……"格式。

　　你早不提，晚不提，我刚把计划书交上去，你就提了一大堆意见。

　　他早不生病，晚不生病，偏偏在我们要出去旅游的时候病倒了。

　　老刘啊，你早不来，晚不来，为什么非要这个时候来？

　　重要性等级：★　难易度等级：★★★　口语化等级：★★★

【756】早（就）……了　zǎo (jiù) ……le

［固定格式］表示"很早就……了"。

　　这件事我们早商量好了，不用再考虑了。

　　我和他是老朋友，我们早就认识了。

　　他早就看我不顺眼了，你以为我不知道？

　　我早就下班了，已经等了你两个钟头了。

　　重要性等级：★★★　难易度等级：★　口语化等级：★★

【757】早晚都要 / 会……　　zǎowǎn dōu yào / huì……

［固定格式］意思是"或早或晚都要 / 会……"。表示预知一件事情必然发生，尽管说不出它发生的确切时间。可以看成是一种提醒。

孩子，你<u>早晚都要</u>嫁人的，不可能一辈子守在妈妈身边。

这件事大家<u>早晚都会</u>知道的，还不如现在就告诉他们呢。

别泄气！是金子，<u>早晚都会</u>发光的。

重要性等级：★　难易度等级：★★★　口语化等级：★★★

【758】早早　　zǎozǎo

口语中多儿化，读"zǎozǎor"。

【758-1】［副词］有"尽早"的意思，表示动作行为要赶快进行。

你明天<u>早早</u>去，<u>早早</u>回，把事情办好。

你如果对那姑娘没意思，那就<u>早早</u>告诉她，省得她误会。

我希望大学毕业后能<u>早早</u>参加工作，这样就可以赚钱养家了。

重要性等级：★★　难易度等级：★★★　口语化等级：★★★

【758-2】［副词］有"很早"的意思，后面常跟"就"搭配，构成"早早就"。

今天的会<u>早早</u>就结束了，你怎么现在才回来？

你的那点儿心思，我<u>早早</u>就看出来了，只是不说罢了。

妈妈<u>早早</u>地就给儿子买好了结婚用品，就等结婚那天用了。

重要性等级：★　难易度等级：★★★　口语化等级：★★★

【759】早……早……　　zǎo……zǎo……

［固定格式］表示希望尽早完成某事。

我想第一个考，<u>早</u>考完<u>早</u>结束。

别磨蹭了，快动身吧，<u>早</u>去<u>早</u>回。

有病千万别拖着，<u>早</u>治疗<u>早</u>康复。

重要性等级：★　难易度等级：★★★　口语化等级：★★

【760】早知道（……，）就……　　zǎo zhīdào（……，）jiù……

［固定格式］表示"如果早点儿知道，就会改变原来的想法或做法"，表达了说话人后悔或遗憾的语气。

<u>早知道</u>今天要下雨，我<u>就</u>应该带把伞出来的。

我要<u>早知道</u>这件事这么难办，也<u>就</u>不会在这上面浪费时间了。

昨天的讲座实在无聊。<u>早知道</u>我<u>就</u>不去了。

A：我昨天半夜才睡。

B：<u>早知道就</u>不叫你起床了。

A：你上次的资格证书没考出来，现在该怎么办呢？你赶紧准备明年的考试吧。

B：<u>早知道</u>你这么操心，我<u>就</u>不告诉你考试结果了。

重要性等级：★★　难易度等级：★★　口语化等级：★★★

【761】怎么　zěnme

【761-1】［代词］询问性质、方式、状况、原因等。

咦？你<u>怎么</u>来了？

你是<u>怎么</u>学会说中文的？

我<u>怎么</u>你了？你这么不高兴。

你这是<u>怎么</u>了？看上去很紧张的样子。

"怎么"可以放在句首，相当于"为什么"。

<u>怎么</u>你今天看起来有点儿不高兴？

<u>怎么</u>今天这么冷啊？

<u>怎么</u>小刘上课迟到了？

"怎么"放在句首，后有停顿时，常表示惊讶。

<u>怎么</u>，几个月不见，不认识我了？

<u>怎么</u>，他又改变主意了？

<u>怎么</u>，你现在就要走吗？

"怎么"也可以表示反诘。

这么小的地方，<u>怎么</u>住人？

你<u>怎么</u>可以这样跟我说话？

你<u>怎么</u>这么不懂规矩？

重要性等级：★★★　难易度等级：★　口语化等级：★★★

【761-2】[代词] 常构成 "怎么 V 都 / 也……" 格式，表示无条件。有时前后两个 "怎么" 相呼应，表示条件关系。

这台电脑怎么修都修不好。

他这个人很固执，我怎么跟他说都没用。

我怎么教他，他也学不会。

老师怎么教，我就怎么学。

你想怎么就怎么吧，我懒得管你。

重要性等级：★★★　难易度等级：★★　口语化等级：★★★

【761-3】[代词] 虚指性质、状况或方式。

不知道他怎么一上台就摔了一跤。

这孩子把她妈妈怎么批评她、怎么惩罚她的经过都跟我说了一遍。

我也不清楚他是怎么一个人。

当时到底是怎么一种情况，我现在已经记不清楚了。

重要性等级：★★　难易度等级：★★★　口语化等级：★★★

【761-4】[代词] 有一定程度，但程度还不够。多用于否定式，构成 "不怎么 V" 或 "没怎么 V" 格式，减弱否定义，语气委婉。

这首歌我刚学没几天，还不怎么会唱。

我平时不怎么喝酒，今天喝得有点儿多了。

这门选修课我不太感兴趣，没怎么去听。

重要性等级：★★★　难易度等级：★★　口语化等级：★★★

【762】怎么个 V / A 法　zěnme gè V / A fǎ

[固定格式] 用于询问程度或方法。

学外语到底应该怎么个学法? 我怎么一直学不好?

A：你有不懂的应该去问老师。

B：我都不知道怎么个问法。我好像哪儿都不懂。

A：这次考试可比以前难多了。

B：是吗? 怎么个难法?

A：不光要看懂文章、回答问题，还得写出你的观点呢。

重要性等级：★★　难易度等级：★★　口语化等级：★★★

【763】怎么就不能 V / A 呢　zěnme jiù bù néng V / A ne
[固定格式] 相当于"为什么不能……"，通过反问的形式强化肯定语气。

他也是被邀请的正式代表，<u>怎么就不能参加呢</u>？

你都忍了他那么久了，<u>怎么就不能再忍一忍呢</u>？

做人<u>怎么就不能宽容一点儿呢</u>？为什么一定要斤斤计较呢？

重要性等级：★　难易度等级：★★　口语化等级：★★★

【764】怎么样　zěnmeyàng

【764-1】[代词] 用来询问别人的想法。

下周旅行的路线就这样安排，你觉得<u>怎么样</u>？

明天就要考试了，你准备得<u>怎么样</u>了？

他最近身体恢复得<u>怎么样</u>？

<u>怎么样</u>？下周的会议报告准备好了吗？

明天由你来代表我们发言吧，<u>怎么样</u>？

重要性等级：★★★　难易度等级：★　口语化等级：★★★

【764-2】[代词] 有时不表示疑问，而表示说话人对某人、某物或某事的看法和评价。通常用否定形式"不怎么样"来表示，意思是"不太好""没达到某一标准"或"不理想"。见"【92】不怎么样"条。

重要性等级：★★★　难易度等级：★　口语化等级：★★★

【764-3】[代词] 有时代替不说出来的动作或情况，是委婉的说法，常构成"把某人怎么样"格式。只用于否定句和疑问句。

别怕，他不能把我们<u>怎么样</u>。

我就是不去，你能把我<u>怎么样</u>？

她要是真不愿意，我还能把她<u>怎么样</u>？

放心吧，就算他手头的工作没做好，我也不会把他<u>怎么样</u>的。

重要性等级：★　难易度等级：★　口语化等级：★★★

【765】怎么（说）也得……　　zěnme（shuō）yě děi……

【765-1】［固定格式］表示无论如何应该做某事。

这个周末我<u>怎么也得</u>出去散散心。最近太累了。

A：我知道他病了，但是我最近实在是很忙啊。

B：可你是他的朋友，<u>怎么也得</u>去看一下儿吧。

A：这次演讲我不想参加了，我太紧张了。

B：你都准备那么长时间了，<u>怎么说也得</u>试试呀。

重要性等级：★　难易度等级：★★★　口语化等级：★★★

【765-2】［固定格式］说话人认为至少需要、至少要用，后面常跟数量短语。

要完成这个项目，<u>怎么也得</u>半个月吧，一周时间太紧张了。

要背完这整本的单词，<u>怎么也得</u>一个月时间吧。

要想买个像样的手机，一千元可不够，<u>怎么说也得</u>三千吧。

重要性等级：★　难易度等级：★★　口语化等级：★★★

【766】怎么 A 怎么来　　zěnme A zěnme lái

［固定格式］只要满足某个条件，怎么做都可以，包含了一种听任的态度。

你别管他了，他<u>怎么高兴怎么来</u>吧。

我平时工作时肯定是很认真的，但工作以外的状态是<u>怎么舒服怎么来</u>。

A：明天你去我家过生日，我给你做几个拿手好菜，再买个生日蛋糕。

B：不用这么麻烦了，<u>怎么方便怎么来</u>吧。

重要性等级：★　难易度等级：★★　口语化等级：★★★

【767】怎么着　　zěnmezhe

【767-1】［代词］询问动作或情况。

你<u>怎么着</u>？别人都表态了，就剩你了。

她一直不说话，是生我的气了还是<u>怎么着</u>？

<u>怎么着</u>？看你大包小包的，这是要出远门啊？

我就是不想去，你能拿我<u>怎么着</u>？

重要性等级：★★★　难易度等级：★★★　口语化等级：★★★

【767-2】［代词］泛指动作或情况，常构成"V 怎么着就怎么着"格式，表示"由着某人的性子来""想怎样就怎样"。有一种听任的态度。

他这个人自由惯了，总是想怎么着就怎么着。

我懒得管你，你爱怎么着就怎么着吧。

A：这个周末我们怎么安排？

B：你说怎么着就怎么着。一切都听你的。

重要性等级：★　难易度等级：★★　口语化等级：★★★

【768】**怎么着也得……**　　zěnmezhe yě děi……

［固定格式］表示"无论怎么样，都要做某事"。有时，"也"也可以跟"能、要、可以、应该"等能愿动词连用。

我今天怎么着也得把这份报告写完，你先下班吧。

工作再忙，怎么着也要抽出点儿时间回去看看父母。

她家出了这么大的事，你怎么着也应该去看看。

重要性等级：★　难易度等级：★★★　口语化等级：★★★

【769】**照**　　zhào

【769-1】［介词］引出动作行为的根据，比"按照、根据"等更口语化。可以构成"照 P 说 / 看"，表示某人具有某种看法。P 多为"你""我"。

这件事就照你说的办吧。

我们还是照原计划进行吧。

照我看，这件事情我们应该再商量一下儿再行动。

照你这么一说，我心里就踏实多了。

照我说啊，你就不应该来这儿。

重要性等级：★　难易度等级：★★　口语化等级：★★★

【769-2】作为构词语素，构成"照 V"式合成词（如"照办、照发、照搬、照抄"），表示完全按照某个样子（做）。

作业要独立完成，不能照抄别人的。

你的意见很对，我们一定照办。

你不用担心，这个月的工资照发。

你不能完全<u>照搬</u>别人的做法，也得有一点儿自己的想法。

重要性等级：★　难易度等级：★★　口语化等级：★★

【770】照理说／照说（应）该……　zhàolǐ shuō／zhào shuō（yīng）gāi……

［固定格式］表示按照常情常理，事情本该如此，但实际结果却正好相反。

阿伟成绩那么好，<u>照理说</u>不该考得这么差。他到底怎么了？

奶奶那么大年纪了，<u>照理说</u>应该好好休息了，可她在家仍然闲不住。

都清明了，<u>照说</u>该暖和了，怎么还这么冷？

<u>照说</u>该我去看老陈的，他倒先来了。

重要性等级：★　难易度等级：★★　口语化等级：★★★

【771】照样　zhàoyàng

【771-1】［副词］有"依旧"的意思，表示情况并没有因为前面所说条件的影响而变化。

昨天他就因为迟到被老师批评了，可是他今天<u>照样</u>迟到。

爷爷的记忆力相当好，三四十年前的事情<u>照样</u>记得清清楚楚。

爸爸当年虽然没考上大学，但<u>照样</u>学完了大学的课程。

重要性等级：★★★　难易度等级：★★★　口语化等级：★★★

【771-2】［副词］有"同样"的意思，表示结果相同。

我一个人<u>照样</u>能够把事情解决好。

别人能按时完成任务，你<u>照样</u>也可以。

别以为你有多重要！没有你，地球<u>照样</u>转！

重要性等级：★　难易度等级：★★★　口语化等级：★★★

【772】这　zhè

［代词］表示"现在"或者"这时候"，有加强语气的作用。常构成"这就……""这才……""这都……"。

他酒喝多了，凉风一吹，<u>这</u>才清醒过来。

昨天小杨一直玩儿到半夜两点，<u>这</u>才回到家里。

<u>这</u>都几点了，你还不休息？

A：都晚上八点了，你怎么还没吃饭呢？

B：今天下班晚，我刚刚把饭做好，这就吃。

A：小明，你作业写好了吗？老师让你赶紧交上去。

B：还有两道题，这就好。

重要性等级：★★★   难易度等级：★★★   口语化等级：★★★

【773】这不（是） zhè bù（shì）

[固定格式] 有"确实是这样"的意思。表示强调，用来引起听话人的注意。

小刘一直说要请我吃饭。这不，又来电话说起这事了。

妈妈退休以后总是喜欢出去旅游。这不，又跑到泰国去了。

前段时间输了球，他就像个疯子一样，这不，一赢球，心情就大不一样了。

我就说她最喜欢麻烦别人了。这不是，又拿了一堆的表格要我帮她填写。

重要性等级：★★   难易度等级：★★★   口语化等级：★★★

【774】这不就 V / A 了吗 zhè bù jiù V / A le ma

[固定格式] 提醒对方马上就要发生的事情或出现的状况。

你别催了！我这不就出来了吗？

A：怎么买这么多东西？

B：这不就过年了吗？我买了些年货。

这件事情如果你不认真，出了差错，这不就麻烦了吗？

这个问题其实很简单，你看，这样改一下儿，这不就好了吗？

重要性等级：★   难易度等级：★★   口语化等级：★★★

【775】这才是…… zhè cái shì……

[固定格式] 表示说话人对某人、某事、某物或某个状态等的确认，后常跟"啊、呢"等语气词。

亲朋好友欢聚在一起，一边吃，一边聊，这才是真正的过节！

周末的时候躺在沙发上，喝着茶，看着自己喜欢的书，这才是享受生活啊！

既能教学生知识，又能培养学生的学术能力，这才是教授呢。

重要性等级：★★★   难易度等级：★★★   口语化等级：★★★

【776】这 / 那倒（也）是 zhè / nà dào（yě）shì

[固定格式] 表示原本跟对方的观点不一致或没意识到某个问题，经过对方

这么一说，觉得对方有道理。

　　A：你出去的时候老是不锁门，东西丢了也怪你自己。

　　B：<u>这倒是</u>，下次可得注意了。

　　A：买自行车要看质量怎么样，不能光图便宜。

　　B：<u>这倒也是</u>，人家常说"便宜没好货"嘛。

　　A：要想学会如何写文章，除了多看书以外，也得多动笔。

　　B：<u>那倒也是</u>，光阅读，不动笔，很难写出好的文章来。

重要性等级：★★★　　难易度等级：★★　　口语化等级：★★★

【777】这个/那个　zhège / nàge

［代词］指示代词。在话语中具有开启交流、引起听话人注意的作用。有时候有不便说出的隐含义，后面常常伴有拖音和停顿。口语音常读作 zhèige/nèige。

　　<u>这个</u>，我们今天开会主要有三件事。我先说第一件事。

　　A：能给我一下儿你的电话号码吗？

　　B：<u>这个</u>，不太方便吧。

　　A：你觉得让她做你的女朋友怎么样？

　　B：<u>这个</u>，我从来没想过。

　　A：经理，你找我啊？

　　B：<u>那个</u>小张啊，有个事需要你帮我做一下儿。

　　A：你有什么事吗？

　　B：<u>那个</u>，我就想问一下儿，我上次反映的问题你们有没有讨论啊？

重要性等级：★　　难易度等级：★★★　　口语化等级：★★★

【778】这个/那个 V/A 啊　zhège / nàge V / A a

［固定格式］表示程度高，有夸张的意味。"这个""那个"也可以用"这""那"替换。"啊"有进一步增强语气的作用。

　　花了这么长时间准备这个比赛，却连三等奖都没得到，我心里<u>这个委屈啊</u>，上哪儿说去！

　　瞧你<u>这个喊啊</u>，吵死了！能不能安静点儿！

听说假期要去黄山旅游，大伙儿那个高兴啊！

河水那个清啊，连河里的小鱼和河底的石子儿都看得清清楚楚。

站在领奖台上，我那个激动啊，都说不出话来了。

重要性等级：★　难易度等级：★★★　口语化等级：★★★

【779】这个……，那个……　zhège……, nàge……

[固定格式]"这个""那个"指代不同的人或物，有列举的意思。

他都三十了，还没有女朋友，亲戚朋友们这个牵线，那个搭桥，尤其是父母，整天唠叨，说得他连家都不敢回了。

你也太挑剔了。这个也不吃，那个也不吃，你到底要吃什么？

听说她考上北大了，亲戚们这个来祝贺，那个来取经，可热闹了！

重要性等级：★　难易度等级：★★★　口语化等级：★★★

【780】这还 V / A 啊　zhè hái V / A a

[固定格式]表示对某个动作、性质或状态的否定。

我家的装修这还叫漂亮啊？小李家比我家漂亮多了。

A：你明天下班后去不去逛街？

B：这还要问啊？当然去啦。

A：周末要不要去郊游，我还得考虑一下儿。

B：这还考虑啊？你又不是没时间。

A：两百块？太贵了！

B：这还贵啊？别的商店卖两百四呢！

重要性等级：★　难易度等级：★★　口语化等级：★★★

【781】这还用说吗　zhè hái yòng shuō ma

[固定格式]表示不需要多考虑，用反问的语气来加强肯定。

A：我们下周去成都旅游，是跟着导游走呢，还是自助游？

B：这还用说吗？当然是跟导游，省得走冤枉路。

A：周末我们是去海洋公园还是森林公园？

B：这还用说吗？当然是去海洋公园，那里有好多海洋动物，多好玩儿啊！

A：你说明天逛街我是穿这件红的还是穿那件紫的？

B：当然是紫的好看了。<u>这还用说吗</u>？

重要性等级：★　难易度等级：★★　口语化等级：★★★

【782】这会儿　zhèhuìr

口语中也读"zhèhuǐr"。

【782-1】［代词］现在，目前。

<u>这会儿</u>你跑来干吗？

<u>这会儿</u>不是聊天儿的时候，大家都忙着呢。

他忙了一下午，<u>这会儿</u>才有空跟我说上几句话。

今天早晨有点儿冷，<u>这会儿</u>暖和了。

重要性等级：★★★　难易度等级：★　口语化等级：★★★

【782-2】［代词］有明确的上下文时，指过去或将来的某个时间。

去年<u>这会儿</u>我还在广州读大学呢。

等到明天<u>这会儿</u>你就已经到家了。

平时我只有下班<u>这会儿</u>才有时间给妈妈打电话。

重要性等级：★★★　难易度等级：★　口语化等级：★★★

【783】这叫 / 算什么 N　zhè jiào / suàn shénme N

［固定格式］表示名不符实，有不满的语气。

这里要山没山，要水没水，要好空气没好空气，<u>这算什么景区</u>？

A：他可是这个餐厅有名的大厨。

B：<u>这叫什么大厨</u>啊？炒的菜这么难吃！

A：听说这家店卖的龙井茶特别好。

B：你可别被骗了，我刚买过，<u>这算什么龙井</u>啊？一点儿茶的香味儿都没有。

重要性等级：★　难易度等级：★★★　口语化等级：★★★

【784】这看怎么说　zhè kàn zěnme shuō

［固定格式］表示一件事情如果从不同角度看会得出不同结论。

A：在学校，学生当然应该听老师的话。

B：这看怎么说，要是老师的话不合理，你也听吗？

A：在公司工作，可比在学校挣钱多得多。

B：这看怎么说，有的公司虽然名气大，收入却并不一定很多。

A：你觉得这所学校怎么样？

B：这看怎么说。就师资来说还是不错的，不过硬件条件不太好。

重要性等级：★　难易度等级：★★　口语化等级：★★★

【785】**这么说**　zhème shuō

［固定格式］根据对方所说的话引出后面的判断，相当于一种推断。

A：老师刚才打电话来，说他病了。

B：这么说，今天他不上课了？

A：小峰的女朋友又聪明又漂亮。

B：这么说，你认识他女朋友？

A：我打算在苏州多住几天。

B：这么说，你不打算去上海了？

重要性等级：★　难易度等级：★★　口语化等级：★★★

【786】**这么说吧**　zhème shuō ba

［固定格式］引出对上文内容的解释，进一步表明自己的观点。

A：你到底爱不爱我？

B：这么说吧，我对你的爱比山高，比海深。

A：你和你女朋友最近的关系处得怎么样？

B：这么说吧，还行，但还没到谈婚论嫁的地步。

A：这儿和你的家乡相比，你更想待在哪儿？

B：这么说吧，家乡更适合养老，这儿更适合奋斗。

重要性等级：★　难易度等级：★★★　口语化等级：★★★

【787】**这么着（吧）**　zhèmezhe（ba）

［固定格式］表示提出意见，用于商量。也可说"这样吧"。

这么着，这次旅游，我负责选景点，你负责订房间和机票。

这么着吧，我们先分头查找资料，等资料准备得差不多了，再一起讨论一下儿。你看怎么样？

这么着吧，今天就先聊到这儿。回去以后你先考虑一下儿，有不明白的问题就直接给我打电话。

重要性等级：★　难易度等级：★★　口语化等级：★★★

【788】这是从哪儿说起呀　zhè shì cóng nǎr shuōqǐ ya

［固定格式］说话人认为对方所说的话没有根据或不该这么说，带有不满的语气。

A：听说你昨天被警察叫去了。

B：这是从哪儿说起呀？昨天我在图书馆看了一天的书，哪儿都没去。

A：没想到你竟然这么不讲信用！说好的事情，一眨眼的工夫，就反悔了。

B：这是从哪儿说起呀？我没反悔啊。

A：想不到你竟然是一个忘恩负义的人。

B：这是从哪儿说起呀？我做什么对不起你的事了？

重要性等级：★　难易度等级：★★★　口语化等级：★★★

【789】这下倒 / 可好　zhè xià dào / kě hǎo

［固定格式］表示事情的结果与原本的意愿相反，结果往往是不好的，表达了一种不满或抱怨的语气。

你老把孩子关在屋子里学习，也不让他出去活动活动。这下倒好，关出病来了吧？

你看你，挑来挑去，这山望着那山高。这下倒好，眼看要到手的工作给挑没了吧？

A：其实我早就到约会地点了，只是想考验他有没有耐心等我。

B：这下可好，把男朋友给考验跑了。

重要性等级：★　难易度等级：★★　口语化等级：★★★

【790】这下好了　zhè xià hǎo le

［固定格式］表示由前面的原因引起后面的结果。大多数情况下是不好的结

果，但有时也可以指好的结果。所以，有时是不满的语气，有时是庆幸的语气。

　　我花了一晚上的时间写的稿子，由于电脑出了故障，没法保存，<u>这下好了</u>，一晚上的努力全白费了。

　　今天出门时走得太急，忘了带钥匙了。<u>这下好了</u>，下班后进不了家门了。

　　妈妈说她这一生最大的梦想是想去西藏看一看，可一直没有时间。现在她退休了，<u>这下好了</u>，她的梦想终于可以实现了。

　　重要性等级：★　难易度等级：★★　口语化等级：★★★

　　【791】这些个　zhèxiēge

　　[代词] 意思与"这些"相同，但比"这些"更口语化。

　　<u>这些个</u>同学表现得都很好。

　　<u>这些个</u>问题等我有时间再考虑吧。

　　<u>这些个</u>都是新入学的学生。

　　刚才我讲的<u>这些个</u>不一定对，你别在意。

　　重要性等级：★　难易度等级：★★　口语化等级：★★★

　　【792】这样吧　zhèyàng ba

　　[固定格式] 见"【787】这么着（吧）"条。

　　重要性等级：★　难易度等级：★★　口语化等级：★★★

　　【793】这样一来　zhèyàng yī lái

　　[固定格式] 表示根据前面的情况做出决定或者由于前面的原因而造成后面的结果。这个结果可以是好的结果，也可以是不好的结果。

　　学校临时通知期末考试推迟一周，<u>这样一来</u>，我就得重新订机票了。

　　这段时间为了写毕业论文，我天天晚上熬夜，<u>这样一来</u>，白天上课也觉得没什么精神。

　　我们要不要订同一班航班回去？<u>这样一来</u>，我们路上也可以互相有个照应。

　　重要性等级：★　难易度等级：★★★　口语化等级：★★★

　　【794】这也不……，那也不……　zhè yě bù……，nà yě bù……

　　[固定格式] 表示"全部都不……"，表达了一种不满或抱怨的语气。

　　<u>这也不</u>行，<u>那也不</u>行，你说到底怎么样才行呢？

这也不让干，那也不让干，我在家闲待着，难受死了！

这也不叫吃，那也不让穿，你们到底想要我怎么样？

重要性等级：★　难易度等级：★★★　口语化等级：★★★

【795】这也叫 X　zhè yě jiào X

［固定格式］表示名不副实或没有达到一定的程度或数量，表达了一种否定的语气。

这也叫图书馆？连这种最常用的工具书都没有。

地上湿都没湿，这也叫下雨啊？

A：我下周去松江出差。

B：你这连上海都没出，这也叫出差？

A：我看你们俩小日子过得不错嘛。

B：这也叫不错？就差没离婚了。

重要性等级：★　难易度等级：★★　口语化等级：★★★

【796】这一 V 不要紧　zhè yī V bù yàojǐn

［固定格式］强调由于某一言行反而造成了后面所说的麻烦或不好的结果。

A：你这羊毛衫怎么这么小啊？

B：别提了。前天吃饭的时候弄脏了，我就水洗了一下儿。这一洗不要紧，衣服缩了两厘米。

A：你这是怎么啦？刚才比赛前我不是一直在提醒你不要太紧张吗？

B：还说呢。原本我是不紧张的，你这一提醒不要紧，我反倒紧张起来了。

重要性等级：★　难易度等级：★★★　口语化等级：★★★

【797】这一 V / A，就 / 也 / 才……　zhè yī V / A, jiù / yě / cái……

［固定格式］该结构前半部分表原因，后半部分表结果。"这"用来加强确认的语气。

本来我还听得糊里糊涂的，你这一说，我就明白了。

昨天见到他，本来有好多话要跟他说，可是心里这一紧张，原本想说的话一句也说不出来了。

两年前看到你的时候，你还是个小孩子。可今天这一见面，才发现你长这么高了。

重要性等级：★　难易度等级：★★★　口语化等级：★★★

【798】V 着点儿　V zhe diǎnr

[固定格式]表示说话人的一种提醒。

你要接站的那位老师应该还没出来吧？你瞧着点儿！别错过了。

路上车子太多了，你看着点儿！

你看看人家老公，提着大包小包地跟在老婆后面，你学着点儿！

要是有啥好事，你记得想着点儿我！

重要性等级：★　难易度等级：★★　口语化等级：★★

【799】A 着呢　A zhene

[固定格式]表示程度高。往往包含着说话人某种肯定的语气，有时有夸张的意味，目的是使听话者信服。

我们学校大着呢，走一圈下来都累死了。

老王这个人狡猾着呢，别轻信他的话。

他呀，小日子过得滋润着呢，你就别替他操心了。

重要性等级：★★★　难易度等级：★★　口语化等级：★★★

【800】V / A 着也是 V / A 着　V / A zhe yě shì V / A zhe

[固定格式]表示不要让时间或东西白白浪费，可以顺便利用一下儿。常常用来表达一种提醒。

元旦这几天我们在学校闲着也是闲着，不如出去逛一逛。

A：今年暑假我没什么安排。

B：在家里待着也是待着，不如咱们一块儿去旅游吧。

A：下个月我们班去外地教学实习，你能不能帮我借一个单反相机？

B：你用我的吧。我那个单反很久没用了。反正放着也是放着，不如你拿去用。

重要性等级：★　难易度等级：★★★　口语化等级：★★★

【801】V 着 V 着就……　V zhe V zhe jiù……

[固定格式]"着"的前后是同一个动词，"就"的后面再接其他动作或状态。

表示前一个动作正在持续时，后一个动作发生或状态出现了。有"不知不觉"的意味。

你怎么<u>说着说着就</u>激动起来了？

这个小女孩<u>哭着哭着就</u>睡着了。

也许是我的作文写得太糟糕了。妈妈<u>看着看着就</u>发起脾气来了。

重要性等级：★　难易度等级：★★　口语化等级：★★★

【802】真的　zhēnde

【802-1】［副词］的确；确实。带有强调语气，表示对事物或情况的确认。

这个人太讨厌了，我<u>真的</u>不想再见到他了。

我<u>真的</u>厌倦了现在这份工作了，我想换一个新的环境。

他<u>真的</u>已经不再爱我了。

重要性等级：★★★　难易度等级：★★　口语化等级：★★★

【802-2】［副词］用在叙述句或对话中，强调真实性，往往单用。在对话中可以用"真的"来追问。

妈妈，这次我们班跑八百米，数我跑得最快了，<u>真的</u>，不骗你。

你根本就不笨，没有必要自暴自弃。<u>真的</u>！加油吧！

A：听说小张马上要出国了。

B：<u>真的</u>？

重要性等级：★★　难易度等级：★　口语化等级：★★★

【803】真是　zhēnshì

【803-1】［动词］表示"实在是"，带有不满意的情绪。

你们俩也<u>真是</u>，电影票都买好了，你们又不去了。

你也<u>真是</u>，明天都要考试了，还想着出去玩儿。

这天气也<u>真是</u>，连着下了两天雨了。

重要性等级：★　难易度等级：★★★　口语化等级：★★★

【803-2】［副词］有"实在""的确"的意思，用来加强肯定。也可以说成"真"。

你<u>真是</u>有本事，一下子就把问题解决了。

你帮了我这么大一个忙，我<u>真是</u>不知道该怎么谢你。

老李走得<u>真是</u>太早了，还不到六十岁。

重要性等级：★★★　难易度等级：★★　口语化等级：★★★

【803-3】［固定格式］表示对某种情况的发生或某人的说法、做法表示不满或抱怨。可以灵活地放在句首、句中或句尾，也说"真是的"。

我刚想出门去买点儿东西，偏偏自行车又坏了，<u>真是</u>！

<u>真是</u>！他说下午两点到，可现在已经四点了，他还没来。

爸爸不是说今天下午会带我们去游乐场吗？<u>真是的</u>！都下午两点了，一点儿动静都没有。

重要性等级：★　难易度等级：★★★　口语化等级：★★★

【804】真有你的　zhēn yǒu nǐ de

［固定格式］表示当面夸奖对方有本事、能干；或者正话反说，责怪对方不该如此。

<u>真有你的</u>，第一次考 HSK 就通过了 4 级！

<u>真有你的</u>！这台空调坏了好几个月了，竟然都叫你给修好了。

你这小子，放下老婆孩子不管，跑那么远旅游去？<u>真有你的</u>。

重要性等级：★　难易度等级：★★★　口语化等级：★★★

【805】整个一个 X　zhěnggè yī gè X

［固定格式］表示"彻底的""百分之百的"，具有评价义，同时起一定的强调作用。

自从结婚生子以后，我<u>整个一个</u>家庭妇女，家务活儿做也做不完。

我看你真是<u>整个一个</u>大小姐，什么活儿都不干，就会指使别人！

这个节目被她这么一设计，<u>整个一个</u>"高大上"。

你看看人家小张，<u>整个一个</u>自学成才，太厉害了。

重要性等级：★　难易度等级：★★★　口语化等级：★★★

【806】整天　zhěngtiān

［固定格式］见"【103】成天"条。

重要性等级：★★★　难易度等级：★★　口语化等级：★★★

【807】正好　zhènghǎo

［副词］有"刚好"的意思，表示时间不早不晚，数量不多不少，程度不深不浅等。多表达庆幸的语气。

电话铃响了。趁他接电话的时候，我们<u>正好</u>休息一下儿。

图书馆新进的那批图书<u>正好</u>适合高年级同学阅读。

我去找王老师的时候，<u>正好</u>他刚下课。

我哥哥读大学那年<u>正好</u>十八岁。

重要性等级：★★★　难易度等级：★　口语化等级：★★

【808】正相反　zhèng xiāngfǎn

［固定格式］表示实际情况跟预想的完全不同。

我以为他听到这个消息会很生气，可是<u>正相反</u>，他反倒很高兴。

我以为在海边买鱼会很便宜，可是<u>正相反</u>，比超市还要贵一些。

A：老婆，我下周要去北京出差一个礼拜，你会不会舍不得我？
B：<u>正相反</u>，我乐得清闲呢。

重要性等级：★　难易度等级：★★　口语化等级：★★

【809】直　zhí

一般用在单音节动词前。

【809-1】［副词］有"一直、径直、直接"的意思，多指时间、范围等。

<u>直</u>到现在，我还常常想起我们在一起的美好日子。

这是<u>直</u>达香港的航班，两个小时就可以到达。

你<u>直</u>走，过了路口就到了。

重要性等级：★★★　难易度等级：★　口语化等级：★★

【809-2】［副词］有"一个劲儿、不断地"的意思，表示动作连续不停。

孩子摔了一跤，痛得哇哇<u>直</u>叫。

还没到机场，就把护照给搞丢了，她急得<u>直</u>哭。

刚一出门，一阵冷风吹过来，冻得我<u>直</u>打哆嗦。

重要性等级：★　难易度等级：★★　口语化等级：★★

【809-3】［副词］简直，有时有夸张的语气。

他高兴得<u>直</u>像个小孩子似的。

我全身痛得<u>直</u>像针扎一样难受。

坐在台阶上的这个人穿得破破烂烂的，<u>直</u>像个叫花子。

重要性等级：★　难易度等级：★★★　口语化等级：★

【810】只不过 / 只是……罢了 　zhǐ bùguò / zhǐshì……bàle

［固定格式］表示"仅仅……而已"，有把事情往小里说的意思。"罢了"可省略。

我<u>只不过</u>是批评他几句<u>罢了</u>，他就生那么大的气。

我们没有恋爱关系，<u>只不过</u>是普通朋友<u>罢了</u>。

我早就知道他结婚的消息了，<u>只是</u>没告诉你<u>罢了</u>。

玛丽早就回国了，<u>只是</u>没联系你。

A：她不是说接下来要好好学习吗？

B：她<u>只不过</u>说说，你别太当真。

重要性等级：★　难易度等级：★★★　口语化等级：★★

【811】只管 　zhǐguǎn

【811-1】［副词］尽管。表示不必担心被限制，可以按自己的意愿做。

你<u>只管</u>吃吧，不够我再做。

我这里有很多书，你们<u>只管</u>借。

你俩<u>只管</u>回去休息，这里有我看着就行。

重要性等级：★　难易度等级：★★　口语化等级：★★★

【811-2】［副词］有"只顾"的意思。表示只从某方面去做或想，也指情况一成不变。

都快考试了。你<u>只管</u>在外面玩儿可不行，也得看看书啊。

我连叫了他三声，他<u>只管</u>往前走，头也不回。

马上要参加比赛了，小李这几天一天到晚<u>只管</u>训练，连饭都顾不上吃。

重要性等级：★　难易度等级：★★★　口语化等级：★★

【812】只是　zhǐshì

【812-1】［副词］仅仅是；不过是。前后常有说明情况或进一步解释的词语。

我们<u>只是</u>想了解一下儿她的情况，你不必紧张。

今天给你打电话，<u>只是</u>想跟你聊聊天儿，没别的事情。

A：他为啥不想见我？对我有意见？

B：你别多想，他<u>只是</u>心情不好，暂时不想见人。

重要性等级：★★★　难易度等级：★　口语化等级：★★

【812-2】［副词］强调限于某个情况或范围，没有其他。

大家问他究竟发生了什么，他<u>只是</u>笑，却不回答。

他每天<u>只是</u>在房间里看书，也不出去玩儿。

他<u>只是</u>站在那儿看热闹，也不上去帮忙。

重要性等级：★★　难易度等级：★　口语化等级：★★

【812-3】［连词］但是。表示轻微的转折，语气较轻。

这个手机好是好，<u>只是</u>贵了点儿。

他提出的建议是有道理的，<u>只是</u>说话的方式有些问题。

这里的居住环境很不错，<u>只是</u>离市区远了点儿。

重要性等级：★★　难易度等级：★★　口语化等级：★★

【813】只要……就行　zhǐyào……jiù xíng

［固定格式］表示只要具备了某条件就够了，"只要"可以省略。

证书能不能考出来不重要，我们不会怪你的。<u>只要</u>你开心<u>就行</u>。

其实，人一天并不需要吃很多东西，<u>只要</u>保证营养够了<u>就行</u>。

人活在这个社会上，做好自己<u>就行</u>，别管其他人怎么说。

重要性等级：★　难易度等级：★★　口语化等级：★★★

【814】只有……，才……　zhǐyǒu……，cái……

［固定格式］表示唯一的条件，非此不可。

凡事多为别人考虑，<u>只有</u>设身处地地为他人着想，<u>才</u>能够和别人和睦相处。

<u>只有</u>多跟父母多多交流沟通，<u>才</u>能了解父母他们这一代人的想法。

<u>只有</u>你亲自出马去邀请张教授，他<u>才</u>有可能同意参加。

重要性等级：★ 　难易度等级：★★ 　口语化等级：★

【815】指不定　zhǐbudìng

［副词］没准儿；说不定。表示对某种情况的判断没有确定的把握。

别等了，他指不定来不来呢。

甭找他了，他指不定去哪儿了。

这段时间越来越冷，指不定哪天就要下雪了。

这事还是先瞒着爸爸吧。要是让他知道了，指不定会怎样呢。

重要性等级：★★ 　难易度等级：★★ 　口语化等级：★★

【816】至少　zhìshǎo

［副词］表示最低限度，有把事情往小里说的意思。放在句首时常有停顿。

我们至少每个月要联系一次。

看他的样子，至少七十了。

明天是你妈妈的生日，你至少也应该打个电话问候一下儿。

做课程汇报的时候，一定要把话说清楚，至少要让人听懂你在讲什么。

即便这件事是由你来拍板的，但至少，你应该多听听大家的意见。

别人怎么样我不知道，至少，我没听说过这件事。

重要性等级：★★★ 　难易度等级：★★★ 　口语化等级：★★★

【817】至于　zhìyú

［介词］引出另一个话题。

我知道这个男生是我们学校的学生，至于他是哪个年级的，我就不清楚了。

我只知道北京有很多胡同，至于它们的历史，我了解得并不多。

我只负责孩子的生活，至于他的工作，我可管不着。

重要性等级：★★★ 　难易度等级：★★★ 　口语化等级：★★

【818】至于（……）吗　zhìyú（……）ma

［固定格式］表示不必如此，表达了说话人的不满。

就因为他说了你几句，你就不搭理他了。至于吗？

保持身材我不反对，但像你这样，只喝水不吃东西怎么行呢？你至于这样吗？

我只是开个玩笑而已，你<u>至于</u>这么认真<u>吗</u>?

重要性等级：★　难易度等级：★★★　口语化等级：★★★

【819】主要是……　zhǔyào shì……

[固定格式] 说明主要原因或情况。常构成"主要是……，（其次是……，）还有就是……"结构。

山本之所以来中国，<u>主要是</u>希望能学习中文，其次是想积累在中国的工作经验，还有就是想更多地了解中国。

我参加这个社交活动，<u>主要是</u>想锻炼一下儿自己的社交能力，积累一些社会经验，还有就是希望能多交一些志同道合的朋友。

张经理这次去海口，<u>主要是</u>为了参加在海口举行的中国国际消费品博览会。

重要性等级：★★★　难易度等级：★★　口语化等级：★★★

【820】专门　zhuānmén

【820-1】[副词] 有"特地、特意"的意思，表示为某种目的而做某事。

听说这部电影不错，我昨天<u>专门</u>去看了看。

他们<u>专门</u>从国外回来参加这场比赛。

A：不好意思，让你<u>专门</u>跑一趟给我送文件，辛苦啦!

B：没事没事!

重要性等级：★★★　难易度等级：★★　口语化等级：★★

【820-2】[副词] 有"一心一意"的意思，表示集中注意力在某一方面或某一范围内。

王教授是国内很有名的学者，<u>专门</u>从事中国古代史的研究。

他花了很多时间和精力，<u>专门</u>收集历朝历代的各种钱币。

赵小姐在公司<u>专门</u>管理财务。

我<u>专门</u>负责人员招聘这一块儿，其他的我不管。

重要性等级：★★　难易度等级：★★　口语化等级：★★

【820-3】[副词] 有"只、光"的意思，表示限制在一定的范围之内。

你怎么<u>专门</u>喜欢挑别人的缺点?

有些人对北京的胡同文化很感兴趣，去北京旅游时，就<u>专门</u>喜欢往胡同里面跑。

这些仪器是专门给住院的病人康复用的，不对外开放。

重要性等级：★★　难易度等级：★★　口语化等级：★★

【821】准　zhǔn

一定；肯定。

【821-1】[副词] 表示对情况的推测，语气十分肯定。

这时候去找他，准能找到。

他这个人说话一向算数，说来准会来。

他的手机怎么会在这儿？准是他落在这儿了。

重要性等级：★★　难易度等级：★　口语化等级：★★★

【821-2】[副词] 表示许诺时的肯定语气。

明天上午十点我准来找你。

答应你的事我准做到。

放心吧，明天的会议我准参加。

重要性等级：★★　难易度等级：★★　口语化等级：★★★

【822】自从　zìcóng

[介词] 表示过去时间的起点，常构成"自从……以来 / 以后"。

他自从上了大学，就懂事多了。

自从我们认识以来，从来没有吵过架。

自从他去了北京以后，我们就再也没联系过了。

自从通了公路以来，这个小山村跟外界的沟通越来越多了。

重要性等级：★★★　难易度等级：★　口语化等级：★

【823】自个儿　zìgěr

[代词] 自己。复指句中已出现的人，与"别人"相对。"自个儿"比"自己"更口语，多用于北方方言。

他自个儿都不知道是怎么回事。

也怪小王自个儿不好，没把话说清楚，所以对方误会了。

你老是这么固执，只会害了别人，也害了自个儿。

出了这么大的事，他只好自个儿安慰自个儿：一切都会过去的。

想开点儿，别自个儿跟自个儿过不去。

重要性等级：★★　难易度等级：★★　口语化等级：★★★

【824】总　*zǒng*

【824-1】［副词］表示很有把握的推测或估计。常构成"总不见得……""总是……""总有……""总该……"等。

妹妹还小，总不见得是她欺负你吧？

他到现在还没回来，总是有什么事情耽误了吧？

这房子住了总有二十多年了吧？

你昨天说话太难听了，今天总该跟小华说句对不起吧？

重要性等级：★★★　难易度等级：★★　口语化等级：★★★

【824-2】［副词］表示持续不变，有"一向、一直"的意思。

你别总这样，看到人老爱搭不理的。

他总喜欢一个人独来独往的。

小张每天一下班总来我这儿坐一坐。

你最近在忙什么？怎么总也看不到你啊？

我早就想跟你好好聊聊了，总也没时间。

重要性等级：★★★　难易度等级：★★　口语化等级：★★★

【824-3】［副词］毕竟，总归。

这孩子挨了妈妈的骂，总是有原因的。

这次考试虽然刚刚及格，但比起上一次的不及格来说，总是有进步的。

事实总是事实，你总不能歪曲事实吧？

这么重要的事情，我哪能马上答复你呢？你总得给我一点儿时间考虑吧！

重要性等级：★★★　难易度等级：★★　口语化等级：★★★

【825】**总的来看 / 说**　*zǒng de lái kàn / shuō*

［固定格式］总而言之，表示概括性的结论。

虽然不吸烟的人得肺癌的情况也不少，但是总的来看，吸烟的人得肺癌的比例还是大大高于不吸烟的人。

<u>总的来说</u>，科技改变了我们的生活。

这次考试我们班的分数是年级第二，<u>总的来说</u>，有进步。

重要性等级：★   难易度等级：★★★   口语化等级：★★

【826】总共   zǒnggòng

［副词］一共。表示数量的合计。

我跟小张真的不熟，<u>总共</u>也没说过几句话。

我们班<u>总共</u>有二十个学生。

写这篇文章<u>总共</u>花了我整整两天的时间。

楼上<u>总共</u>是三个房间，楼下<u>总共</u>是两个房间。

重要性等级：★★   难易度等级：★   口语化等级：★★★

【827】总归   zǒngguī

［副词］相当于"总"，表示无论怎样最后必然如此。常常可以表示劝慰的语气。

雪<u>总归</u>要停的，你就等雪停了再走吧。

别急，问题<u>总归</u>会解决的。

孩子大了，<u>总归</u>是要离开父母的。

你不能老是依赖家人吧？你<u>总归</u>要独立的。

重要性等级：★★   难易度等级：★★★   口语化等级：★★★

【828】N 总归是 N   N zǒngguī shì N

［固定格式］前后名词相同，强调所指事物的特点。

<u>孩子总归是孩子</u>，看到什么都很有好奇心。

<u>事实总归是事实</u>，就算你再不想面对，你也不能否认。

<u>学校总归是学校</u>，不能像菜市场那样，天天吵吵嚷嚷的，否则学生们怎么能静下心来学习呢？

重要性等级：★   难易度等级：★★★   口语化等级：★★★

【829】总算   zǒngsuàn

［副词］表示经过相当长的时间后，愿望终于实现。表达了一种释然的语气。

儿子终于实现了自己的梦想，<u>总算</u>没有辜负我对他的期望。

事情<u>总算</u>做完了。我也该歇歇了。

你<u>总算</u>回来了，爸爸妈妈都想死你了。

一连下了五六天的雨，今天<u>总算</u>晴了。

重要性等级：★★★　难易度等级：★★　口语化等级：★★★

【830】总要……，（要）不然……　zǒng yào……,（yào）bùrán

［固定格式］表示"无论如何也要……，否则……"，后面常跟不好的结果。

一个人<u>总要</u>有个一技之长，<u>不然</u>怎么在社会上立足呢？

现在只要有时间，我<u>总要</u>睡会儿午觉，<u>要不然</u>下午就昏昏沉沉的，干什么都没有精神。

她每天<u>总要</u>跟男朋友视频通话，<u>要不然</u>就会坐立不安，连工作都没心情。

重要性等级：★★★　难易度等级：★★★　口语化等级：★★★

【831】总之一句话　zǒngzhī yī jù huà

［固定格式］总括起来说，后面引出观点。也可以说成"总之"或者"一句话"。

时间不合适，我们可以换；地点不满意，您可以选。<u>总之一句话</u>，我们一定会满足您的要求，为您提供最好的服务。

<u>总之</u>，不管你用什么方法，下周二一定要把报告交上来。

这部影片有很多时尚元素，还有很多幽默的对白，而且还比较有思想。<u>一句话</u>，这部片子值得看。

重要性等级：★　难易度等级：★★★　口语化等级：★★★

【832】走一步算一步　zǒu yī bù suàn yī bù

［固定格式］意思是没有长期打算，只考虑眼前。有一种无奈的语气。

我始终没想好将来到底应该怎么规划自己的人生？有些事情，实在想不明白。事到如今，也只好<u>走一步算一步</u>了。

A：你们俩都没有正式工作，结婚以后怎么生活呢？

B：现在想不了那么多，<u>走一步算一步</u>吧。

A：听说现在学这个专业，毕业以后找工作会很难，而且待遇也不好。

B：有什么办法呢？<u>走一步算一步</u>吧。

重要性等级：★　难易度等级：★★★　口语化等级：★★★

【833】足足　zúzú

［副词］完全达到某个数量；整整。用来强调数量短语。

昨天晚上我足足睡了十个钟头。

他的房间比我的足足大了一倍。

你已经休息了足足两个月了，该上班了。

我足足盯了李明两分钟，才认出他竟然是我的小学同学。

重要性等级：★　难易度等级：★★　口语化等级：★★★

【834】最好　zuìhǎo

［副词］表示最理想的选择，经常用来提出建议和希望。

我觉得我们最好每周能见两次面，这样就可以有更多的机会互相了解。你觉得呢？

如果你想白天上课能集中精神，最好晚上早一点儿睡觉，千万别熬夜。

最好你明天能早点儿过来，这样我们就可以早点儿开始讨论。

重要性等级：★★★　难易度等级：★　口语化等级：★★★

【835】最开始……，后来……　zuì kāishǐ……，hòulái……

［固定格式］表示事情按照时间顺序来发展。

足球最开始起源于中国，后来传到欧洲，再后来，比赛规则不断完善，最后发展成为现代的足球运动。

最开始我并不认识她，后来接触得多了，慢慢地就跟她熟悉起来了。

这件事最开始不是这样的，后来越传越离谱，慢慢地就变了味儿，成了谣言了。

重要性等级：★★　难易度等级：★★　口语化等级：★★

【836】最重要的是　zuì zhòngyào de shì

［固定格式］所有原因或条件中最主要的，后面引出具体内容。

在中国学习中文可以更多地了解中国文化，最重要的是，可以随时用中文进行交流。

在家里吃饭比较随意，也相对安静，最重要的是，可以控制调料的量，避免吃过多的油和盐。

我之所以想加她微信，主要是想跟她学习公司企划方面的一些知识，但<u>最重</u><u>要的是</u>，我想跟她交个朋友。

重要性等级：★★★　难易度等级：★★　口语化等级：★★★

【837】左……右……　　zuǒ……yòu……

【837-1】［固定格式］中间放入两个意义相同或相近的单音节动词或者动词性短语，表示同一行为多次重复。

我<u>左</u>思<u>右</u>想，终于决定暂时先不回国。

我劝她报名参加这个比赛，<u>左</u>劝<u>右</u>劝，她终于同意了。

<u>左</u>也不行，<u>右</u>也不行，你到底想怎么样？

他很谨慎，<u>左</u>看看，<u>右</u>看看，发现没人注意他，就一溜烟地跑进了胡同。

重要性等级：★　难易度等级：★★　口语化等级：★★★

【837-2】［固定格式］中间放入两个相同的数量短语（数词只限于"一"），表示数量多或次数多。

为了办这件事，我<u>左</u>一趟<u>右</u>一趟，腿都跑细了。

玛丽太喜欢拍照了，只要一出门，就拿着相机，<u>左</u>一张<u>右</u>一张地拍个不停。

王经理已经在国外休息了半个月了，公司<u>左</u>一封邮件<u>右</u>一封邮件地催他回国。

重要性等级：★　难易度等级：★★　口语化等级：★★★

二 语法功能项目表

第一部分 纲目

一、情况表达

1. 比较

2. 并列

3. 补充

4. 递进

5. 对举

6. 概括

7. 假设

8. 解释

9. 举例

10. 列举

11. 描述

12. 排除

13. 区别

14. 让步

15. 说明

16. 溯源／来源

17. 条件

18. 推论／推断

19. 限定范围

20. 叙述

21. 选择

22. 询问

23. 转折

二、指令表达

24. 催促

25. 服从 / 遵从

26. 建议

27. 命令

28. 请求

29. 劝告 / 劝阻

30. 商量

31. 提醒

32. 制止

三、态度表达

33. 不同意 / 反驳

34. 揣测

35. 否定

36. 估计 / 估量

37. 将就 / 容忍 / 勉强

38. 反问 / 质疑

39. 纠正

40. 拒绝

41. 决定

42. 决断

43. 肯定

44. 没把握 / 不确定

45. 批评

46. 评价

47. 确认

48. 认可 / 同意

49. 探究

50. 听任 / 不在乎

四、情感表达

51. 不满 / 抱怨

52. 担心

53. 顿悟 / 释然

54. 惊讶 / 意料之外

55. 讽刺

56. 感叹

57. 后悔 / 遗憾

58. 夸赞

59. 夸张

60. 庆幸

61. 往小里说

62. 无奈

63. 羡慕

64. 意料之内

65. 意愿 / 愿望

五、谈话技巧

66. 安抚 / 宽慰

67. 缓和语气

68. 开玩笑

69. 谦虚

70. 强调

71. 随意 / 套近乎

72. 委婉

73. 寻求认同

74. 开始话题 / 引出话题

75. 延续话题 / 转换话题

76. 引出观点

77. 引起注意

78. 结束话题 / 退出交谈

第二部分　细目表

一、情况表达

1. 比较

★不如

每次都给孩子这么多零花钱，<u>不如</u>教孩子赚钱的方法。

★跟（跟……比）

<u>跟</u>昨天<u>比</u>，今天的气温下降了五度。

★跟［跟……不同（的是）］

<u>跟</u>上次<u>不同的是</u>，这次我们准备得很充分。

★跟（跟……没什么两样）

他花钱大手大脚的习惯还是没改，<u>跟</u>以前<u>没什么两样</u>。

★还

你急，我比你<u>还</u>急。

★……还好说

这么艰苦的环境，如果是年轻人<u>还好说</u>，要是老人的话肯定吃不消的。

★ X 和 / 跟 / 同 Y 比起来

<u>跑 1000 米跟跑 100 米比起来</u>，我更喜欢跑 1000 米。

★……可好

以前他的身体可棒了，现在<u>可好</u>，老是动不动就生病。

★连……都不如

我的英语<u>连</u>他<u>都不如</u>，怎么能跟你比呢?

★ X 没有 Y……

<u>姐姐没有弟弟</u>那么爱运动。

★没有比……更 V / A 的了

这本小说你一定要看，没有比它更精彩的了！

★那才（叫）……呢

A：这个饭馆的麻婆豆腐做得不错。

B：这不算什么，有机会你尝尝我做的，那才好吃呢！

★算

在我们班，就算小张头脑最活了。

★现在好了

以前去哪儿都是挤公交车，现在好了，自己有了车，真方便！

★相比之下

小学和初中，相比之下，我更想做小学老师。

★相对来说

相对来说，我更喜欢性格文静的女生。

★要

这两张照片，前一张要清楚一些。

★一 M 比一 M……

最近他的精神状态一天比一天好。

★X 有 Y 这么 / 那么 A

我有她那么漂亮就好了。

★X 远没有 Y……

这个国外品牌的手机远没有人们想象的那么火，反倒是国内的那个品牌更受欢迎。

★再 A 也没有……A

A：要是不买汽车，我天天打车上班，那多贵呀！

B：再贵也没有买车贵。

2. 并列

★ V₁ 吧，……；V₂ 吧，……

我现在的心情很矛盾：回国吧，我得放弃现在的好工作；不回吧，父母年纪大了身边没人照顾。

★连……带……

看到妈妈回来了，孩子们连蹦带跳地跑了进来。

★连同

我们学校今年毕业的本科生有两千多人，连同毕业的硕士生、博士生，毕业人数差不多有三千人。

★一方面……，（另）一方面……

要想学好一门外语，一方面要多背单词，另一方面要多听多说。

★一来……，二来……

我下午常去咖啡馆喝咖啡，一来我喜欢咖啡的味道，二来喝咖啡能让我彻底放松。

★一是……，二是……

她在图书馆的工作内容，一是整理图书，进行分类，二是帮读者找图书。

★又……又……

在晚会上，大家又唱又跳，热闹得很！

★再一个

我的同屋分别来自三个地方：一个是山东，一个是湖南，再一个是广东。

3. 补充

★当然

我在学习上花了不少时间，当然，我并不是个书呆子。

★加上

他不太用功，加上基础也差，所以成绩老是上不去。

★我是说

我觉得她们姐妹俩很不一样，我是说，在性格方面。

★再就是

我们学校的重点科目除了语文和数学，再就是英语。

★再说

这件事你必须要表明态度，再说你是这个小组的组长，你的态度很重要。

★再一个

我今天没有去上课，本来我就觉得身体有些不舒服，再一个，今天的课实在是太无聊了。

4. 递进

★别说（是）

这种怪事连我爷爷这种年纪的人都没见过，别说是年轻人了。

★不光

他不光想去中国，还想去亚洲其他国家。

★……不说

住这家酒店太不划算了。价格贵不说，服务还特别差。

★不只

那个地方太偏僻了，不只外地人找不到，就算是本地人也很难找到。

★反倒

她听了我的故事，不但没笑，反倒哭了起来。

★还（还……，何况/更不要说……）

这么重的箱子，大人还搬不动呢，何况是小孩子？

★何况

再大的困难老王都咬着牙挺了过来，何况是这么一个小小的坎儿呢？

★况且

里面太热了，况且离开车时间还早，我们在外面待一会儿吧。

★相反

早睡早起不仅没有坏处，相反倒有不少好处。

★越来越 V / A

这孩子越来越没礼貌了，太不像话了。

★越是……，就越……

现代文明越是发展，大家就越注重对隐私权的保护。

5. 对举

★ V₁ 吧，……；V₂ 吧，……

说多了吧，她就掉眼泪；说少了吧，她又不当回事。

★大到……，小到……

大家聚在一起，大到国家大事，小到柴米油盐，说个没完。

★ X 的（V₁ / A₁ 的 V₁ / A₁，V₂ / A₂ 的 V₂ / A₂）

今天买的苹果大的大，小的小。

★ P 的 N

她跳她的广场舞，我练我的太极拳，互不干涉。

★东……西……

他们进屋后东看看西瞧瞧，好奇得很。

★各 V 各的

我们各挣各的，各花各的。

★ X 归 X，Y 归 Y

道理归道理，习惯归习惯，想要改变固有的习惯并不容易。

★可 X 可 Y

下午的会没那么重要，可去可不去。

★那（这……，那……）

货架上的东西，这也不错，那也挺好，不知挑哪个好了。

★呢

这件衣服你喜欢呢，就买下来；不喜欢呢，就别买。不用考虑那么多。

★说 A 不 A

他住的地方说远不远，说近不近，离公司大概半个小时的路程。

★往好里说……，往坏里说……

你不要一见面就问人家姑娘那么多的问题：这往好里说，是你主动关心人家；往坏里说，人家还以为你对她有什么别的心思呢。

★我 V_1 我的（……），你 V_2 你的（……）

会议室里热闹得很，我说我的，你说你的，谁也不听谁的。

★要 N 有 / 没 N

六十年代我们结婚那会儿，要家具没家具，要电器没电器，哪像你们年轻人现在要啥有啥。

★ V_1 也 V_1 不……，V_2 也 V_2 不……

这件事把我折磨得吃也吃不下，睡也睡不好。

★ V_1 也 V_1 不得，V_2 也 V_2 不得

我对他是打也打不得，骂也骂不得。真不知道拿他怎么样才好。

★ V_1 也不是，V_2 也不是

A：他是你朋友，请你参加生日晚会，你就去呗！

B：可是我实在是没时间哪，真是去也不是，不去也不是。

★也好（……也好，……也好）

你同意也好，不同意也好，反正这事都已经定下来了。

★ N_1 也 V 了，N_2 也 V 了

你们饭也吃了，酒也喝了，这下该好好干活儿了吧？

★一会儿（一会儿……，一会儿……）

广州的春天就是这样，一会儿下雨，一会儿出太阳。

★一下子……，一下子……

这天气，一下子冷，一下子热，很容易感冒。

★X 有 X 的……，Y 有 Y 的……

在小城市生活有在小城市生活的悠闲，在大城市生活有在大城市生活的便利。

★又……又……

这孩子可聪明了，又会写又会算。

★又是……，又是……

A：你第一次去男朋友家，他的家人对你怎么样？

B：可热情啦。他妈妈又是倒茶，又是拿水果的，还给我看我男朋友小时候的照片呢。

★这个……，那个……

听说她考上北大了，亲戚们这个来祝贺，那个来取经，可热闹了！

★这也不……，那也不……

这也不让干，那也不让干，我在家闲待着，难受死了！

★左……右……

玛丽太喜欢拍照了，只要一出门，就拿着相机，左一张右一张地拍个不停。

6. 概括

★就这样

我第一次参加口语考试时忘了带准考证，第二次参加口语考试时把时间记错了，就这样，到现在我还没拿到口语证书。

★一般来说

一般来说，从上海去北京坐高铁大约要五个小时。

★总的来看／说

这次考试我们班的分数是年级第二，总的来说，有进步。

★总之一句话

时间不合适，我们可以换；地点不满意，您可以选。总之一句话，我们一定会满足您的要求，为您提供最好的服务。

7.假设

★不然的话

你要好好复习，不然的话，可能要补考哦。

★（如果／要是）……的话

要是他再不来的话，我就不回去了。

★等 V／A 了就……了

他现在住的地方远是远了点儿，等地铁通了就方便了。

★……还好说

偶尔加一次班还好说，要是天天加班，可真让人受不了。

★如果……，就／那么……

如果因为身高的问题找不到理想的工作，那么在这个社会上还有什么公平可言？

★如果说……（的话）

如果说期中考试没考好是因为准备时间不够，那么，这次期末考试你就得提前准备起来了。

★谁……谁 V

今天的座谈会，谁愿意说谁说。

★万一

<u>万一</u>买不到那本书，怎么办？

★要

你<u>要</u>不嫌弃，我做个红烧鱼给你尝尝。

★要不是

<u>要不是</u>她一直帮助我，我根本就不可能获得现在的成绩。

★要 V 就 V

以后买汽车，<u>要买就买</u>电动汽车。

★要是

A：我们别在家做饭了，以后就在外面吃吧，又好吃又方便。

B：那可不行，<u>要是</u>每天都在外面吃，你受得了吗？

★要是……（那）还好

A：我们打算结婚的事，你跟你父母说了吗？

B：我还没敢说。<u>要是</u>他们同意了<u>那还好</u>，万一不同意，我怕惹出更大的麻烦。

★要是……，就不至于……

当初你<u>要是</u>多听听别人的建议，<u>就不至于</u>像现在这样搞得这么被动了。

★要是……就好了

<u>要是</u>一放假就能回国<u>就好了</u>。

★要说

为什么要炒我的鱿鱼？<u>要说</u>我不够聪明我也就认了，可是这段时间我至少一直在认认真真、踏踏实实地做事啊。

8. 解释

★等于说

他主动向小张认错了，这<u>等于说</u>，他也意识到自己的问题了。

★好

你到了来个电话，<u>好</u>叫家里人放心。

★换个角度说

他确实吃了很多苦。可<u>换个角度说</u>，如果不吃这些苦，他也不可能成功。

★就是

还记得我送给你的那本书吗？<u>就是</u>前几天在网上买的那本。

★（也）就是说

现在都是五天工作制，<u>也就是说</u>星期六、星期天都休息。

★可以说……

这两个人长得太像了，<u>可以说</u>跟一个人一样。

★来（一来……，二来……）

孩子还是进幼儿园比较好，<u>一来</u>家长可以安心工作，<u>二来</u>孩子可以从小养成集体生活的习惯。

★免得

到北京以后马上给家里打个电话，<u>免得</u>我们惦记。

★你听我说

A：你这几天为什么不理我？生我气了？

B：<u>你听我说</u>，我不是生气了，这几天实在是太忙了，根本顾不上你。

★其实

他平时抽烟、喝酒，<u>其实</u>不是真的喜欢，只是觉得无聊，用来打发时间罢了。

★省得

东西坏了自己要学着修一修，<u>省得</u>麻烦别人。

★实际上

她看起来只有二十多岁，<u>实际上</u>已经三十多了。

★事实上

<u>事实上</u>，那些口口声声说自己从不撒谎的人本身就是在撒谎。

★是这样（的）

A：小张他人呢？

B：<u>是这样</u>，他昨天上夜班刚回来，还在房间里睡觉呢。

★说白了

他最近几年写的小说没多少人看，<u>说白了</u>，就是不大受欢迎。

★往多了说

他们俩大学毕业后很少联系，<u>往多了说</u>，一年也不过联系一两回。

★为的是……

他们在机场等了两三个小时，<u>为的是</u>见到自己喜欢的球星，希望得到偶像的亲笔签名。

★我是说

A：今天晚上你不想去参加聚会了吗？

B：不是不想去，<u>我是说</u>，我们手头的工作能完成吗？

★这么说吧

A：你和你女朋友最近的关系处得怎么样？

B：<u>这么说吧</u>，还行，但还没到谈婚论嫁的地步。

★只是

我们<u>只是</u>想了解一下儿她的情况，你不必紧张。

9. 举例

★吧（就说……吧／就比如……吧）

<u>就比如</u>喝茶<u>吧</u>，这里面其实有很多讲究。

★比方说

杭州可好玩儿了，<u>比方说</u>西湖和灵隐寺，不但风景美，还有很多很有意思的传说。

★别的不说，就说……吧

A：听说最近水果涨价了？

B：可不是嘛。别的不说，就说香蕉吧，每斤比原来贵一块多钱呢。

★拿……来说 / 来讲

我觉得中文太有意思了，就拿汉字来说吧，看起来就像是一幅幅有趣的图画。

★（你）像……

今年夏天真的很热。你像上海、杭州这些地方，连续十几天都是三十八九度。

10. 列举

★啊（……啊……啊）

整天就知道工作啊学习啊，一点儿休息时间都没有，你不嫌累啊？

★X 的（V_1 / A_1 的 V_1 / A_1，V_2 / A_2 的 V_2 / A_2）

宿舍里，大家聊天儿的聊天儿，上网的上网。

★什么 X 啊 Y 啊（的）

平时在家里，什么缝衣服啊洗碗啊，都是妈妈的事情。

★……什么的

每天早上到了办公室以后，先要打扫卫生、整理办公桌什么的。

★一会儿（一会儿……，一会儿……）

他一会儿进，一会儿出，忙个不停。

★又是……，又是……

A：昨天晚上的演唱会怎么样？

B：热闹极了！台上的歌手又是唱，又是跳的，台下的观众又是喊，又是叫的。

★再一个

我的同屋分别来自三个地方：一个是山东，一个是湖南，再一个是广东。

★这个……，那个……

他都三十了，还没有女朋友，亲戚朋友们这个牵线，那个搭桥，尤其是父母，整天唠叨，说得他连家都不敢回了。

11. 描述

★啊（V啊V啊）

这孩子不知道跑哪儿去了。大家找啊找啊，终于在离家比较远的一个游乐场里把他找到了。

★挨个儿

为了这件事我到处求人帮忙，能打的电话我都挨个儿打了一遍。

★（看）把……V/A得（……）

看把老张气得脸都绿了！

★把……给……

小王终于找到了满意的工作，这可把他给高兴坏了。

★把N一V

他进屋后把背包一扔，就躺在了床上。

★被……给……

他被我给赶走了。

★重

你把这个字重写一遍！

★V出来了

盯了他半天，我终于把他认出来了。原来他就是我大学时的同桌。

★从X到Y

人这一生遇到的大部分人，都是从陌生到熟悉，再从熟悉到陌生。

★打盹儿

早上起得太早了，白天老是打盹儿。

★X 的

你怎么说话吞吞吐吐的？

★P 的 N

张平的主持人干了二十年了，已经很有经验了。

★分头

姐姐和弟弟分头去找爸爸和妈妈。

★赶紧

小林每天一回家就赶紧做作业。

★V 过来

小王到现在才明白过来，大家这样做是为了他好。

★好好

你就放心地出国吧，我会把自己照顾得好好的。

★两头

妈妈对我有意见，妻子也对我有很多的不满意，我两头不落好。

★A 起来

他的身体正一天天好起来。

★前后脚儿

你早点儿来就好了，她们俩是前后脚儿从这里离开的。

★V 上了

她失恋以后心情一直不好。看，她又哭上了。

★时不时

他在屋里玩儿电脑，时不时还跑到厨房来弄点儿吃的。

★随 V_1 随 V_2

烤鸭必须<u>随做随吃</u>，凉了就不好吃了。

★现成

在我家吃吧，饭菜都<u>现成</u>，一点儿不费事。

★一个劲儿地 V

孩子<u>一个劲儿地哭</u>。

★一会儿

今天的作业太简单了，<u>一会儿</u>就做完了。

★一口气 V

他<u>一口气把碗里的汤喝完</u>了。

★一块儿 V

这几个问题，我们<u>一块儿讨论一下儿</u>吧。

★一溜烟地 V

骗子拿到钱以后，转身<u>一溜烟地跑得无影无踪</u>。

★一头 V

他出门晚了，<u>一头钻进车里</u>，让司机赶紧开车。

★一窝蜂地 V

下课铃响了，孩子们<u>一窝蜂地跑出了教室</u>。

★一下子（就）……

迈克<u>一下子就</u>把老师布置的作业全都做完了。

★一下子……，一下子……

听到老板叫他，他的脸<u>一下子红</u>，<u>一下子白</u>，表情尴尬极了。

★ V_1 又 V_2，V_2 又 V_1

这个电脑他拆了<u>又装</u>，<u>装</u>了又拆，直到自己觉得满意才停下来。

★早（就）……了

这件事我们<u>早</u>商量好<u>了</u>，不用再考虑了。

★早早

妈妈<u>早早</u>地就给儿子买好了结婚用品，就等结婚那天用了。

★V 着 V 着就……

你怎么<u>说着说着就</u>激动起来了？

12. 排除

★不是 X，是 Y

他找的<u>不是</u>保姆，<u>是</u>女朋友。

★除了……以外

张老师<u>除了</u>上课<u>以外</u>，还负责学校里工会的工作。

★就是

他别的运动都不喜欢，<u>就是</u>喜欢打乒乓球。

★先不说

这套家具价格贵<u>先不说</u>，质量也没广告中说得那么好啊。

★先放一边

学开车的事<u>先放一边</u>，现在最重要的是找工作。

★要 V 就 V

以后找男朋友，<u>要找就找</u>他那样的。

13. 区别

★ X 归 X，Y 归 Y

咱们先把话说在前头：<u>感情归感情</u>，<u>生意归生意</u>，该怎么办就怎么办。

★……是两码/回事

通知你面试和是否录用你是<u>两码事</u>。你别高兴得太早了。

★ X 是 X，Y 是 Y

<u>去年是去年</u>，<u>今年是今年</u>，每年情况都不一样，怎么能相提并论呢?

★ X 是一回事，Y 是另一回事

<u>他有没有名是一回事</u>，<u>演得好不好是另一回事</u>。

★我 V₁ 我的（……），你 V₂ 你的（……）

晚饭后我们谁也别干涉谁。<u>我看我的</u>电视，<u>你玩儿你的</u>游戏。

★要看了

A：我觉得没必要动不动就去大医院。

B：这<u>要看了</u>：如果是小病，去街道医院就可以了；如果是大病，还是要去大一点儿的医院比较保险。

★ X 有 X 的……，Y 有 Y 的……

<u>今天有今天的事</u>，<u>明天有明天的事</u>。

14. 让步

★吧（就算……吧）

<u>就算</u>你有理<u>吧</u>，也不能打人啊。

★别说（是）

这些生僻字，<u>别说是</u>小孩儿，连大人也不认识。

★倒（是）

我<u>倒是</u>没意见，就是不知道小张同意不同意。

★即便

这台电脑<u>即便</u>能修好，也派不上什么大用场了。

★就（就……也……）

你<u>就</u>说得再好听，我<u>也</u>不信。

★就是（就是……，也……）

你就是说错了，那也没有什么关系。

★就算……，也/还是……

就算我们今天晚上不睡觉，还是没法完成任务啊!

★哪怕……再……

哪怕工作再忙，他都会抽出一些时间陪陪家人。

★退一步说

家里有我照顾，你就放心地去吧。退一步说，即便有什么事情，朋友也会帮我的。

★再……，……也/都……

我再忙都得去一趟啊。

★再怎么说，……也……

再怎么说，她也是你的家人，你有事情的时候，也应该跟她商量一下儿。

15. 说明

★本来

我昨天本来打算去看老沈，没想到他倒先来了。

★当然

这部小说在思想上和艺术上都很不错，当然，在个别细节上还有些不足之处。

★X 的

他是教书的。

★对（于）……来说/讲

对于这个小城市来说，能举办这样一场国际性的活动，的确是一次难得的机遇。

★反过来说

当对方回答"不"的时候，未必真的是"不"。<u>反过来说</u>，当对方一个劲儿地说"好"的时候，也未必就真的表示同意。

★管……叫……

我们都亲切地<u>管</u>他<u>叫</u>"大叔"。

★就……来看 / 来说

<u>就</u>这本书的内容<u>来看</u>，我觉得不太适合中学生读，太难了。

★何况

小王没去参加比赛是对的，<u>何况</u>他的脚伤还没全好。

★况且

路不太远，<u>况且</u>天气也不错，我们走着去吧。

★来（V₁……来 V₂……）

他买了个面包<u>来</u>当午餐。

★论

<u>论</u>体力活，男人比女人强；<u>论</u>手工活，女人又比男人强。

★V 去

他上街<u>买东西去</u>了。

★往多了说

我住的地方离学校不太远，<u>往多了说</u>也就四五站路吧。

★为了

他<u>为了</u>写这篇论文，已经查了几百篇参考文献了。

★为（了）A 起见

<u>为了公平起见</u>，参加比赛的选手必须是同一年龄段的。

★相当于……

上海的东方明珠塔约有 468 米，<u>相当于 180 层楼</u>那么高。

★主要是……

山本之所以来中国，<u>主要是</u>希望能学习中文，其次是想积累在中国的工作经验，还有就是想更多地了解中国。

16. 溯源 / 来源

★从

<u>从</u>孩子嘴里知道，他爸爸是个中学教师，去年刚刚去世。

★从……起

<u>从</u>今天<u>起</u>，我就要在中国学习和生活了。

★从……V起

事情还得<u>从</u>他们刚认识时<u>说起</u>。

★打

一只鸟<u>打</u>我头上飞过去了。

★打（……）那儿起 / 开始

上个月玛丽参加中文演讲比赛得了第一名，<u>打那儿起</u>，她学中文的积极性更高了。

★打心眼儿里

记得我们小时候，都<u>打心眼儿里</u>盼着过年，因为可以穿新衣、放鞭炮，还可以吃好吃的。

★根据

你还是<u>根据</u>大家的意见把报告修改一下儿吧。

★就 P 所知

<u>就我所知</u>，有的男生比女生更细心，你周围的朋友中有这样的吗？

★据（据……说 / 看 / 了解 / 估计）

<u>据</u>书上<u>说</u>，辣椒是维生素含量最丰富的菜。

★据说

据说，这座房子的主人是个大人物。

★据 P 所知

据我所知，原先的那套老房子并没有卖掉，只是租出去了。

★说是……

刘经理最近一直没来上班，说是生病了。

★听 P 说

明年这里要拆迁，我是听邻居说的。

★用 P 的话讲 / 说

今天的比赛队员们发挥得很好，打得很精彩，用网友的话说，他们的表现很给力。

★有 N 说，……

网上有帖子说，这里的旧房子全部要拆掉盖新的。

★自从

自从他去了北京以后，我们就再也没联系过了。

17. 条件

★不管……，都……

不管最终的结果是怎么样的，我都得好好谢谢你。

★不管 / 甭管怎么说

不管怎么说，他是你爸爸，你不应该故意气他。

★但凡

但凡你稍微用点儿心，也不至于考得这么差。

★管

管他们说什么，自己做好自己的事就行了。

★哪（哪……哪……）

你觉得<u>哪</u>个好我们就买<u>哪</u>个。

★哪儿 / 哪里（哪儿 / 哪里……哪儿 / 哪里……）

<u>哪里</u>有梦想，<u>哪里</u>就有希望。

★能 V 就 V

两年没回家了。这次好不容易回去和父母一起过个春节，我是<u>能多陪陪父母</u><u>就多陪陪父母</u>，尽量跟他们多待一段时间。

★谁……谁 V

明天的跳绳比赛，<u>谁</u>厉害<u>谁</u>上。

★死活 V

我劝了他半天，可他<u>死活</u>不答应。

★一……就……

他<u>一</u>到冬天<u>就</u>感冒。

★越 X（……）越 Y

你<u>越</u>劝他休息，他干得<u>越</u>起劲儿。

★再怎么说，……也……

我知道小张有小张的难处，可是，<u>再怎么说</u>，他<u>也</u>不能袖手旁观啊！

★怎么（怎么……，怎么……）

老师<u>怎么</u>教，我就<u>怎么</u>学。

★怎么着也得……

我今天<u>怎么着也得</u>把这份报告写完，你先下班吧。

★照样

我一个人<u>照样</u>能够把事情解决好。

★只要……就行

证书能不能考出来不重要，我们不会怪你的。<u>只要</u>你开心<u>就行</u>。

★只有……，才……

凡事多为别人考虑，只有设身处地地为他人着想，才能够和别人和睦相处。

★总要……，（要）不然……

现在只要有时间，我总要睡会儿午觉，要不然下午就昏昏沉沉的，干什么都没有精神。

18. 推论／推断

★不难发现

从最近几年的就业形势上不难发现，很多毕业生还是会选择相对稳定的工作。

★不是……，就是……

他们不是住八楼，就是住十楼。

★不用说

A：今天老板怎么亲自过来了？

B：不用说，肯定是有非常重要的会议。

★从……来讲／来看／来说

从安全的角度来讲，女孩子晚上要少出门。

★从另一个角度看

这种貌似正确的话，从另一个角度看，是对女性的不尊重。

★既然……，就……

既然已经这样了，就坚持做下去吧。

★看来

看来我也得改改消费习惯了。不然大手大脚惯了，将来恐怕连家也养不起呀！

★可见

他一上午连着来了三次电话，可见他很着急。

★可想而知

我女朋友为了所谓的健康，每次炒菜的时候既不放油又不放盐，那味道就<u>可想而知</u>了。

★听P的口气

A：我现在做买卖也很需要钱。

B：<u>听你的口气</u>，是不打算把钱借给我了？

★听上去

他给我讲了很多旅行的见闻，<u>听上去</u>，他的那次旅行很有意思。

★想必／想来

林老师带了这么多资料来参加会议，<u>想必</u>是事前做了充分的准备。

★想不V／A都难

小张每天花那么多时间学中文，<u>想不学好都难</u>。

★要不（然）

他一定有什么事耽误了，<u>要不然</u>不会到现在还没回来。

★一V就是……（一看／听就是……）

小心点儿吧！刚才那个跟你聊天儿的人<u>一看就是</u>个坏人。

★怎么（说）也得……

要完成这个项目，<u>怎么也得</u>半个月吧，一周时间太紧张了。

★这么说

A：老师刚才打电话来，说他病了。

B：<u>这么说</u>，今天他不上课了？

★这样一来

学校临时通知期末考试推迟一周，<u>这样一来</u>，我就得重新订机票了。

19. 限定范围

★不光
有这种想法的<u>不光</u>是他一个人。

★不是……（,）就是……
他每天<u>不是</u>读书<u>就是</u>写文章，连出去逛街的时间都没有。

★不只
不同意这个观点的<u>不只</u>是我一个人。

★从 X 到 Y
对于这里的习俗，他经历了一个<u>从不适应到比较适应</u>的过程。

★大多
家里买的书我<u>大多</u>已经看过了。

★单
想把事情做好，<u>单</u>靠热情是不行的。

★单单
别人什么都没说，<u>单单</u>他有一大堆意见。

★（一）点儿
她吃了<u>点儿</u>甜品以后，心情好多了。

★凡是……（全）都……
<u>凡是</u>本校的学生<u>都</u>能参加，留学生也不例外。

★光（光……不……）
你不能<u>光</u>为自己打算，<u>不</u>为别人着想。

★就
昨天其他人都来了，<u>就</u>他没来。

★全（全都……）

你要的那几本书我全都借来了。

20. 叙述

★接下来

我们今天打完这场比赛以后，接下来就要去北京打另外一场。

★接着

我作业还没有写完，吃了饭还得接着做。

★就

我打算今年放了寒假就出去旅游。

★V……V了……

昨天我们几个一起吃火锅吃了三百块钱。

★起先

刚才听到外面树叶哗哗地响，起先还以为是下雨了，打开窗一看，原来在刮风。

★完了

下了班我要先接孩子，完了还得去买菜。

★先

我打算先去北京，再去上海，接着去杭州，最后去香港。

★先……，然后……

他听完老师的问题，先想了想，然后才回答。

★总共

我跟小张真的不熟，总共也没说过几句话。

★最开始……，后来……

足球最开始起源于中国，后来传到欧洲，再后来，比赛规则不断完善，最后发展成为现代的足球运动。

21. 选择

★ V₁ 吧，……；V₂ 吧，……

小刘不知道如何处理跟女朋友的关系：分手吧，两人毕竟相处了好几年了，还是有一些感情的；不分手吧，他实在受不了女朋友的暴脾气。

★ 不然的话

要么你去找他，不然的话，让他来找你也行。

★ 不如

明天就要考试了，现在去看电影，不如在家好好复习。

★ 还是［（是）……还是……］

明天的会议是你去呢，还是我去？

★ 还是……吧/（的）好

这件事先别急着下结论，还是先考虑一下儿的好。

★ 可 X 可 Y

这种椅子的高度可以调节，可高可低，用起来很方便。

★ 要 V 就 V

我可不想上普通大学，要上就上名牌大学。

★ 要么……，要么……

你赶紧让他来开会，要么给他发个微信，要么直接给他打个电话。

★ 要……，要……

你赶紧拿主意，要就今天，要就明天，决不能再拖了。

★ 最好

最好你明天能早点儿过来，这样我们就可以早点儿开始讨论。

22. 询问

★到底
你一会儿说去，一会儿又说不去，你到底去不去啊？

★都
今年暑假都谁想回国探亲啊？

★多 A
北京离上海有多远啊？

★干吗
那个餐馆的菜又好吃又便宜，我们干吗不去吃一次呢？

★究竟
你究竟是在跟我开玩笑还是真的要这样做？

★来着
咱们学校的电话号码是多少来着？好久不用，都忘了。

★呢
人呢？都到哪儿去了呢？

★怎么
你这是怎么了？看上去很紧张的样子。

★怎么个 V / A 法
A：这次考试可比以前难多了。
B：是吗？怎么个难法？
A：不光要看懂文章、回答问题，还得写出你的观点呢。

★怎么样
下周旅行的路线就这样安排，你觉得怎么样？

★怎么着
她一直不说话，是生我的气了还是怎么着？

23. 转折

★按（理）说［按（理）说……，但（是）/ 可（是）……］

按理说他住得最近，不应该迟到，可他偏偏是我们班的"迟到大王"。

★别看

今天其实不怎么冷，别看下那么大的雪。

★不过

他性子一向很急，不过这段时间好多了。

★不要紧［……不要紧，但（是）/ 却……］

你这一喊不要紧，我却再也睡不着了。

★倒（是）

别看小李人长得瘦，力气倒不小。

★X 倒没什么（X 倒没什么，可是 / 就是 / 只是 / 就怕……）

这次比赛参加不了，我倒没什么，可是我同屋，他为这次比赛付出了很多，突然不能参加，有些不甘心。

★X 倒是 X（X 倒是 X，只是 / 就是 / 不过……）

他明天来倒是来，就是不知道会待多久。

★反倒

你还是别来了。你来了，反倒更麻烦。

★X 归 X

我们俩关系好归好，但在这件事情上，我也不会偏向他。

★好像……，其实 / 但……

看上去她好像很热情，其实只是想让你买她的东西。

★话 / 说是这么说

A：这件事看上去好像没那么复杂。

B：话是这么说，可是实际上真的做起来，就不是那么回事了。

★话又说回来

他这个人笨是笨了点儿，可是<u>话又说回来</u>了，他做事倒是很负责任的。

★尽管（尽管……，但是 / 可是……）

<u>尽管</u>他不接受我的意见，<u>但是</u>我有意见还是要提出来的。

★就是

昨天玩儿得挺开心的，<u>就是</u>有点儿累。

★可

他住的房子租金有点儿高，<u>可</u>那一片住宅区的生活还是比较便利的。

★明明

<u>明明</u>是他先撞到我身上的，却还要骂人，真是太不讲道理了。

★偏偏

我把大的苹果给他，可他<u>偏偏</u>要吃小的。

★其实

听口音他像北方人，<u>其实</u>是个地地道道的南方人。

★却（可却……）

刚要出发，<u>可却</u>下起雨来了。

★实际上

他嘴上说他想来，但<u>实际上</u>他不一定愿意来。

★ X 是 X，可是 / 但是 / 不过 / 就是 / 只是……

<u>老同学是老同学</u>，可是我们并不经常来往。

★ A 是 A 了点儿

这东西<u>贵是贵了点儿</u>，不过质量真的不错。

★ V 是能 V，可是 / 就是 / 不过……

A：你儿子会开车吗?

B：他呀，<u>开是能开</u>，<u>可是</u>刚拿驾照不久，技术不太熟练。

★说是……，但是 / 其实 / 实际上……

房东怎么这样啊？这个房子<u>说是</u>让我们住半年，可<u>实际上</u>住了不到两个月就催我们搬走。

★虽说

这位老人<u>虽说</u>大字不识一个，但是却很识大体。

★问题是

那本书好像被人借走了，但<u>问题是</u>，我不记得到底是谁借走的。

★相反

他以为我毕业后会读研，恰恰<u>相反</u>，我更想早点儿工作。

★又（可又 / 却又……）

有件事想告诉你，<u>却又</u>怕你听了不高兴，你想知道吗？

★照理说 / 照说（应）该……

奶奶那么大年纪了，<u>照理说应该</u>好好休息了，可她在家仍然闲不住。

★正相反

我以为在海边买鱼会很便宜，可是<u>正相反</u>，比超市还要贵一些。

★只是

他提出的建议是有道理的，<u>只是</u>说话的方式有些问题。

二、指令表达

24. 催促

★倒（是）

都几点了？你<u>倒是</u>快点儿啊！

★赶紧

他好像有什么急事。你<u>赶紧</u>给他回个电话！

★赶快

你<u>赶快</u>把湿衣服换下来，小心感冒！

★我说 P 啊

<u>我说王经理啊</u>，你倒是说句话啊，这个价格到底行不行啊？

★早早

你明天<u>早早</u>去，<u>早早</u>回，把事情办好。

25. 服从 / 遵从

★按

这件事就<u>按</u>他的意思来办吧。

★归……管

今天的接待工作<u>归</u>小张<u>管</u>。

26. 建议

★呗

喜欢她，就去告诉她<u>呗</u>。

★不妨

这次招聘对小李来说是个难得的好机会，<u>不妨</u>让他去碰碰运气。

★**不就得了 / 行了 / 好了 / 完了 / 成了**

既然知道她脾气不好，你平时少惹她不就完了吗？

★**得了**

弟弟还小，你让着他点儿得了。

★**改天**

今天我没空，改天一起吃饭吧。

★**还是……吧 /（的）好**

我看，你还是亲自去一趟好。

★**好**

时间不早了，你好走了。

★**好好**

这件事你得好好向他解释一下儿，免得他误会。

★**就是了**

要想知道后面到底发生了什么，你看下去就是了。

★**要不（然）**

别着急，要不然这样，我先借点儿钱给你，等你有钱了再还给我。

★**应该……才是**

他做事太马虎，你应该多批评他才是。

★**最好**

我觉得我们最好每周能见两次面，这样就可以有更多的机会互相了解。你觉得呢？

27. 命令

★**把……V 一 V / V 一下儿 / VV / V 了**

客人马上要来了，你赶紧把桌子擦一擦！

★给（给我……）

你给我老实点儿!

★叫你 V / A 你就 V / A

叫你走你就走，哪儿这么多废话!

★你给我 V / A

你给我闭嘴!

★你（们）听着 / 听好了

你听着，你以后不要再来了。我们家不欢迎你!

★（我）限你……

限你三分钟内把你在朋友圈里发的照片全部删掉! 不然的话，我们就分手吧。

28. 请求

★呗

人家都求你好几次了，你就帮帮他呗。

★把……V 一 V / V 一下儿 / VV / V 了

老师，您能帮我把这篇作文再改改吗?

★方便的话

你哪天方便的话，给我来个电话吧。

★来［（给我）来（一）个 / 杯 / 碗＋N］

服务员，麻烦给我来个汉堡!

★千万要 / 得 V

我托你办的事，你千万要放在心上。

★替 P

麻烦你替我谢谢他。

29. 劝告 / 劝阻

★呗
他既然主动认错了，你也就别追究了<u>呗</u>！

★甭
今天是星期六，<u>甭</u>老待在家里，咱们出去逛逛吧。

★别
A：我还是把那件事告诉她吧。
B：<u>别</u>，你千万<u>别</u>说。

★别 V / A 了
你已经喝了不少酒了，<u>别喝了</u>，对身体不好。

★不必
你<u>不必</u>生气，她又不是故意的。

★不用
这孩子身高不到一米，<u>不用</u>买票。

★该 V 还（是）得 V
虽说你俩闹了点儿矛盾，但适当的走动你<u>该去还是得去</u>。

★好歹
既然答应了人家，你<u>好歹</u>要给她一个回复。

★何必 / 何苦（何必 / 何苦……呢）
你<u>何必</u>为这点儿小事和你老公吵架<u>呢</u>？

★千万别 / 不要 V
开车的时候，特别是开长途的时候，<u>千万别走神</u>！

★算了
<u>算了</u>，别跟他计较了。

★先（先别/不 V）
你<u>先别买</u>，说不定过段时间还会再降价的。

★想开
爸爸去世了，他难过了好长时间，我们都劝他<u>想开</u>一点儿。

★用不着
你<u>用不着</u>这么客气，以后咱们就是一家人了。

30. 商量

★好像
时间不早了，我们<u>好像</u>该走了。

★你看……
小冯生病住院了，<u>你看</u>我们要不要给他爸爸打个电话？

★你说呢
看样子今年夏天不会太热，我们先别装空调了，<u>你说呢</u>？

★是不是……
她到现在还没有来学校，你<u>是不是</u>打个电话问一下儿？

★算了
这个手机给我用<u>算了</u>，你再去买个新的吧。

★……行不行
A：老板，你这衣服卖得太贵了，如果不便宜一点儿我就不买了。

B：我再给你便宜五十块，<u>行不行</u>？

★再不
对不起，我最近太忙了，可能没办法完成你托我办的事情，<u>再不</u>你重新找个人吧！

★这么着（吧）
<u>这么着</u>，这次旅游，我负责选景点，你负责订房间和机票。

31. 提醒

★别 V/A 了
这么重要的资料你一定要保存好，可别丢了。

★不必
现在的长途电话费又不贵，你不必急着挂电话。

★（可）不是闹着玩儿的
这次考试你一定要重视，通不过可不是闹着玩儿的。

★大 N 的
大中午的，你怎么不休息一下儿？

★得
七点了，你们得起床了。

★等 V/A 了就……了
有病要赶紧治，等严重了就麻烦了。

★都……了（都……了，还……）
都大学生了，还这么不懂事？

★该 V 就 V
你啊，该吃就吃，该睡就睡，别想那么多！

★告诉你
A：明天有考试？没事，我不怕。
B：告诉你，这次考试可不是一般的考试，考不及格就不能毕业了。

★……还在后头呢
这次麻烦她虽然暂时解决了，但更麻烦的还在后头呢。

★回头
小点儿声，回头把孩子吵醒了。

★看

过马路时<u>看</u>着点儿!

★快（要）/就（要）……了

<u>快</u>下雨<u>了</u>，赶快回家吧。

★马上（就）……

火车<u>马上</u>进站了，快把行李准备好。

★弄不好

你多穿点儿衣服吧，<u>弄不好</u>会感冒的。

★千万别/不要 V

明天的考试时间是早上八点，你<u>千万不要迟到</u>。

★千万要/得 V

我托你办的事，你<u>千万要放在心上</u>。

★少不了

你这样简单粗暴地办事情，<u>少不了</u>要被领导骂的。

★我跟你说/讲

<u>我跟你说</u>，这件事你可千万别跟别人说，这是个秘密。

★我说 P 啊

<u>我说小李啊</u>，你别整天游手好闲的，该干点儿正事了。

★先（先别/不 V）

咱们<u>先别去</u>想这笔钱怎么个用法，我觉得目前最重要的是上哪儿凑这笔钱。

★小心（别）V

天冷，<u>小心别感冒了</u>!

★眼看（……）就要……了

<u>眼看</u>春节<u>就要</u>到<u>了</u>，我们去买点儿年货吧。

★要

路很滑，大家要小心！

★应该……才是

下个月要考试了，你应该早做准备才是。

★早晚都要／会……

孩子，你早晚都要嫁人的，不可能一辈子守在妈妈身边。

★这不就 V／A 了吗

A：怎么买这么多东西？

B：这不就过年了吗？我买了些年货。

★V 着点儿

你要接站的那位老师应该还没出来吧？你瞧着点儿！别错过了。

★V／A 着也是 V／A 着

A：今年暑假我没什么安排。

B：在家里待着也是待着，不如咱们一块儿去旅游吧。

32. 制止

★别

别在这儿瞎猜了，还是给她打个电话问问吧。

★得了

得了，别问了，你问不出结果来的。

★好了

好了，好了，别吵了，你们就不能坐下来好好说吗？

★（你）少 V

你少看这些乱七八糟的书，对你不好。

三、态度表达

33. 不同意 / 反驳

★得了吧

A：我发誓，我接下来要开始减肥了。

B：<u>得了吧</u>，要说减肥你最多只能坚持三天。不信你试试看。

★话（可）不能这么说

A：现在有钱什么都可以买到。

B：<u>话可不能这么说</u>，爱情不是用钱就能买来的。

★话可得说清楚

A：你们商人都只想着赚钱，哪有什么情义啊？

B：<u>话可得说清楚</u>，我是那样的人吗？

★话 / 说是这么说

A：钱不是万能的。

B：<u>话是这么说</u>，可没有钱是万万不能的。

★看你说的

A：我真不知道该怎么感谢你。

B：<u>看你说的</u>，朋友之间客气啥啊？

★那倒不见得

A：你们这个工作是不是只招聘有博士学位的人哪？

B：<u>那倒不见得</u>，我们更重视一个人的实际工作能力。

★你以为呢

A：我觉得他不是忘恩负义的人。

B：他就是这样的人。<u>你以为呢</u>？

★谁说的

A：我觉得他唱歌没你唱得好听。

B：<u>谁说的</u>！

★什么……（啊）

A：别玩儿了，赶紧好好学习吧！

B：<u>什么</u>"好好学习"，我都已经学了好多天了，该休息了。

★说得容易

你<u>说得容易</u>！一旦真的要做起来，就没那么简单了。

★想哪儿去了

A：在这儿生活可不像北京、上海那么方便。

B：这儿只是个三线小城市，哪儿能跟北京、上海这样的大城市比啊？你都<u>想哪儿去了</u>。

★又

你<u>又</u>不是我，你怎么知道我是怎么想的？

34. 揣测

★吧

这座楼是新盖的<u>吧</u>？

★别（别……吧）

我刚才跟他说的那些话，他<u>别</u>不明白<u>吧</u>？

★别（不）是……吧

看你这副垂头丧气的样子，<u>别不是</u>考试又没及格<u>吧</u>。

★不成（难道……不成）

他这个时候还不来，<u>难道</u>家里出了什么事<u>不成</u>？

★不会 X 吧

我的手机怎么找不到了，<u>不会</u>丢了<u>吧</u>？

★撑死

你说他是大学毕业？别开玩笑了！他的文化水平<u>撑死</u>也就高中毕业。

★大概

大概他有事，否则不会不来。

★多半

他现在还没来，多半不会来了。

★该

这孩子该大学毕业了吧？

★好像

看样子今天好像要下雨。

★看（你看／我看）

我看今天会下雨，还是带把伞出门吧。

★看起来

看起来他好像对这件事情很不熟悉。

★看样子

天阴得厉害，看样子要下大雨了。

★恐怕

这次考试太难了，我恐怕过不了。

★来（看／说／想／算来）

想来他对我应该没什么意思，不然的话，早就给我打电话了。

★没准儿

我们已经十年没见了，没准儿他已经结婚了，说不定连孩子都有了。

★难道说……

怎么一点儿动静都没有？难道说家里没人？

★怕

快八点了他还没到，怕是迷路了吧。

★ V 起来

<u>看起来</u>，这件事他不会同意的。

★十有八九

我的帽子不见了，<u>十有八九</u>是忘在教室里了。

★说不定

如果你想避免尴尬的话，你不来<u>说不定</u>会更好呢。

★像（像……一样）

他站在那里不说话，<u>像</u>不认识我<u>一样</u>。

★兴许

这件事张老师<u>兴许</u>有办法，你去问问他吧。

★准

他的手机怎么会在这儿？<u>准</u>是他落在这儿了。

★总（总不见得 / 总是 / 总有 / 总该……）

他到现在还没回来，<u>总是</u>有什么事情耽误了吧？

35. 否定

★把……不当……

这么重要的面试，你怎么完全<u>把</u>它<u>不当</u>回事？

★把……放在眼里

你到底有没有<u>把</u>我<u>放在眼里</u>？这么大的事情也不跟我商量一下儿！

★把 P 怎么样

虽然警察怀疑他是凶手，但没证据，所以也不能<u>把小丁怎么样</u>。

★白白（白白 V 了）

不能让这个小偷儿就这么<u>白白走了</u>，应该把他送到派出所去。

★别逗了

A：要是没有考试就好了。

B：别逗了，要是不考试，你怎么知道自己到底有哪些地方不明白？

★并不/没（有）……

真奇怪！我跟他并没什么来往，他为什么会对我有意见呢？

★不大 V/A

老张最近身体不大好，已经有两个月没来上班了。

★A 不到哪儿/哪里去

这儿的电器比别的地方贵不到哪儿去，就在这儿买了吧。

★不过如此

我们去吃了才知道，所谓网红餐厅，做的菜也不过如此。

★不见得

你觉得他一定会回来的，我看不见得。

★不是个事

这件事情老是这样拖着不去处理，也不是个事啊。

★不太 V/A

我觉得这里的生活不太方便。

★不怎么 V/A

这种葡萄虽然不酸，可是也不怎么甜。

★不怎么样

他的外语水平不怎么样，这种翻译工作恐怕做不了。

★不知怎么（V）的

不知怎么搞的，电脑突然出问题了。

★不至于（还/才/也/总不至于……）

要说他们会因为这点儿小事分手，我想还不至于吧。

★……才怪呢

她还没孩子呢，你叫她"大妈"，她会高兴<u>才怪呢</u>！

★待见

他的脾气太坏了，谁都不<u>待见</u>他。

★到头来

这位老人为孩子辛苦了一辈子，操了一辈子的心，<u>到头来</u>，孩子们一个个地全离开了她。

★都 V 了（些）什么

你看看，你整天<u>都干了些什么</u>！

★V（你）个……

这么晚还出去玩儿，<u>玩儿你个</u>头啊！

★跟……过不去

这不是你一个人的错，忘了它吧，别<u>跟</u>自己<u>过不去</u>。

★懒得

每次下班回来后累得我动都不想动，更<u>懒得</u>做饭了。

★V 了等于没 V

你说的都是废话，<u>说了等于没说</u>。

★没 / 有什么 V 头儿

这儿的茶<u>有什么喝头儿</u>，味道一般，而且也太贵了点儿。

★没有什么可 / 好 V 的

A：别走，价钱可以商量嘛。

B：<u>没有什么好商量的</u>，价钱高于一百我就不要。

★没怎么（没怎么 V）

昨晚我<u>没怎么睡觉</u>，一直在做 PPT。

★没辙

让你好好学习，你就是不听。现在考试没通过，我也没辙了。

★美得P

又不想上班，又想挣大钱，美得你！

★谁说的

A：你怎么连我都信不过？

B：没有啊，谁说的！

★谁也V不了/不过谁

这一周是考试周，我的几个朋友都特别忙，所以啊，他们谁也帮不了谁。

★什么……（啊）[什么N（啊）]

你讲的这是什么话！完全没有道理！

★V/A什么（V/A）

A：我觉得这里还挺干净的。

B：干净什么干净，桌子上有好多灰。

★V什么N

A：周末我们去唱歌吧。

B：唱什么歌啊？还是去逛街吧。

★什么呀

A：这是鸡肉吧？

B：什么呀，这是牛肉。

★算什么N

A：那不是你们学校的歌星吗？

B：她算什么歌星呀？就会唱那么几首歌。

★有什么好/可V/A的

有什么好大惊小怪的？这种事情我见得多了。

★这还 V / A 啊

A：两百块？太贵了！

B：这还贵啊？别的商店卖两百四呢！

★这也叫 X

这也叫图书馆？连这种最常用的工具书都没有。

36. 估计 / 估量

★把

这台电脑当时花了我万把块钱。

★撑死

这种功能简单的老人机很便宜的，撑死就几百块钱吧。

★大概

来听讲座的同学大概有五十几个。

★看上去

看上去这位姑娘不过十八九岁。

★恐怕

他走了恐怕有二十天了。

★来

咱们图书馆订阅了大概两百来种期刊。

★来（看 / 说 / 想 / 算来）

算来我们已经有两年没见面了。

★怕

咱们怕有十来年没见面了吧？

★V 起来

算起来，我在这儿工作已经有五年了。

★总（总不见得 / 总是 / 总有 / 总该……）

这房子住了总有二十多年了吧?

37. 将就 / 容忍 / 勉强

★不 V 不 V（多少）也得 V……

老同学都到齐了，这么难得的机会，你不喝不喝多少也得喝一点儿吧。

★不 V 也罢

这事已经过去了，不提也罢。

★还（还算……）

这家餐厅不错，菜的味道好，价格也还算便宜。

★好歹

别那么讲究，好歹能穿就行了。

★X 就 X（吧）

A：我明天还你书行吗?

B：明天就明天吧，只要别忘了就行。

★了事

有了矛盾，不先想想怎么化解，而是离婚了事，这怎么可以呢?

★受得了

A：天天把你关在房间里看书，你受得了吗?

B：受得了啊! 有什么受不了的。

★算了

算了算了，我这箱苹果就便宜卖给你了。

★V 也得 V，不 V 也得 V

这次比赛小张是最好的人选，他去也得去，不去也得去。总之他必须代表公司参赛。

★ V 一 M 是一 M

虽然进度有点儿慢，但我们做一点儿是一点儿，总会做完的。

★ 硬 V

他不会喝酒，硬喝，一下子就喝醉了。

★ 硬是（硬是 V）

自行车已经没气了，他硬是骑着回了家。

38. 反问 / 质疑

★ 不成（难道……不成）

你自己不去，难道要我去不成？

★ 不就得了 / 行了 / 好了 / 完了 / 成了

既然想他，那就给他打个电话不就成了吗？

★ 不就（是）……吗

你不就是比我多工作了两年吗？有什么了不起的！

★ 不是……吗

你不是不想搭理我吗？干吗还要来问我？

★ 不是说……吗

你们不是说参赛的都是世界级选手吗？怎么一个有名的球员也没有？

★ 得了（liǎo）

这孩子越大越不听话，这怎么得了？

★ 干吗

你早就知道这件事，干吗不告诉我？

★ 还（还……呢，何况 / 更不要说……）

雷雨天大家还在坚持工作呢，更何况是晴天？

★还（还……吗）

你中文说得这么好，<u>还</u>担心面试通不过<u>吗</u>?

★何必／何苦（何必／何苦……呢）

你<u>何必</u>为这点儿小事和你老公吵架<u>呢</u>?

★何况

他连我都不想搭理，更<u>何况</u>你呢?

★哪（哪……啊）

这件事我<u>哪</u>知道<u>啊</u>?

★哪儿／哪里（哪儿／哪里……啊）

至于他为什么要辞职，你去问他呀。我<u>哪里</u>知道<u>啊</u>?

★那还用说

A: 回国以后记得常给我们来电话。

B: <u>那还用说</u>? 我不会忘记你们的。

★难道说……

这点儿小事，<u>难道</u>说你要记一辈子?

★能……吗

还有不到一周的时间就要考试了，你说你现在才开始复习<u>能</u>来得及<u>吗</u>?

★能不……吗

你天天给我打电话，已经严重影响到我的正常生活了，我<u>能</u><u>不</u>抱怨<u>吗</u>?

★你以为呢

A: 辛辛苦苦加了三天班，就挣了这么点儿钱。

B: <u>你以为呢</u>?

★凭什么

A: 你不能进去。

B: <u>凭什么</u>?

★谁不知道

这么简单的问题还需要你来教我啊？<u>谁不知道</u>啊？

★有什么好 / 可 V / A 的

<u>有什么好买的</u>？这个商店的东西又贵又不实用！

★有这么……吗

这件事你干吗瞒着我？怕我反对？我<u>有这么</u>不讲道理<u>吗</u>？

★怎么

这么小的地方，<u>怎么</u>住人？

★怎么就不能 V / A 呢

你都忍了他那么久了，<u>怎么就不能</u>再忍一忍<u>呢</u>？

★这还用说吗

A：你说明天逛街我是穿这件红的还是穿那件紫的？

B：当然是紫的好看了。<u>这还用说吗</u>？

★这也叫 X

A：我看你们俩小日子过得不错嘛。

B：<u>这也叫不错</u>？就差没离婚了。

★至于 (……) 吗

就因为他说了你几句，你就不搭理他了。<u>至于吗</u>？

39. 纠正

★还是……的

在大学里，很少见到不学习的人，大部分学生<u>还是</u>非常努力<u>的</u>。

★话又说回来

这孩子太老实了，又不爱说话，不过<u>话又说回来</u>，谁的性格都不是完美的。

★我是说

A：家里有人吗？

B：我妹妹在。

A：哦，<u>我是说</u>，你家大人在家吗？

40. 拒绝

★到时候再说

A：你如果没有女朋友，我可以给你介绍一个。

B：<u>到时候再说</u>吧。

★改天

今天我没空，<u>改天</u>一起吃饭吧。

★回头

A：小林，咱们啥时候聚一聚啊？

B：<u>回头</u>再说吧。

★你（就）饶了我吧

A：你啥时候有空过来给我们做个讲座吧！

B：<u>你就饶了我吧</u>！

★再说

A：假期我们一起去西藏好不好？

B：<u>再说</u>。

41. 决定

★看在……的份儿/面子上

<u>看在</u>我们是好朋友<u>的份儿上</u>，我就再帮你一次吧。

★V来V去，还是……

他就是偏爱这个品牌，<u>选来选去，还是</u>选了它。

★那

既然方案已经定下来了，<u>那</u>我们就赶紧行动吧。

★那就看 P 的了

A：我认识好多大学生，我帮你找一个辅导老师吧。

B：那就看你的了。

★那就 / 要看……了

什么样的大学是好大学？那就看你的标准是什么了。

★P 说了算（P 说了不算）

A：你们家的事谁说了算？

B：小事我不管，大事我说了不算。

★算 P 一个

A：我们想成立一个乐队。

B：太好了，算我一个吧。

★听 P 这么一说

A：那个餐厅的菜味道一般，服务态度也不好。

B：听你这么一说，我可不想去那儿吃饭了。

42. 决断

★二话没说就……

领导听完我们的话，二话没说就同意了我们的建议。

★该（该 V 就 V）

你啊，该吃就吃，该睡就睡，别想那么多！

★干脆

这台空调都用了十年了，我们干脆买台新的吧！

★索性

这项工作既然已经开始了，索性就把它做完吧。

43. 肯定

★不用说
小杨又没按时到，不用说，准是在睡懒觉。

★迟早（尽早要 / 会 / 得……）
你天天这样混日子，迟早要后悔的。

★当然
别人有困难，我们当然应该帮助。

★得
看来她今天又得迟到了。

★反正
我反正每天都在办公室，你什么时候来找我都行。

★管保
好好准备，凭你的水平，我管保你能得第一。

★还是……的
跟很多城市相比，这里的空气质量还是可以的。

★就
我就知道他会来的，今天他果然来了。

★免不了
刚到国外，免不了会碰到一些文化冲突。

★那还用说
A：回国以后记得常给我们来电话。
B：那还用说？我不会忘记你们的。

★确实
确实，现在一些用人单位存在各种歧视问题。除了身高歧视、性别歧视，还有年龄歧视、地域歧视等等。

★少不了

办这个事，一定<u>少不了</u>你。

★我敢说

你看他的脸色，<u>我敢说</u>，他一定生病了。

★想也 / 都别想

要不是那么多朋友关心他、帮助他，这次要渡过这个难关他<u>想都别想</u>。

★心里有数

项目的进展情况不用随时向领导汇报，但你自己要<u>心里有数</u>。

★怎么就不能 V / A 呢

他也是被邀请的正式代表，<u>怎么就不能参加呢</u>

★这还用说吗

A：我们下周去成都旅游，是跟着导游走呢，还是自助游？

B：<u>这还用说吗</u>？当然是跟导游，省得走冤枉路。

★A 着呢

他呀，小日子过得<u>滋润着呢</u>，你就别替他操心了。

★真是

你<u>真是</u>有本事，一下子就把问题解决了。

★准

他这个人说话一向算数，说来<u>准</u>会来。

44. 没把握 / 不确定

★吧

你明天就回国了<u>吧</u>。

★不定

小李这几天闷闷不乐的，<u>不定</u>又在生谁的气了。

★不好说
A：直接叫他的名字，会不会不太礼貌？

B：这可不好说，要看他喜不喜欢了。

★看情况
A：下周去上海，咱们怎么去呀？

B：到时候看情况，如果高铁票买不到，就坐飞机。

★V来V去，还是……
这个决定对他来说太重要了，他想来想去，还是拿不定主意。

★没准儿
我们已经十年没见了，没准儿他已经结婚了，说不定连孩子都有了。

★那得看……
A：从这儿坐车到动物园要多少钱？

B：那得看你坐什么车。坐地铁要四块，坐公交车两块就够了。

★能不能……还难说／不好说呢
A：你放假要去海南旅游吗？

B：我打算去的，不过最近流感这么严重，能不能去得成还不好说呢。

★什么（什么N／A）
这个作家好像很有名，你看过他的什么作品吗？

★谁知道呢
A：我看这次北京队一定打不过上海队。

B：谁知道呢！等着瞧吧。

★说不定
到底哪些人会来参加明天的会，现在还说不定。

★说不好
A：在哪儿买电脑最便宜？

B：我也说不好，你最好多去几个商店看看。

★说不上

你要问我这款手机哪个型号更好，我还真<u>说不上</u>。

★心里没底

A：你觉得我们明天能赢吗？

B：这一年来对手的水平提高得很快。明天的比赛咱们能不能赢，我<u>心里可</u>
<u>没底</u>。

★心里没数

他不善理财，连自己每个月花了多少钱都<u>心里没数</u>。

★指不定

这事还是先瞒着爸爸吧。要是让他知道了，<u>指不定</u>会怎样呢。

45. 批评

★不够意思

你的好朋友过生日，你连句问候的话都没有，也太<u>不够意思</u>了吧？

★不是我说你

小张啊，<u>不是我说你</u>，你这样大吵大闹是没有用的。

★不像话

她整天睡懒觉，实在<u>不像话</u>。

★倒（是）（V得倒A）

<u>你说得倒容易</u>，可是事情做起来哪有那么简单！

★放着 N 不 V（放着 N 不 V，非要……）

他<u>放着</u>好日子<u>不过</u>，非要出去折腾。

★该

谁让你腿还没好就去比赛的？不听我的话。<u>该</u>！

★还……呢（还……呢，连……/连……，还……呢）

<u>还</u>好朋友<u>呢</u>，<u>连</u>这点儿忙都不帮，算什么好朋友！

★亏你／他……（亏你／他 V 得……／亏你／他还……）

他也不嫌丢人。这种话<u>亏他说得</u>出口！

★你看（看）你

<u>你看看你</u>，派给你的活儿不好好干，天天想着投机取巧，挨骂了吧？

★你看我

<u>你看我</u>，一忙就把重要的事给忘了。这是你女朋友托我从泰国给你带回来的礼物，你收好。

★你呀

A：妈妈，我把隔壁的窗户给打破了。

B：<u>你呀</u>，净给我找麻烦。

★你这个 P

<u>你这个不听话的孩子</u>，总是让我操心！

★说不过去

自从大学毕业以后，他很少回家看父母，也很少跟父母联系，这有点儿<u>说不过去</u>吧？

★太……了

他<u>太</u>不懂事<u>了</u>，怎么能说这样的话？

★一味（地）V

你<u>一味</u>想出人头地，到头来恐怕适得其反。

★往好里说……，往坏里说……

天天干这些既无聊又没有创造性的工作：这<u>往好里说</u>，是培养耐性；<u>往坏里说</u>，是浪费青春。

46. 评价

★不怎么样

A：你觉得他这本小说写得怎么样？

B：<u>不怎么样</u>。

★才……呢

去年的比赛算什么呀？今年的比赛<u>才</u>精彩<u>呢</u>！

★差不多

这件事你做不合适，我做还<u>差不多</u>。

★冲

这种白酒的味道很<u>冲</u>。

★得了（liǎo）

你竟然敢动手打人？这还<u>得了</u>？

★V得／不过

A：乒乓球你<u>打得过</u>他吗？

B：<u>打不过</u>。

★V得／不起

我<u>惹不起</u>他，只好离他远一点儿。

★等于

这意见提了也<u>等于</u>白提，没用。

★（真）够A的

这个小孩儿<u>够聪明的</u>。

★够呛

A：这件事今天能干完吗？

B：<u>够呛</u>！

★够（……）受的（够P受的）

今年小马的运气真不好！一系列的变故也真<u>够她受的</u>！

★够意思

他一个大忙人，却抽空陪你整整玩儿了一天，已经<u>够意思了</u>！

★鬼（真鬼／鬼得很）

他还真鬼，这样都骗不了他。

★简直是

都多长时间了？你到现在还没写完啊？简直是！

★A就A在……

问题难就难在上哪儿找这么多的人。

★看（你看／我看）

你看这件衣服怎么样？

★可……了

这几天的天气可不好了，老是下雨，到处湿漉漉的。

★V了等于没V

让你去收集问卷，你却空手而归。你这去了等于没去。

★蛮V／A的

我觉得老张这个人还是蛮有人情味的。

★美得P

A：她天天都在梦想着嫁一个又有钱又爱她的老公。
B：美得她！

★配

只有李老师这样的人才配称得上优秀教师。

★V起来

这个菜闻起来很香。

★说不上

我跟他只是一般关系，说不上是什么朋友。

★说得上／算得上／谈得上……

我觉得，只有先考上好高中，才说得上考好大学。

★太……了

我正在发愁呢，你就来了。你来得太及时了。

★有那么点儿意思

A：我朋友的摄影水平还不错吧？

B：你别说，还真有那么点儿意思。

★整个一个 X

自从结婚生子以后，我整个一个家庭妇女，家务活儿做也做不完。

47. 确认

★啊

这事原来你早就知道啊？

★本来

我本来就不爱吃苹果，可妈妈偏偏给我买了一大箱苹果。

★不是 X，是 Y

我现在要应聘的不是兼职，是全职。

★当真

你要相信我，我当真不知道这件事。

★到底

你昨天晚上到底干什么去了？

★X 的

这事我知道的。

★的确

你说我最近态度很不好，的确，我最近动不动就想发脾气。

★就

我就这个脾气，改不了了。

★就是

我就是想在家待着，哪儿都不想去。

★来（V 得 / 不来）

这首歌音太高了，我唱不来。

★明明

我明明是把手机放在衣服口袋里了，怎么就找不到了呢？

★呢（才……呢 / 还……呢）

我不辛苦，你们才辛苦呢。

★实在

这孩子太淘气了，妈妈对他实在没办法。

★是……，不是……

我是来学中文的，不是来旅游的。

★是不是……

你最近好像瘦了，是不是压力太大了？

★是……的

他是以前的老师介绍过来的。

★说好了 / 说定了

明年春天你一定要来上海，我陪你到处逛逛。说好了啊！

★我敢说

看这天气，我敢说，今天肯定会下雨。

★这才是……

亲朋好友欢聚在一起，一边吃，一边聊，这才是真正的过节！

★这一 V / A，就 / 也 / 才……

昨天见到他，本来有好多话要跟他说，可是心里这一紧张，原本想说的话一句也说不出来了。

★真的

我<u>真的</u>厌倦了现在这份工作了，我想换一个新的环境。

48. 认可 / 同意

★吧

反正人已经够了，不来就不来<u>吧</u>。

★（你还）别说

A：看你高中时的照片，好瘦啊。

B：<u>你还别说</u>，那时候真的很瘦。

★对了

A：老师，您看我这一句这样改行吗？

B：<u>对了</u>，就这么改。

★多少有那么点儿吧

A：对于明天的表演，你好像很紧张。

B：<u>多少有那么点儿吧</u>，毕竟这是我第一次正式演出。

★还真是

A：她应该自信一点儿，不去试试怎么知道自己行不行呢？

B：<u>还真是</u>。咱们去劝劝她吧。

★好

你说得对！<u>好</u>，就按你说的办。

★好说

A：你能帮我复印一份文件吗？

B：<u>好说</u>，<u>好说</u>。

★就是

<u>就是</u>，<u>就是</u>，您说得很对。

★就这样

A：老板，我昨天交给您的那份计划书您觉得怎么样？

B：就这样，就按你的计划来安排。

★看上

他一眼就看上了那个姑娘，可惜人家对他没意思。

★可不（是）

A：已经四月份了，天气还是这么冷。

B：可不是嘛，我到现在还穿着毛衣呢。

★可也是

A：你就别老埋怨孩子昨天在比赛中表现不好了。要是换作你，说不定还不如孩子呢。

B：可也是，在那种紧张状态下，表现不好也正常。

★没的说

咱们是朋友，如果有什么需要我帮忙的，没的说。

★那倒是

A：我看你们还是早点儿动身吧，万一路上堵车就麻烦了。

B：那倒是！

★那就听你的

A：我觉得那件衣服的颜色太深，不如这件好看。

B：那就听你的，买这件吧。

★（真）让你说着了

A：看来你不喜欢旅游。

B：让你说着了，不忙的时候，我喜欢一个人安静地看看书。

★谁说不是（呢）

A：你一个人又当爹又当妈，太不容易了。

B：谁说不是！

★说的是

A：现在夏天越来越热，不装空调不行啊！

B：说的是啊，好像现在家家户户都有空调了。

★说的也是

A：我们把会场安排在露天场所，如果下雨怎么办？

B：你说的也是，这个问题我们还真没考虑到。

★挺 P

你好好干吧，我们都挺你。

★这 / 那倒（也）是

A：你出去的时候老是不锁门，东西丢了也怪你自己。

B：这倒是，下次可得注意了。

49. 探究

★到底

到底是谁拿走了我的手机？

★V 个究竟

听到喊声，大家都跑过来想看个究竟。

★究竟

他这段时间老是鬼鬼祟祟的，他究竟想干吗？

★呢

A：我只知道小美在 A 班学习。那玛丽呢？

B：玛丽在 C 班学习。

50. 听任 / 不在乎

★爱 V / A 不 V / A

A：你这样批评他，他会不高兴的。

B：爱高兴不高兴。他做得不对，难道还不叫人说吗？

★爱咋咋地

他们想怎么说就怎么说吧，随便他们！爱咋咋地。

★爱怎么 V 就怎么 V

嘴长在别人脸上，他们爱怎么说就怎么说，反正我又没干什么见不得人的事。

★呗（X 就 X 呗）

别人笑就让别人笑呗，反正我已经习惯了。

★大不了〔（没）有什么大不了（的）〕

这个病没有什么大不了，吃点儿药就会好的。

★V 都 V 了

东西吃都吃了，就不必担心它对身体好不好了。

★管他 / 它（……）呢

这件事只要你愿意就行，管他高兴不高兴呢。

★好了

让他去告好了，我才不怕呢！

★X 就 X（吧）

丢了就丢了，再买个新的不就得了？

★看着 V 吧

A：这几件旧家具我都要了，该给你多少钱？

B：多点儿少点儿没关系，你看着给吧。

★V 了就 V 了呗，有 / 没什么……

赢了就赢了呗，有什么可吹的！

★没什么大不了的

A：糟了，我的学生证丢了！

B：别着急，没什么大不了的，再补一个就行了。

★任
你要有自己的思想，不能任别人摆布。

★什么 X 不 X 的
A：这次太谢谢你了。

B：什么谢不谢的，别提这个。咱俩谁跟谁啊！

★V₁ 什么（N）就 V₂ 什么（N）
不用客气，有什么就吃什么吧。

★算不了什么
工作辛苦一些算不了什么，只要能多赚点儿钱让家人过得更好，那我就满足了。

★随 P
A：这张旧椅子如果不要的话，我就把它扔了。

B：随你吧。

★随便
去不去都行，随你的便。

★随他去
孩子大了，他爱穿什么就穿什么吧，随他去吧，你就甭操这份心了。

★无所谓（无所谓 X 不 X）
我想买一部手机，无所谓品牌不品牌，但一定要功能齐全，方便好用。

★想 V 就 V
我盼着赶紧放假，这样我就可以想吃就吃，想睡就睡，想出去玩儿就出去玩儿。那日子，想想都美！

★眼看着……
我们不能眼看着朋友受别人欺负却不去帮忙。

★要 V 就 V

我就说一次，你<u>要听就听</u>，不听拉倒。

★V 一 M 是一 M

往后的路<u>走一步是一步</u>吧，慢慢来。

★有什么 A 不 A 的

A：你刚才跟他说话也太不客气了吧？

B：我们俩的关系熟得不得了，<u>有什么客气不客气的</u>。

★怎么 A 怎么来

A：明天你去我家过生日，我给你做几个拿手好菜，再买个生日蛋糕。

B：不用这么麻烦了，<u>怎么方便怎么来</u>吧。

★怎么着（V 怎么着就怎么着）

A：这个周末我们怎么安排？

B：你说<u>怎么着就怎么着</u>。一切都听你的。

★只管

我这里有很多书，你们<u>只管</u>借。

四、情感表达

51. 不满／抱怨

★爱 V／A 不 V／A

今天下午的活动，反正我通知到了，你<u>爱去不去</u>。

★白（白 V）

他今天出门了也不说一声，害我<u>白跑</u>了一趟。

★白白［白白（地）V］

昨天一下午的时间就那么<u>白白地浪费掉</u>了，多可惜呀。

★别提了

A：你的新家怎么样啊？

B：唉！别提了，暖气不热，水管还漏水。

★不 V 还好
你不去帮他还好，越帮越麻烦。

★不就得了 / 行了 / 好了 / 完了 / 成了
你不用亲自去，打个电话不就得了。

★V 不下去
我一个南方人，在这样一个典型的北方城市里，吃不惯，住不惯，真的待不下去了。

★才……呢
这种人，我才看不上呢！

★成天
你都多大了！别成天在外瞎混了，该正儿八经地找份工作了。

★成心
他这是成心欺骗我们。

★成宿
你说你成宿都不睡觉，晚上都在干吗呢？

★打哈哈
认真点儿！这么严肃的事情，别老是打哈哈。

★V 到 P 头上来 / 去了
他竟然欺负到我师父头上来了，胆子也太大了吧！

★（一）点儿（A 了点儿）
她别的方面都好，就是脾气大了点儿。

★动不动就 V
我们经理动不动就冲我们发脾气，大家都不喜欢他。

★都……了（都……了，还……）

都成年人了，还整天打打闹闹的，像什么话！

★都 V 了（些）什么

你听听，他都说了什么！真是气死我了！

★都是……

都是他迟到，害得大家等了一个多小时。

★该 V/A 还是 V/A

我们都劝过他好几次了，他也答应会戒烟，可常常第二天他就忘了他说的话，该抽还是抽。

★该死

真该死！我又把钥匙忘在房间里了。

★干吗

这么无聊的活动，你干吗要参加啊？

★个（有/没个……）

他一进门就没个好脸。

★X 跟 X 啊

这是哪儿跟哪儿啊！我刚从外面回来，什么也不知道就挨了一顿骂！

★（真）够可以的

她一声不吭就离家出走了，真够可以的！

★够（……）受的

今天这天气真够受的！我快冻死了。

★光

这孩子，不知道跟谁学的，光撒谎。

★鬼（鬼 N）

这个鬼地方我一天也不想待下去了。

★还不（都）是……

A：你最近怎么老是加班？周末也不在家陪陪孩子。

B：还不都是为了你们吗？不加班怎么挣钱啊？

★还……呢（还……呢，连……/连……，还……呢）

你还英语专业的学生呢，连这么简单的句子都不会翻译。

★（你）还说呢

A：你的鞋怎么刚穿两天就坏了？

B：你还说呢，你给我买的这叫什么鞋呀？

★好吧

我只是给你提了一些意见，完全没有批评你的意思，好吧。

★好你个 P

好你个叶风，你竟然敢这样对我的女儿！

★胡

你好好写，别胡写一气。

★简直是

他这个人啊，简直是！我看他是越来越不像话了。

★尽

他尽做些没用的事。

★净

每个月这点儿工资，净花在吃上了，哪儿还有钱买别的？

★净是 N

一打开电视，净是广告，没什么好看的。

★净 V（一）些 N

那家伙净干一些见不得人的勾当。

★就你……

别人都不把这当回事，就你想得多！

★叫 P V，P 还真 V（啊）

妈妈叫你先睡，你还真睡！你得帮妈妈一起干点儿活儿啊。

★居然

天哪！几分钟就可以做完的事，这位老兄居然花了将近两个小时。

★看 P 怎么 V

这孩子竟然把房间搞成这样，一会儿看我怎么收拾他！

★……可倒好

人家下班后都按时回家，他可倒好，不到半夜不回去。

★……可好

别人都安安静静地看书，他可好，老是走来走去的。

★愣（是）（愣是不／没）

不管我怎么解释，他愣是没明白。

★乱 V

你净乱说话！这下捅娄子了吧？

★没 X 没 Y（的）

你怎么在爷爷面前总是这么没大没小的！太不像话了。

★明明

你明明知道今天要下雨，为什么出门还不带伞？

★磨叽

你可真够磨叽的，就这么两句话，都说不清楚。

★拿……说事

A：你看你都四十了，赶紧找个女朋友成个家，别整天在外面瞎混。

B：妈，你能不能别总拿这个说事？

★哪有 P 这样（V）的

马上要期末考试了，大家都忙着复习，哪有你这样的，天天躲在房间里睡大觉。

★那像什么话

要是连晚饭也不请她们吃一顿就打发她们回家去，那像什么话？

★你说说

你说说，他现在这个样子我怎么能放心呢？

★你呀

A：你可别让我做饭，我真的不会做。

B：你呀，只会吃！

★偏偏

别的同学上课时都很认真，偏偏小张爱搞小动作。

★凭什么

A：我看你们卖的东西是假的。

B：你凭什么说我们的东西是假的？你有什么证据？

★瞧你……

瞧你这一副苦瓜脸，你倒是说说你究竟有什么烦恼啊，看我能不能帮到你。

★去你的

A：你要是明天不上班，会不会被公司开除？

B：去你的，怎么说话呢！

★让我说你什么好

A：我的钥匙呢？

B：你又找不着钥匙了？让我说你什么好，东西老是乱放！

★什么……（啊）

你还看什么电视啊，还不赶紧做作业！

★V/A什么（V/A）

吃什么吃！都什么时候了，你还有心情吃！

★V什么N

结什么婚啊？一个人过不是挺好吗？

★P是谁呀

A：小张刚才说话挺不客气的。

B：他是谁啊？说话这么没大没小的。

★说V就V

你怎么又发脾气了？说翻脸就翻脸。

★说句不好听的

说句不好听的，你这篇文章写得太没水平了，像小学生写的。

★说了半天

A：你刚才说什么了？能不能再说一遍？

B：说了半天，我刚才的话都白说了啊？你到底听进去了没有？

★V/A透了

为了办这个手续，我已经楼上楼下跑了几个来回了，真是麻烦透了！

★我的P

我的小祖宗，你还吃不吃啊？

★瞎V/A

别瞎着急，火车还有一个小时才开呢。

★现在好了

本来下周想要休年假的，结果老板突然通知有一个紧急任务要完成，现在好了，休假的事泡汤了。

★要命

这人真要命，火车都快开了，他还不来。

★也（V也不/没V）

我送了一个礼物给他，结果他看也不看，就扔在桌上了。

★也（真）是的

他这人也真是的，女朋友都病了，都不知道心疼人家。

★一个个的

你瞧瞧你们这一个个的，哪有一点儿大学生的样子？

★有点儿

今年上海的冬天有点儿冷。

★有点儿太A了

我不太喜欢小张，他这个人有点儿太骄傲了。

★又来了

A：我再抽最后一支，以后我再也不抽烟了。

B：又来了，这种话你已经说过二十遍了。

★早不V，晚不V（早不V，晚不V，偏偏/非……）

老刘啊，你早不来，晚不来，为什么非要这个时候来？

★这叫/算什么N

这里要山没山，要水没水，要好空气没好空气，这算什么景区？

★这是从哪儿说起呀

A：听说你昨天被警察叫去了。

B：这是从哪儿说起呀？昨天我在图书馆看了一天的书，哪儿都没去。

★这下倒/可好

你看你，挑来挑去，这山望着那山高。这下倒好，眼看要到手的工作给挑没了吧？

★这下好了

我花了一晚上的时间写的稿子，由于电脑出了故障，没法保存，这下好了，一晚上的努力全白费了。

★这一 V 不要紧

A：你这羊毛衫怎么这么小啊？

B：别提了。前天吃饭的时候弄脏了，我就水洗了一下儿。<u>这一</u>洗<u>不要紧</u>，衣服缩了两厘米。

★真是

你们俩也<u>真是</u>，电影票都买好了，你们又不去了。

52. 担心

★别（别……吧）

我刚才跟他说的那些话，他<u>别</u>不明白<u>吧</u>？

★别（不）是……吧

这么晚了还不回家，<u>别是</u>出什么事了<u>吧</u>。

★成宿

这孩子最近身体一直不好，<u>成宿</u>都在咳嗽。

★恐怕

这次考试太难了，我<u>恐怕</u>过不了。

★怕

如果不赶紧阻止他，<u>怕</u>要出大问题！

53. 顿悟／释然

★怪不得

<u>怪不得</u>这车骑得这么费劲，原来是轮子没气了。

★好歹

小芳虽然没考上心中最理想的大学，但也考上了全国重点大学，<u>好歹</u>也算达成心愿了。

★可……了

姐,可找到你了,你再借点儿钱给我,最近手头有点儿紧。

★难怪(难怪……,原来……/原来……,难怪……)

难怪房间这么干净,原来妈妈已经收拾了一个下午了。

★算

盼望了好多年的住房问题,今天算解决了。

★我说呢

原来他是你男朋友啊。我说呢!他怎么这么关心你!

★我说……,原来……(原来……,我说……)

A:今天好像有一位外国总统来我们学校参观。

B:原来是大人物来了,我说学校里怎么有那么多车呢。

★原来

原来是他病了,我说他怎么没来呢?

★总算

事情总算做完了。我也该歇歇了。

54. 惊讶/意料之外

★把个 N 给……

明天就要开部门大会了,关键时刻我偏偏把个文件给搞丢了。

★把……给……

爸爸把我那台破电脑给修好了。

★不 V 不要紧,一 V……

不算不要紧,一算吓了一跳。每个月的生活费竟然这么高!

★不会吧

A:小林决定退学了。

B:不会吧?他成绩这么好,这是怎么了?

★**反倒**（不但不/没……，反倒……）

儿子<u>不但不</u>帮父亲，<u>反倒</u>帮起别人来了。

★**给**［（叫/把/让……）给 V］

好好的一辆自行车<u>叫</u>他<u>给</u>弄坏了。

★**还是**

都已经晚上九点了，商场里<u>还是</u>很热闹。

★**还真没看出来**

A：听说他是个很有名的作家。

B：是吗？<u>还真没看出来</u>。

★**好你个 P**

<u>好你个</u>张涛！结婚这么大的事竟然都不告诉我一声！

★**结果**

我们用这种办法试了几次，<u>结果</u>竟然成功了。

★**竟然**

汤姆才学了三个月的中文，<u>竟然</u>能说得这么好。

★**居然**

没想到吃了这种便宜的药，病<u>居然</u>好了。

★**愣**（是）

没人邀请他参加这次活动，他<u>愣</u>是往里闯。

★**没想到**

我以为老师不会同意我们的请求，<u>没想到</u>老师竟然同意了。

★**你**（还）**别说**

A：他已经戒了好几次烟了，都没戒成，这次戒得了吗？

A：<u>你还别说</u>，听说他这一次真戒掉了。

★什么

<u>什么</u>？你已经研究生毕业了？一点儿都看不出来。

★谁知道

我以为他马上就会离开，<u>谁知道</u>，他东拉西扯地侃了一个多钟头，我还是搞不清他到底想说什么。

★说 V 就 V

你们俩怎么<u>说分手就分手</u>了？这么大的事应该冷静处理。

★说了半天

A：你去过卢浮宫吗？那里的艺术品可多啦，有《蒙娜丽莎》、维纳斯雕像等等。要是有机会去看看就好了。

B：<u>说了半天</u>，你还没去过啊？

★一 V（就）V 了……

自从她丈夫去了国外，她<u>一等就等了</u>十几年。

★怎么

<u>怎么</u>，你现在就要走吗？

55. 讽刺

★比 N 还 N

看你这副样子，好像<u>比专家还专家</u>。

★（真）够可以的

你<u>真够可以的</u>，把我的字典拿走了却说都不说，害得我找了半天。

★还（还……吗）

你每个月工资这么高，<u>还</u>缺钱<u>吗</u>？

★还……呢

你<u>还</u>去过法国<u>呢</u>，连法国最有名的美食都不了解。

★还真没看出来

A：我可会做中国菜了。

B：还真没看出来，我以为你只会煮方便面呢。

★就你……

你以为就你聪明，别人都不如你？

★看看，V 了吧

让你早点儿去，你非要拖到现在才去。看看，来不及了吧。

★看 P 那（……）样

他真是一点儿出息都没有。看他那熊样！

★亏你 / 他（亏你 / 他还……）

这点儿道理都不懂，亏你还是大学生呢。

★你可真行

让你有事时多跟我商量商量你偏不听，这下上当受骗了吧，你可真行啊！

★这下倒 / 可好

A：其实我早就到约会地点了，只是想考验他有没有耐心等我。

B：这下可好，把男朋友给考验跑了。

★真有你的

你这小子，放下老婆孩子不管，跑那么远旅游去？真有你的。

56. 感叹

★多 A

看孩子们今天玩儿得多开心呀！

★好

你跑哪儿去了？害得我好找！

★好家伙

国庆节放假，我跟妈妈出去逛街。走到街上一看，好家伙，这么多的人！

★这个 / 那个 V / A 啊

听说假期要去黄山旅游，大伙儿那个高兴啊！

57. 后悔 / 遗憾

★不 V 还好

我不听他的解释还好，听了更生气了。

★差点儿

晚上的车票我差点儿就买到了。

★结果

早上匆匆忙忙出门，结果忘了带钥匙。

★巧（真不巧）

真不巧，我今天有事，不能陪你逛街了。

★让 P 给赶上了

A：你看今天新闻了吗？昨天凌晨有座大楼着火了，有几十个人受伤了，小张也在里面。

B：啊？这么倒霉的事，怎么偏偏让小张给赶上了？

★要 N 有 / 没 N

刚开始创业的时候，我们要资金没资金，要厂房没厂房，全靠一股拼命的劲儿。

★早知道（……，）就……

我要早知道这件事这么难办，也就不会在这上面浪费时间了。

58. 夸赞

★不愧是……

真不愧是学经济的，你这股票、基金的一侃，把我都侃晕了。

★（真）够可以的

你英语说得够可以的。要是闭上眼睛听，还真以为是英国人说的呢。

★够意思

他的钢琴弹得真够意思。

★好你个 N

好你个机灵鬼，想出了这么个好点子。

★没的说

你家先生可真是没的说呀，里里外外一把好手。

★那才叫……呢

我家隔壁那个小姑娘，每回考试都年级第一，那才叫学霸呢！

★你还 / 可真行

你还真行！什么时候学的法语？翻译得太好了。

★P 是谁呀

老李是谁呀！什么大风大浪没见过？还会被这点儿困难吓倒？

★太……了

你做的这个报告太有意思了。

★要 N 有 / 没 N

张小姐有什么不好？要身材有身材，要长相有长相。

★有两下子

他真有两下子，刚教两个月，学生的成绩一下子就上去了。

★真有你的

真有你的，第一次考 HSK 就通过了 4 级！

59. 夸张

★（看）把……V/A 得（……）

看把这孩子热得！

★比 N 还 N

大山在中国生活了很多年，大家都说他比中国人还中国人。

★不得了

哎呀，不得了啦，出大事啦！

★V/A 得（跟）什么似的

她一边说，一边哭，哭得跟什么似的，可夸张了。

★（一）点儿（半点儿）

他这个人，半点儿本事也没有，整天在那里夸夸其谈。

★活

天天起早贪黑，简直是活受罪。

★活活

瞧你这个样子，活活是个疯子。

★简直

一个小孩儿能写出这么高水平的文章，让人简直难以相信。

★可以说……

张老师认识的汉字太多了，可以说是一部"活字典"。

★A 了去了

我跟他的关系，真是远了去了，八竿子都打不着。

★连……都不如

你这个人真傻，连小孩子都不如。

★那（那 V / A 啊）

他跑得<u>那</u>快呀，简直像阵风。

★那才（叫）……呢（那才叫 N 呢）

你看看人家那大学，要大楼有大楼，要大师有大师，<u>那才叫大学呢</u>！

★那叫一个 A

对面宿舍楼唱歌唱得<u>那叫一个</u>"撕心裂肺"啊！

★要命（要 P 的命）

A：你要是想买这儿的房子至少得准备五百万。

B：这不是<u>要我的命</u>吗？我连五十万都拿不出来。

★这个 / 那个 V / A 啊

河水<u>那个清啊</u>，连河里的小鱼和河底的石子儿都看得清清楚楚。

★A 着呢

我们学校<u>大着呢</u>，走一圈下来都累死了。

★直

我全身痛得<u>直</u>像针扎一样难受。

60. 庆幸

★差点儿

昨天起晚了，<u>差点儿</u>迟到。

★多亏

<u>多亏</u>我带了雨伞，不然就被雨淋湿了。

★刚好

<u>刚好</u>我同屋要去北京玩儿，我就顺便让她帮我带点儿北京特产。

★还好……（还好……，否则 / 要不然……）

<u>还好</u>我今天没出去玩儿，<u>否则</u>就完成不了老板交给我的任务了。

★**好在**

书找不到就算了，好在我家里还有一本。

★**好在……，否则／不然／要不……**

今天手机被偷了。好在我是和同事一起出来的，否则我连回去的路费都成
问题。

★**可巧**

他丢了一个钱包，可巧让我捡到了。

★**乐得**

在乡下避暑的日子实在太舒服了！人家一再留他，他也乐得多住几天。

★**恰好**

你们来得真巧，今天我恰好在家休息。

★**巧**

我一出门就碰到他来找我，真巧啊！

★**让 P 给赶上了**

A：你怎么买这么多书？

B：今天书店有优惠活动，让我给赶上了，所以就多买了几本。

★**说来也巧**

周末我去买电脑。说来也巧，正好赶上电脑促销，省了我一大笔钱。

★**幸好**

幸好爸爸不知道这件事，否则他一定会很生气。

★**这下好了**

妈妈说她这一生最大的梦想是想去西藏看一看，可一直没有时间。现在她退
休了，这下好了，她的梦想终于可以实现了。

★**正好**

电话铃响了。趁他接电话的时候，我们正好休息一下儿。

★直

他高兴得直像个小孩子似的。

61. 往小里说

★罢了（不过／只是／无非……罢了）

我只不过是说说罢了，你怎么就当真了呢？

★不过（不过……罢了／而已）

你至于这么认真吗？我不过开个玩笑而已。

★（一）点儿

菜里再放一点儿盐吧，太淡了。

★就那么回事

结婚前，她把婚姻想得特别美好。结婚后才发现，婚姻也就那么回事。

★就是了（只是／不过……就是了）

你不要多想，我这样做没有别的意思，只是不想那么麻烦就是了。

★起码

看样子，他起码有六十了。

★稍微

他听了朋友的话以后，稍微有点儿不高兴。

★少说也有……

这个礼拜，我去他办公室找他，少说也有三四次了，可每次去他都不在。

★V／A也V／A不到哪儿去

她的成绩虽然有点儿差，可是差也差不到哪儿去。

★P一个N

她一个服务员，你骂她干什么？

★一时半会儿

他昨天突然问我这个问题，我一时半会儿不知道怎么回答他。

★只不过 / 只是……罢了

我只不过是批评他几句罢了，他就生那么大的气。

★至少

做课程汇报的时候，一定要把话说清楚，至少要让人听懂你在讲什么。

62. 无奈

★挨 V

你说你天天挨骂，就不能改改你的坏毛病吗？

★被……给……

昨天晚上我被雷声给吓醒了。

★呗

吃苦也罢，受累也罢，过日子呗！只要没什么大矛盾就行了。

★不 V 不行啊

A：你怎么复习得这么认真？

B：明天的考试对我来说太重要了，不好好复习不行啊。

★该 V / A 还是 V / A

姐姐试过很多办法来减肥，锻炼、节食等等，可该胖还是胖，气得她都绝望了。

★还是

老师已经给我解释了好几遍了，但我还是没听懂。

★干 V / A

孩子生病了，妈妈远在国外，只能干着急，一点儿办法也没有。

★给

刚买的镜子给孩子打碎了。

★叫……给 V

好好的一个房间<u>叫</u>你<u>给弄成这个样子</u>！真是的！

★了事

有了矛盾，不先想想怎么化解，而是离婚<u>了事</u>，这怎么可以呢？

★拿 P 没办法

A：对不起，请你再说一遍。

B：我都说了三遍了，你还没听懂？<u>真拿你没办法</u>。

★偏偏

这几天太干燥了，大家都盼着能下一场雨，可老天<u>偏偏</u>不下雨。

★让〔让 N₁ 把 N₂（给）V〕

<u>我让树枝把衣服给挂破</u>了。

★让 P 给赶上了

我们这儿很多年没下过这么大的雪了，今天偏偏<u>让你给赶上了</u>。

★事到如今，也只好……

A：你不是说对你的工作不太满意吗？为什么不换个工作呢？

B：虽说不满意，可已经干了这么多年了，<u>事到如今，也只好</u>继续干下去了。

★谁让……呢

在我家，爸妈管着我，哥哥姐姐也管我，完全没有我说话的地方，<u>谁让</u>我最小<u>呢</u>。

★退而求其次

出国旅游费用太高了，还是<u>退而求其次</u>，在国内旅游算了。

★完了

A：天气预报说周末有大雨。

B：<u>完了</u>，爬不了山了。

★眼看着……

他在站台上<u>眼看着</u>一辆又一辆的地铁开走，硬是没挤上车。

★ V_1 也 V_1 不得，V_2 也 V_2 不得

这孩子太不听话了，<u>说也说不得，管也管不得</u>。

★ V_1 也不是，V_2 也不是

A：你不是对这个项目有意见吗？为什么昨天讨论的时候你不提出来呢？

B：这个项目可是公司大老板负责的，我能怎么办呢？<u>同意也不是，反对也不是</u>。

★ V 也得 V，不 V 也得 V

老婆的话都是对的。我<u>听也得听，不听也得听</u>。只要老婆高兴，让我做什么都行。

★硬 V

杯子明明是弟弟打碎的，可他<u>硬说</u>是我打的。

★有什么办法呢

A：这么多单词都要记住吗？

B：<u>有什么办法呢</u>？考试都要考啊。

★走一步算一步

A：你们俩都没有正式工作，结婚以后怎么生活呢？

B：现在想不了那么多，<u>走一步算一步</u>吧。

63. 羡慕

★（你）看（看）人家

<u>看人家</u>小马，才二十几岁就已经是公司 CEO 了，哪像我呀，都三十好几了，还一事无成。

★看人家（……）那 N

你<u>看人家那气场</u>，一看就知道是一位了不起的人物。

★人家（人家 N）

人家上海的交通多方便呀，哪像咱这小城市。

★人家那……V/A 得

你看人家那小日子过得，太滋润了！

64. 意料之内

★果然

我猜他这个时候应该在家，一打电话，他果然在家。

★看看，V 了吧

看看，下雨了吧，还不信我说的，这下被雨淋着了吧。

★我就说

我就说他一定会给你打电话的。怎么样？被我说着了吧？

★我就知道（……）

A：我们球队输了。

B：我就知道我们会输，对方可是拿过全市冠军的啊！

★我说什么来着

A：这种瓜好难吃啊！

B：我说什么来着？不让你买，你非要买。

65. 意愿 / 愿望

★巴不得

A：你天天待在家里不去上班，我还以为你被开除了呢。

B：我巴不得这样呢！这份工作我早就不想干了。

★恨不得

我女朋友说她最近要来中国，我恨不得马上就能见到她。

★要是……就好了

要是一放假就能回国就好了。

五、谈话技巧

66. 安抚 / 宽慰

★**不要紧**

不用急着还我钱，<u>不要紧</u>。

★**大不了**

这次考不上没关系，<u>大不了</u>下次再考。

★**等 V / A 了就……了**

他现在住的地方远是远了点儿，<u>等</u>地铁<u>通了就</u>方便<u>了</u>。

★**……还不行吗**

从明天开始，家里的活儿我全包了，你只管吃现成的，<u>还不行吗</u>?

★**好了**

没问题，你放心<u>好了</u>。

★**尽管**

我上好闹钟了，你<u>尽管</u>睡，误不了你明天的考试。

★**就是了**

我一定办到，你放心<u>就是了</u>。

★**V 了（也）就 V 了**

虽然这个包花了你不少钱，但<u>买了也就买了</u>，别再心疼了。

★**没事**

A: 不好意思，这次给您添麻烦了! 太感谢啦!

B: <u>没事</u>，您不用客气，其实也没给我添什么麻烦。

★**你 V 你的吧**

<u>你忙你的吧</u>，不要管我。

★你听我说

A：我找了很多人，都没人愿意帮忙，这可怎么办啊？

B：老张，别着急，<u>你听我说</u>，我马上给朋友打电话，他一定会帮忙的。

★也好

不买<u>也好</u>，反正这些东西都不是必需的，何必浪费钱呢！

★一句话的事

你不就是想要我写封推荐信吗？放心吧，<u>一句话的事</u>。

★ V 一 M 是一 M（V 多少是多少）

不着急，能<u>学多少是多少</u>，只要有进步就行。

★有 P 呢

A：我不会说中文怎么办？

B：没关系，<u>有我呢</u>。

★咱们

<u>咱们</u>别哭了，妈妈一会儿就回来了。

★总归

雪<u>总归</u>要停的，你就等雪停了再走吧。

67. 缓和语气

★啊

小张<u>啊</u>，我理解你的感受，但你也得替我考虑一下儿吧。

★吧

咱们早点儿休息<u>吧</u>。

★不是我说你

你怎么又熬夜了？<u>不是我说你</u>，天天这样熬夜，身体会吃不消的。

★（一）点儿

时间还早，我们再喝<u>点儿</u>。

★ VV 看 / V 一下儿看

这个电视机我老是修不好，你来修一下儿看。

★ 呢

下周我想去北京旅游：一来呢，想逛逛北京的几个著名景点；二来呢，想去跟几个老同学碰个面。

★ 也

你也太娇气了，这点儿委屈都受不了。

★ 这个 / 那个

A：你有什么事吗？

B：那个，我就想问一下儿，我上次反映的问题你们有没有讨论啊？

68. 开玩笑

★ V（你）个……

笑什么笑？笑你个头！

★ 看 P 那（……）样

看你那傻样，跟个木头似的。

69. 谦虚

★ 哪儿啊

A：听说你的法语说得非常好！

B：哪儿啊，我刚学了三个月。

★ 让你 / 您见笑了

A：我看了你最近发表的小说，写得真不错！

B：写得不好，让您见笑了。

70. 强调

★ 本来

当天的功课本来就应该当天完成。

★毕竟

他<u>毕竟</u>年纪太小了，有些事情想得不全面。

★N 毕竟是 N

<u>孩子毕竟是孩子</u>，不要对他有太高的要求。

★别 / 甭提多 V / A 了

他这个人一向大手大脚的，买的鞋穿不了多久就扔了，<u>甭提多浪费了</u>。

★并不 / 没（有）……

这篇课文虽然生词很多，<u>可并不</u>难。

★不得了

她急得<u>不得了</u>，可又没办法。

★才……呢

你的普通话不标准，小张讲得<u>才</u>标准<u>呢</u>!

★超

《长津湖》这部电影<u>超</u>好看，你有空的话一定要去看一下儿。

★除非（除非……，才 / 否则 / 不然……）

<u>除非</u>特别高兴的时候，他<u>才</u>喝酒。

★除了 X 还是 X

他连节假日也不休息，<u>除了工作还是工作</u>。

★从来

这世上<u>从来</u>就没什么救世主，都得靠自己救自己。

★大大

今年，他们<u>大大</u>提高了招生比例。

★大 N 的

<u>大周末的</u>，老板还要我们加班。你说气人不气人!

★ N 到底是 N

孩子到底是孩子，说话没轻没重的。

★ 到家（V/A 到家）

A：你看，吃的、喝的什么的，我都准备好了。

B：你可真是想到家了。

★ X 的

你发什么脾气？无缘无故的！

★（是）······V 的 N

A：你在哪儿买的票？

B：我是在车站买的票。

★ A 得不能再 A 了

没想到一下子来了这么多人，礼堂里挤得不能再挤了。

★ A 得不行

他接到家里的电话，说他心爱的狗死了，这消息让他难过得不行。

★ A 得慌

天天没完没了，您说这能不累得慌吗？

★ V/A 得（跟）什么似的

最近这段时间我忙得跟什么似的，连一日三餐都不正常了。

★ 都

我进门时，把他都吵醒了。

★ V 都不/没 V

我的作业你看都不看一眼，怎么知道我做得对不对？

★ 多的是

我家里的中文书多的是。

★反正

不管我们怎么劝他，<u>反正</u>他就是不同意。

★非 V 不可

你不用拦着我，这件事情我<u>非说不可</u>。

★非得

今天这项工作<u>非得</u>由你来做，我才放心。

★V（他 / 它）个够 / 痛快

考试结束那天，我想和朋友去餐厅<u>吃他个痛快</u>。

★根本（根本就没 / 不……）

我怎么会认识她呢？我<u>根本就没</u>见过这个人。

★更别提（……）了

这家超市平时人都很多，节假日就<u>更别提了</u>。

★够［够 A 的（了）]

这次台风造成的损失<u>够严重的了</u>。

★够呛（A 得够呛）

我昨天骑车时摔了一跤，现在全身还<u>疼得够呛</u>。

★怪 A 的

衣服还好好的，扔了<u>怪可惜的</u>。

★还是（不管 / 无论 X 还是 Y，……都……）

<u>无论你明天来还是不来</u>，你<u>都</u>要打电话跟我说一下儿。

★好

星期天我家来了<u>好</u>多同学。

★好（不）容易才……

我<u>好容易才</u>买到的书，怎么能白送给你呢！

★横竖

不管我怎么说，他横竖就是不答应。

★坏了（A坏了）

我期末考试数学考了个满分，妈妈高兴坏了。

★活

天天起早贪黑，简直是活受罪。

★活活

很多人在那场火灾中被活活地烧死了。

★V / A极了

我对他的才华佩服极了。

★X就是X

不懂就是不懂，不要不懂装懂。

★绝对

这些题我都检查过了，绝对没有错误。

★可……了

这几天的天气可不好了，老是下雨，到处湿漉漉的。

★老［老A（的）了］

校门口的那棵树已经长得老高的了。

★A了去了

这种水果在我们那里多了去了，没什么稀罕的。

★愣（是）（愣是不 / 没）

我好话都说尽了，他愣是不原谅我。

★连……都 / 也……（连V都没 / 不V）

我同屋连说都不说就把我的电脑拿走了。

★蛮 V / A 的

他说的话<u>蛮有道理的</u>。

★满

你说起来容易，但这事做起来却<u>满</u>不是那么回事。

★没有比……更 V / A 的了

在这个世界上，<u>没有比</u>我<u>更</u>关心你<u>的了</u>。

★那叫一个 A

今天看世界杯决赛直播的时候，大伙儿<u>那叫一个兴奋</u>啊！

★什么（……）都 / 也……

<u>什么</u>地方<u>都</u>去了，<u>什么</u>人<u>都</u>问了，就是找不到他。

★是……的

如果一直是这样的态度，你<u>是</u>写不好毕业论文<u>的</u>。

★说什么也……

这次来中国虽然时间很紧，但<u>说什么也</u>得去看看我的中文老师。

★死（死 A）

他这个人的嘴<u>死硬</u>，就是知道自己错了也不肯承认错误。

★死活 V

叫他别去，他<u>死活要去</u>。

★死死（地）V

这孩子哭着跑过来，抱住妈妈的腿<u>死死</u>不松<u>手</u>。

★随便……都……

真也好，假也好，<u>随便</u>你说什么，我一概<u>都</u>不相信。

★太……了

你给了我们这么多的帮助，<u>太</u>感谢<u>了</u>。

★特 V / A

这次的考试题目特难。

★特别是……

我要感谢我的家人，特别是我的母亲，她为我的成长付出了很多心血。

★挺……的

一直找不到女朋友，家人都挺替他发愁的。

★通通

暑假的时间我打算通通用来旅游。

★统统

前两天买的这些东西统统不好吃。

★ V / A 透

我跟他相处这么多年都还没摸透他的脾气。

★ V / A 透了

她这次考试的成绩糟糕透了。

★万万

我万万没想到他竟然是这样的人。

★我是说

A：你为什么想知道我现在最希望完成的事情是什么？

B：因为我想……如果，我是说如果，如果你有什么最希望完成的事情，我一定会帮你实现的。

★相当 V / A

他这个人相当聪明。你有问题就问他吧。

★想不 V / A 都难

明天是老刘的生日，他这么热情地邀请我参加生日聚会，我想不去都难。

★压根儿

我压根儿就没想到他会来看我的演出。

★要多 V / A 有多 V / A

最近家里养了一只小猫咪，女儿要多喜欢有多喜欢。

★要命（V / A 得要命）

他嘴上虽然说"不着急，慢慢来"，但心里却急得要命。

★也（连……也……）

她最近懒得动，连出去买个菜她也嫌麻烦。

★也（V 也 V 不 + 补语）

我和好朋友两年没见面了，这次见到，我们有太多想说的话了，说也说不完。

★一百个不 V / A

每年只要一回家探亲，妈妈就给小宋安排各种相亲，他是一百个不愿意。

★一点儿也不 V / A

我觉得这家餐厅的菜一点儿也不好吃。

★一 V 就是……

他可喜欢爬山了，常常一爬就是一整天。

★一向

他这个人说话一向喜欢直来直去，不喜欢绕圈子。

★一 M（N）也 / 都 V$_否$

我来中国之前，川菜一次都没吃过。

★硬是（硬是一……也没 / 都没 / 不 V）

我们在一起待了两天，他硬是一句话也没说。

★尤其是……

现代社会，患慢性病的人口比例越来越高，尤其是在大城市里，这一点更明显。

★有的是

像这种造型可爱、色彩鲜艳的鹅卵石，在这个沙滩上有的是。

★又

下雨又有什么关系？咱们照常锻炼。

★再/最A不过了

A：明天我买票时顺便帮你买一张吧。

B：那最好不过了。

★怎么（怎么V都/也……）

这台电脑怎么修都修不好。

★怎么（说）也得……

A：我知道他病了，但是我最近实在是很忙啊。

B：可你是他的朋友，怎么也得去看一下儿吧。

★这个/那个V/A啊

花了这么长时间准备这个比赛，却连三等奖都没得到，我心里这个委屈啊，上哪儿说去！

★A着呢

老王这个人狡猾着呢，别轻信他的话。

★总

你最近在忙什么？怎么总也看不到你啊？

★N总归是N

事实总归是事实，就算你再不想面对，你也不能否认。

★足足

我足足盯了李明两分钟，才认出他竟然是我的小学同学。

71. 随意 / 套近乎

★不瞒你说

A：你看上去好像精神不太好。

B：唉！不瞒你说，我已经失眠好几天了。

★个（V 个 N）

他们没事就见个面，吃个饭啥的。

★ X 跟 X 啊（咱俩谁跟谁啊）

我说老李，咱俩谁跟谁啊！不就两万块钱吗？你拿去就是。

★你呀

A：明天早上的活动我就不去参加了，我实在起不来。

B：你呀！

★瞧你……

瞧你这记性！上海不是开通了去北京的高铁了吗？干吗非要买机票？

★去你的

A：你竟然得了业余组歌唱比赛的第一名？不会是第二名和第三名都没来吧？

B：去你的吧！

★人家

人家都急死了，你还开玩笑，快告诉我吧。

★说（到）哪儿去了

A：我把你的书弄脏了。真对不起，我赔你一本新的吧。

B：你这是说哪儿去了？不就是一本书吗？

★说正经的

你们怎么老爱开我的玩笑！说正经的，你们谁看见小张了？我找他有事。

★ V / A 死（我 / 人）了

他这种打扮真的<u>笑死人了</u>。

★ 我的 P

<u>我的姑奶奶</u>，你到底想让我怎么做啊？

★ 我跟你说 / 讲

<u>我跟你说</u>，这件事你可千万别跟别人说，这是个秘密。

★ 我就说

<u>我就说</u>叫你不要去吧，你偏不听，白跑了一趟不是？

★ 我说什么来着

<u>我说什么来着</u>？叫你好好复习你偏不听，这下好了，考试没通过，还得补考。

★ 一口一个……

现在很多餐厅的服务员见到女顾客，总是<u>一口一个</u>"美女"地招呼着。

★ 咱们

乖！<u>咱们</u>把药吃了好不好？

72. 委婉

★ 不见得

我发现在很多场合，大家都互相称"老师"，他们<u>不见得</u>都是老师吧？

★ 不太 V / A

他<u>不太</u>愿意我们搬过来和他一起住。

★ 大概

我<u>大概</u>不会是你所说的那个人吧。

★ 到时候再说

到底该怎么做？这事我心里也没个底，只能<u>到时候再说</u>了。

★方便的话

<u>方便的话</u>，麻烦帮我查一下儿明天飞往北京的航班。

★还

这个菜的味道<u>还</u>不错。

★好像

到底报考哪个大学？我觉得你<u>好像</u>应该跟父母商量一下儿再做决定。

★何必 / 何苦

因为一张电影票搞得自己心情不好，<u>何必</u>呢？

★恐怕

你这样直来直去的，<u>恐怕</u>不太好吧？

★那个（太那个）

你最近的脾气<u>太那个</u>了，能不能改一改？

★你（就）饶了我吧

A：来！把这瓶酒都喝了！

B：<u>你饶了我吧</u>，我已经喝得不少了。

★是不是……

你<u>是不是</u>应该先跟父母商量一下儿，再决定是否出国？

★要是我没 V 错的话

A：老板为什么这么急着开会？

B：<u>要是我没猜错的话</u>，准是为了昨天顾客投诉那件事。

★也

<u>也</u>难怪他不高兴，你这决定做得太草率了点儿吧！

★也未尝不……

好几个人同租一套房子，虽然住得有点儿挤，但你要是换一个角度想想，这<u>也未尝不</u>是一件好事。人多热闹啊。

★再说

A：你想不想换一辆好一点儿的汽车？

B：等有了钱再说吧。

★在一定 / 某种程度上

这些问题在一定程度上反映出我们的管理还存在一些局限。

★怎么（不 / 没怎么 V）

这首歌我刚学没几天，还不怎么会唱。

★这个 / 那个

A：能给我一下儿你的电话号码吗？

B：这个，不太方便吧。

73. 寻求认同

★你不知道

在北京、上海这样的大城市，你不知道，工作机会确实比小城市多啊！

★你说 A 不 A

这一个月我丢了两次钱包，你说倒霉不倒霉呀？

★你说呢

看样子今年夏天不会太热，我们先别装空调了，你说呢？

★你说是不是

想要被别人尊重，先要尊重自己，你说是不是？

★你说说

这孩子都这么大了，你还管这管那的，你说说，这不是自寻烦恼吗？

★你听我说

A：你这几天为什么不理我？生我气了？

B：你听我说，我不是生气了，这几天实在是太忙了，根本顾不上你。

★你知道（的）

我一向不喜欢交际，你知道的。

74. 开始话题 / 引出话题

★不说……，光 / 就……

每天的作业特别多，不说作文，光生词就得准备一个小时。

★就

就我们毕业那会儿，找工作还比较容易。

★就是

小张，我跟你说件事，就是昨天我们碰到的那个人，你知道他是谁吗？

★那什么

A：你找我有事吗？

B：那什么，明天会议的发言稿你写好了吗？

★是这样（的）

为什么我要召集大家开个会呢？原因是这样的：……

★说到……

说到快乐，每个人对于快乐的感受可能会不一样，标准也会不一样。

★说起……

说起中国作家，大家最熟悉的可能就是鲁迅了。

★说起来

说起来，我们一进大学就认识了，但真正成为好朋友，是上大学四年级以后的事情。

★同样是 N

同样是主食，南方人喜欢吃米饭，北方人喜欢吃面食。

★要么不 V，一 V 就……

这里<u>要么不</u>刮风，<u>一</u>刮风<u>就</u>是满天的黄沙。

★要说

<u>要说</u>气候，我还是更喜欢南方的气候，比较湿润。

★这个 / 那个

<u>这个</u>，我们今天开会主要有三件事。我先说第一件事。

75. 延续话题 / 转换话题

★对了

好，现在下课吧。<u>对了</u>，把昨天的作业交给我。

★好

这个问题就到这里。<u>好</u>，我们来看下一个问题。

★好吧

A：对不起，我今天来晚了，又迟到了。

B：<u>好吧</u>，你的作业带了吗？

★那什么

A：你觉得我这篇作文写得怎么样啊？

B：你这篇作文还行吧。<u>那什么</u>，你明天不是有中文考试吗？

★是这样（的）

A：你们毕业后有什么打算？

B：<u>是这样的</u>，我们想自己创业试试看。

★顺便问一下儿

老师，这是我补交的作业。<u>顺便问一下儿</u>，明天的考试几点开始？

★至于

我知道这个男生是我们学校的学生，<u>至于</u>他是哪个年级的，我就不清楚了。

76. 引出观点

★不可否认
中国的高考虽然存在一些问题，但不可否认，高考的确给学生们提供了一个相对平等的竞争机会。

★不瞒你说
A：今天为什么吃得这么少？
B：不瞒你说，我现在正在减肥呢。

★不是
A：你干吗把那个箱子给扔了？
B：不是，你不是说要我把没用的东西都处理掉吗？

★叫 P 看 / 说
外面下这么大的雨，叫我说，今天你就别出门了。

★据（据……说 / 看 / 了解 / 估计）
据我看，今年的冬天会比去年冷。

★可以肯定地说
可以肯定地说，学习态度和学习效果是成正比的。

★你（还）别说
你别说，那个电影还真不错。

★你知道（的）
像我们这种人，你知道，每天忙忙碌碌，生活都不容易。

★让人 V / A 的是
让小宋不理解的是，跟他处了五年的女朋友昨天啥也没说就和他分手了。

★实话对 / 跟你说吧
实话对你说吧，你这样下去是不会有好结果的。

★说白了

说白了，很多精彩的体育比赛都是广告商出钱赞助的，如果不播这些广告，你可能连比赛的影儿都见不着。

★说到底

说到底，电脑只是人造出来的一种工具，人不能被它控制。

★说句不好听的

他根本没有发挥作用，说句不好听的，比赛的时候有他没他都一样。

★说句公道话

今天裁判罚了咱们队很多次，不过说句公道话，他罚得是有道理的。

★说句心里话

说句心里话，你一个人克服了那么多困难，我真的很佩服你。

★说来惭愧

我来中国一个多月了，不过说来惭愧，到现在和中国人还说不了几句话。

★说老实话

这件事你真的有把握吗？说老实话，听你说得这么不肯定，我心里还是很担心的。

★说实在的

说实在的，我挺喜欢那个女孩子的，就是不知道该如何向她表白。

★说正经的

这方面的知识我可不敢瞎说，说错了还不让人笑话呀。不过，说正经的，我是该好好看看书了。

★问题是

A：听说小张又跟男朋友分手了。

B：问题是，他们真的分得了吗？

★我跟你说/讲

你如果真想减肥的话，晚上就别吃那么多了，我跟你说，晚餐不控制的话，再怎么减也没用。

★我看……

A：学历高的人素质是不是一定高？

B：我看不一定。有些学历高的人素质却很低。

★严格来说

严格来说，你不符合我们的招聘标准，录取你是因为我们放宽了要求。

★要看了

A：最近两年大学毕业生是不是很难找到理想的工作？

B：那要看了，有兼职经验的学生通常比较好找工作。

★要我说（呀）

要我说呀，想要提高自己的社交能力，就必须得多参加学校的社团活动。

★要照我说

A：我妈妈说她想夏天来看我。

B：要照我说，还是秋天来比较好，顺便可以欣赏这里的红叶。

★在P看来

这些问题，在我看来，是不难解决的，只要你多花点儿心思就行了。

★这看怎么说

A：在公司工作，可比在学校挣钱多得多。

B：这看怎么说，有的公司虽然名气大，收入却并不一定很多。

★这么说吧

A：你到底爱不爱我？

B：这么说吧，我对你的爱比山高，比海深。

★总的来看/说

虽然不吸烟的人得肺癌的情况也不少，但是总的来看，吸烟的人得肺癌的比例还是大大高于不吸烟的人。

★总之一句话

时间不合适，我们可以换；地点不满意，您可以选。总之一句话，我们一定会满足您的要求，为您提供最好的服务。

★最重要的是

在中国学习中文可以更多地了解中国文化，最重要的是，可以随时用中文进行交流。

77. 引起注意

★啊

今天把大家找来啊，是想听听大家的意见。

★告诉你

A：你还会拉小提琴？

B：没想到吧，告诉你吧，我从三岁起就开始学了。

★……还在后头呢

A：哇！这个演出看上去还真不错！

B：这只是开场戏，精彩的节目还在后头呢！

★坏了

坏了，看爷爷这个样子，该不是突发心脏病了吧？

★你不知道

A：快考试了，小李复习得怎么样了？

B：你不知道，小李最近学习可用功啦！每天都学到很晚才睡觉。

★你听我说

A：你干吗要骗我？

B：你听我说，事情不是你想的那样。这里面是有误会的。

★你知道（的）

像我们这种人，<u>你知道</u>，每天忙忙碌碌，生活都不容易。

★说起……

<u>说起</u>学中文的趣事，我三天三夜也讲不完。

★我说 P 啊

<u>我说你啊</u>，应该多注意自己的身体，别老是想着工作。

★要知道

你去哈尔滨可一定要多穿点儿。<u>要知道</u>，那里冬天外面的温度有时达到零下二十度。

★这不（是）

小刘一直说要请我吃饭。<u>这不</u>，又来电话说起这事了。

★这个 / 那个

A：经理，你找我啊？

B：<u>那个</u>小张啊，有个事需要你帮我做一下儿。

78. 结束话题 / 退出交谈

★得了

<u>得了</u>，别再说了，就这样吧。

★好吧

A：为什么我们总是说不到一块儿呢？每次一说就吵架。

B：<u>好吧</u>，今天就到这儿吧，有什么话明天再说。

★好了

<u>好了</u>，<u>好了</u>，别吵了，你们就不能坐下来好好说吗？

★就 V 到这儿

上午的会<u>就开到这儿</u>，大家休息休息，下午接着开。

★就这样

如果大家没什么问题的话，今天就<u>就这样</u>吧。

★是这样（的）

A：上周的那个实验怎么样了？

B：我们已经做过两次了，基本上已经得出结论了。<u>是这样的</u>。

三　语法项目表框架

第一部分　句法层面

句法层面的语法项目更趋于静态，主要涉及两方面内容：一是词类，指的是各类实词、虚词在口语中的不同用法以及韵律上的表现；二是短语，包括各类补语、离合词和其他相关结构。

一、口语中的代词

（一）口语中的人称代词

别人　大伙儿　大家伙儿　人家　咱　咱们　自个儿

（二）口语中的指示代词

这　那　这个　那个　这会儿　那会儿　这些个　那些个

（三）口语中的疑问代词

哪　哪儿　哪里　干吗　什么　多　几　怎么　怎么样　怎么着

口语中，人称代词"他"有时并不指具体的人，只起到衬字的作用。常构成"V 他个……"结构，主要用来表达说话人的主观意愿，多表现为非现实性事件。例如：

考完试以后我要睡他个三天三夜。

别告诉他，我要打他个措手不及。

二、口语中的动词及重叠

（一）口语中的动词

巴不得 不如 不至于 打盹儿 待见 当真 得了 得 等于 对了 多亏 该 该死 搞 给 跟 管保 好 好了 恨不得 叫 接着 据说 开 看 看来 看上 靠 来 懒得 了事 没事 没辙 没准儿 免不了 磨叽 难怪 弄 配 任 少不了 说不定 说不上 算 算了 随便 图 无所谓 想开 行了 要 要命 再说 在乎 真是

（二）动词的重叠

口语中动词重叠的情况比较多，主要有以下这些表达形式：

VV　VV看　VV试试　V一V　V了V

主要表达以下几种语法意义：

1. 表示动作短暂。例如：

你昨天借给我的那本书我翻了翻，没啥意思。

你等等我，我马上来。

我朝窗外看了看，一个人也没有。

2. 表示尝试。例如：

我新学的菜，你吃吃看。

这件衣服我穿太大了，你穿穿试试。

这苹果是不是太酸了？你尝尝！

3. 表示语气轻缓、委婉。例如：

我的笔不见了，你帮我找找吧！

退休后我打算在家里种种花，养养鱼，看看书，练练书法。

你叫他在外面等一等！

三、口语中的形容词及重叠

（一）口语中的形容词

不得了 不像话 不要紧 差不多 冲（chòng） 大不了 到家 得了（liǎo） 干脆 够呛 鬼 好 好好 起码 巧 死 随便 现成 红通通 闹哄哄

气鼓鼓　香喷喷　乱糟糟　黑不溜秋　傻了吧唧　黑乎乎　灰不拉几　黑咕隆咚

（二）形容词的重叠

口语中，单音节性质形容词按 AA 式重叠，有些单音节形容词重叠后第二个音节口语儿化。例如：

大大（的）　红红（的）　短短（的）　长长（的）　早早（儿）　慢慢（儿）

口语中，双音节性质形容词重叠有两种方式。

（1）AABB 式。有些双音节形容词重叠后第四个音节口语儿化。例如：

干干净净　明明白白　大大方方　舒舒服服　漂漂亮亮（儿）　痛痛快快（儿）

（2）A 里 AB 式。这一形式常含有厌恶、轻蔑的意味。例如：

傻里傻气　糊里糊涂　土里土气　马里马虎　啰里啰唆

口语中，状态形容词常以 ABAB 的形式出现。例如：

煞白煞白（的）　金黄金黄（的）　火红火红（的）　滚圆滚圆（的）

四、口语中的数量表达

（一）口语中的数量表达形式

半　（一）点儿　两　俩　仨　个　回　下

（二）量词"个"的特殊用法

1. "个"在口语中可以跟很多名词搭配使用，比较随意。例如：

一<u>个</u>人　一<u>个</u>冰箱　一<u>个</u>电视　一<u>个</u>老师　一<u>个</u>节目　一<u>个</u>手机

2. 动词后跟情态补语时，在口语中经常用"个"。例如：

雨下<u>个</u>不停。

他说<u>个</u>没完。

他把这儿闹得<u>个</u>鸡犬不宁。

3. 口语中常用"动＋个＋宾语"的格式，表示轻松、随意。例如：

明天中午我们一起吃<u>个</u>饭吧。

我去上<u>个</u>厕所。

我去买<u>个</u>菜，一会儿就回来。

五、口语中的副词

挨个儿　白　白白　本来　甭　毕竟　别　不必　不定　不妨　不光
不过　不见得　不用　不只　差不多　差点儿　成心　迟早　重(chóng)　从来
大不了　大大　大多　大概　大体　单　单单　但凡　当然　当真　到底　到头来
倒(是)　的确　都　多　多半　多少　反倒　反正　非得　分头　改天　干脆
赶紧　赶快　刚好　根本　够　怪不得　光　果然　还　还是　好　好歹　好好
好像　好在　何必/何苦　横竖　胡　回头　活　活活　简直　接着　尽管　尽
净　竟然　究竟　就　就是　居然　绝对　可　可巧　恐怕　老　满　明明
难道说　难怪　怕　偏偏　其实　起先　恰好　前后脚儿　全　却　确实　稍微
时不时　实际上　实在　顺便　说不定　死　算　随时　索性　通通　统统
万万　先　想必/想来　像　兴许　幸好　也　一会儿　一向　硬　硬是　有点儿
又　原来　早晚　早早　照样　真的　真是　正好　直　只管　只是　指不定
至少　专门　准　总　总归　总算　最好

六、口语中的介词

挨　按　趁　冲　从　打　给　根据　跟　管　叫　就　据　连　论　拿
凭　让　替　往　为了　照　至于　自从

七、口语中的连词

别看　别说(是)　不光　不过　不然　不只　除非　跟　管　好　何况
回头　即便　结果　尽管　就　就是　可　可见　况且　连同　免得　那　凭任
省得　虽说　完了　万一　相反　要　要不(然)　要不是　要是　要说　再说
只是

八、口语中的助词

(一)口语中常用的助词

把　罢了　不成　得了　的　给　好了　就是　来　来着　算了　也好
着呢

（二）助词"的"的特殊用法

1. 口语中，人称代词做定语时，如果中心词是表示关系、国家、集体、机构、方位等方面的词，"的"可以省去。例如：

我们老师 我妈妈 他舅舅 你爱人 我爸 他姐 你妈 你们国家 我家他们公司 我们学校 你前面 他右边

2. 表示角色或职务类的"的"常用在口语中。例如：

你俩结婚，<u>谁的介绍人</u>？

<u>小张今天的主持人</u>当得不错。

<u>他的市长</u>干得很称职。

3. 表示领格类的"的"，即表示一种似是而非的领属关系的"的"，常用在口语中。有时可以形成对举格式。例如：

你别老是拆<u>我的台</u>好不好？

<u>他的架子</u>好大啊！谁也请不动。

我都吃了<u>两个礼拜的面条儿</u>了，再也不想吃了。

他走了<u>一天的路</u>了，快累死了。

你睡<u>你的觉</u>，我看<u>我的电视</u>。

<u>哥哥的数学</u>学得好，<u>妹妹的英语</u>学得好。

<u>小张的篮球</u>打得还可以。

九、口语中的语气词

啊 吧 呗 呢 的

十、口语中的叹词

哎呀 哎哟 好家伙 嚄 咦

十一、口语中的语音表现

（一）儿化

儿化是汉语口语中的一种常用的语音现象，指的是后缀"儿"字不自成音节，而是和前面的音节合在一起，使前一音节的韵母成为卷舌韵母。名词、动词、形容词都可以儿化。

儿化主要有以下三个作用：

1. 区分词性

错（形容词）——错儿（名词） 盖（动词）——盖儿（名词）

2. 区别词义

信（书信）——信儿（口信） 头（脑袋）——头儿（带头的）

3. 表达亲切、喜爱的感情色彩

这个小孩儿真可爱！

这个老头儿真倔！

以上这些词不一定非要用儿化的形式来表达，可以根据南北方的地域特征或者个人的说话习惯来决定。比如，"小孩儿""老头儿"也可以说成"小孩子""老头子"等。

一般来说，一个词儿化后，基本的意义是表示"小"。所以，有些名词能否儿化是有限制条件的。例如：

铁门（儿）——* 天安门儿

皮球（儿）——* 地球儿

小刀（儿）——* 大刀儿

（二）轻声

轻声是指失去原来的声调，在一定的条件下读得又短又轻的调子。例如：

我的 桌子 去吧 走了 说啊 去过 看看 听听 慢慢地 好得很 爸爸 妈妈 窗户 玻璃 商量 葡萄 木头 馒头 看头 消息 吩咐 黑不溜秋 糊里糊涂 啰里啰唆

轻声也具有区分词义和区别词性的作用。例如：

老子（思想家）——老子（自称）

大意（名词）——大意（形容词）

地道（名词）——地道（形容词）

（三）其他变调

早早儿 zǎozǎor ——zǎozāor

好好的 hǎohǎode——hǎohāode

漂漂亮亮 piàopiàoliàngliàng——piàopiaoliāngliāng

研究研究 yánjiū yánjiū——yánjiu yánjiu

整整齐齐 zhěngzhěngqíqí——zhéngzhengqīqī

老老实实 lǎolǎoshíshí——láolaoshīshī

（四）强调重音

在口语表达中，强调重音的位置不同，表达的重点就会随之变化。例如：

这是我买的花。（不是我同屋买的）

这是我买的花。（不是别人送的）

这是我买的花。（不是别的东西）

我想起来了。（终于记起来了）

我想起来了。（躺的时间太久了）

（五）强调停顿

指的是为了强调某个词语或者突出某种感情而做的停顿。这种停顿不受书面标点和句子语法关系的制约，是由说话人的意图和情绪决定的，没有特定的规律。例如：

我要找的那个人就是‖他。

你是‖小张？

我‖爱这片土地，爱这片土地上的‖每一个人。

十二、口语中的补语用法

（一）程度补语

1. 不用"得"连接的表示程度的补语，主要表达形式是"A / V+死 / 透 / 坏 / 多 / 极+了"。例如：

我今天快要累死了。

他这个人坏透了。

听了这话以后，他气坏了。

我的身体已经好多了。

小张这个人聪明极了。

2. 用"得"连接的表示程度的补语，主要表达形式是"A / V 得 + 慌 / 很 / 不行 / 要命 / 要死 / 不得了"。例如：

今天一天都在房间里待着，我觉得<u>闷得慌</u>。

他这个人<u>坏得很</u>。

我今天<u>累得不行</u>。

他<u>气得要命</u>。

今天我<u>忙得要死</u>。

看到我考了好成绩，妈妈<u>高兴得不得了</u>。

（二）结果补语

回去的票都<u>卖光</u>了。

他的话我<u>听懂</u>了。

你怎么把妹妹<u>逗哭</u>了？

饭还没<u>做好</u>，你再等会儿。

我的钥匙<u>找不着</u>了。

（三）可能补语

房间里太吵了，他说的话我<u>听不清</u>。

这堂课不难，我<u>听得懂</u>。

这么多菜，我可<u>吃不了</u>。

今天晚上的活动我<u>参加不了</u>了。

这么难的活儿，我可<u>干不了</u>。

结婚的事<u>急不得</u>，走一步看一步吧。

这件事你可<u>怨不得</u>他。

（四）情态补语

你今天怎么迟到了？是不是<u>起得很晚</u>？

小马唱歌<u>唱得很好</u>。

他<u>激动得说不出话来</u>了。

这事把老头儿<u>弄得稀里糊涂的</u>。

你看看你！<u>吃得到处都是</u>！

隔壁大妈只要一说话就说<u>个没完</u>。

昨天我和同屋一起去游乐场玩儿<u>了个痛快</u>。

情态补语在口语中可以采用省略形式。例如：

看他<u>得意得</u>。

看这孩子<u>急得</u>。

看你<u>高兴得</u>。

看把老师<u>气得</u>。

（五）趋向补语

他说起话<u>来</u>没完没了。

妈妈从包里拿<u>出</u>一本书<u>来</u>。

妈妈从包里拿了一本书<u>出来</u>。

妈妈从包里拿<u>出来</u>一本书。

你从包里拿本书<u>出来</u>！

天已经<u>黑下来了</u>。

你怎么又<u>唱起来了</u>？就不能安静一会儿吗？

这事可是个秘密，你别<u>说出去</u>！

（六）数量补语

不知道这个汤味道怎么样？你<u>喝一口</u>尝尝。

北京我已经<u>去过三回了</u>。

这孩子太调皮了，被老师<u>训了一通</u>。

这门选修课我没<u>上过几次</u>。

昨天我和朋友一起逛街<u>逛了整整一下午</u>。

我大学<u>毕业</u>都已经<u>五年了</u>。

我学中文已经<u>学了三年了</u>，还是说不好。

十三、口语中的离合词

口语中的离合词主要有：

安心　把关　发烧　打盹儿　看上　了事　没辙　没准儿　随便　想开　要命

吃饭　操心　毕业　倒霉　带头　见面　结婚　洗澡　送礼　离婚　帮忙　上当
丢脸　吃亏　吹牛　丢人　发火　睡觉　出事　搞鬼　接班　打架　撒谎　灰心
说情　沾光　放心　报仇　留神　分手　道歉　吵嘴　讨好　抬杠　跳舞　生病
过瘾　出国　出力　打工　请假　开会　跑步　生气　聊天儿

这些离合词在口语句子的表达中很常见。例如：

你天天玩儿，能毕得了业吗？

他已经结过好几次婚了。

我再也不上你的当了。

你丢了我们大家的脸。

朋友之间，吃点儿亏没什么。

有话好好说，分什么手啊？

夫妻之间吵几句嘴，很正常。

十四、非常规的"单音节动词 + 宾语"结构

这类结构中的宾语原本是作为介词宾语放在介词的后面，但是在口语中，这些介词宾语却往往跑到了动词宾语的位置上，并且省略了介词，因此可以把它们看成是一种非常规的 VO 搭配。如"为论文发愁"演变成"愁论文"，"在食堂吃"演变成"吃食堂"。在口语中，这类"1 + 2"节律的 VO 式短语很常见。这类结构的表达简洁经济，整合度很高，体现了说话人很强的主观性。例如：

愁论文　吃食堂　吃情调　睡沙发　睡地板　睡旅馆　跑医院　跑关系
跑北京　走小路　走航空　写黑板　抢生源　走钢丝　逛公园　飞上海　闹洞房
扫大街　玩儿刺激　唱美声　唱通俗

十五、"的"字短语

"的"字短语由结构助词"的"附加在其他词语之后构成，主要作用是使谓词性成分转化为名词性成分，同时在语义上也起转化作用。在口语表达中常用来指代人或物。例如：

他是拍电影的。

我喜欢红的，不喜欢绿的。

我是教书的，他是开公司的。

这些橙子好的留下，坏的扔掉！

这些是<u>我们的</u>，那些是<u>他们的</u>，别搞混了。

<u>做好的</u>打印出来，<u>没完成的</u>继续做。

十六、可以扩展的半固定格式

在口语表达中，这类可以扩展的半固定格式很多。例如：

挨 V	爱 V / A 不 V / A
爱怎么 V 就怎么 V	把……不当……
（看）把……V / A 得（……）	把……放在眼里
把个 N 给……	把……给……
把……V — V / V 一下儿 / VV / V 了	把 P 怎么样
被……给……	比 N 还 N
N 毕竟是 N	别的不说，就说……吧
别 V / A 了	别（不）是……吧
别 / 甭提多 V / A 了	并不 / 没（有）……
不 V 不要紧，一 V……	不 V 不 V（多少）也得 V……
不 V 不行啊	不大 V / A
A 不到哪儿 / 哪里去	不管……，都……
不 V 还好	不会 X 吧
不就得了 / 行了 / 好了 / 完了 / 成了	不就（是）……吗
不愧是……	不是……，而是……
不是……，就是……	不是……吗
不是 X，是 Y	不是说……吗
……不说	不说……，光 / 就……
不太 V / A	V 不下去
不要说（是）	不 V 也罢
不在于……，而在于……	不怎么 V / A
不知怎么（V）的	……才怪呢
才……呢	V 出来了

除了 V₁ 就是 V₂	除了 X 还是 X
除了……以外	从 X 到 Y
从……来讲／来看／来说	从……起
从……V 起	从……以后
从……以来	大 N 的
N 到底是 N	V 到 P 头上来／去了
X 倒没什么	X 倒是 X
X 的	（如果／要是）……的话
A 得不能再 A 了	A 得不行
V 得／不过	V 得／不起
V／A 得（跟）什么似的	等 V／A 了就……了
动不动就 V	V 都不／没 V
都……了	V 都 V 了
都 V 了（些）什么	都是……
对（于）……来说／讲	二话没说就……
凡是……（全）都……	放着 N 不 V
非 V 不可	该 V 还（是）得 V
该 V／A 还是 V／A	V（你）个……
V（他／它）个够／痛快	V 个究竟
各 V 各的	X 跟 X 啊
跟……过不去	更别提（……）了
（真）够 A 的	怪 A 的
管……叫……	管他／它（……）呢
X 归 X	归……管
还不（都）是……	（……）还不行吗
还好……	……还好说
还……呢	还是……吧／（的）好
还是……的	……还在后头呢

好你个 P	好（不）容易才……
好在……，否则 / 不然 / 要不……	X 和 / 跟 / 同 Y 比起来
……坏了	V / A 极了
既然……，就……	叫……给 V
叫 P V，P 还真 V（啊）	叫 P 看 / 说
叫你 V / A 你就 V / A	净是 N
净 V（一）些 N	X 就 X（吧）
就 V 到这儿	就……来看 / 来说
就你……	X 就是 X
……就是了	就算……，也 / 还是……
就 P 所知	A 就 A 在……
据 P 所知	VV 看 / V 一下儿看
看看，V 了吧	看 P 那（……）样
看人家（……）那 N	看在……的份儿 / 面子上
看 P 怎么 V	看着 V 吧
……可倒好	……可好
可 X 可 Y	可……了
可以说……	快（要）/ 就（要）……了
亏你 / 他……	V 来 V 去，还是……
V……V 了……	V 了等于没 V
V 了（也）就 V 了	V 了就 V 了呗，有 / 没什么……
A 了去了	连……带……
连……都 / 也……	连……都不如
马上（就）……	蛮 V / A 的
没个够	没 X 没 Y（的）
没 / 有什么 V 头儿	X 没有 Y……
没有比……更 V / A 的了	没有什么可 / 好 V 的
没怎么	美得 P

拿……来说 / 来讲	拿 P 没办法
拿……说事	哪怕……再……
哪有 P 这样（V）的	那才（叫）……呢
那得看……	那叫一个 A
那就看 P 的了	那就 / 要看……了
能不……吗	能不能……还难说 / 不好说呢
能 V 就 V	能……吗
你给我 V / A	你看……
你 V 你的吧	你说 A 不 A
你这个 P	弄不好……
凭什么……	A 起来
V 起来	千万别 / 不要 V
千万要 / 得 V	瞧你……
V 去	让 P 给赶上了
让人 V / A 的是	人家那……V / A 得
如果……，就 / 那么……	如果说……（的话）
V 上了	（你）少 V
少说也有……	谁让……呢
谁……谁 V	谁也 V 不了 / 不过谁
V / A 什么（V / A）	V 什么 N
什么……（啊）	什么 X 啊 Y 啊（的）
什么 X 不 X 的	……什么的
什么（……）都 / 也……	V₁ 什么（N）就 V₂ 什么（N）
事到如今，也只好……	是不是……
是……，不是……	是……的
是……还是……	X 是 X，可是 / 但是 / 不过 / 就是 / 只是……
A 是 A 了点儿	……是两码 / 回事

V 是能 V，可是 / 就是 / 不过……	P 是谁呀
X 是 X，Y 是 Y	X 是一回事，Y 是另一回事
说不上……	说到……
说得上 / 算得上 / 谈得上……	说 V 就 V
P 说了算	说起……
说什么也……	说是……
说是……，但是 / 其实 / 实际上……	V / A 死（我 / 人）了
……算不了什么	算什么 N
算 P 一个	随 P
随便……都……	随 V₁ 随 V₂
太……了	特别是……
替 P	听 P 的口气
听 P 说	听 P 这么一说
挺……的	同样是 N
V / A 透了	为的是……
为（了）A 起见	我的 P
我就知道（……）	我看……
我说 P 啊	我说……，原来……
……先放一边	先……，然后……
（我）限你……	相当 V / A
相当于……	想不 V / A 都难
想 V 就 V	（你）像……
小心（别）V	……行不行
眼看（……）就要……了	眼看着……
要多 V / A 有多 V / A	要 V 就 V
要么……，要么……	要么不 V，一 V 就……
要是……（那）还好	要是……，就不至于……
要是……就好了	要是我没 V 错的话

要 N 有 / 没 N	V / A 也 V / A 不到哪儿去
V 也得 V，不 V 也得 V	也未尝不……
一百个不 V / A	一 M 比一 M……
一点儿也不 V / A	一方面……，（另）一方面……
P 一个 N	一个劲儿地 V
一……就……	一 V 就是……
一口一个……	一来……，二来……
一 V（就）V 了……	一溜烟地 V
一时半会儿……	一是……，二是……
V 一 M 是一 M	一窝蜂地 V
一 M（N）也 / 都 V否	应该……才是
用 P 的话讲 / 说	尤其是……
有的是……	有点儿太 A 了
有 P 呢	有什么 A 不 A 的
有什么好 / 可 V / A 的	有 N 说，……
X 有 Y 这么 / 那么 A	有这么……吗
V₁ 又 V₂，V₂ 又 V₁	X 远没有 Y……
越来越 V / A	越是……，就越……
越 X（……）越 Y	V 砸了
再 / 最 A 不过了	再就是……
再……，也 / 都……	再 A 也没有……A
在 P 看来	在一定 / 某种程度上
早不 V，晚不 V	早（就）……了
早……早……	早知道（……，）就……
怎么个 V / A 法	怎么就不能 V / A 呢
怎么（说）也得……	怎么 A 怎么来
怎么着也得……	照理说 / 照说（应）该……
这不就 V / A 了吗	这才是……

这个 / 那个 V / A 啊	这还 V / A 啊
这叫 / 算什么 X	这也叫 X
这一 V 不要紧	这一 V / A，就 / 也 / 才……
V 着点儿	A 着呢
V / A 着也是 V / A 着	V 着 V 着就……
整个一个 X	只不过 / 只是……罢了
只要……就行	只有……，才……
至于（……）吗	主要是
N 总归是 N	总要……，（要）不然
最开始……，后来……	左……右……

十七、表估量的"名词+形容词"结构

口语中有不少"名词+形容词"结构，它们常常通过比拟的形式来表示估量。这种表达形象生动而且更容易让人理解。例如：

巴掌大（的脸）　碗口粗（的树干）　芝麻大（的官）　桌子（那么）高（的小孩子）　拳头（那么）大（的苹果）　一人高（的树）

很多女明星都是<u>巴掌大</u>的脸，据说这样更上镜。

就你这<u>芝麻大</u>的官，也想来管我？

这孩子才<u>桌子那么高</u>，就已经很懂事了。

这棵苹果树上已经结出了<u>拳头那么大</u>的苹果了。

十八、重动结构

口语中常常出现"VO + VC"这样的重动结构。其中，VO 是旧信息，是话题；VC 是新信息，是对话题进行陈述的。例如：

喝酒喝醉了　玩儿游戏玩儿累了　熬夜熬多了　看电视看了两个小时　切菜切破了手指　打他打得手疼　吃面条儿吃坏了肚子　唱歌唱得嗓子疼　上课上得头昏眼花　睡觉睡得全身无力　写论文写得心情都不好了

十九、对举格式

对举格式形式鲜明，功能独特。通常指的是两个或多个部分在句子对举同现，各部分形式相同，语义相近或相反。在口语中，对举格式经常出现，既加强了语义，又增强了句子的韵律感。例如：

V$_1$ 吧，……；V$_2$ 吧，……	大到……，小到……
东……西……	X 归 X，Y 归 Y
往好里说……，往坏里说……	我 V$_1$ 我的（……），你 V$_2$ 你的（……）
V$_1$ 也 V$_1$ 不……，V$_2$ 也 V$_2$ 不……	V$_1$ 也 V$_1$ 不得，V$_2$ 也 V$_2$ 不得
V$_1$ 也不是，V$_2$ 也不是	N$_1$ 也 V 了，N$_2$ 也 V 了
一会儿……，一会儿……	一下子……，一下子……
X 有 X 的……，Y 有 Y 的……	又……又……
又是……，又是……	这个……，那个……
这也不……，那也不……	左……右……

第二部分　话语层面

话语层面的语法项目更依赖上下文语境，更强调动态性和互动性。它主要涉及两方面内容：一是各类话语标记的使用，二是具有交流性的各类句子（包括可以独立成句的固定口语格式、具有显性标记的交流性句子、口语表达中的常见句型句式以及各种典型的口语表达手段等）。

一、口语中的话语标记

在话语交际中，话语标记不可或缺。它们在话语交际中具有"现场性"和"互动性"的特征。通常出现在具有实时互动性的口语对话中，并且在句中的位置很灵活，常常可以分别放在句首、句中和句末，而且具有很强的独立性。对话中的话语标记，主要用来开启话题、转换话题、延续话题或者结束话题。例如：

按（理）说	甭管怎么说
比方说	（你还）别说
不管怎么说	不可否认
不瞒你说	不难发现
不是	不是我说你
不用说	不知怎么（V）的
从另一个角度看	等于说
反过来说	方便的话
告诉你	（你）还说呢
还真是	好吧
话（可）不能这么说	话可得说清楚
话/说是这么说	话又说回来
换个角度说	接下来
（也）就是说	就这样
看你说的	看起来

看情况	看上去
看样子	可以肯定地说
没什么大不了的	没想到
那还用说	那什么
你（还）别说	你不知道
你看（看）你	你看我
你说呢	你说说
你听我说	你以为呢
你知道（的）	瞧你说的
去你的	让我说你什么好
谁不知道	谁说不是（呢）
谁说的	谁知道
谁知道呢	十有八九
实话对 / 跟你说吧	事实上
是这样（的）	顺便问一下儿
说白了	说到底
说得容易	说好了 / 说定了
说句不好听的	说句公道话
说句心里话	说来惭愧
说来也巧	说老实话
说了半天	说起来
说实在的	说正经的
算起来	随他去
听上去	退一步说
完了	往多了说
问题是	我跟你说 / 讲

我敢说	我就说
我是说	我说呢
我说什么来着	先不说
现在好了	相比之下
相对来说	想哪儿去了
想也 / 都别想	严格来说
要看了	要我说（呀）
要照我说	要知道
一般来说	一句话的事
有两下子	有什么办法呢
又来了	再就是
再一个	再怎么说，……也……
这不（是）	这个 / 那个
真是	真有你的
总的来看 / 说	总之一句话
最重要的是	

二、可以独立成句的固定格式

　　口语中有很多固定格式都是可以独立成句的。它们常常用来表明说话人的态度或者观点，带有强烈的情感表达功能。其中，很多固定格式具体表达了什么样的情感或者功能，需要通过上下文语境来判断。例如：

爱咋咋地	别逗了
别提了	不过如此
不好说	不会吧
（可）不是闹着玩儿的	不是个事
不怎么样	到时候再说

得了吧	多的是
多少有那么点儿吧	（真）够可以的
够呛	怪不得
（你）还说呢	还真没看出来
还真是	好说
话（可）不能这么说	话可得说清楚
话／说是这么说	坏了
简直是	就那么回事
就这样	看你说的
看情况	（你）看（看）人家
可不（是）	可想而知
可也是	没的说
没什么大不了的	没怎么
哪儿啊	那倒不见得
那倒是	那还用说
那就听你的	那像什么话
你还真行	你（就）饶了我吧
你说呢	你说是不是
你呀	你以为呢
凭什么	瞧你说的
去你的	让你／您见笑了
（真）让你说着了	让我说你什么好
谁说不是（呢）	谁说的
谁知道呢	什么呀
受得了	说不好
说的是	说的也是

说得容易	说好了 / 说定了
说（到）哪儿去了	算不了什么
随他去	退而求其次
我就说	我就知道
我说呢	我说什么来着
先放一边	现在好了
想哪儿去了	想也 / 都别想
心里没底	心里有数 / 没数
也（真）是的	一个个的
一句话的事	用得 / 不着
由他去	有的是
有两下子	有那么点儿意思
有什么办法呢	又来了
这不（是）	这 / 那倒（也）是
这还用说吗	这看怎么说
这么说	这么说吧
这么着（吧）	这是从哪儿说起呀
这下倒 / 可好	这下好了
这样吧	真是
真有你的	正相反
至于吗	走一步算一步

三、具有显性标记的交流性句子

交流性语言靠大量的交流句来体现，交流句是交流性语言的基本表述单位。汉语口语中最典型的交流句是感叹句、祈使句和疑问句。陈述句如果加入语气词，也是有交流性的。语气词是交流性句子的显性标记。

（一）包含句末语气词的交流性句子

例如：

我好累啊！

真漂亮啊！

太冷了！

快走吧！

别乱跑啊！

小心点儿啊！

有什么可去的？

你不会不知道吧？

你能不能大声一点儿啊？

谁让你不听我的劝呢？

有一种特殊的"呢"字问句，常需要根据语境来判断。多数情况下相当于特指问的省略形式，有时相当于正反问的省略形式。例如：

你的手机呢？（＝你的手机在哪儿？）（特指问）

咦？小张呢？（＝小张在哪儿？）（特指问）

今年夏天我打算买个空调，你呢？（＝你买不买空调？）（正反问）

今年夏天我打算买一个空调，你呢？（＝你打算买几个空调？）（特指问）

（二）包含句中语气词的交流性句子

句中语气词有标识话题的作用。例如：

他这个人啊，从来就没有认真过。

我这个人吧，人一多说话就紧张。

当提出不止一种看法供对方选择时，用"还是"连接两个分句，中间常用语气词"啊"或者"呢"。例如：

你想让我去啊还是让他去？

今年国庆你打算休三天呢，还是休五天？

语气词"呗"常用在"X就X呗"格式中，表示满不在乎或无可奈何的语气。例如：

别人笑就让别人笑呗，反正我已经习惯了。

领导让加班那就加班呗，我们普通员工能怎么办呢?

四、口语表达中的常见句型句式

（一）名词性谓语句

名词或名词性短语充当谓语的句子叫名词性谓语句。名词性谓语句比较短小，在口语中用得比较多。谓语主要对主语加以说明或描写。例如：

明天周末。

他这个人死心眼。

每个人一份。

五个人一桌。

我上海的。

上海离北京一千多公里。

他都教授了。

买菜做饭我一个人，洗衣服还是我一个人。

（二）动词性谓语句

动词或动词性短语充当谓语的句子叫动词性谓语句。动词性谓语的主要作用是用来叙述或描写主语。例如：

假期开始了。

大家都鼓掌欢迎。

任务能够完成。

我懒得出去。

我们听了都很开心。

她给她的小猫起了个名字叫咪咪。

（三）形容词性谓语句

由形容词或形容词性短语充当谓语的句子叫形容词性谓语句。形容词性谓语的主要作用是描写。例如：

这孩子太老实了。

他的中文比我好。

房间里乱七八糟的。

如果是光杆形容词做谓语，通常构成对举格式。例如：

这条裤子长，那条裤子短。

妹妹聪明，姐姐漂亮。

有时也可以出现在问答句中。例如：

A：哪个好？

B：这个好。

A：你觉得谁最聪明？

B：小张最聪明。

（四）主谓谓语句

主谓短语充当谓语的句子叫主谓谓语句。在话语交际中，主语是话题，谓语部分对话题主语从某一方面进行说明、解释、描写、评判等。这类句子在口语中用得比较多。例如：

她身材很好。

云南风景还不错。

唱歌我不行。

这个人我不喜欢。

这事我有办法。

零钱我买菜了。

（五）非主谓句

相对于主谓句来说，非主谓句的形式在口语表达中数量更多。所谓非主谓句，就是分析不出主语和谓语的句子。在实际的言语表达中，在语境的支撑下，一个词或者一个短语都可以独立成句。这些非主谓句都是言语交际中的具体句子，是需要听话人做出反应的句子。主要分为以下几类。

1. 名词性非主谓句。例如：

我的妈呀！

天哪！

票!

小李!

蛇!

2. 动词性非主谓句。例如:

滚!

去你的!

下雨了!

坐下!

快跑!

给!

3. 形容词性非主谓句。例如:

太棒了!

糟了!

漂亮!

好!

快点儿!

4. 代词性非主谓句。例如:

什么?

哪儿?

啥?

你?

谁?

我!

5. 叹词性独词句。例如:

哎!

啊?

嗬!

啧啧!

哼!

哦!

呸!

哎呀！

嗨！

好家伙！

（六）比较句

在口语表达中，比较事物、性状、程度等相同或相异的格式主要有以下这些：

1. X 跟 Y 一样（……）

这个房间跟那个房间一样。

你跟他一样聪明。

小张跟小王唱得一样好。

2. X 跟 Y 不一样（……）

我跟他的性格不一样。

我跟他不一样高。

3. X 跟 Y 差不多（……）

我跟他的个子差不多。

我跟他差不多高。

4. X 有 Y 这么 / 那么……

这孩子长得有桌子这么高了。

这个房间有那个房间那么大吗？

5. X 没有 Y 这么 / 那么……

你没有小张这么高吧？

这个房间没有那个房间那么大吧？

6. X 比 Y……

他比我跑得快。

他比我跑得快多了。

他比我跑得快得多。

7. X 不比 Y……

他不比我跑得快。

要说唱歌，我唱得不比她好。

8. X 比 Y 更 / 还……

这个手机比那个手机更旧。

他比我还傻。

（七）紧缩句

紧缩句简洁明快，常在口语中使用。紧缩句可以成对使用关联词语，也可以使用一个关联词语，或者不使用关联词语。例如：

他非去不可。

我不去也行。

去了又怎么样？

你去我去呀？

你不去我去！

要去你去！

我说去就去！

五、话语表达中典型的口语表达手段

有一些句法现象是口语中所独有的，它们是构成汉语口语独特句法特征的重要因素。典型的口语表达手段主要有重复、省略、易位、追补等。

（一）重复

用重复词语或句子的方式来强化说话人的某种情感。例如：

看什么看，都滚一边儿去！（表达了说话人的恼怒）

上海啊上海，我终于来啦！（表达了说话人的感慨）

他他他，他怎么来啦？（表达了说话人的紧张不安）

去什么去，那地方我都去过三次了。（表达了说话人的不满）

你不说我都给忘记了都！（表达了说话人的自责）

你还有理了还！（表达了说话人的不满）

你这是干吗啊这是？（表达了说话人的不满）

你说什么啊你！（表达了说话人的不满）

老张啊老张，你让我说你什么好啊！（表达了说话人的无奈）

他凭什么这样说我？凭什么？（强调了说话人的愤愤不平）

你请坐！请坐！（强调了说话人的客气）

您过奖了！过奖了！（强调了说话人的客气）

（二）省略

在口语表达中，为了使话语更加简洁，在一定的语境中，在不影响语义表达的情况下常常会省去一些成分。主要有以下几种省略形式：

1. 省略主语。例如：

你叫我走，（　　　）偏不走。

A：你去吗？

B：（　　　）去！

2. 省略谓语。例如：

A：你上个月去哪儿出差了？

B：（　　　）北京。

A：谁去？

B：我（　　　）。

3. 省略宾语。例如：

我昨天去看了电影，他也看了（　　　）。

今年暑假我去了黄山，小宋也去了（　　　）。

4. 半截子话。指的是在有语境的情况下，说话人没有把完整的话说出来，省略了一些成分，但完全不影响语义的表达。例如：

把他高兴得！

把这孩子热得！

看这房间搞得！

看你累得！

你是要咖啡还是……？

你今天来找我是为了……？

你这是……？

你是……？

（三）易位

易位句是口语中的倒装句，是一种打破常规的口语表达模式。它主要通过将句子的某部分成分移位，以反常规的方式引起对方的注意，进而达到说话人主观强调的目的。从结构上来看，易位主要有以下几种类型：

1. 主谓倒置。例如：

他是干吗的，你那位？

赶紧说呀，你！

好看不好看啊，昨天那电影？

去哪呀，这是？

会开了不到二十分钟，已经走了好几个人了。

2. 状语后移。例如：

我快睡着了，都。

他已经退休了吧，好像。

昨天碰到他了，在学校。

他要结婚了，和小芳。

还好吧，最近？

3. 定语后移。例如：

我昨天买了个手机，华为的。

你那本书带了吗？白皮的。

我在网上买了一箱橘子，湖南产的。

你把这箱牛奶拿走吧，昨天买的。

4. 宾语提前。例如：

你要结婚啦？我听说。

谁啊，他是？

这件衣服怎么样，你觉得？

什么球啊，这是？

（四）追补

口语表达中有不少追补现象，意思是说话人在说话的过程中，发现说出来的话不够明确、不够完整，甚至有错误，于是通过后句的追加和补充，对前句的语义做进一步的说明或修正等等。

我压根儿不相信这件事是他干的，<u>打死我也不相信</u>。（补充说明"压根儿不相信"的程度）

你跟小张说了没有，<u>明天出差</u>？（补充说明"说"的内容）

我小时候，<u>大概是七八岁的时候</u>，开始学钢琴。（补充说明"小时候"的具体时间）

小李昨天就离开上海了，<u>不，是前天</u>。（修正"昨天"这一错误）

他父亲十年前，<u>哦，准确说应该是十一年前</u>，就去世了。（修正"十年前"这一错误）

我上周去看了一部特好看的电影，<u>科幻题材的</u>。（对"特好看的电影"进一步说明）

附录一：对外汉语口语语法难易度等级分类条目

难易度等级：★

【001-1】啊

【001-2】啊

【001-5】啊

【007】按

【020-1】吧

【026-1】本来

【028】比方说

【032-1】别

【037-1】别人

【037-3】别人

【045】不 V 不行啊

【051】不得了

【054-1】不管……，都……

【054-2】不管……，都……

【057-3】不过

【075-1】不是……，就是……

【075-2】不是……，就是……

【076】不是……吗

【083】不太 V/A

【084】V 不下去

【086-1】不要紧

【089】不用

【098-1】差不多

【098-2】差不多

【107】重

【108-1】冲

【121】从……以后

【122】从……以来

【133-1】大概

【134】大伙儿 / 大家伙儿

【140-1】当然

【142】到底

【154-5】X 的

【154-6】X 的

【157】（如果 / 要是）……的话

【164-2】得

【169-1】（一）点儿

【180-1】多 A

【180-3】多 A

【182】多的是

【735】又……又……

【737】原来

【739】越来越 V/A

【741】越 X（……）越 Y

【742】V 砸了

【754-1】咱们

【756】早（就）……了

【761-1】怎么

【764-1】怎么样

【764-2】怎么样

【764-3】怎么样

【782-1】这会儿

【782-2】这会儿

【802-2】真的

【807】正好

【809-1】直

【812-1】只是

【812-2】只是

【821-1】准

【822】自从

【826】总共

【834】最好

难易度等级：★★

【001-3】啊

【001-4】啊

【001-6】啊

【002】挨个儿

【003】挨 V

【006】爱怎么 V 就怎么 V

【009】巴不得

【010】把

【011】把……不当……

【013】把……放在眼里

【015】把……给……

【017】把…… V 一 V/V 一下儿/VV/V 了

【018】把 P 怎么样

【019】罢了

【020-2】吧

【020-3】吧

【020-4】吧

【022-1】白

【022-2】白

【023-1】白白

【024】被……给……

【025-1】呗

【025-2】呗

【025-3】呗

【026-2】本来

【026-3】本来

【027-1】甭

【027-2】甭

【029】比 N 还 N

【030】毕竟

【034】别逗了

【035】别看

【036-1】别 V/A 了

【036-2】别 V/A 了

【038】别（不）是……吧

【041】别 / 甭提多 V / A 了

【043】并不 / 没（有）……

【044】不必

【047】不 V 不 V（多少）也得 V ……

【049】不大 V / A

【052】不定

【057-1】不过

【057-2】不过

【058】不过如此

【060】不好说

【061】不会吧

【062】不会 X 吧

【063】不见得

【064】不就得了 / 行了 / 好了 / 完了 / 成了

【066】不可否认

【068】不瞒你说

【070-1】不然的话

【070-2】不然的话

【071】不如

【074-1】不是个事

【077】（可）不是闹着玩儿的

【078】不是 X，是 Y

【079】不是说……吗

【086-2】不要紧

【088】不 V 也罢

【090】不用说

【091】不怎么 V / A

【094】不只

【095】不至于

【096】……才怪呢

【097-1】才……呢

【097-2】才……呢

【099-1】差点儿

【099-2】差点儿

【100】超

【102】撑死

【103】成天

【105】成宿

【106】迟早

【108-2】冲

【108-3】冲

【108-4】冲

【109】V 出来了

【110】除非

【111】除了 V₁ 就是 V₂

【114】从

【116】从来

【119】从……起

【120】从…… V 起

【123】打

【124】打盹儿

【125】打哈哈

【126】打……那儿起 / 开始

【128-1】大不了

【128-2】大不了

【131】大 N 的

【132】大多

【320-3】开

【320-5】开

【320-6】开

【320-8】开

【321-1】看

【321-3】看

【322】看得 / 不上

【323】看看，V 了吧

【326】看你说的

【327】看起来

【328】看情况

【329】(你)看（看）人家

【331】看上

【332】看上去

【333】看样子

【334】VV 看 /V 一下儿看

【335】看在……的份儿 / 面子上

【337】看着 V 吧

【339-2】可

【339-3】可

【342】……可好

【345-2】可……了

【346】可巧

【349】可以肯定地说

【350】可以说……

【351-1】恐怕

【351-2】恐怕

【355-2】来

【355-3】来

【355-4】来

【355-5】来

【355-7】来

【355-9】来

【355-10】来

【355-12】来

【357-1】来着

【357-2】来着

【359-2】老

【359-3】老

【361】V……V 了……

【362】V 了等于没 V

【364】V 了就 V 了呗，有 / 没什么……

【365】A 了去了

【367-2】俩

【368】连

【369-1】连……带……

【369-2】连……带……

【371】连……都不如

【373】两

【374】两头

【376】临 V

【377】乱 V

【378】论

【380】蛮 V/A 的

【381】满

【382-1】没的说

【382-2】没的说

【383】没个够

【453-1】配

【453-2】配

【454-1】偏偏

【454-2】偏偏

【454-3】偏偏

【459-1】V 起来

【459-2】V 起来

【459-3】V 起来

【460-1】起码

【460-2】起码

【462】恰好

【465-2】前后脚儿

【467】瞧你说的

【469】V 去

【471-2】全

【473】确实

【474-1】让

【474-2】让

【475】让 P 给赶上了

【477】（真）让你说着了

【480-2】人家

【480-3】人家

【480-4】人家

【482-1】任

【484】如果说……（的话）

【486】V 上了

【487】稍微

【488】（你）少 V

【489-1】少不了

【489-2】少不了

【490】少说也有……

【491】谁不知道

【492】谁让……呢

【497】谁知道

【498】谁知道呢

【499-1】什么

【499-2】什么

【499-3】什么

【500-1】什么……（啊）

【500-2】什么……（啊）

【503】什么 X 啊 Y 啊（的）

【504】什么 X 不 X 的

【505】……什么的

【506】什么（……）都 / 也……

【507】V_1 什么（N）就 V_2 什么（N）

【508】什么呀

【509】省得

【510】十有八九

【512】实话对 / 跟你说吧

【514】实在

【515】事到如今，也只好……

【517】是……，不是……

【519-1】是……的

【519-2】是……的

【523】……是两码 / 回事

【524】V 是能 V，可是 / 就是 / 不过……

【527】X 是一回事，Y 是另一回事

【528-3】是这样（的）

【642】像

【643】（你）像……

【644】小心（别）V

【647】兴许

【648】……行不行

【650】幸好

【651】压根儿

【653】眼看（……）就要……了

【655-3】要

【655-4】要

【655-5】要

【656-1】要不（然）

【656-2】要不（然）

【657】要不是

【658】要多 V/A 有多 V/A

【659-1】要 V 就 V

【660】要看了

【661】要么……，要么……

【662】要么不 V，一 V 就……

【663-3】要命

【664】要是

【668】要是我没 V 错的话

【670】要我说（呀）

【672】要照我说

【673】要知道

【674-1】也

【674-2】也

【674-3】也

【675】V/A 也 V/A 不到哪儿去

【685】一般来说

【686】一 M 比一 M……

【687】一点儿也不 V/A

【691】一个劲儿地 V

【692-1】一会儿

【694-1】一 V 就是……

【694-2】一 V 就是……

【696】一口气 V

【697】一口一个……

【698】一块儿 V

【702】一时半会儿

【703】一是……，二是……

【705】一头 V

【707】一窝蜂地 V

【709】一下子……，一下子……

【710】一向

【713】硬 V

【714-1】硬是

【714-2】硬是

【716-2】用得/不着

【719】有的是

【720】X 有 X 的……，Y 有 Y 的……

【722】有点儿太 A 了

【723】有两下子

【725】有 P 呢

【726】有什么办法呢

【727】有什么 A 不 A 的

【728】有什么好/可 V/A 的

【730】X 有 Y 这么/那么 A

【731】有这么……吗

【732-1】又

【732-2】又

【733】又来了

【743】再 / 最 A 不过了

【744】再不

【745】再就是

【746-1】再说

【746-2】再说

【747】再……，……也 / 都……

【748】再 A 也没有…… A

【749-1】再一个

【750】再怎么说，……也……

【751】在乎

【752】在 P 看来

【754-2】咱们

【754-3】咱们

【760】早知道（……，）就……

【761-2】怎么

【761-4】怎么

【762】怎么个 V/A 法

【763】怎么就不能 V/A 呢

【765-2】怎么（说）也得……

【766】怎么 A 怎么来

【767-2】怎么着

【769-1】照

【769-2】照

【770】照理说 / 照说（应）该……

【774】这不就 V/A 了吗

【776】这 / 那倒（也）是

【780】这还 V/A 啊

【781】这还用说吗

【784】这看怎么说

【785】这么说

【787】这么着（吧）

【789】这下倒 / 可好

【790】这下好了

【791】这些个

【792】这样吧

【795】这也叫 X

【798】V 着点儿

【799】A 着呢

【801】V 着 V 着就……

【802-1】真的

【803-2】真是

【806】整天

【808】正相反

【809-2】直

【811-1】只管

【812-3】只是

【813】只要……就行

【814】只有……，才……

【815】指不定

【819】主要是……

【820-1】专门

【820-2】专门

【820-3】专门

【821-2】准

【600】万万

【603】往多了说

【604】往好里说……，往坏里说……

【605】为的是……

【607】为（了）A 起见

【609】我的 P

【610】我敢说

【612】我就说

【614】我看……

【616】我说 P 啊

【617】我说呢

【619】我说……，原来……

【625】先不说

【626】先放一边

【628】现成

【630】（我）限你……

【631】相比之下

【633】相当于……

【636】想必 / 想来

【640】想哪儿去了

【641】想也 / 都别想

【645】心里没底

【646】心里有数 / 没数

【649】行了

【652】严格来说

【654】眼看着……

【659-2】要 V 就 V

【665】要是……（那）还好

【666】要是……，就不至于……

【669-1】要说

【669-2】要说

【671】要 N 有 / 没 N

【676】V$_1$ 也不是，V$_2$ 也不是

【677】V$_1$ 也 V$_1$ 不……，V$_2$ 也 V$_2$ 不……

【678】V$_1$ 也 V$_1$ 不得，V$_2$ 也 V$_2$ 不得

【679】V 也得 V，不 V 也得 V

【680-1】也好

【680-2】也好

【681】N$_1$ 也 V 了，N$_2$ 也 V 了

【682】也（真）是的

【683】也未尝不……

【684】一百个不 V / A

【688】一方面……，（另）一方面……

【689】P 一个 N

【690】一个个的

【695】一句话的事

【699】一来……，二来……

【700】一 V（就）V 了……

【704】V 一 M 是一 M ……

【706】一味（地）V

【712】应该……才是

【715】用 P 的话讲 / 说

【716-1】用得 / 不着

【717】尤其是……

【718】由他去

【729】有 N 说，……

【734】又是……，又是……

【736】V$_1$ 又 V$_2$，V$_2$ 又 V$_1$

附录二：对外汉语口语语法口语化等级分类条目

口语化等级：★

【007】按

【019】罢了

【030】毕竟

【044】不必

【048】不成

【053】不妨

【054-1】不管……，都……

【054-2】不管……，都……

【066】不可否认

【069】不难发现

【073】不是……，而是……

【088】不 V 也罢

【094】不只

【104】成心

【105】成宿

【107】重

【115】从 X 到 Y

【117】从……来讲／来看／来说

【118】从另一个角度看

【129】大大

【130】大到……，小到……

【132】大多

【135】大体

【137】单

【138】单单

【139】但凡

【168】的确

【187】凡是……（全）都……

【191】方便的话

【193】非 V 不可

【212】V 个究竟

【230】管保

【235】X 归 X，Y 归 Y

【239-1】V 过来

【239-2】V 过来

【266-1】何况

【266-2】何况

【267】X 和／跟／同 Y 比起来

【276】换个角度说

【279】活

【280-3】活活

【282】即便

【283】既然……，就……

【294-2】尽管

【301-1】就

【301-2】就

【301-3】就

【312】就 P 所知

【316】据

【318】据 P 所知

【343】可见

【344】可 X 可 Y

【346】可巧

【347】可想而知

【349】可以肯定地说

【353】况且

【375】了事

【376】临 V

【378】论

【455-2】凭

【462】恰好

【474-2】让

【478】让人 V/A 的是

【482-1】任

【482-2】任

【483】如果……，就/那么……

【516】事实上

【517】是……，不是……

【530】顺

【567】死死（地）V

【597】退而求其次

【605】为的是……

【606】为了

【623-1】下

【636】想必/想来

【655-1】要

【655-2】要

【674-3】也

【683】也未尝不……

【686】一 M 比一 M……

【687】一点儿也不 V/A

【688】一方面……，（另）一方面……

【693-1】一……就……

【706】一味（地）V

【710】一向

【711】一 M（N）也/都 V$_{否}$

【717】尤其是……

【739】越来越 V/A

【740】越是……，就越……

【741】越 X（……）越 Y

【753】在一定/某种程度上

【809-3】直

【814】只有……，才……

【822】自从

口语化等级：★★

【016】把 N 一 V

【022-3】白

【175】V 都 V 了

【178】对（于）……来说 / 讲

【180-1】多 A

【180-2】多 A

【181】多半

【183】多亏

【184】多少

【186】二话没说就……

【188-1】反倒

【188-2】反倒

【189】反过来说

【194】非得

【195】分头

【196-1】该

【196-3】该

【197】该 V/A 还是 V/A

【198】该 V 还（是）得 V

【201】干 V/A

【202-1】干脆

【203-1】赶紧

【203-2】赶紧

【204】赶快

【213】各 V 各的

【214-3】给

【214-4】给

【214-6】给

【215-1】根本

【216】根据

【217-1】跟

【220】更别提（……）了

【229】管

【238】果然

【240-1】还

【240-2】还

【240-3】还

【240-4】还

【242】……还不行吗

【243】还好……

【244】……还好说

【246-1】还是

【246-2】还是

【246-3】还是

【247】还是……吧 /（的）好

【248】还是……的

【253-3】好

【253-5】好

【253-6】好

【255-1】好歹

【255-2】好歹

【255-3】好歹

【256-2】好好

【260】好（不）容易才……

【262-1】好像

【262-2】好像

【264】好在……，否则 / 不然 / 要不……

【265】何必 / 何苦

【268】恨不得

【269】横竖

【097-1】才……呢

【097-2】才……呢

【099-1】差点儿

【099-2】差点儿

【100】超

【102】撑死

【103】成天

【108-1】冲

【108-4】冲

【109】V 出来了

【111】除了 V₁ 就是 V₂

【112】除了 X 还是 X

【116】从来

【123】打

【124】打盹儿

【125】打哈哈

【126】打（……）那儿起 / 开始

【127】打心眼儿里

【128-1】大不了

【128-2】大不了

【131】大 N 的

【134】大伙儿 / 大家伙儿

【136】待见

【140-2】当然

【141-1】当真

【142】到底

【143】N 到底是 N

【145】到时候再说

【147】V 到 P 头上来 / 去了

【148-1】倒（是）

【148-2】倒（是）

【148-3】倒（是）

【148-4】倒（是）

【149】X 倒没什么

【150】X 倒是 X

【151-1】得了

【151-2】得了

【152】得了吧

【154-1】X 的

【154-2】X 的

【154-3】X 的

【154-4】X 的

【154-5】X 的

【154-6】X 的

【155-1】P 的 N

【157】（如果 / 要是）……的话

【158】A 得不能再 A 了

【159】A 得不行

【161】A 得慌

【165】等 V/A 了就……了

【166】等于

【167】等于说

【169-5】（一）点儿

【171】动不动就 V

【172-1】都

【172-2】都

【173】V 都不 / 没 V

【174】都……了

【176】都 V 了（些）什么

【177】都是……

【179】对了

【180-3】多 A

【182】多的是

【185】多少有那么点儿吧

【190-1】反正

【190-2】反正

【192】放着 N 不 V

【196-2】该

【196-4】该

【199】该死

【200】改天

【202-2】干脆

【205】干吗

【206】刚好

【207】搞

【208】告诉你

【209-1】个

【209-2】个

【209-3】个

【209-4】个

【210】V（你）个……

【211】V（他/它）个够/痛快

【214-1】给

【214-2】给

【214-5】给

【214-7】给

【214-8】给

【214-9】给

【215-2】根本

【217-2】跟

【217-3】跟

【217-4】跟

【217-5】跟

【218】X 跟 X 啊

【219】跟……过不去

【221-1】够

【221-2】够

【222】（真）够 A 的

【223】（真）够可以的

【224-1】够呛

【224-2】够呛

【225】够（……）受的

【226-1】够意思

【226-2】够意思

【227】怪不得

【228】怪 A 的

【231】管……叫……

【232】管他/它（……）呢

【233-1】光

【233-2】光

【234】X 归 X

【236】归……管

【237-1】鬼

【237-2】鬼

【241】还不（都）是……

【245】还……呢

【366-2】愣（是）

【367-2】俩

【368】连

【369-1】连……带……

【369-2】连……带……

【371】连……都不如

【380】蛮 V/A 的

【382-1】没的说

【382-2】没的说

【383】没个够

【384-1】没 X 没 Y（的）

【384-2】没 X 没 Y（的）

【385】没什么大不了的

【386】没/有什么 V 头儿

【387-1】没事

【387-2】没事

【388】没想到

【392-1】没怎么

【392-2】没怎么

【392-3】没怎么

【393】没辙

【394】没准儿

【395】美得 P

【399-1】磨叽

【399-2】磨叽

【401】拿……来说/来讲

【402】拿 P 没办法

【403】拿……说事

【404-3】哪

【406-1】哪儿/哪里

【406-2】哪儿/哪里

【406-3】哪儿/哪里

【406-4】哪儿/哪里

【407】哪儿啊

【408】哪有 P 这样（V）的

【409-1】那

【409-2】那

【409-3】那

【409-4】那

【410-1】那才（叫）……呢

【410-2】那才（叫）……呢

【411】那倒不见得

【412】那倒是

【413】那得看……

【414】那个

【415】那还用说

【416】那会儿

【417】那叫一个 A

【418】那就看 P 的了

【419】那就/要看……了

【420】那就听你的

【421】那什么

【422】那像什么话

【423】那些个

【424-1】难道说……

【424-2】难道说……

【425-1】难怪

【425-2】难怪

【426-1】呢

【426-2】呢

【426-3】呢

【428】能不能……还难说 / 不好说呢

【429】能 V 就 V

【431】你（还）别说

【432】你不知道

【433】你给我 V/A

【434】你还 / 可真行

【435】你看……

【436】你看（看）你

【437】你看我

【438】你 V 你的吧

【439】你（就）饶了我吧

【440】你说 A 不 A

【441】你说呢

【442】你说是不是

【443】你说说

【444】你听我说

【445】你（们）听着 / 听好了

【446】你呀

【447】你以为呢

【448】你这个 P

【449】你知道（的）

【450-1】弄

【450-2】弄

【450-3】弄

【451】弄不好

【452】怕

【453-1】配

【453-2】配

【456】凭什么

【459-1】V 起来

【459-2】V 起来

【459-3】V 起来

【460-1】起码

【460-2】起码

【461】起先

【463】千万别 / 不要 V

【464】千万要 / 得 V

【465-1】前后脚儿

【465-2】前后脚儿

【466】瞧你……

【467】瞧你说的

【468】巧

【469】V 去

【470】去你的

【471-1】全

【471-2】全

【475】让 P 给赶上了

【477】（真）让你说着了

【479】让我说你什么好

【480-1】人家

【480-2】人家

【480-3】人家

【480-4】人家

【481】人家那……V/A 得

【485】仁

【542】说得上 / 算得上 / 谈得上……

【543】说的是

【544】说的也是

【545】说好了 / 说定了

【546】说 V 就 V

【547】说句不好听的

【548】说句公道话

【549】说句心里话

【551】说来也巧

【552】说老实话

【553】说了半天

【554】P 说了算

【555】说（到）哪儿去了

【556】说起……

【557】说起来

【558】说什么也……

【559】说实在的

【560】说是……

【561】说是……, 但是 / 其实 / 实际上……

【562】说是这么说

【563】说正经的

【564-1】死

【564-2】死

【564-3】死

【566】V/A 死（我 / 人）了

【568-1】算

【568-2】算

【568-3】算

【568-4】算

【569】算不了什么

【570-1】算了

【570-2】算了

【571】算什么 N

【572】算 P 一个

【573】虽说

【574-1】随 P

【574-2】随 P

【574-3】随 P

【575-1】随便

【576】随便……都……

【579】随他去

【582】特 V/A

【585】听 P 的口气

【586】听上去

【587】听 P 说

【588】听 P 这么一说

【589】挺 P

【591】通通

【593】统统

【595】V/A 透了

【596】图

【598】退一步说

【599-1】完了

【599-2】完了

【601】万一

【602-1】往

【602-2】往

【603】往多了说

【665】要是……（那）还好

【666】要是……，就不至于……

【667】要是……就好了

【668】要是我没 V 错的话

【669-1】要说

【669-2】要说

【670】要我说（呀）

【671】要 N 有 / 没 N

【672】要照我说

【673】要知道

【674-1】也

【674-2】也

【675】V/A 也 V/A 不到哪儿去

【676】V₁ 也不是，V₂ 也不是

【677】V₁ 也 V₁ 不……，V₂ 也 V₂ 不……

【678】V₁ 也 V₁ 不得，V₂ 也 V₂ 不得

【679】V 也得 V，不 V 也得 V

【680-1】也好

【680-2】也好

【681】N₁ 也 V 了，N₂ 也 V 了

【682】也（真）是的

【684】一百个不 V/A

【689】P 一个 N

【690】一个个的

【691】一个劲儿地 V

【693-2】一……就……

【694-1】一 V 就是……

【694-2】一 V 就是……

【695】一句话的事

【696】一口气 V

【697】一口一个……

【698】一块儿 V

【699】一来……，二来……

【700】一 V（就）V 了……

【702】一时半会儿

【703】一是……，二是……

【704】V 一 M 是一 M……

【705】一头 V

【708】一下子（就）……

【709】一下子……，一下子……

【715】用 P 的话讲 / 说

【716-1】用得 / 不着

【716-2】用得 / 不着

【718】由他去

【719】有的是

【720】X 有 X 的……，Y 有 Y 的……

【722】有点儿太 A 了

【723】有两下子

【724】有那么点儿意思

【725】有 P 呢

【726】有什么办法呢

【727】有什么 A 不 A 的

【728】有什么好 / 可 V/A 的

【730】X 有 Y 这么 / 那么 A

【731】有这么……吗

【732-1】又

【732-2】又

【733】又来了

【787】这么着（吧）

【788】这是从哪儿说起呀

【789】这下倒／可好

【790】这下好了

【791】这些个

【792】这样吧

【793】这样一来

【794】这也不……，那也不……

【795】这也叫 X

【796】这一 V 不要紧

【797】这一 V／A，就／也／才……

【799】A 着呢

【800】V／A 着也是 V／A 着

【801】V 着 V 着就……

【802-1】真的

【802-2】真的

【803-1】真是

【803-2】真是

【803-3】真是

【804】真有你的

【805】整个一个 X

【806】整天

【811-1】只管

【813】只要……就行

【816】至少

【818】至于（……）吗

【819】主要是……

【821-1】准

【821-2】准

【823】自个儿

【824-1】总

【824-2】总

【824-3】总

【826】总共

【827】总归

【828】N 总归是 N

【829】总算

【830】总要……，（要）不然……

【831】总之一句话

【832】走一步算一步

【833】足足

【834】最好

【836】最重要的是

【837-1】左……右……

【837-2】左……右……

参考文献

著作类

北京大学中文系 1955、1957 级语言班（1982）《现代汉语虚词例释》，北京：商务印书馆。

岑玉珍（2013）《汉语副词词典》，北京：北京大学出版社。

陈建民（1984）《汉语口语》，北京：北京出版社。

邓守信（2010）《对外汉语教学语法》，北京：北京语言大学出版社。

国家对外汉语教学领导小组办公室（2002a）《高等学校外国留学生汉语言专业教学大纲》，北京：北京语言文化大学出版社。

国家对外汉语教学领导小组办公室（2002b）《高等学校外国留学生汉语教学大纲：长期进修》，北京：北京语言文化大学出版社。

国家对外汉语教学领导小组办公室（2002c）《高等学校外国留学生汉语教学大纲：短期强化》，北京：北京语言文化大学出版社。

国家对外汉语教学领导小组办公室汉语水平考试部（1996）《汉语水平等级标准与语法等级大纲》，北京：高等教育出版社。

侯学超（1998）《现代汉语虚词词典》，北京：北京大学出版社。

教育部中外语言交流合作中心（2021）《国际中文教育中文水平等级标准》，北京：北京语言大学出版社。

孔子学院总部 / 国家汉办（2014）《国际汉语教学通用课程大纲》，北京：北京语言大学出版社。

孔子学院总部 / 国家汉办（2015）《HSK 考试大纲·一～六级》，北京：人民教育出版社。

李禄兴、张玲、张娟（2011）《汉语语法百项讲练：初中级》，北京：北京语言大学出版社。

刘月华、潘文娱、故桦（2019）《实用现代汉语语法》（第 3 版），北京：商务印书馆。

吕叔湘（1999）《现代汉语八百词》（增订本），北京：商务印书馆。

吕文华（2014）《对外汉语教学语法讲义》，北京：北京大学出版社。

彭小川、李守纪、王红（2004）《对外汉语教学语法释疑 201 例》，北京：商务印书馆。

齐沪扬（2005）《对外汉语教学语法》，上海：复旦大学出版社。

孙德金（2002）《汉语语法教程》，北京：北京语言文化大学出版社。

孙瑞珍（1995）《中高级对外汉语教学等级大纲：词汇、语法》，北京：北京大学出版社。

王还（1995）《对外汉语教学语法大纲》，北京：北京语言学院出版。

王自强（1998）《现代汉语虚词词典》，北京：上海辞书出版社。

肖奚强等（2008）《汉语中介语语法问题研究》，北京：商务印书馆。

杨德峰（2009）《对外汉语教学核心语法》北京：北京大学出版社。

杨寄洲（1999）《对外汉语教学初级阶段教学大纲（一）》，北京：北京语言文化大学出版社。

杨玉玲（2011）《国际汉语教师语法教学手册》，北京：高等教育出版社。

张斌（2001）《现代汉语虚词词典》，北京：商务印书馆。

赵新、刘若云（2013）《实用汉语近义虚词词典》，北京：北京大学出版社。

赵元任（1979）《汉语口语语法》，北京：商务印书馆。

中国社会科学院语言研究所词典编辑室（2016）《现代汉语词典》（第 7 版），北京：商务印书馆。

论文类

方梅、李先银、谢心阳（2018）互动语言学与互动视角的汉语研究，《语言教学与研究》第 3 期。

冯胜利（2010）论语体的机制及其语法属性，《中国语文》第 5 期。

郭颖雯（2002）汉语口语体口语教学语法体系的建立与量化，《汉语学习》第 6 期。

金立鑫（2003）漫谈理论语法、教学语法和语言教学中语法规则的表述方法，载国家对外汉语教学领导小组办公室教学处编《对外汉语教学语法探索——首届国际对外汉语教学语法研讨会论文集》，北京：中国社会科学出版社。

李泉（2003）基于语体的对外汉语教学语法体系构建，《汉语学习》第 3 期。

李泉（2004）面向对外汉语教学的语体研究的范围和内容，《汉语学习》第 1 期。

李先银（2020）互动语言学理论映照下对外汉语教学语法系统新构想，《语言教学与研究》第 2 期。

吕文华（1992）对《语法等级大纲》（试行）的几点意见，《语言教学与研究》第 3 期。

齐沪扬（2019）对外汉语教学语法大纲研制的一些具体问题，载北京语言大学汉语国际教育研究院编《汉语应用语言学研究》（第 8 辑），北京：商务印书馆。

齐沪扬、韩天姿、马优优（2020）与对外汉语教学语法体系建构相关的一些问题的思考，《杭州师范大学学报》第 1 期。

齐沪扬、邵洪亮（2020）交流性语言和非交流性语言，《语言教学与研究》第 3 期。

齐沪扬、唐依力、汪梦薇（2021）对外汉语口语语法大纲虚词项目析取的原则和方法，载上海师范大学《对外汉语研究》编委会编《对外汉语研究》（第 24 期），北京：商务印书馆。

申修言（1996）应该重视作为口语体的口语教学，《汉语学习》第 3 期。

孙德金（2006）语法不教什么——对外汉语语法教学的两个原则问题，《语言教学与研究》第 1 期。

佟秉正（1996）从口语到书面——中级汉语教学课题之一，《世界汉语教学》第 4 期。

王若江（1999）对汉语口语课的反思，《汉语学习》第 2 期。

吴越（2007）中高级对外汉语口语教材中口语语体情况考察与分析，北京：北京语言大学硕士学位论文。

徐晶凝（2016）对外汉语口语教学语法大纲的构建，《语言教学与研究》第 4 期。

赵金铭（2004）"说的汉语"与"看的汉语"，载赵金铭主编《汉语口语与书面语教学——2002 年国际汉语教学学术研讨会论文集》，北京：北京大学出版社。

赵金铭（2018）汉语作为第二语言教学语法：格局＋碎片化，《语言教学与研究》第 2 期。

祖人植（2002）对外汉语教学语法体系研究思路述评——从语言共性与个性的视角，《北京大学学报》第 4 期。

后 记

2018年底，当我从齐沪扬老师那儿"领取"到研制《对外汉语教学语法口语大纲》（以下简称《口语大纲》）这个任务的时候，既踌躇满志又忐忑不安。踌躇满志是因为这是对外汉语教学领域史无前例的一本口语大纲，能够有机会参与这一大纲的研制工作，对于我这样一名长期从事来华留学生教学工作的对外汉语教师来说，无疑是令人欣喜且激动的；忐忑不安也是因为它的"史无前例"，究竟应该让它以怎样的"面目"示人，是这几年来我们一直在思考的问题。事实上，在大纲研制的这四年多的时间里，齐老师带着我们几位大纲课题组成员开了无数次线上线下的研讨会。随着讨论的一步步深入，我们的思路开始明晰，框架也开始"浮出水面"。可以说，这几年来，从对大纲的"无从下手"到"逐渐清晰"，再到"基本成形"，最后到"完全定型"，我们一直都是在憧憬中奋进，在压力中前行的。

在大纲研制的前期，我的几届研究生们帮我从词典、教材、论文中整理出了大量的口语材料。学生们做了最基础的整理工作。然而，汉语口语语法形式不仅丰富而且复杂，所谓"口语"的范围是不容易界定和描述的。将所有口语语法项目纳入《口语大纲》既无必要也不现实。想要从这些驳杂的口语材料中择取出最适合汉语"口语语法"特征的语法项目来并非易事，而且口语语法项目的设置、描写及与表达功能之间的互释，三个等级的划分，口语语法框架的确立等等，都需要耗费大量的时间和精力，我深感后期的研制工作靠我一己之力恐难完成。经过深思熟虑，我在2021年7月将上海外国语大学的朱建军老师拉进课题组共同作战。之所以选择朱老师，一是因为我们平时见面机会多，方便讨论；但更重要的是，朱老师对语言的感知力非常敏锐，这一能力对于《口语大纲》的研制来说，是不可或缺的。因为，我们深知，大纲中的例句是作为整个大纲的"灵魂"而存在的，它不是让学生"仰望"的，而是能够让学生直接拿来"使用"的。如何让这些例句灵动、真实、贴近生活，是我们研制工作中最重要的一环。所以，对于大纲中的例句，我和朱老师是一条一条斟酌过的，并且几易其稿，才有了现在这副"模样"。我们不敢说它们是多么地尽善尽美，但至少，我们是以"尽善尽美"作为我们的努力方向的。

我要特别地感谢朱老师。他既有行政职务，又有教学科研任务，家里还有"二娃"，忙碌程度可想而知。不记得多少个夜晚，我们都是在晚上十点相约在腾讯会议上，讨论条目的设置、解释、用例、等级，确定语法功能，调整语法项目表框架，修改细节。每次结束时都已经是凌晨一两点钟了。

在很长一段时间里，由于生物钟的紊乱，一向睡眠状态极好的我开始体验到了失眠的滋味，有时甚至会刚刚躺下，因为突然想到某些细节，就又爬起来重新打开电脑，做一些补充和修正工作。

整个《口语大纲》的研制，有喜悦，有辛酸，有收获，有感动。

我们努力了，我们尽力了，我们一直在路上。

最后，在《口语大纲》行将出版之际，我们要特别感谢：

上海师范大学的齐沪扬老师。如果没有齐老师对这个课题的宏观规划，没有齐老师对我们的信任，没有齐老师的指导和督促，本大纲是不可能如此顺利地研制完成的。

北京语言大学的张旺熹老师、上海师范大学的胡建锋老师。张老师是我们这四本大纲的主编，胡老师是这一国家社科基金重大项目的"大总管"，他们都曾对本大纲的设计和具体研制提出过极其宝贵的意见与建议。

南京师范大学的张小峰老师、上海交通大学的段沫老师、上海外国语大学的邵洪亮老师。大纲研制过程中的甘苦，我们几位作者感同身受。遇到难题时，大家及时商讨，相互启发，相互鼓励。我们互相见证了各自大纲从无到有、从不成熟到相对成熟的过程，这份珍贵的"战友情"是值得我们永久回味与珍藏的。

硕士研究生姜立君、张伊诺、贾茹、徐倩倩、刘净折、钮文琦、彭雨晴、张晓宇等同学。他们承担了大量基础材料的收集、整理工作，这让我们能从琐碎而繁杂的材料中抽身出来，能有更充足的时间去思考和完善整部大纲的研制。

本大纲的责任编辑武传霞老师。武老师在审读和编辑过程中尽心尽责，为本大纲的进一步完善和提高提出了许多建设性意见，做了大量细致的工作。

此外，我们还要感谢上海师范大学的刘慧清老师、张素玲老师和蔡瑱老师，上海杉达学院的崔维真老师，广西民族大学的李宗宏老师。大纲研制过程中，齐老师组织过多次专题研讨，几位老师都曾在会上一针见血地指出过大纲存在的种种不足，这使我们的思路更加清晰。

　　受时间和能力所限，《口语大纲》难免会存在一些不足甚至错误之处，恳请大家批评指正，以便将来进一步修改提高。

唐依力

2023 年 5 月 30 日